2026

박문각 행정사

5년 최다
★ 전체수석 ★
합격자 배출

브랜드 만족 1위
근거자료 후면표기

기출해설 포함

조민기 민법(계약)

2차 | 기본서

박문각 행정사연구소 편_조민기

동영상 강의 www.pmg.co.kr

박문각

머리말

민법은 모든 법 공부의 핵심으로, 특히 행정사 2차 시험은 주관식 시험으로 이루어진다는 점에서 체계적 이해가 필수적입니다.

최근 행정사 2차 민법(계약) 시험은 민법(계약)의 전 분야에서 핵심적인 기본문제뿐만 아니라 상당한 이해력을 요하는 고난도의 사례문제까지 출제되고 있습니다. 이에 효과적으로 대응하기 위해서는 무조건적 암기보다는 법조문을 기본으로 하고 법률용어의 개념을 명확하게 이해한 후 중요판례를 통해 구체적인 사례까지 공부할 것이 요구됩니다.

본서는 보다 빠른 시험합격이라는 목표를 염두에 두고 다음과 같이 구성하였습니다.

첫째, 법조문을 관련 분야에 세심하게 배치하였습니다. 법조문은 민법(계약) 공부의 시작입니다. 주어진 시간 내 빠른 답안작성을 위해 기본적인 조문은 반드시 암기하여야 합니다.

둘째, 이론을 명확하게 정리하였습니다. 쉬운 문장으로 기본이론을 빠짐없이 정리한 후, 사례문제 해결을 위한 핵심쟁점까지 꼼꼼히 살펴보았습니다.

셋째, 판례를 최대한 풍부하게 반영하였습니다. 각 판례는 관련 이론의 해당 부분에 맞게 배치하여, 이론이 판례를 통해 어떻게 응용되는지를 볼 수 있도록 하였습니다. 판례는 사례문제 출제 시 소재가 되므로 사실관계까지 주의 깊게 보아야 합니다.

넷째, 행정사 민법(계약) 시험의 출제경향을 파악할 수 있도록 역대 행정사 2차 시험 기출문제를 해설과 함께 수록하였습니다. 본문 내용을 공부한 후 관련 기출문제를 통해서 공부한 내용이 실제 시험에서는 어떻게 출제되는지를 확인하기 바랍니다.

다섯째, 주관식 답안작성은 목차 암기가 필수입니다. 특히 사례문제도 쟁점을 파악한 후에는 반드시 관련 내용을 압축적으로 적어야 합니다. 이를 위해 민법(계약)의 전 목차를 논리에 맞게 세심하게 정리하였습니다.

행정사
조민기 민법(계약)

현재 행정사 2차 민법(계약) 시험은 논술형 1문제와 약술형 3문제가 출제됩니다. 짧은 시험 시간을 고려하면 무엇보다 간결한 답안작성이 반드시 필요합니다. 이를 위해 본서는 민법(계약)의 전 분야를 실제로 시험에서 쓸 수 있을 만큼의 분량으로 효율적으로 정리하였습니다.

주어진 지문에서 정답을 고르는 객관식 시험과는 달리, 상당한 분량의 답안을 직접 작성하여야 하는 주관식 시험에서는 꾸준한 답안작성 연습이 중요합니다. 처음에는 무엇을 써야 할지 막막하고 두려울 수도 있으나, 용기를 내어 스스로 작성해 보고 교재 내용과 비교하면서 첨삭해 나가면 점차 좋은 답안을 적을 수 있을 것입니다.

본서는 출제경향에 대한 철저한 분석과 정확한 이해를 바탕으로, 수험생들이 합격에 대한 자신감을 갖고 시험준비에 임할 수 있도록 하였습니다.

이 책으로 행정사 자격시험을 준비하시는 모든 분들이 반드시 합격하기를 간절히 기원합니다.

편저자 조민기

GUIDE

행정사 2차 시험 정보

1. 시험 일정: 매년 1회 실시

원서 접수	시험 일정	합격자 발표
2026년 8월경	2026년 10월경	2026년 12월경

2. 시험 과목 및 시간

교시	입실	시험 시간	시험 과목	문항 수	시험 방법
1교시	09:00	09:30~11:10 (100분)	**[공통]** ① 민법(계약) ② 행정절차론(행정절차법 포함)	과목당 4문항 (논술 1, 약술 3) ※ 논술 40점, 약술 20점	논술형 및 약술형 혼합
2교시	11:30	• 일반/해사 행정사 11:40~13:20 (100분) • 외국어번역 행정사 11:40~12:30 (50분)	**[공통]** ③ 사무관리론 (민원 처리에 관한 법률, 행정업무의 운영 및 혁신에 관한 규정 포함) **[일반행정사]** ④ 행정사실무법(행정심판사례, 비송사건절차법) **[해사행정사]** ④ 해사실무법(선박안전법, 해운법, 해사안전기본법, 해사교통안전법, 해양사고의 조사 및 심판에 관한 법률) **[외국어번역행정사]** ④ 해당 외국어(외국어능력시험으로 대체하며 영어, 중국어, 일본어, 프랑스어, 독일어, 스페인어, 러시아어의 7개 언어에 한함)		

3. 외국어능력검정시험 성적표 제출

2차 시험의 원서접수 마감일부터 거꾸로 계산하여 5년이 되는 날이 속하는 해의 1월 1일 이후에 실시된 외국어능력검정시험에서 취득한 성적으로 대체하며, 기준 점수 이상이어야 한다.

◆ 영어

시험명	TOEIC	TEPS	TOEFL	G-TELP	FLEX	IELTS
기준 점수	쓰기시험 150점 이상	쓰기시험 71점 이상	쓰기시험 25점 이상	GWT 작문시험에서 3등급 이상(1, 2, 3등급)	쓰기시험 200점 이상	쓰기시험 6.5점 이상

◈ 일본어, 중국어, 스페인어, 프랑스어, 독일어, 러시아어

시험명	FLEX (공통)	신HSK (중국어)	DELE (스페인어)	DELF/DALF (프랑스어)	괴테어학 (독일어)	TORFL (러시아어)
기준 점수	쓰기시험 200점 이상	6급 또는 5급 쓰기 60점 이상	C1 또는 B2 작문 15점 이상	C2 독해/작문 25점 이상 및 C1 또는 B2 작문 12.5점 이상	C2 또는 B2 쓰기 60점 이상 및 C1 쓰기 15점 이상	1~4단계 쓰기 66% 이상

4. 시험의 면제

(1) 면제 대상

공무원으로 재직한 사람과 외국어 번역 업무에 종사한 경력이 있는 사람 등은 행정사 자격시험의 전부 또는 일부가 면제된다(제2차 시험 일부 과목 면제).

(2) 2차 시험 면제 과목

일반/해사행정사	행정절차론, 사무관리론
외국어번역행정사	민법(계약), 해당 외국어

5. 합격자 결정 방법

(1) 합격기준

1차 시험 및 2차 시험 합격자는 과목당 100점을 만점으로 하여 모든 과목의 점수가 40점 이상이고, 전 과목의 평균 점수가 60점 이상인 사람으로 한다(단, 2차 시험에서 외국어 시험을 외국어능력검정시험으로 대체하는 경우에는 해당 외국어시험은 제외).

(2) 최소합격인원

2차 시험 합격자가 최소선발인원보다 적은 경우에는 최소선발인원이 될 때까지 모든 과목의 점수가 40점 이상인 사람 중에서 전 과목 평균점수가 높은 순으로 합격자를 추가로 결정한다. 이 경우 동점자가 있어 최소선발인원을 초과하는 경우에는 그 동점자 모두를 합격자로 한다.

GUIDE
출제경향 분석

[문제 1]의 물음 (1)은 제3자를 위한 계약에서 제3자의 지위에 관한 사례입니다. 제3자를 위한 계약의 의의와 수익의 의사표시 후 제3자의 지위를 약술하고, 제3자 권리의 변경·소멸 가능 여부를 조문과 판례에 따라 간략하게 설명하면 됩니다.

[문제 1]의 물음 (2)는 제3자를 위한 계약에서 요약자의 권리에 관한 사례입니다. 이 문제에서는 각 쟁점의 대표적 판례를 쓸 수 있는지가 중요합니다. 낙약자의 채무불이행을 이유로 요약자의 해제가 가능하다는 판례를 소개하고, 제3자의 손해배상청구, 제3자가 해제의 소급효가 제한되는 제548조 제1항 단서의 제3자에 해당하는지를 검토하면 됩니다.

[문제 2]는 서면에 의하지 않은 증여의 해제와 해제의 효력 제한에 관한 사례입니다. 판례를 그대로 사례화한 것이므로, 제555조와 제558조 조문을 제시하고, 관련 판례를 쓰면 충분합니다.

[문제 3]은 조합원의 출자의무 불이행, 조합의 이익분배에 관한 사례입니다. 기본서에 흩어져 있는 내용을 종합해야 합니다. 조합의 의의에서 성립요건을 도출하고, 출자와 이익분배가 언급된 조문·판례 등까지 쓰다 보니 분량도 상당하고 어려운 문제였습니다.

[문제 4]는 제4회 행정사 시험에서 출제되었던 화해와 착오취소가 다시 출제되었습니다. 이처럼 한번 기출된 내용이라도 중요부분은 계속 반복하여 출제되고 있습니다.

올해 행정사 민법(계약) 문제는 [문제 4]를 제외하고는 모두 새로운 주제로 출제되었습니다. 약술형도 판례와 연계하여 사례나 준사례로 출제되었습니다.

민법(계약) 과목이 점점 어려워지고 있습니다. 주어진 시험시간에 비해 문제 지문은 길고 써야 할 답안 분량은 너무 많습니다. 민법(계약) 전체를 기출 주제, 미기출 주제, 최신 판례, 종합 사례 등으로 구분해서 핵심만 간략하게 암기하고, 시간 내에 답안을 작성할 수 있도록 반복 연습하는 것이 중요합니다.

행정사
조민기 민법(계약)

구분	계약의 성립과 효력	계약의 해제와 해지	증여	매매	소비대차	임대차	도급	여행계약/위임/조합/화해
1회		법정해제의 효과(40점)				주택임대차보호법상 묵시적 갱신(20점)	완성물의 소유권 귀속(20점)	수임인의 의무(20점)
2회		법정해제와 합의해제의 차이점(20점)				임차인의 유익비상환청구권(20점)	• 도급의 위험부담(20점) • 일의 완성 전의 도급인의 해제(20점)	조합채무에 대한 책임(20점)
3회	동시이행의 항변권의 성립요건(20점)			• 매매와 과실의 귀속(20점) • 매매예약 완결권(20점)	준소비대차(20점)	임차인의 지상물 매수청구권(20점)		
4회	• 청약과 승낙의 결합에 의하지 않은 계약의 성립(20점) • 계약 체결상의 과실책임(20점)			매도인의 담보책임(20점)		임차물의 무단전대(20점)		화해계약의 취소(20점)
5회	제3자를 위한 계약(20점)		증여계약의 특유한 해제원인(20점)	계약금(20점)		• 임차인의 부속물 매수청구권(20점) • 임차권의 양도(20점)		
6회	제537조 채무자 위험부담주의(20점)			• 계약금의 일부 지급과 해약금해제(20점) • 이행기 전의 이행의 착수(20점) • 물건의 하자에 대한 매도인의 담보책임(20점)		임차인의 지상물 매수청구권(20점)		
7회	• 계약교섭의 부당한 중도파기의 법적 성질(30점) • 손해배상책임의 범위(10점)			환매와 재매매의 예약(20점)		권리금 회수기회 보호제도(20점)		여행주최자의 의무와 담보책임(20점)
8회	동시이행의 항변권의 성립요건(20점)					• 임차인의 부속물 매수청구권(20점) • 임차권 등기명령(20점)	• 주택신축계약의 법적 성질과 완성물의 소유권 귀속(20점) • 수급인의 담보책임(20점)	
9회	제538조 채권자위험부담(20점)	합의해제와 제3자보호(10점)	부담부 증여(30점)			상임법상 임차인의 계약갱신 요구권(20점)		조합원의 탈퇴(20점)
10회	교차청약(20점)	해제와 제3자 보호(20점)		전부 타인권리의 매매와 매도인의 담보책임(20점)		임대차보증금의 반환(20점)		조합원의 탈퇴(20점)
11회	제3자를 위한 계약(20점)	해제의 효과(20점)		이행기 전의 이행의 착수(20점)		임차인의 지상물 매수청구권(20점)	제작물공급계약과 완성물의 소유권 귀속(20점)	
12회	계약체결상의 과실책임(20점)			전부 타인 권리의 매매와 매도인의 담보책임(20점)		상임법상 계약갱신 요구권과 권리금 회수기회 보호제도(40점)		조합채무에 대한 책임(20점)
13회	제3자를 위한 계약(40점)		서면에 의하지 않은 증여(20점)					• 조합의 출자 의무, 성립 요건, 이익 분배(20점) • 화해계약의 취소(20점)

STRUCTURE

구성 및 활용법

1

출제영역에 맞추어 최적화된 교재 구성

출제 가능성이 높은 내용을 중심으로 풍부한 설명을 덧붙여 수험자의 학습에 탄탄한 길라잡이가 될 수 있도록 구성하였다. 단순 암기를 통한 학습이 아니라 학습 내용을 정확하게 이해할 수 있도록 이론을 충실히 반영하였으며, 관련 판례와 조문을 수록해 행정사 자격시험 합격에 최적화된 교재로 만들었다.

2

학습에 도움이 되는 관련 판례 및 법조문

출제영역인 민법(계약)과 관련된 판례, 법조문 등을 함께 수록함으로써 정확한 이해에 도움이 될 수 있도록 하였다.

행정사
조민기 민법(계약)

3

2013~2025년 기출문제 수록

주관식 논술형으로 출제되는 행정사 2차 시험에 대해 수험자들이 느끼는 불안을 최소화하고자 기출문제와 모범답안을 수록하였다. 각 기출문제에 꼼꼼한 내용 정리와 풍부한 해설을 달아 학습의 편의를 도왔으며, 수험자들이 실제로 답안을 작성해보면서 실전감각을 키우고 학습의 진행 정도를 파악할 수 있도록 하였다.

4

부록으로 관련 법령 수록

부록으로 민법(계약), 주택임대차보호법, 상가건물임대차보호법의 조문을 수록하여 학습의 효율성을 기하였다.

CONTENTS

차례

Chapter 01 계약총론

제1절 계약의 의의 및 사회적 작용 · 14
제2절 계약의 자유와 그 제한 · 15
제3절 계약과 보통거래약관 · 18
제4절 계약의 종류 · 23
제5절 계약의 성립 · 26
제6절 계약의 효력 · 40
제7절 계약의 해제·해지 · 61

Chapter 02 계약각론

제1절 증여 · 82
제2절 매매 · 89
제3절 교환 · 121
제4절 소비대차 · 122
제5절 사용대차 · 128
제6절 임대차 · 132
제7절 고용 · 193
제8절 도급 · 197
제8절의2 여행계약 · 209

제9절 현상광고 · 211

제10절 위임 · 214

제11절 임치 · 220

제12절 조합 · 224

제13절 종신정기금 · 238

제14절 화해 · 240

부록 기출문제 모범답안 · 관련 법령

제1회 행정사 2차 민법(계약) 기출문제 모범답안 · 246

제2회 행정사 2차 민법(계약) 기출문제 모범답안 · 251

제3회 행정사 2차 민법(계약) 기출문제 모범답안 · 256

제4회 행정사 2차 민법(계약) 기출문제 모범답안 · 261

제5회 행정사 2차 민법(계약) 기출문제 모범답안 · 266

제6회 행정사 2차 민법(계약) 기출문제 모범답안 · 271

제7회 행정사 2차 민법(계약) 기출문제 모범답안 · 276

제8회 행정사 2차 민법(계약) 기출문제 모범답안 · 281

제9회 행정사 2차 민법(계약) 기출문제 모범답안 · 286

제10회 행정사 2차 민법(계약) 기출문제 모범답안 · 291

제11회 행정사 2차 민법(계약) 기출문제 모범답안 · 296

제12회 행정사 2차 민법(계약) 기출문제 모범답안 · 301

제13회 행정사 2차 민법(계약) 기출문제 모범답안 · 306

민법(계약) 관련 법령 · 311

제1절 계약의 의의 및 사회적 작용
제2절 계약의 자유와 그 제한
제3절 계약과 보통거래약관
제4절 계약의 종류
제5절 계약의 성립
제6절 계약의 효력
제7절 계약의 해제·해지

행정사
조민기 민법(계약)

CHAPTER

01

계약총론

Chapter 01 계약총론

제1절 계약의 의의 및 사회적 작용

01 채권법 서설

1. 채권의 발생원인

채권은 특정인이 다른 특정인에 대하여 특정의 행위를 청구할 수 있는 권리이다. 이러한 채권은 당사자의 의사표시에 의한 법률행위와 그 이외의 것인 법률의 규정에 의해 발생한다. 법률행위에 의해 채권이 발생하는 가장 전형적인 것은 계약이다. 반면에 법률의 규정에 의한 채권의 발생으로는 사무관리·부당이득·불법행위 등이 있다.

2. 채권법의 구성

민법 제3편 채권은 제1장 총칙(제373조~제526조), 제2장 계약(제527조~제733조), 제3장 사무관리(제734조~제740조), 제4장 부당이득(제741조~제749조), 제5장 불법행위(제750조~제766조)의 5개 장으로 구성되어 있다.
이 중 제1장을 채권총론이라 하고 나머지 제2장~제5장을 채권각론으로 분류하여 연구한다. 채권각론은 다시 채권의 발생원인을 중심으로 계약·사무관리·부당이득·불법행위의 네 가지를 규정한다. 행정사 2차 시험 과목으로서의 「민법(계약)」은 민법 제3편 제2장 계약을 중심으로 학습한다.

02 계약의 의의

1. 넓은 의미의 계약(광의의 계약)

넓은 의미의 계약은 사법상의 일정한 법률효과의 발생을 목적으로 하는 2인 이상의 당사자의 서로 대립하는 의사표시의 합치에 의하여 성립하는 법률행위를 가리킨다. 따라서 여기에는 채권계약은 물론 물권계약·준물권계약·가족법상의 계약 등이 모두 포함된다.

2. 좁은 의미의 계약(협의의 계약)

좁은 의미의 계약은 채권·채무의 발생을 목적으로 하는 '채권계약'을 말하고, 민법 제3편 제2장 계약에서 이를 규율하고 있다.

제2절 계약의 자유와 그 제한

01 계약자유의 원칙

계약에 의한 법률관계의 형성이 법에 위배되지 않는 한 계약당사자의 자유에 완전히 맡겨지며, 법도 그러한 자유의 결과를 가능한 한 승인한다는 원칙을 말한다. 계약자유의 원칙은 근대민법의 3대 원칙인 사적 자치의 원칙·소유권절대의 원칙·과실책임의 원칙 중 사적 자치의 원칙의 가장 전형적인 표현이다.

02 계약자유의 내용

1. 계약체결의 자유

계약당사자는 계약의 체결 여부를 자유롭게 결정할 수 있다. 계약은 청약과 승낙에 의해 성립하므로, 이것은 청약의 자유와 승낙의 자유를 포함한다. 즉, 당사자는 청약의 의사표시를 할 자유를 가질 뿐만 아니라, 상대방도 그에 대해 승낙의 자유를 가진다.

2. 계약상대방 선택의 자유

계약당사자는 자신이 원하는 상대방과 계약을 체결할 수 있고, 특정인을 계약의 상대방으로 할 것을 강요받지 않는다. 이 내용을 계약체결의 자유에 포함시켜 설명하기도 한다.

3. 계약내용결정의 자유

계약당사자가 계약의 내용을 어떻게 정할지도 자유다. 이는 성립한 계약의 내용을 후에 변경하거나 보충하는 것을 포함한다.

4. 계약방식의 자유

계약체결에 원칙적으로 특정한 방식을 요구하지 않음을 말한다.

03 계약자유의 원칙에 대한 제한

1. 계약체결의 자유에 대한 제한

(1) 공법상의 체약강제

① 우편·통신·운송·수도·전기·가스 등의 재화를 공급하는 공익적 독점기업은 관계법률에 의해 정당한 이유 없이 급부의 제공을 거절하지 못한다.
② 공증인·집행관·법무사·의사·치과의사·한의사·조산원·약사 등의 공공적·공익적 직무에 관하여는 관계법률에 의해 그 직무의 집행을 거절할 수 없다.
③ 법률에 의해 부과된 체약의무에 위반하여 계약체결을 거절하는 경우, 관계법령에서 정하는 바에 따라 공법적 제재를 받을 뿐 아니라, 사법상으로는 법률의 위반에 의한 불법행위를 이유로 손해배상을 청구받을 수 있다.

(2) 사법상의 체약강제

지상권자 및 지상권설정자가 지상물의 매수를 청구한 때(제283조 제2항·제285조), 전세권자 및 전세권설정자가 부속물의 매수를 청구한 때(제316조), 임차인과 전차인이 부속물의 매수를 청구한 때(제646조·제647조) 등에는 상대방의 승낙이 있었던 것이 되어 지상물 또는 부속물에 관한 매매가 성립한 것으로 다루어진다.

2. 계약상대방 선택의 자유에 대한 제한

국가유공자 등 예우 및 지원에 관한 법률 제34조 제3항은 "국가보훈부장관은 취업지원 대상자를 대통령령으로 정하는 바에 따라 업체 등에 고용할 것을 명할 수 있다."라고 규정한다. 따라서 사용자는 국가가 명하는 취업지원 대상자를 채용할 의무를 지므로, 이 한도에서 사용자의 상대방 선택의 자유는 제한된다.

3. 계약내용결정의 자유에 대한 제한

(1) 강행법규에 의한 제한

강행법규에 반하는 법률행위는 무효이므로(제105조), 강행법규에 위반하는 사항을 목적으로 하는 계약도 그 효력이 인정되지 못한다.

(2) 사회질서에 의한 제한

선량한 풍속 기타 사회질서에 위반하는 사항을 내용으로 하는 계약은 무효이며, 폭리성을 가진 계약도 무효이다(제103조·제104조).

(3) 약관에 의한 제한

약관은 불특정 다수인을 상대로 하는 대량거래의 성행으로부터 나타난 것으로, 계약의 내용을 정형화·표준화하여 당사자의 구체적인 의사를 고려함이 없이 기계적으로 계약이 성립하도록 하는 것이다. 예컨대 운송·보험·은행거래 등 현대의 대량거래에서는 사업자가 일방적으로 계약의 내용으로 될 약관을 작성해 놓고, 이에 대해 고객은 사실상 그 내용에 대해 협의할 수 있는 가능성을 갖지 못한 채 정해진 약관에 따라가는 방식으로 계약이 체결되는 것이 보통이다. 이러한 방식의 계약을 부합계약이라 부르는데, 이는 계약내용결정의 자유에 대한 제한이 된다. 약관에 의한 계약체결은 대량거래를 통일적으로 또 신속하게 처리한다는 장점은 분명히 있지만, 사업자가 일방적으로 미리 작성한다는 점에서 그 내용이 사업자에게만 유리한 쪽으로 정해질 소지가 많다. 또 고객은 별다른 협의를 할 여지가 없이 계약체결에 임하게 되는 경우가 많으므로, 이러한 폐단을 규제하기 위해 약관의 규제에 관한 법률이 마련되어 있다.

(4) 규제된 계약에 의한 제한

일정한 계약에 대해 그 계약의 내용으로 삼을 일정한 기준을 법률로 정하는 경우가 있는데, 이를 규제된 계약이라고 한다. 예컨대 어떤 물건에 관하여 법령으로 공정가격을 정한 경우, 체결의 자유와 상대방 선택의 자유는 있어도 매매계약의 내용인 매매대금은 그 공정가격 범위 내에서 정해야 한다는 점에서 계약내용결정의 자유에 대한 제한이 된다. 물가안정에 관한 법률 제2조 제1항은 "정부는 국민생활과 국민경제의 안정을 위하여 필요하다고 인정할 때에는 특히 중요한 물품의 가격, 부동산 등의 임대료 또는 용역의 대가에 대하여 최고가격을 지정할 수 있다."라고 규정한다.

4. 계약방식의 자유에 대한 제한

계약의 성립이 일정한 방식, 특히 서면에 의할 것을 요구하는 이유는 보통 당사자로 하여금 의사표시를 하는 데 신중을 기하도록 하고, 계약의 성립 내지는 합의내용에 관한 증거자료로서 기능하며, 계약의 성립을 제3자에게 알림으로써 거래의 안전을 보호하고, 행정기관이 당사자로부터 계약서를 제출받아 일정한 행정목적을 달성하기 위함이다.

예컨대 서면에 의하지 않은 증여는 각 당사자가 이를 해제할 수 있고(제555조), 혼인(제812조)·입양(제878조) 등 친족법상의 계약은 가족관계의 등록 등에 관한 법률에 따라 서면으로 신고를 하여야 그 효력이 생긴다.

제3절 계약과 보통거래약관

01 서설

1. 약관의 의의

약관이란 그 명칭이나 형태 또는 범위에 상관없이 계약의 한쪽 당사자가 여러 명의 상대방과 계약을 체결하기 위하여 일정한 형식으로 미리 마련한 계약의 내용을 말한다.

> **판례**
> 약관의 규제에 관한 법률의 규제 대상인 약관이라 함은 그 명칭이나 형태 또는 범위를 불문하고 계약당사자가 다수의 상대방과 계약을 체결하기 위하여 일정한 형식에 의하여 미리 마련한 계약의 내용이 되는 것으로서 구체적인 계약에서의 개별적 합의 등은 그 형태에 관계없이 약관에 해당한다고 할 수 없다(대판 2002. 10. 11, 2002다39807).

2. 약관규제의 필요성

약관은 어떤 종류의 계약을 표준화·정형화하여 대량거래에 있어서 계약체결을 합리적으로 수행하고 영업을 합리화하는 기능을 가지고 있다. 또한 당사자 사이의 거래에 대한 법규의 채용을 분명히 하여 법률생활의 안정에 기여하며, 법령의 미비한 점을 보충하는 기능을 갖는다. 그러나 약관의 상대방으로서는 그 작성자와의 사이에 존재하는 경제적 지위의 차이로 말미암아 일반적으로 당해 약관에 의하여 계약을 일괄하여 체결할 것인가의 여부를 결정하는 자유만을 가지게 된다. 따라서 약관에 의하는 계약의 체결은 그 작성자에게 유리하고, 상대방에게는 불리한 것으로 되기 쉽다. 따라서 이에 대한 법적 규제를 강화할 필요성이 있어, 약관의 규제에 관한 법률을 제정하여 약관의 내용을 규제하고 있다.

> **약관의 규제에 관한 법률**(이하 약관규제법) **제1조 【목적】** 이 법은 사업자가 그 거래상의 지위를 남용하여 불공정한 내용의 약관을 작성하여 거래에 사용하는 것을 방지하고 불공정한 내용의 약관을 규제함으로써 건전한 거래질서를 확립하고, 이를 통하여 소비자를 보호하고 국민생활을 균형 있게 향상시키는 것을 목적으로 한다.
>
> **제2조 【정의】** 이 법에서 사용하는 용어의 정의는 다음과 같다.
> 1. "약관"이란 그 명칭이나 형태 또는 범위에 상관없이 계약의 한쪽 당사자가 여러 명의 상대방과 계약을 체결하기 위하여 일정한 형식으로 미리 마련한 계약의 내용을 말한다.
> 2. "사업자"란 계약의 한쪽 당사자로서 상대 당사자에게 약관을 계약의 내용으로 할 것을 제안하는 자를 말한다.
> 3. "고객"이란 계약의 한쪽 당사자로서 사업자로부터 약관을 계약의 내용으로 할 것을 제안받은 자를 말한다.

02 약관의 계약에의 편입

1. 약관 구속력의 근거

약관이 계약당사자에 대하여 구속력을 가지는 것은 그 자체가 법규범 또는 법규범적 성질을 가진 약관이기 때문이 아니라, 계약당사자들이 약관을 계약내용에 포함시키기로 합의하였기 때문이라는 계약설이 통설·판례(2003다30807)이다. 즉, 당사자 사이의 합의에 의하여 약관이 계약의 구성부분이 되었을 때 비로소 구속력을 가지게 된다. 이와 같이 약관이 계약 속에 편입되어 그 내용을 구성하는 것을 약관의 계약에의 편입이라고 한다.

2. 약관의 계약에의 편입요건

> **약관규제법 제3조【약관의 작성 및 설명의무 등】** ① 사업자는 고객이 약관의 내용을 쉽게 알 수 있도록 한글로 작성하고, 표준화·체계화된 용어를 사용하며, 약관의 중요한 내용을 부호, 색채, 굵고 큰 문자 등으로 명확하게 표시하여 알아보기 쉽게 약관을 작성하여야 한다.
> ② 사업자는 계약을 체결할 때에는 고객에게 약관의 내용을 계약의 종류에 따라 일반적으로 예상되는 방법으로 분명하게 밝히고, 고객이 요구할 경우 그 약관의 사본을 고객에게 내주어 고객이 약관의 내용을 알 수 있게 하여야 한다. 다만, 다음 각 호의 어느 하나에 해당하는 업종의 약관에 대하여는 그러하지 아니하다.
>   1. 여객운송업
>   2. 전기·가스 및 수도사업
>   3. 우편업
>   4. 공중전화 서비스 제공 통신업
> ③ 사업자는 약관에 정하여져 있는 중요한 내용을 고객이 이해할 수 있도록 설명하여야 한다. 다만, 계약의 성질상 설명하는 것이 현저하게 곤란한 경우에는 그러하지 아니하다.
> ④ 사업자가 제2항 및 제3항을 위반하여 계약을 체결한 경우에는 해당 약관을 계약의 내용으로 주장할 수 없다.
>
> **약관규제법 시행령 제2조【약관의 비치】** 「약관의 규제에 관한 법률」 제3조 제2항 각 호에 해당하는 업종의 약관인 경우에도 사업자는 영업소에 해당 약관을 비치하여 고객이 볼 수 있도록 하여야 한다.

(1) 약관의 명시·설명의무

① 사업자는 계약을 체결할 때에는 고객에게 약관의 내용을 계약의 종류에 따라 일반적으로 예상되는 방법으로 분명하게 밝히고(약관규제법 제3조 제2항), 약관에 정하여져 있는 중요한 내용을 고객이 이해할 수 있도록 설명하여야 한다(동법 제3조 제3항).

> [판례]
>
> **보험자가 보험계약자의 대리인과 보험계약을 체결하는 경우, 보험약관에 관한 명시·설명의무의 상대방**
> 상법 제638조의3 제1항 및 약관의 규제에 관한 법률 제3조의 규정에 의하여 보험자는 보험계약을 체결할 때 보험계약자에게 보험약관에 기재되어 있는 보험상품의 내용, 보험료율의 체계, 보험청약서상 기재사항의 변동 및 보험자의 면책사유 등 보험계약의 중요한 내용에 대하여 구체적이고 상세한 명시·설명의무를 지고 있다고 할 것이어서, 만일 보험자가 이러한 보험약관의 명시·설명의무에 위반하여 보험계약을 체결한 때에는 그 약관의 내용을 보험계약의 내용으로 주장할 수 없다. 그 설명의무의 상대방은 반드시 보험계약자 본인에 국한되는 것이 아니라, 보험자가 보험계약자의 대리인과 보험계약을 체결할 경우에는 그 대리인에게 보험약관을 설명함으로써 족하다(대판 2001. 7. 27, 2001다23973).

② 설명의무의 대상이 되는 '중요한 내용'이라 함은 사회통념에 비추어 고객이 계약체결의 여부나 대가를 결정하는 데 직접적인 영향을 미칠 수 있는 사항을 말하고, 약관조항 중에서 무엇이 중요한 내용에 해당하는지에 관하여는 일률적으로 말할 수 없으며, 구체적인 사건에서 개별적 사정을 고려하여 판단하여야 한다. 또한 판례는, 사업자에게 약관의 설명의무가 인정되는 것은 고객이 알지 못하는 가운데 약관에 정하여진 중요한 사항이 계약내용으로 되어 고객이 예측하지 못한 불이익을 받는 것을 피하자는 데 그 취지가 있다는 것을 토대로, 다음의 경우에는 그것이 비록 약관의 중요한 내용을 이룬다고 하더라도 설명의무의 대상이 아닌 것으로 본다.

> [판례]
>
> **1. 법령에 규정되어 있는 사항이 약관의 중요한 내용인 경우**
> 사업자에게 약관의 명시·설명의무가 인정되는 것은 상대방인 고객이 알 수 없는 가운데 약관에 정하여진 중요한 사항이 계약내용으로 되어 고객이 예상하지 못한 불이익을 받게 되는 것을 피하고자 하는 데에 그 취지가 있다고 할 것이므로, 당해 거래계약에 당연히 적용되는 법령에 규정되어 있는 사항은 그것이 약관의 중요한 내용에 해당한다고 하더라도 특별한 사정이 없는 한 사업자가 이를 따로 명시·설명할 의무는 없다(대판 1999. 9. 7, 98다19240).
>
> **2. 보험계약자가 보험약관의 내용을 충분히 잘 알고 있는 경우**
> 보험약관의 중요한 내용에 해당하는 사항이라고 하더라도 보험계약자나 그 대리인이 그 내용을 충분히 잘 알고 있는 경우에는 당해 약관이 바로 계약내용이 되어 당사자에 대하여 구속력을 갖는 것이므로, 보험자로서는 보험계약자 또는 그 대리인에게 약관의 내용을 따로 설명할 필요가 없다고 볼 것인바, 이 경우 보험계약자나 그 대리인이 약관의 내용을 충분히 잘 알고 있다는 점은 이를 주장하는 보험자측에서 입증하여야 할 것이다(대판 2005. 8. 22, 2003다27054).
>
> **3. 보험약관의 기재사항이 거래상 일반적이고 공통된 것이어서 보험계약자가 별도의 설명 없이도 충분히 예상할 수 있는 것이거나 이미 법령에 의하여 정하여진 것을 되풀이하거나 부연하는 정도에 불과한 경우**
> 약관에 정하여진 사항이라고 하더라도 거래상 일반적이고 공통된 것이어서 보험계약자가 별도의 설명 없이도 충분히 예상할 수 있었던 사항이거나, 이미 법령에 의하여 정하여진 것을 되풀이하거나 부연하는 정도에 불과한 사항이라면, 그러한 사항에 관하여까지 보험자에게 명시·설명의무가 있다고는 할 수 없다(대판 2007. 4. 27, 2006다87453).

4. **보험사고의 내용이나 범위를 정한 보험약관이라고 하더라도 이에 대한 명시·설명의무의 이행 여부가 보험계약의 체결 여부에 영향을 미치지 않는 경우**

어떤 보험계약의 당사자 사이에서 약관의 명시·설명의무가 제대로 이행되었더라도 그러한 사정이 그 보험계약의 체결 여부에 영향을 미치지 아니하였다고 볼 만한 특별한 사정이 인정된다면, 비록 보험사고의 내용이나 범위를 정한 보험약관이라고 하더라도 이러한 명시·설명의무의 대상이 되는 보험계약의 중요한 내용으로 볼 수 없다(대판 2005. 10. 7, 2005다28808).

(2) 약관의 명시·설명의무 위반의 효과

① 사업자가 명시·설명의무를 위반하여 계약을 체결한 경우에는 사업자는 해당 약관을 계약의 내용으로 주장할 수 없다(약관규제법 제3조 제4항).
② 그러나 고객은 사업자가 명시·설명을 하지 않았다고 하더라도 해당 약관을 계약의 내용으로 주장할 수 있다.

> **판례**
>
> 예금채권은 금전채권의 일종으로서 일반거래상 자유롭게 양도될 필요성이 큰 재산이므로, 은행거래약관에서 예금채권에 관한 양도금지의 특약을 정하고 있는 경우, 이러한 특약은 예금주의 이해관계와 밀접하게 관련되어 있는 중요한 내용에 해당하므로, 은행으로서는 고객과 예금계약을 체결함에 있어서 이러한 약관의 내용에 대하여 구체적이고 상세한 명시·설명의무를 지게 되고, 만일 은행이 그 명시·설명의무에 위반하여 예금계약을 체결하였다면, 은행거래약관에 포함된 양도금지의 특약을 예금계약의 내용으로 주장할 수 없다(대판 1998. 11. 10, 98다20059).

03 약관의 해석원칙

> 약관규제법 제4조 【개별 약정의 우선】 약관에서 정하고 있는 사항에 관하여 사업자와 고객이 약관의 내용과 다르게 합의한 사항이 있을 때에는 그 합의 사항은 약관보다 우선한다.
> 제5조 【약관의 해석】 ① 약관은 신의성실의 원칙에 따라 공정하게 해석되어야 하며 고객에 따라 다르게 해석되어서는 아니 된다.
> ② 약관의 뜻이 명백하지 아니한 경우에는 고객에게 유리하게 해석되어야 한다.

1. 신의칙에 따른 공정해석의 원칙

약관은 신의성실의 원칙에 따라 공정하게 해석되어야 한다(약관규제법 제5조 제1항 전단).

2. 객관적(통일적) 해석의 원칙

약관은 고객에 따라 다르게 해석되어서는 안 된다(약관규제법 제5조 제1항 후단). 약관은 개별약정과는 달리 불특정 다수인을 위해 이용되는 것이므로, 모든 고객에게 객관적으로 동일하게 해석됨으로써 차별적 취급이 방지되어야 한다.

3. 불명확조항의 해석(작성자 불리의 원칙, 고객 유리의 원칙)

약관의 뜻이 명백하지 아니한 경우에는 고객에게 유리하게 해석되어야 한다(약관규제법 제5조 제2항). 명확하지 않은 조항을 만드는 데 원인을 준 자가 위험을 부담하는 것이 공평하기 때문이다.

4. 개별약정 우선의 원칙

약관에서 정하고 있는 사항에 관하여 사업자와 고객이 약관의 내용과 다르게 합의한 사항이 있을 때에는 그 합의사항은 약관보다 우선한다.

04 약관의 내용통제

1. 불공정약관조항의 무효

> **약관규제법 제6조【일반원칙】** ① 신의성실의 원칙을 위반하여 공정성을 잃은 약관 조항은 무효이다.
> ② 약관의 내용 중 다음 각 호의 어느 하나에 해당하는 내용을 정하고 있는 조항은 공정성을 잃은 것으로 추정된다.
>   1. 고객에게 부당하게 불리한 조항
>   2. 고객이 계약의 거래형태 등 관련된 모든 사정에 비추어 예상하기 어려운 조항
>   3. 계약의 목적을 달성할 수 없을 정도로 계약에 따르는 본질적 권리를 제한하는 조항

약관규제법은 제6조 제1항에서 신의성실의 원칙을 위반하여 공정성을 잃은 약관 조항은 무효라고 선언하고, 동법 제7조 내지 제14조에서 약관의 개별적 무효사유를 규정하고 있다.

2. 무효인 약관조항의 효력

> **약관규제법 제16조【일부 무효의 특칙】** 약관의 전부 또는 일부의 조항이 제3조 제4항에 따라 계약의 내용이 되지 못하는 경우나 제6조부터 제14조까지의 규정에 따라 무효인 경우 계약은 나머지 부분만으로 유효하게 존속한다. 다만, 유효한 부분만으로는 계약의 목적 달성이 불가능하거나 그 유효한 부분이 한쪽 당사자에게 부당하게 불리한 경우에는 그 계약은 무효로 한다.

약관규제법은 일부 무효의 법리를 규정한 민법 제137조에 대한 특칙으로 제16조를 두고 있다. 따라서 약관의 일부가 무효인 경우에는 원칙적으로 계약은 나머지 부분만으로 유효하게 존속한다.

제4절 계약의 종류

01 전형계약 · 비전형계약

1. 의의

민법전에 규정되어 있는 15종의 계약을 전형계약(유명계약)이라고 하며, 민법전에 규정되어 있지 않은 기타의 계약(예 출판계약 · 방송출연계약 등)을 비전형계약(무명계약)이라고 한다. 채권계약에 관한 민법의 규정들은 원칙적으로 임의규정에 불과하므로 계약당사자가 민법상 전형계약이 아닌 다른 내용의 계약을 체결하는 것은 물론 자유이다.

2. 혼합계약

비전형계약의 일종으로서 전형계약과 비전형계약(예 손님으로부터 팁을 받을 수 있는 기회를 주는 대가로서 일정한 노무를 제공하는 경우), 전형계약과 전형계약(예 가정교사로 일하면서 그 대가로서 방을 사용하는 경우는 고용과 임대차의 혼합계약)의 내용이 혼합되어 있는 계약유형이다.

02 쌍무계약 · 편무계약

1. 의의

쌍무계약이란 계약의 각 당사자가 서로 대가적 의미를 가지는 채무를 부담하는 계약(예 매매 · 교환 · 임대차 · 고용 · 도급 · 조합 · 화해 · 유상소비대차 · 유상위임 · 유상임치)이고, 편무계약이란 일방만이 채무를 부담하거나 쌍방이 채무를 부담하더라도 채무가 서로 대가적 의미를 갖지 않는 계약(예 증여 · 사용대차 · 현상광고 · 무상소비대차 · 무상위임 · 무상임치)이다.

2. 구별의 실익

쌍무계약에 있어서는 채무가 서로 대가적 의미를 가지고 의존관계에 있기 때문에 동시이행의 항변권(제536조) · 위험부담(제537조 · 제538조)의 문제가 생기나, 편무계약에서는 원칙적으로 이러한 문제들이 생길 수 없다.

03 유상계약 · 무상계약

1. 의의

유상계약이란 계약의 각 당사자가 서로 대가적 의미가 있는 재산상의 출연을 하는 계약(예 매매·교환·임대차·고용·도급·조합·화해·현상광고)이고, 무상계약이란 계약당사자의 일방만이 급부를 하든가 혹은 쌍방이 급부를 하더라도 그 급부 사이에 대가적 의미가 있는 의존관계가 없는 계약(예 증여·사용대차)을 말한다. 한편 소비대차·위임·임치·종신정기금은 당사자 사이의 약정에 의하여 유상계약이거나 무상계약이 된다. 부담부 증여에 있어서는 증여자·수증자 모두 급부를 하여야 하나, 그들 급부 사이에는 대가적 의존관계를 인정할 수 없기 때문에 무상계약이다. 현상광고는 편무계약이지만 유상계약에 속한다.

2. 구별의 실익

원칙적으로 유상계약에는 매매에 관한 규정이 준용된다(제567조).

04 낙성계약 · 요물계약

1. 의의

당사자의 합의만으로 성립하는 계약이 낙성계약이고, 합의 이외에 일방이 물건의 인도 기타 급부를 하여야 성립하는 계약이 요물계약이다.

2. 요물계약에 해당하는 경우

통설·판례에 의하면 현상광고, 대물변제, 계약금계약, 보증금계약(다수설), 예금계약은 요물계약에 해당한다.

05 계속적 계약 · 일시적 계약

1. 의의

계속적 계약이란 계약상 채무의 내용인 급부의 실현이 시간적 계속성을 가지는 계약(예 소비대차·사용대차·임대차·고용·위임·임치·조합·종신정기금)이고, 일시적 계약이란 급부가 일 시점에서 실현되는 계약(예 매매·증여·교환·도급 등)을 말한다. 즉, 일시적 계약에 있어서는 급부의 실현이 '어떤 시점'에서 행하여지는 데 반해, 계속적 계약관계에서는 급부의 실현이 '어떤 기간 동안' 계속해서 행하여지는 것이다.

2. 계속적 계약의 특질

(1) 민법은 계약의 해지와 해제를 구별하는데(제543조 이하), 계약의 해지는 계속적 계약을 대상으로 하는 것인 데 비해, 계약의 해제는 일시적 계약을 대상으로 하는 것이며, 그 효과를 달리한다.

(2) 계속적 계약에서 기간의 정함이 없는 경우에는 계약 당사자의 자유를 구속할 우려가 있는 점에서, 당사자가 언제든지 계약을 해지할 수 있는 자유가 보장되고, 이 경우 해지 후 일정한 기간이 경과하면 그 효력이 생기는 것으로 정한다(제635조·제660조·제689조).

(3) 계속적 채권관계는 당사자의 상호신뢰성이 특히 강하게 요구된다. 따라서 당사자에 관한 착오는 법률행위의 중요부분이 착오가 되고(제109조), 임차권의 양도·전대에는 임대인의 동의를 요하며(제629조), 수임인의 사망 등은 위임의 종료원인이 되고(제690조), 조합원의 사망 등이 탈퇴의 사유가 되는 것(제717조) 등은 모두 계속적 채권관계의 이러한 특질에서 유래하는 것이다.

(4) 계속적 채권관계는 상당히 장기간에 걸치기 때문에 계약기간 중 경제적 사정의 큰 변동과 같은 사태가 일어나는 경우에는 처음의 계약내용을 그대로 이행케 하는 것이 부당하게 되는 수가 있으므로 사정변경의 원칙을 고려하게 된다(제627조·제628조).

06 예약·본계약

장래 일정한 계약을 체결할 것을 미리 약정하는 계약이 예약이고, 이 예약에 의해 장차 맺어질 계약을 본계약이라고 한다. 이러한 예약은 본계약을 체결하여야 할 채무를 발생케 하는 계약이므로, 그 자체는 언제나 채권계약이 된다. 그러나 그에 의해 장차 체결될 본계약은 반드시 채권계약에 한하지 않고, 물권계약(예 저당권설정계약)이나 가족법상의 계약(예 혼인)일 수도 있다.

제5절 계약의 성립

01 서설

1. 계약의 성립요건으로서의 합의

(1) **합의의 의의**

① 계약이 성립하려면 당사자의 서로 대립하는 수개의 의사표시의 합치, 즉 합의가 있어야 한다. 이 합의가 성립하기 위해서는 의사표시의 객관적 합치와 주관적 합치가 요구된다.

② 당사자의 의사표시가 내용에서 서로 일치하는 것이 객관적 합치이다. 예컨대 甲이 그의 스마트폰을 10만 원에 팔겠다는 의사표시에 대해서 乙이 그 스마트폰을 10만 원으로 사겠다는 의사표시를 하였다면, 이들 의사표시는 객관적 합치가 있는 것이다.

> **판례**
> 계약이 성립하기 위하여는 당사자 사이에 의사의 합치가 있을 것이 요구되고, 이러한 의사의 합치는 당해 계약의 내용을 이루는 모든 사항에 관하여 있어야 하는 것은 아니나, 그 본질적 사항이나 중요 사항에 관하여는 구체적으로 의사의 합치가 있거나 적어도 장래 구체적으로 특정할 수 있는 기준과 방법 등에 관한 합의는 있어야 하며, 한편 당사자가 의사의 합치가 이루어져야 한다고 표시한 사항에 대하여 합의가 이루어지지 아니한 경우에는 특별한 사정이 없는 한 계약은 성립하지 아니한다(대판 2001. 3. 23, 2000다51650).

③ 주관적 합치란 당사자의 의사표시가 서로 상대방에 대한 것이어서 상대방이 누구이냐에 관하여 잘못이 없는 것이다. 예컨대 甲의 乙에 대한 청약에 대하여 제3자 丙이 승낙을 한 경우는 주관적 합치가 없으므로 계약은 성립하지 않는다.

(2) **불합의**

① **의식적 불합의와 무의식적 불합의**: 객관적·주관적 합치가 없으면 계약은 성립하지 않는다. 이를 불합의라고 하는데, 여기에는 의식적 불합의와 무의식적 불합의(숨은 불합의)가 있다. 의식적 불합의는 예컨대 어떤 청약에 대해 조건을 붙이거나 변경을 가하여 승낙을 하는 것처럼 당사자가 의식적으로 불일치를 초래하는 경우이다. 이에 반해 무의식적 불합의는 사실상 어떤 점에 대해 불일치가 있는데 이를 당사자가 모르는 경우다. 어느 것이든 합의가 없다는 점에서 계약은 성립하지 않는다.

② **무의식적 불합의와 착오**: 무의식적 불합의(숨은 불합의)는 청약을 받은 자가 청약의 의미를 오해하여 그 청약과 일치하지 않는 승낙을 하거나, 또는 애매한 뜻을 가지는 점에 관하여 당사자가 그 뜻을 명백히 하지 않고 의사표시를 한 경우에 일어난다. 이것은 결국 규범적 해석에 의해서도 합의가 있는 것으로 볼 수 없는 경우를 말하는 것이다. 예컨대 캐나다인과 미국인 간의 토지매매계약에 있어 매매대금을 캐나다인은 캐나다 달러로 생각하고 미국인은 미국 달러로 생각하여 계약을 체결한 경우를 말한다. 이처럼 대립하는 두 개의 의사표시 사이에 틈이 생겨 어긋나는 경우에는, 그 사실을 당사자가 알지 못하였더라도 계약은 합의가 없으므로 성립조차 않는다. 따라서 취소할 여지도 없다. 반면, 착오는 하나의 의사표시에서 의사와 표시가 일치하지 않는 것을 표의자가 모르는 경우이다. 규범직 해석을 통해 합의가 있는 것으로 평가될 때에는 계약은 일단 성립하지만, 그것이 당사자의 의사와 일치하느냐 하는 것은 별개의 문제이다. 즉, 착오가 있는 때에는 일정한 요건을 전제로 하여 이를 취소할 수 있다(제109조 제1항). 그러나 취소하기까지는 그 계약은 효력을 가지는 점에서, 계약이 성립하지 않아 효력이 생길 여지가 아예 없는 불합의와는 다르다.

2. 계약성립의 모습

민법은 계약의 공통된 성립요건으로서의 합의에 기초하여, 그 성립의 모습으로서 청약과 승낙에 의한 계약성립(제527조 이하)·교차청약에 의한 계약성립(제533조)·의사실현에 의한 계약성립(제532조)의 세 가지를 규정한다.

02 청약과 승낙에 의한 계약성립

1. 청약

(1) **청약의 의의**

청약은 상대방의 승낙과 결합하여 일정한 계약을 성립시킬 것을 목적으로 하는 일방적·확정적 의사표시이다. 청약은 하나의 의사표시이나, 청약만으로 계약이 성립하지는 않으므로 법률행위는 아니며 법률사실에 불과하다.

(2) **청약의 요건**

① **청약의 당사자**: 청약은 계약의 당사자가 될 특정인에 의하여 행하여져야 함은 물론이나, 청약자가 누구이냐가 그 청약의 의사표시 속에 명시적으로 표시되어야 하는 것은 아니다. 청약의 상대방은 특정인이 아니더라도 상관없다. 불특정 다수인에 대한 청약(예 자동판매기의 설치)도 유효하다.

② **확정적 의사표시**: 청약의 의사표시는 상대방의 수령을 요하는 의사표시로서, 상대방의 승낙만 있으면 계약을 성립시키겠다는 확정적 의사표시이어야 한다.

> **판례**
>
> 계약이 성립하기 위한 법률요건인 청약은 그에 응하는 승낙만 있으면 곧 계약이 성립하는 구체적·확정적 의사표시여야 하므로, 청약은 계약 내용을 결정할 수 있을 정도의 사항을 포함시키는 것이 필요하다(대판 2005. 12. 8, 2003다41463).

③ **청약의 유인**: 청약의 유인이란 타인을 꾀어내어 자기에게 청약을 하게 하려는 행위(⑩ 구인광고·물품판매광고·상품목록의 배부·기차의 시간표 게시 등)를 말한다. 즉, 계약의 체결을 수용할 의사가 있음을 표시하여 타인으로 하여금 청약을 해 올 것을 촉구하는 행위이다. 청약과 청약의 유인은 확정적 구속의사가 있는지의 여부에 따라 구별된다.

> **판례**
>
> 1. [1] 상가를 분양하면서 그 곳에 첨단 오락타운을 조성·운영하고 전문경영인에 의한 위탁경영을 통하여 분양계약자들에게 일정액 이상의 수익을 보장한다는 광고를 하고, 분양계약 체결 시 이러한 광고내용을 계약상대방에게 설명하였더라도, 체결된 분양계약서에는 이러한 내용이 기재되지 않은 점과, 그 후의 위 상가 임대운영경위 등에 비추어 볼 때, 위와 같은 광고 및 분양계약 체결 시의 설명은 청약의 유인에 불과할 뿐 상가 분양계약의 내용으로 되었다고 볼 수 없고, 따라서 분양 회사는 위 상가를 첨단 오락타운으로 조성·운영하거나 일정한 수익을 보장할 의무를 부담하지 않는다.
> [2] 상품의 선전 광고에 있어서 거래의 중요한 사항에 관하여 구체적 사실을 신의성실의 의무에 비추어 비난받을 정도의 방법으로 허위로 고지한 경우에는 기망행위에 해당한다고 할 것이나, 그 선전 광고에 다소의 과장 허위가 수반되는 것은 그것이 일반 상거래의 관행과 신의칙에 비추어 시인될 수 있는 한 기망성이 결여된다고 할 것이고, 또한 용도가 특정된 특수시설을 분양받을 경우 그 운영을 어떻게 하고, 그 수익은 얼마나 될 것인지와 같은 사항은 투자자들의 책임과 판단하에 결정될 성질의 것이므로, 상가를 분양하면서 그 곳에 첨단 오락타운을 조성하고 전문경영인에 의한 위탁경영을 통하여 일정 수익을 보장한다는 취지의 광고를 하였다고 하여 이로써 상대방을 기망하여 분양계약을 체결하게 하였다거나 상대방이 계약의 중요부분에 관하여 착오를 일으켜 분양계약을 체결하게 된 것이라 볼 수 없다(대판 2001. 5. 29, 99다55601·55618).
> 2. [1] 청약은 이에 대응하는 상대방의 승낙과 결합하여 일정한 내용의 계약을 성립시킬 것을 목적으로 하는 확정적인 의사표시인 반면 청약의 유인은 이와 달리 합의를 구성하는 의사표시가 되지 못하므로 피유인자가 그에 대응하여 의사표시를 하더라도 계약은 성립하지 않고 다시 유인한 자가 승낙의 의사표시를 함으로써 비로소 계약이 성립하는 것으로서 서로 구분되는 것이다. 그리고 위와 같은 구분 기준에 따르자면, 상가나 아파트의 분양광고의 내용은 청약의 유인으로서의 성질을 갖는 데 불과한 것이 일반적이라 할 수 있다. 그런데 선분양·후시공의 방식으로 분양되는 대규모 아파트단지의 거래 사례에 있어서 분양계약서에는 동·호수·평형·입주예정일·대금지급방법과 시기 정도만이 기재되어 있고 분양계약의 목적물인 아파트 및 그 부대시설의 외형·재질·구조 및 실내장식 등에 관하여 구체적인 내용이 기재되어 있지 아니한 경우가 있는 바, 분양계약의 목적물인 아파트에 관한 외형·재질 등이 제대로 특정되지 아니한 상태에서 체결된 분양계약은 그 자체로서 완결된 것이라고 보기 어렵다 할 것이므로, 비록 분양광고의 내용, 모델하우스의 조건 또는 그 무렵 분양회사가 수분양자에게 행한 설명 등이 비록 청약의 유인에 불과하다 할지라도 그러한 광고 내용이나 조건

또는 설명 중 구체적 거래조건, 즉 아파트의 외형·재질 등에 관한 것으로서 사회통념에 비추어 수분양자가 분양자에게 계약 내용으로서 이행을 청구할 수 있다고 보이는 사항에 관한 한 수분양자들은 이를 신뢰하고 분양계약을 체결하는 것이고 분양자들도 이를 알고 있었다고 보아야 할 것이므로, 분양계약 시에 달리 이의를 유보하였다는 등의 특단의 사정이 없는 한, 분양자와 수분양자 사이에 이를 분양계약의 내용으로 하기로 하는 묵시적 합의가 있었다고 봄이 상당하다.

[2] 이 사건 광고 내용 중 도로확장 및 서울대 이전 광고, 전철복선화에 관한 광고는 이 사건 아파트의 외형·재질과 관계가 없을 뿐만 아니라 사회통념에 비추어 보더라도 수분양자들 입장에서 분양자인 소외 회사가 그 광고 내용을 이행한다고 기대할 수 없는 것들이므로 허위·과장 광고라는 점에서 그 광고로 인하여 불법행위가 성립됨은 별론으로 하고 그 광고 내용이 그대로 분양계약의 내용을 이룬다고 보기는 어렵겠지만, 이와 달리 온천 광고, 바닥재(원목마루) 광고, 유실수단지 광고 및 테마공원 광고는 이 사건 아파트의 외형·재질 등에 관한 것으로서, 그리고 콘도회원권 광고는 아파트에 관한 것은 아니지만 부대시설에 준하는 것이고 또한 이행 가능하다는 섬에서, 각 분양계약의 내용이 된다(대판 2007. 6. 1, 2005다5812·5829·5836).

3. 선시공·후분양의 방식으로 분양되거나, 당초 선분양·후시공의 방식으로 분양하기로 계획되었으나 계획과 달리 준공 전에 분양이 이루어지지 아니하여 준공 후에 분양이 되는 아파트 등의 경우에는 수분양자는 실제로 완공된 아파트 등의 외형·재질 등에 관한 시공 상태를 직접 확인하고 분양계약 체결 여부를 결정할 수 있어 완공된 아파트 등 그 자체가 분양계약의 목적물로 된다고 봄이 상당하다. 따라서 비록 준공 전에 분양안내서 등을 통해 분양광고를 하거나 견본주택 등을 설치한 적이 있고, 그러한 광고 내용과 달리 아파트 등이 시공되었다고 하더라도, 완공된 아파트 등의 현황과 달리 분양광고 등에만 표현되어 있는 아파트 등의 외형·재질 등에 관한 사항은 분양계약 시에 아파트 등의 현황과는 별도로 다시 시공해 주기로 약정하였다는 등의 특별한 사정이 없는 한 이를 분양계약의 내용으로 하기로 하는 묵시적 합의가 있었다고 보기는 어렵다(대판 2014. 11. 13, 2012다29601).

4. 광고는 일반적으로 청약의 유인에 불과하지만 내용이 명확하고 확정적이며 광고주가 광고의 내용대로 계약에 구속되려는 의사가 명백한 경우에는 이를 청약으로 볼 수 있다. 나아가 광고가 청약의 유인에 불과하더라도 이후의 거래과정에서 상대방이 광고의 내용을 전제로 청약을 하고 광고주가 이를 승낙하여 계약이 체결된 경우에는 광고의 내용이 계약의 내용으로 된다. … 피고는 전자상거래 사이트를 통하여 적극적으로 이 사건 리조트에서 승마체험이 가능하고 이 사건 리조트 숙박권에는 숙박이용자 1인의 무료 승마체험 서비스가 포함되어 있다고 표시·광고하면서 숙박권을 판매하였고, 원고도 그 내용이 포함된 숙박권을 구매하였다고 볼 수 있다. 따라서 이 사건 계약에는 피고가 원고에게 숙박을 위한 이 사건 리조트 객실을 제공하는 것 외에도 이 사건 리조트에 머무는 동안 숙박이용자 1인에 대한 무료 승마체험 서비스를 제공하는 것 역시 계약의 내용으로 되어 있다고 보아야 한다(대판 2018. 2. 13, 2017다275447).

(3) 청약의 효력

1) 청약의 효력발생시기

청약도 의사표시이므로, 원칙적으로 의사표시의 효력발생에 관한 일반원칙에 따라 상대방에게 도달한 때에 효력을 발생한다(제111조 제1항).

2) 청약의 구속력(비철회성·형식적 효력)

> 제527조 【계약의 청약의 구속력】 계약의 청약은 이를 철회하지 못한다.

① **의의**: 청약이 효력을 발생한 때에는 청약자가 임의로 이를 철회하지 못하는바(제527조), 이를 청약의 구속력이라 한다. 다만 특정인에게 청약이 도달하기 전에는 청약은 아무런 효력을 가지지 않으므로 청약자는 자유로이 철회할 수 있다.

② **구속력의 존속기간**
  ⊙ 승낙기간을 정하여 청약을 한 경우: 청약자는 그 기간 내에는 철회하지 못한다. 승낙기간이 지나가면 청약은 그 효력(승낙적격)을 잃게 되므로 철회의 문제도 생기지 않는다(제528조 제1항).
  ⊙ 승낙기간을 정하지 않고서 청약을 한 경우: 청약자는 상당한 기간 내에는 철회하지 못한다. 상당한 기간이 지나가면 청약은 그 효력을 잃게 되므로 역시 철회의 문제는 생기지 않는다(제529조).

③ **청약의 구속력이 배제되는 경우**: 제527조는 임의규정이므로 당사자는 원칙적으로 철회권을 유보할 수 있다. 따라서 청약자가 언제 철회할지도 모른다는 뜻을 미리 청약에 덧붙여서 표시해 둔 경우에는 청약은 처음부터 구속력이 없다.

3) 승낙적격(청약의 존속기간·실질적 효력)

① **의의**: 청약이 도달하면 상대방은 그에 대하여 승낙함으로써 곧 계약을 성립시킬 수 있으므로, 청약은 그것에 대한 승낙만 있으면 계약을 성립시키는 효력, 즉 승낙을 받을 수 있는 효력을 가지는바, 이를 청약의 실질적 효력이라고 한다. 승낙은 청약이 효력을 발생한 때로부터 그것이 소멸할 때까지의 사이에 하여야만 계약을 성립시킬 수 있으므로, 승낙적격은 결국 청약의 존속기간이라는 결과가 된다. 즉 '청약의 구속력 = 청약의 존속기간 = 승낙적격 = 승낙기간'의 관계를 이룬다.

② 승낙기간을 정한 청약

> 제528조【승낙기간을 정한 계약의 청약】① 승낙의 기간을 정한 계약의 청약은 청약자가 그 기간 내에 승낙의 통지를 받지 못한 때에는 그 효력을 잃는다.
> ② 승낙의 통지가 전항의 기간 후에 도달한 경우에 보통 그 기간 내에 도달할 수 있는 발송인 때에는 청약자는 지체 없이 상대방에게 그 연착의 통지를 하여야 한다. 그러나 그 도달 전에 지연의 통지를 발송한 때에는 그러하지 아니하다.
> ③ 청약자가 전항의 통지를 하지 아니한 때에는 승낙의 통지는 연착되지 아니한 것으로 본다.

㉠ 원칙 : 승낙의 기간을 정한 계약의 청약은 그 승낙기간 내에 한하여 승낙할 수 있다. 승낙기간이 지나가면 승낙적격을 잃게 된다(제528조 제1항). 그러므로 승낙의 통지가 기간 내에 도달할 수 있도록 발송된 것이었더라도, 기간이 지나간 후에 청약자에게 도달하였다면 계약은 성립하지 못한다.

㉡ 예외 : 그러나 보통의 경우라면 승낙기간 내에 청약자에게 도달할 수 있도록 발송된 승낙통지가 도중에 어떤 사고가 생겨 실제로는 승낙기간이 지난 후에 도달한 때에는, 청약자는 지체 없이 상대방에 대하여 연착의 통지를 하여야 할 책무가 있다(제528조 제2항 본문). 만일에 청약자가 연착의 통지를 하지 않은 때에는 승낙의 통지는 연착하지 않은 것으로 보게 되므로(제528조 제3항), 계약은 성립한 것이 된다. 청약자의 연착통지는 의무는 아니면서도 이를 위반한 때에는 계약이 성립한 것으로 되는 불이익을 입는 점에서, 그 성질은 책무라고 본다(통설).

③ 승낙기간을 정하지 않은 청약

> 제529조【승낙기간을 정하지 아니한 계약의 청약】승낙의 기간을 정하지 아니한 계약의 청약은 청약자가 상당한 기간 내에 승낙의 통지를 받지 못한 때에는 그 효력을 잃는다.

청약자가 승낙기간을 정하지 않았다고 하여 청약의 효력을 무한정 지속시킬 수는 없는 점에서, 본조는 상당한 기간 내에 승낙의 통지가 도달하지 않으면 청약은 그 효력을 잃는 것, 즉 계약이 성립하지 않는 것으로 정한다. 여기서 상당한 기간이란 계약을 성립시키는 데 통상 소요되는 기간으로서, 구체적인 사안에 따라 여러 사정을 종합하여 개별적으로 정할 수밖에 없다.

4) 청약수령자

① **지위**: 청약수령자는 승낙을 함으로써 계약을 성립시키는 법률상의 지위를 가진다. 이 법률상의 지위는 하나의 권리로 볼 수도 있으므로, 청약수령자의 권리는 형성권적 성질을 갖는다고 할 수 있다.

② **승낙의무 여부**: 청약은 청약자의 일방적 의사표시에 지나지 않으므로 청약수령자는 청약을 받았다는 사실로부터 아무런 법적 의무를 부담하지 않는다. 즉, 청약수령자는 승낙 여부를 자유로이 결정할 수 있고, 승낙의무를 부담하는 것은 아니다. 따라서 청약수령자는 승낙의 여부에 대하여 회답을 할 의무를 지지 않는다. 청약자가 청약을 하면서 청약에 대한 회답이 없으면 승낙한 것으로 간주하겠다고 한 경우에도, 그 회답이 없다고 하여 승낙한 것으로 되지 않는다. 침묵은 원칙적으로 의사표시가 아니며 또 청약수령자에게 회답의무가 없기 때문이다. 물건을 보내면서 반송을 하지 않는 때에는 승낙한 것으로 간주하겠다고 한 경우에도 마찬가지이다.

> **판례**
>
> 청약이 상시거래관계에 있는 자 사이에 그 영업부류에 속한 계약에 관하여 이루어진 것이어서 상법 제53조가 적용될 수 있는 경우가 아니라면, 청약의 상대방에게 청약을 받아들일 것인지 여부에 관하여 회답할 의무가 있는 것은 아니므로, 청약자가 미리 정한 기간 내에 이의를 하지 아니하면 승낙한 것으로 간주한다는 뜻을 청약 시 표시하였다고 하더라도 이는 상대방을 구속하지 아니하고 그 기간은 경우에 따라 단지 승낙기간을 정하는 의미를 가질 수 있을 뿐이다(대판 1999. 1. 29, 98다48903).

2. 승낙

(1) 승낙의 의의

승낙은 청약의 상대방이 청약에 의하여 계약을 성립시킬 목적으로 청약자에 대하여 행하는 의사표시이다. 승낙은 하나의 의사표시이나, 청약 없는 승낙만으로는 계약이 성립하지 않으므로 법률행위는 아니며, 법률사실에 불과하다.

(2) 승낙의 요건

1) 주관적 합치(승낙의 상대방)

승낙은 특정의 청약에 대하여 행하여지는 것이다. 따라서 승낙은 청약과 달리 불특정 다수인에 대한 것은 있을 수 없다. 즉, 승낙은 특정의 청약자에 대하여 청약의 상대방이 계약을 성립시킬 의사를 가지고 행하여야 한다.

2) 객관적 합치(청약의 내용과 일치)
① **청약수령자가 청약을 거절한 경우**: 청약의 수령자가 청약자에 대하여 승낙하지 않는다는 뜻을 적극적으로 표시한 때, 즉 청약을 거절한 때에는 비록 그 거절이 승낙기간 내에 있었다고 하더라도, 그 청약이 승낙적격을 잃게 된다.
② **변경을 가한 승낙**

> **제534조【변경을 가한 승낙】** 승낙자가 청약에 대하여 조건을 붙이거나 변경을 가하여 승낙한 때에는 그 청약의 거절과 동시에 새로 청약한 것으로 본다.

만약 청약수령자가 청약을 변경해서 승낙을 한 데 대하여 처음의 청야자가 승낙을 하지 않는 경우에, 다시 청약수령자가 마음을 돌려 처음의 청약을 수락하여도, 그것만으로는 계약이 성립하지 않는다.

3) 청약의 승낙적격의 존속 중의 승낙일 것(= 승낙기간)
승낙은 청약이 효력을 가지는 기간 내, 즉 청약의 승낙적격의 존속 중에 하여야 한다.

4) 연착된 승낙

> **제530조【연착된 승낙의 효력】** 전2조의 경우에 연착된 승낙은 청약자가 이를 새 청약으로 볼 수 있다.

승낙기간이 지난 후에 도달한 승낙은 계약을 성립시키는 효력을 갖지 않으나, 청약자가 이를 새로운 청약으로 보아서 이에 대하여 승낙을 할 수가 있다(제530조).

(3) 승낙의 효력발생시기(계약의 성립시기)

1) 의의
청약에 대해 승낙을 함으로써 계약은 성립한다. 즉, 승낙은 청약과 합치함으로써 계약을 성립케 하는 효력을 가지고 있다. 따라서 승낙의 효력발생시기는 결국 계약의 성립시기의 문제이다.

2) 격지자간의 경우

> **제531조【격지자간의 계약성립시기】** 격지자간의 계약은 승낙의 통지를 발송한 때에 성립한다.

① **문제의 소재**: 승낙은 상대방 있는 의사표시로서 그 통지가 청약자에게 도달한 때에 효력이 생기는 것이 원칙이고(제111조 제1항), 따라서 제528조 제1항과 제529조도 도달주의를 취하고 있다. 그런데 민법 제531조는 격지자간의 계약은 승낙의 통지를 발송한 때에 성립한다고 정하여, 격지자간의 계약성립시기에 관해서 발신주의를 취하고 있다. 즉, 제531조에 의하면 격지자간의 계약은 승낙의 통지를 발송한 때에 성립하나, 제528조 제1항과 제529조에 의하면 승낙이 승낙기간 내에 도달하지 않은 경우에는 계약이 성립하지 않는다. 따라서 양자의 관계에 대한 해석상 문제가 제기된다.

② **학설의 대립**: 승낙의 통지가 도달하는 것을 정지조건으로 하여 승낙의 통지를 발송한 때에 소급하여 계약이 성립한다고 보는 정지조건설과, 승낙의 통지를 발송한 때에 계약은 성립하지만, 그 통지가 일정기간 내에 도달하지 않은 경우에는 계약은 소급하여 성립하지 않게 된다는 해제조건설(통설)이 대립한다. 정지조건설의 경우에 계약의 성립을 주장하려면 승낙자가 승낙이 청약자에게 도달하였음을 입증하여야 하고, 승낙의 통지를 발송한 후라도 도달 전에는 그 승낙을 철회할 수 있게 된다. 반면에 해제조건설의 경우에는 승낙자는 승낙의 통지를 발송한 사실만을 입증하면 족하고 오히려 청약자가 승낙기간 내의 부도달을 입증해야 하며, 승낙의 통지를 발송한 때에 계약이 성립하므로 승낙의 통지를 발송한 이후에는 승낙자는 그 승낙을 철회할 수 없게 되는 차이점이 있다.

3) 대화자간의 경우

대화자간의 계약의 성립시기에 관해서는 따로 규정하고 있지 않으므로, 도달주의 원칙에 따라 승낙의 통지가 청약자에게 도달한 때에 계약이 성립한다고 해석한다.

3. 계약의 경쟁체결

(1) 의의

청약과 승낙에 의한 계약성립의 특수한 것으로서 계약의 경쟁체결이 있다. 계약의 경쟁체결이라 함은 계약의 내용에 관하여 다수인으로 하여금 경쟁하게 하여 그 가운데 가장 유리한 내용을 표시하는 자와 계약을 체결하는 것이다. 계약의 경쟁체결에는 두 가지 모습이 있다. 하나는 각 경쟁자가 다른 경쟁자가 표시한 내용을 알 수 있는 경우로서, 일정한 내용을 표시한 자라도 다른 경쟁자가 표시한 내용을 보고 다시 그보다 더 유리한 내용을 표시할 기회를 갖는 것으로서, 경매가 이에 속한다. 다른 하나는 경쟁자가 다른 경쟁자가 표시한 내용을 알 수 없는 경우로, 보통 서면의 방식을 취하는 입찰이 이에 속한다.

(2) 경매

1) 의의

경매에는 국가기관이 법률에 의해 행하는 경매와 사인 사이에서 행하여지는 경매가 있다. 전자는 민사집행법에 의해 규율되므로, 여기서는 사경매만을 다룬다. 사경매에는 값을 올려가는 경매와 값을 내려가는 경매가 있다.

2) 값을 올려가는 경매

① 먼저 경매자가 일정한 최저가격을 제시하지 않고 경매에 응한 자들로부터 고가의 매수표시를 기다리는 경우를 살펴보면, 경매에 붙인다는 표시는 청약의 유인이고 경매에 응한 자의 일정한 가격의 표시가 청약이므로 경매자는 최고가격의 표시에 대해서도 승낙의 자유를 가진다.

② 반면에 경매자가 최저가격을 제시한 경우에는, 경매자가 그 최저가격 이상이면 판다는 확정적 의사를 표시한 것으로 보아야 하므로 경매에 붙인다는 표시가 청약이고, 최고가격의 제시가 승낙이 된다.

3) 값을 내려가는 경매

값을 내려가는 경매는 경매자가 일정한 가격을 제시하고 이를 수락하는 자가 없으면 값을 내려가는 방식인데, 이 경우에는 경매자가 일정한 가격을 제시한 것이 청약이 되고, 수락이 승낙이 된다.

(3) 입찰

입찰에 붙이는 자의 입찰에 붙이다는 표시, 즉 입찰공고는 원칙적으로 청약의 유인이다(통설). 다만 일정한 가격을 제시하고 입찰에 참가하는 자의 자격을 제한하는 등의 계약조건을 구체적으로 표시한 때에는 입찰공고가 청약으로 인정되는 수도 있다.

03 의사실현에 의한 계약성립 4회 4문

> **제532조【의사실현에 의한 계약성립】** 청약자의 의사표시나 관습에 의하여 승낙의 통지가 필요하지 아니한 경우에는 계약은 승낙의 의사표시로 인정되는 사실이 있는 때에 성립한다.

1. 의의

청약자의 의사표시나 관습에 의해 '승낙의 통지가 필요하지 않은 경우'에는 '승낙의 의사표시로 인정되는 사실'이 있는 때에 계약이 성립한다(제532조).

2. 계약의 성립시기

의사실현으로 계약이 성립하는 것은 의사실현의 사실이 발생한 때이며, 청약자가 그 사실을 안 때가 아니다. 예컨대 서점에서 신간서적을 보내오면 그중에서 필요한 책을 사기로 하고서 보내온 책에 이름을 적는 것, 청약한 목적물의 제작을 시작하는 것, 청약과 동시에 보내온 물건을 소비하거나 사용하는 것 등이다.

판례
예금계약은 예금자가 예금의 의사를 표시하면서 금융기관에 돈을 제공하고 금융기관이 그 의사에 따라 그 돈을 받아 확인을 하면 그로써 성립하며, 금융기관의 직원이 그 받은 돈을 금융기관에 실제로 입금하였는지 여부는 예금계약의 성립에는 아무런 영향을 미치지 아니한다(대판 2005. 12. 23, 2003다30159).

04 교차청약에 의한 계약성립 4회 4문, 10회 4문

> **제533조【교차청약】** 당사자 간에 동일한 내용의 청약이 상호 교차된 경우에는 양 청약이 상대방에게 도달한 때에 계약이 성립한다.

1. 의의

교차청약이란 당사자들이 같은 내용을 가진 계약의 청약을 서로 행한 경우, 즉 각 당사자가 우연히 서로 교차해서 청약을 하였는데 그 청약의 내용이 완전히 일치하고 있는 경우를 말한다. 예컨대 甲이 乙에게 자전거를 10만 원에 팔겠다는 청약을 한 데 대하여 乙이 청약을 수령하기 전에 甲에게 그 자전거를 10만 원에 사겠다고 청약한 경우이다.

2. 계약의 성립시기

도달주의 원칙에 따라 양 청약이 상대방에게 도달한 때에 계약이 성립한다. 따라서 양 청약이 동시에 도달하지 않을 때에는, 나중에 상대방에게 도달한 청약이 도달하는 때에 계약은 성립한다.

05 계약체결상의 과실책임

1. 서설

(1) 의의

계약체결상의 과실책임이란 계약체결을 위한 준비단계 또는 계약의 성립과정에서 당사자의 일방이 그에게 책임 있는 사유로 상대방에게 손해를 끼친 경우에 이를 배상해야 할 책임을 말한다. 민법은 계약체결상의 과실의 유형 중 계약이 원시적 불능으로 무효인 경우에 관하여만 명문의 규정을 두고 있다.

(2) 법적 성질

불법행위책임설은 계약관계가 없는 자들 사이의 관계이므로 불법행위책임이라고 보는 반면에, 계약책임설은 계약상 의무로서 보호의무·설명의무 등 신의칙상의 부수적 의무를 인정하고 이러한 부수적 의무위반으로 인한 계약책임이라고 본다. 또한 불법행위책임도 계약책임도 아닌 독자적인 책임으로 보는 법정책임설도 있다.

2. 적용범위

(1) 계약체결을 위한 준비단계에서의 과실 7회 1-(1)·(2)문

계약체결을 위한 접촉이 계속되는 동안에 일방당사자의 과실로 상대방에게 손해를 준 경우에는, 접촉의 결렬로 계약이 불성립으로 끝났다 하더라도 책임 있는 당사자는 신의칙상의 부수적 의무는 부담하는 것이므로 계약체결상의 과실책임을 져야 한다는 것이다.

> **판례**
>
> 1. **[1] 계약교섭의 부당한 중도파기가 불법행위를 구성하는지 여부(적극)**
>   어느 일방이 교섭단계에서 계약이 확실하게 체결되리라는 정당한 기대 내지 신뢰를 부여하여 상대방이 그 신뢰에 따라 행동하였음에도 상당한 이유 없이 계약의 체결을 거부하여 손해를 입혔다면 이는 신의성실의 원칙에 비추어 볼 때 계약자유원칙이 한계를 넘는 위법한 행위로서 불법행위를 구성한다.
>   **[2] 계약교섭의 부당한 중도파기로 인한 손해배상책임의 범위(= 신뢰손해) 및 신뢰손해의 의미**
>   계약교섭의 부당한 중도파기가 불법행위를 구성하는 경우 그러한 불법행위로 인한 손해는 일방이 신의에 반하여 상당한 이유 없이 계약교섭을 파기함으로써 계약체결을 신뢰한 상대방이 입게 된 상당인과관계 있는 손해로서 계약이 유효하게 체결된다고 믿었던 것에 의하여 입었던 손해, 즉 신뢰손해에 한정된다고 할 것이고, 이러한 신뢰손해란 예컨대, 그 계약의 성립을 기대하고 지출한 계약준비비용과 같이 그러한 신뢰가 없었더라면 통상 지출하지 아니하였을 비용상당의 손해라고 할 것이며, 아직 계약체결에 관한 확고한 신뢰가 부여되기 이전 상태에서 계약교섭의 당사자가 계약체결이 좌절되더라도 어쩔 수 없다고 생각하고 지출한 비용, 예컨대 경쟁입찰에 참가하기 위하여 지출한 제안서, 견적서 작성비용 등은 여기에 포함되지 아니한다.
>   **[3] 계약교섭의 부당한 중도파기로 인하여 인격적 법익이 침해된 경우 그 정신적 고통에 대한 별도의 손해배상을 구할 수 있는지 여부(적극)**
>   침해행위와 피해법익의 유형에 따라서는 계약교섭의 파기로 인한 불법행위가 인격적 법익을 침해함으로써 상대방에게 정신적 고통을 초래하였다고 인정되는 경우라면 그러한 정신적 고통에 대한 손해에 대하여는 별도로 배상을 구할 수 있다(대판 2003. 4. 11, 2001다53059).
>
> 2. 계약교섭의 부당한 중도파기가 불법행위를 구성하는 경우, 상대방에게 배상책임을 지는 것은 계약체결을 신뢰한 상대방이 입게 된 상당인과관계 있는 손해이고, 한편 계약교섭 단계에서는 아직 계약이 성립된 것이 아니므로 당사자 중 일방이 계약의 이행행위를 준비하거나 이를 착수하는 것은 이례적이라고 할 것이므로 설령 이행에 착수하였다고 하더라도 이는 자기의 위험 판단과 책임에 의한 것이라고 평가할 수 있지만 만일 이행의 착수가 상대방의 적극적인 요구에 따른 것이고, 바로 위와 같은 이행에 들인 비용의 지급에 관하여 이미 계약교섭이 진행되고 있었다는 등의 특별한 사정이 있는 경우에는 당사자 중 일방이 계약의 성립을 기대하고 이행을 위하여 지출한 비용 상당의 손해가 상당인과관계 있는 손해에 해당한다(대판 2004. 5. 28, 2002다32301).
>
> 3. **학교법인이 사무직원 채용통지를 하였다가 채용하지 않은 경우**
>   학교법인이 원고를 사무직원 채용시험의 최종합격자로 결정하고 그 통지와 아울러 '1989. 5. 10.자로 발령하겠으니 제반 구비서류를 5. 8.까지 제출하여 달라.'는 통지를 하여 원고로 하여금 위 통지에 따라 제반 구비서류를 제출하게 한 후, 원고의 발령을 지체하고 여러 번 발령을 미루었으며, 그 때문에 원고는 위 학교법인이 1990. 5. 28. 원고를 직원으로 채용할 수 없다고 통지할 때까지 임용만 기다리면서 다른 일에 종사하지 못한 경우 이러한 결과가 발생한 원인이 위 학교법인이 자신이 경영하는 대학의 재정형편, 적정한 직원의 수, 1990년도 입학정원의 증감 여부 등 여러 사정을 참작하여 채용할 직원의 수를

헤아리고 그에 따라 적정한 수의 합격자 발표와 직원채용통지를 하여야 하는데도 이를 게을리 하였기 때문이라면 위 학교법인은 불법행위자로서 원고가 위 최종합격자 통지와 계속된 발령 약속을 신뢰하여 직원으로 채용되기를 기대하면서 다른 취직의 기회를 포기함으로써 입은 손해를 배상할 책임이 있다(대판 1993. 9. 10, 92다42897).

(2) 계약이 유효한 경우

계약성립 전 준비단계에서 일방의 과실로 인하여 계약성립 후에 선의·무과실의 상대방에게 손해가 생긴 경우(예 고지의무·설명의무의 위반으로 인한 손해)에 계약체결상의 과실책임을 인정하자는 것이다.

(3) 계약이 무효이거나 취소된 경우

1) 원시적 불능의 경우 4회 1-(2)문, 12회 2문

> **제535조【계약체결상의 과실】** ① 목적이 불능한 계약을 체결할 때에 그 불능을 알았거나 알 수 있었을 자는 상대방이 그 계약의 유효를 믿었음으로 인하여 받은 손해를 배상하여야 한다. 그러나 그 배상액은 계약이 유효함으로 인하여 생길 이익액을 넘지 못한다.
> ② 전항의 규정은 상대방이 그 불능을 알았거나 알 수 있었을 경우에는 적용하지 아니한다.

① 의의

법률행위가 유효하게 성립하기 위해서는 법률행위의 목적의 확정·가능·적법·사회적 타당성이 요구된다. 원시적·객관적·전부 불능인 계약은 무효이고, 이미 이행한 계약금은 부당이득의 법리에 따라 반환청구할 수 있다. 또한 제535조의 요건을 갖춘 경우에는 상대방에 대하여 계약체결상의 과실책임을 부담한다.

② 요건

　㉠ 목적이 원시적·객관적·전부 불능이어야 한다.
　㉡ 불능인 급부를 이행하여야 할 당사자는 불능을 알았거나 알 수 있었어야 한다.
　㉢ 상대방은 선의·무과실이어야 한다.

③ 효과

제535조의 요건을 모두 충족한 경우라면, 불능인 급부를 이행하여야 할 당사자는 상대방이 그 계약의 유효를 믿었음으로 인하여 받은 손해(신뢰이익)를 배상하여야 한다. 다만 이는 계약이 유효함으로 인하여 생길 이익(이행이익)을 넘지 못한다.

> 판례

[1] 쌍무계약에서 계약 체결 후 당사자 쌍방의 귀책사유 없이 채무의 이행이 불가능하게 된 경우, 이미 이행한 급부에 대하여 부당이득의 법리에 따라 반환청구할 수 있는지 여부(적극) / 계약 당시 이미 채무의 이행이 불가능한 경우, 채권자가 이행을 구하는 것이 허용되는지 여부(원칙적 소극) 및 이미 이행한 급부에 대하여 부당이득의 법리에 따라 반환청구하거나 계약체결상의 과실책임을 추궁할 수 있는지 여부(적극) / 채무의 이행이 불가능하다는 것의 의미 및 채무를 이행하는 행위가 법률로 금지되어 그 행위의 실현이 법률상 불가능한 경우도 포함하는지 여부(적극)

쌍무계약에서 계약 체결 후에 당사자 쌍방의 귀책사유 없이 채무의 이행이 불가능하게 된 경우 채무자는 급부의무를 면함과 더불어 반대급부도 청구하지 못하므로, 쌍방 급부가 없었던 경우에는 계약관계는 소멸하고, 이미 이행한 급부는 법률상 원인 없는 급부가 되어 부당이득의 법리에 따라 반환청구할 수 있다. 한편 계약 당시에 이미 채무의 이행이 불가능했다면 특별한 사정이 없는 한 채권자가 이행을 구하는 것은 허용되지 않고, 이미 이행한 급부는 법률상 원인 없는 급부가 되어 부당이득의 법리에 따라 반환청구할 수 있으며, 나아가 민법 제535조에서 정한 계약체결상의 과실책임을 추궁하는 등으로 권리를 구제받을 수 있다. 채무의 이행이 불가능하다는 것은 절대적·물리적으로 불가능한 경우만이 아니라 사회생활상 경험칙이나 거래상의 관념에 비추어 볼 때 채권자가 채무자의 이행의 실현을 기대할 수 없는 경우도 포함한다. 이는 채무를 이행하는 행위가 법률로 금지되어 그 행위의 실현이 법률상 불가능한 경우에도 마찬가지이다.

[2] **법령에 따라 토지분할에 행정관청의 분할허가를 받아야 하는 토지 중 일부를 특정하여 매매계약이 체결되었으나 그 부분의 면적이 법령상 분할허가가 제한되는 토지분할 제한면적에 해당하여 분할이 불가능한 경우, 매도인의 소유권이전등기의무는 이행이 불가능한 것인지 여부(원칙적 적극)**

법령에 따라 토지분할에 행정관청의 분할허가를 받아야 하는 토지 중 일부를 특정하여 매매계약이 체결되었으나, 그 부분의 면적이 법령상 분할허가가 제한되는 토지분할 제한면적에 해당하여 분할이 불가능하다면, 매도인이 그 부분을 분할하여 소유권이전등기절차를 이행할 수 없으므로, 특별한 사정이 없는 한 매도인의 소유권이전등기의무는 이행이 불가능하다고 보아야 한다.

[3] 甲이 乙 주식회사로부터 안동시에 소재한 1필지의 임야 중 특정 위치의 $628m^2$를 매수하는 내용의 매매계약을 체결하였는데, 당시 구 안동시 도시계획 조례에서 '녹지지역·계획관리지역·생산관리지역 안에서 관계법령에 따른 허가·인가 등을 받지 아니하고 지목이 임야인 토지를 분할하는 경우 분할 면적이 $990m^2$ 이상이어야 한다'고 규정한 사안에서, 지목이 임야인 위 토지의 면적은 법령상 분할허가가 제한되는 토지분할 제한면적에 해당하기 때문에, 위 토지가 녹지지역·계획관리지역·생산관리지역 안에 소재하는 경우, 특별한 사정이 없는 한 매도인인 乙 회사가 토지를 분할하여 소유권이전등기절차를 이행할 수 없으므로, 분할을 전제로 한 乙 회사의 소유권이전등기의무는 이행이 불가능하다(대판 2017. 10. 12, 2016다9643).

2) 착오에 의한 취소

경과실의 착오자가 의사표시를 취소한 경우에 제535조를 유추적용하여 계약체결상의 과실책임을 인정하자는 학설이 있다. 다만 판례는 전문건설공제조합이 계약보증서를 발급하면서 수급공사의 실제 도급금액을 확인하지 않은 과실이 있다고 하더라도, 제109조가 중과실이 없는 착오자의 취소를 허용하고 있는 이상 위법하다고 볼 수 없다는 이유로 불법행위책임을 부정하였다(97다13023).

제6절　계약의 효력

01 서설

1. 쌍무계약의 특질 : 채무의 견련성

쌍무계약은 각 당사자가 서로 대가적 의미를 갖는 채무를 부담할 것을 약정하는 계약이다. 각 당사자는 상대방으로부터 반대급부를 받게 된다는 것을 전제로 하여 자신도 급부할 것을 약정하며, 쌍방 당사자의 채무는 서로 의존관계에 있다. 이러한 쌍무계약의 채무 상호 간의 의존관계를 채무의 견련성이라고 한다. 쌍무계약에 있어서 채무의 견련성은 구체적으로는 채무의 성립(발생)·이행·존속(소멸)의 세 가지 측면에서 나타난다.

2. 견련성의 구체적인 모습

(1) 성립상의 견련성

쌍무계약에 의해 발생할 일방의 채무가 원시적 불능이나 불법 등의 이유로 성립하지 않거나 무효·취소된 때에는, 그것과 의존관계에 있는 상대방의 채무도 성립하지 않는다. 예컨대 이미 멸실한 건물의 매매계약에 있어서는 매도인의 소유권이전채무가 원시적 불능이므로 그에 대응하여 매수인의 대금지급채무도 성립하지 않게 된다. 민법은 이 점을 특별히 따로 규정하고 있지는 않지만, 쌍무계약의 특질상 당연한 것이다.

(2) 이행상의 견련성

쌍무계약에서 각 채무는 상호 의존관계에 있는 점에서, 자신의 채무를 먼저 이행하거나 또는 상대방의 채무가 먼저 이행될 것이 아니고, 원칙적으로 상환으로 이행하는 것이 공평하다. 민법은 이를 위해, 상대방이 채무의 이행을 청구하는 경우에 상대방이 그 채무이행을 제공할 때까지 자기의 채무이행을 거절할 수 있는 동시이행의 항변권을 인정한다(제536조).

(3) 존속상의 견련성

쌍무계약에 있어서 일방의 채무가 채무자에게 책임 없는 사유로 이행불능이 되어 소멸한 경우에 타방의 채무에 어떠한 영향을 미치느냐가 문제된다. 이 존속상의 견련성으로부터 위험부담의 문제가 생긴다.

02 동시이행의 항변권

> 제536조【동시이행의 항변권】① 쌍무계약의 당사자 일방은 상대방이 그 채무이행을 제공할 때까지 자기의 채무이행을 거절할 수 있다. 그러나 상대방의 채무가 변제기에 있지 아니하는 때에는 그러하지 아니하다.
> ② 당사자 일방이 상대방에게 먼저 이행하여야 할 경우에 상대방의 이행이 곤란할 현저한 사유가 있는 때에는 전항 본문과 같다.

1. 서설

(1) 의의

동시이행의 항변권이란 쌍무계약에 있어서 당사자 일방이 상대방의 채무이행의 제공이 있을 때까지 자기채무의 이행을 거절할 수 있는 권리를 말한다. 이는 공평의 원칙에 입각하여 쌍무계약에서 생기는 대립하는 채무 사이에 이행상의 견련성을 인정하는 제도이다.

(2) 법적 성질

동시이행의 항변권은 상대방의 청구권을 영구적으로 저지시키는 영구적 항변권이 아니라, 채권자가 자신의 채무를 이행할 때까지 채무자가 채무이행을 거절할 수 있는 동안만 채권자의 청구의 효력을 저지하는 데 그치는 연기적 항변권이다.

2. 성립요건 3회 1-(1)문, 8회 3문

(1) 서로 대가적 의미 있는 채무의 존재

1) 동일한 쌍무계약

원칙적으로 동일한 쌍무계약에 의하여 당사자 쌍방이 서로 대가적 의미 있는 채무를 부담하여야 한다. 따라서 쌍방이 채무를 부담하더라도 그 채무가 서로 대가적 의미를 가지지 않거나 서로 다른 법률상의 원인에 의해 발생한 경우에는 동시이행의 항변권이 인정되지 않음이 원칙이다.

> **판례**
> 임대차계약 해제에 따른 임차인의 임대차계약의 이행으로 이루어진 목적물 인도의 원상회복의무와 임대인이 임차인에게 건물을 사용・수익하게 할 의무를 불이행한 데 대하여 손해배상을 하기로 한 각서에 기하여 발생된 약정지연손해배상의무는 하나의 임대차계약에서 이루어진 계약이행의 원상회복관계에 있지 않고 그 발생원인을 달리하고 있어 특별한 사정이 없는 한 양자 사이에 이행상의 견련관계는 없으므로 임차인의 동시이행의 항변은 배척되어야 한다(대판 1990. 12. 26, 90다카25383).

2) 부수적 의무의 경우

이행상의 견련성은 원칙적으로 주된 급부의무 사이에서만 인정되고, 부수적 의무의 경우에는 당사자가 특별히 그 이행을 반대급부의 조건으로 삼았다는 사정이 없는 한 인정되지 아니한다 (73다584).

3) 당사자 및 내용의 변경이 있는 경우

① **당사자의 변경**: 동시이행의 항변권이 인정되는 것은 쌍무계약을 체결한 당사자 사이에 한하는 것은 아니다. 따라서 채권양도·채무인수·상속·포괄유증 등으로 당사자가 변경되어도 채권·채무가 동일성을 유지하는 한 동시이행의 항변권은 존속한다. 그러나 일방의 채무가 채권자나 채무자를 변경하는 경개로 그 동일성을 상실하면 항변권도 소멸한다.

② **내용의 변경**: 일방의 채무가 채무자의 귀책사유로 인해 이행불능이 된 때에는 그 채무는 손해배상채무로 바뀌지만 여전히 그 동일성은 유지되므로 동시이행의 항변권도 존속한다 (97다30066). 또한 준소비대차에 의해서도 기존채무와 신채무 사이에 동일성이 유지되므로 동시이행의 항변권도 원칙적으로 존속한다(통설). 그러나 채무의 내용을 변경하는 경개로 인해 그 동일성을 상실하면 항변권도 소멸한다.

(2) (청구를 하는) 상대방의 채무가 변제기에 있을 것

1) 원칙

① 상대방의 채무가 변제기에 있지 않은 때에는 당사자 일방은 자기의 채무이행을 거절할 수 없다(제536조 제1항 단서). 한편 자기 채무가 변제기에 있지 않은 때에는 상대방이 청구를 할 수도 없어 동시이행의 항변권은 성립할 여지가 없다. 결국 동시이행의 항변권은 당사자 쌍방의 채무가 모두 변제기에 있는 경우에 성립한다.

② 쌍무계약에서 생기는 채무라고 해서 그 변제기가 언제나 같은 것은 아니며, 당사자 일방이 선이행의무를 지는 경우에는 동시이행의 항변권은 인정되지 않는다. 즉, 법률의 규정 (제633조·제665조·제686조 등)에 의하여 또는 특약(예 매매에서 매수인의 중도금 지급)으로 상대방보다 먼저 이행할 선이행의무를 부담하는 때에는 선이행의무자는 동시이행의 항변권을 가지지 않는다.

2) 예외

① **선이행의무의 불이행 중 상대방 채무의 변제기가 도래한 경우**: 선이행의무자가 이행하지 않고 있는 동안에 상대방의 채무의 변제기가 도래하면 상대방의 청구에 대하여 선이행의무자는 동시이행의 항변권을 행사할 수 있다. 동시이행의 항변권의 요건으로서의 변제기의 도래는 이 항변권을 행사하는 때를 표준으로 하는 것이고, 처음부터 쌍방의 채무의 변제기가 같아야 하는 것은 아니기 때문이다. 따라서 상대방이 선이행의무자에게 이행청구를 할 때에 그 상대방의 채무의 변제기도 도래해 있으면 이 항변권을 행사할 수 있는 것이다.

> 판례 ◆
>
> 1. 매수인이 선이행하여야 할 중도금지급을 하지 아니한 채 잔대금지급일을 경과한 경우에는 매수인의 중도금 및 이에 대한 지급일 다음날부터 잔대금지급일까지의 지연손해금과 잔대금의 지급채무는 매도인의 소유권이전등기의무와 특별한 사정이 없는 한 동시이행관계에 있다(대판 1991. 3. 27, 90다19930).
> 2. **부동산매수인이 중도금을 지급하지 않고 있던 중 매도인의 그 소유권이전등기서류의 제공이 없이 잔대금지급기일이 도과된 경우에 매수인의 중도금의 미지급에 대한 지체책임의 발생여부**
>   매수인이 선이행의무 있는 중도금을 이행하지 않았다 하더라도 계약이 해제되지 않은 상태에서 잔대금지급기일이 도래하여 그때까지 중도금과 잔대금이 지급되지 아니하고 잔대금과 동시이행관계에 있는 매도인의 소유권이전등기소요서류가 제공된 바 없이 그 기일이 도과하였다면 매수인의 위 중도금 및 잔대금의 지급과 매도인의 소유권이전등기소요서류의 제공은 동시이행관계에 있다 할 것이어서 그때부터는 매수인은 위 중도금을 지급하지 아니한 데 대한 이행지체의 책임을 지지 아니한다(대판 1988. 9. 27, 87다카1029).

② 불안의 항변권

> **제536조【동시이행의 항변권】** ② 당사자 일방이 상대방에게 먼저 이행하여야 할 경우에 상대방의 이행이 곤란할 현저한 사유가 있는 때에는 전항 본문과 같다.

㉠ 당사자 일방이 상대방에게 먼저 이행하여야 할 경우에도 상대방의 이행이 곤란할 현저한 사유가 있는 때에는, 선이행의무자는 상대방이 채무이행을 제공할 때까지 자기의 채무이행을 거절할 수 있다(제536조 제2항).

㉡ 이러한 경우란 선이행채무를 지게 된 채권자가 계약성립 후 채무자의 신용불안이나 재산상태의 악화 등의 사정으로 반대급부를 이행받을 수 없는 사정변경이 생기고, 이로 인하여 당초의 계약내용에 따른 선이행의무를 이행케 하는 것이 공평과 신의칙에 반하게 되는 경우를 말하는 것이다.

> 판례 ◆
>
> 1. 쌍무계약의 당사자 일방이 계약상 선이행의무를 부담하고 있는데, 그와 대가관계에 있는 상대방의 채무가 아직 이행기에 이르지 아니하였지만 이행기의 이행이 현저히 불투명하게 된 경우에는 민법 제536조 제2항 및 신의칙에 의하여 그 당사자에게 반대급부의 이행이 확실하여질 때까지 선이행의무의 이행을 거절할 수 있다(대판 2003. 5. 16, 2002다2423).
> 2. 아파트 수분양자의 중도금지급의무는 아파트를 분양한 건설회사가 수분양자를 아파트에 입주시켜 주어야 할 의무보다 선이행하여야 하는 의무이나, 건설회사의 신용불안이나 재산상태의 악화 등은 민법 제536조 제2항의 건설회사의 의무이행이 곤란할 현저한 사유가 있는 때 또는 민법 제588조의 매매의 목적물에 대하여 권리를 주장하는 자가 있는 경우에 매수인이 매수한 권리의 전부나 일부를 잃을 염려가 있는 때에 해당하여, 아파트 수분양자는 건설회사가 그 의무이행을 제공하거나 매수한 권리를 잃을 염려가 없어질 때까지 자기의 의무이행을 거절할 수 있고, 수분양자에게는 이러한 거절권능의 존재 자체로 인하여 이행지체책임이 발생하지 않으므로, 수분양자가 건설회사에 중도금을 지급하지 아니하였다고 하더라도 그 지체책임을 지지 않는다(대판 2006. 10. 26, 2004다24106·24113).

(3) 상대방이 자기채무의 이행 또는 그 제공을 하지 않고 청구하였을 것

1) 상대방이 일부이행을 하거나 불완전이행을 한 경우

① 상대방이 일부이행 또는 불완전이행의 상태에서 청구를 한 경우에, 그 청구를 받은 채무가 가분적 급부인 경우에 한해, 아직 이행하지 않은 부분 또는 불완전한 부분에 상응하는 채무의 이행만을 거절할 수 있다. 예컨대, 임대차에서 임대인의 사용·수익에 필요한 상태로의 목적물의 제공과 임차인의 차임 지급은 대가적 관계에 있는데, 수선의무 있는 임대인이 수선을 하지 않는 때에는 임차인은 그에 상응하는 범위에서만 차임의 지급을 거절할 수 있다.

② 쌍방의 급부가 일정한 기간 회귀적 또는 계속적 가분급부를 목적으로 하는 경우에 일방이 어떤 시기의 채무를 이행하지 않으면, 상대방은 그 후의 시기의 채무이행을 이에 상응하는 범위에서 거절할 수 있다.

> **판례**
>
> 1. **매수인이 매도인을 상대로 매매목적 부동산 중 일부에 대해서만 소유권이전등기의무의 이행을 구하고 있는 경우, 매도인은 매매잔대금 전부에 대하여 동시이행의 항변권을 행사할 수 있는지 여부**
>   부동산매매계약에서 발생하는 매도인의 소유권이전등기의무와 매수인의 매매잔대금지급의무는 동시이행관계에 있고, 동시이행의 항변권은 상대방의 채무이행이 있기까지 자신의 채무이행을 거절할 수 있는 권리이므로, 매수인이 매도인을 상대로 매매목적 부동산 중 일부에 대해서만 소유권이전등기의무의 이행을 구하고 있는 경우에도 매도인은 특별한 사정이 없는 한 그 매매잔대금 전부에 대하여 동시이행의 항변권을 행사할 수 있다(대판 2006. 2. 23, 2005다53187).
>
> 2. **계속적 거래관계에 있어서의 불안의 항변권**
>   계속적 거래관계에 있어서 재화나 용역을 먼저 공급한 후 일정기간마다 거래대금을 정산하여 일정기일 후에 지급받기로 약정한 경우에 공급자가 선이행의 자기 채무를 이행하고, 이미 정산이 완료되어 이행기가 지난 전기의 대금을 지급받지 못하였거나 정산은 완료되었으나 후이행의 상대방의 채무는 아직 이행기가 되지 아니하였지만 이행기의 이행이 현저히 불안한 사유가 있는 경우에는 민법 제536조 제2항 및 신의성실의 원칙에 비추어 볼 때 공급자는 이미 이행기가 지난 전기의 대금을 지급받을 때 또는 전기에 대한 상대방의 이행기 미도래 채무의 이행불안사유가 해소될 때까지 선이행의무가 있는 다음 기간의 자기 채무의 이행을 거절할 수 있다(대판 1995. 2. 28, 93다53887).

2) 상대방이 채무의 내용에 좇은 이행의 제공을 한 경우

이 경우는 원칙적으로 동시이행의 항변권은 소멸한다. 그러나 상대방이 이행의 제공을 하였음에도 불구하고 수령하지 않음으로써 수령지체에 빠진 일방 당사자라도, 그 후 상대방이 자기 채무의 이행의 제공을 다시 하지 않고서 이행을 청구한 경우에 여전히 동시이행의 항변권을 행사할 수 있다. 즉, 그 이행의 제공이 계속되지 않는 한 과거에 이행의 제공이 있었다는 사실만으로는 동시이행의 항변권이 소멸하지 않는다는 것이다.

> **판례**
>
> **쌍무계약의 당사자 일방이 한 번 현실의 제공을 하였으나 상대방이 수령을 지체한 경우, 상대방은 동시이행의 항변권을 상실하는지 여부 및 이행의 제공이 중지된 이후에 이행지체를 이유로 손해배상을 청구할 수 있는지 여부**
>
> 쌍무계약의 당사자 일방이 먼저 한 번 현실의 제공을 하고, 상대방을 수령지체에 빠지게 하였다고 하더라도 그 이행의 제공이 계속되지 않는 경우는 과거에 이행의 제공이 있었다는 사실만으로 상대방이 가지는 동시이행의 항변권이 소멸하는 것은 아니므로, 일시적으로 당사자 일방의 의무의 이행 제공이 있었으나 곧 그 이행의 제공이 중지되어 더 이상 그 제공이 계속되지 아니하는 기간 동안에는 상대방의 의무가 이행지체 상태에 빠졌다고 할 수는 없다고 할 것이고, 따라서 그 이행의 제공이 중지된 이후에 상대방의 의무가 이행지체되었음을 전제로 하는 손해배상청구도 할 수 없는 것이다(대판 1995. 3. 14, 94다26646).

3. 효과

(1) 이행거절의 항변권

동시이행의 항변권은 상대방의 채무이행이 있기까지 자신의 채무이행을 거절할 수 있는 권리이다. 다만 항변권이기 때문에, 이를 행사(주장)하는 때에 한해 그 효력이 생긴다. 만약 이를 주장하지 않는다면, 상대방의 청구권은 그대로 효력을 발생하며 법원도 그 주장이 없는 한 이 항변권의 존재를 고려할 필요 없이 상대방의 청구를 인용하여야 한다. 이 항변권을 행사하는 시기에 관해서 특별한 제한은 없고, 상대방으로부터 청구를 받은 때에 행사하면 된다.

(2) 재판상 행사의 효과

동시이행의 항변권을 재판상 행사한 경우에는 법원은 피고에 대하여 원고의 이행과 상환으로 이행할 것을 명하는 상환급부판결(원고일부승소판결)을 하여야 한다. 상환급부판결에 기하여 강제집행하는 경우에 원고의 이행 또는 그 제공은 집행문 부여의 요건이 아니라 집행개시의 요건으로 봄이 통설·판례이다. 따라서 반대급부의 이행은 집행개시 시까지만 하면 된다.

(3) 동시이행 항변권의 존재 효과

① **채무자 이행지체의 불성립**: 쌍무계약에서 쌍방의 채무가 동시이행관계에 있는 경우, 일방의 채무의 이행기가 도래하더라도 상대방채무의 이행제공이 있을 때까지는 그 채무를 이행하지 않아도 이행지체의 책임을 지지 않는 것이다. 이와 같은 효과는 이행지체의 책임이 없다고 주장하는 자가 반드시 동시이행의 항변권을 행사하여야만 발생하는 것은 아니고, 항변권의 존재만으로 인정된다.

> **판례**
>
> **원인채무의 이행의무와 어음 반환의무가 상호 동시이행의 관계에 있는 경우, 원인채무의 채무자는 어음을 반환받을 때까지는 이행지체책임을 지지 않는지 여부**
>
> 채무자가 어음의 반환이 없음을 이유로 원인채무의 변제를 거절할 수 있는 것은 채무자로 하여금 무조건적인 원인채무의 이행으로 인한 이중지급의 위험을 면하게 하려는 데에 그 목적이 있는 것이지, 기존의 원인채권에 터 잡은 이행청구권과 상대방의 어음 반환청구권이 민법 제536조에 정하는 쌍무계약상의 채권채무관계나 그와 유사한 대가관계가 있어서 그러는 것은 아니므로, 원인채무 이행의무와 어음 반환의무가 동시이행의 관계에 있다 하더라도 이는 어음의 반환과 상환으로 하지 아니하면 지급을 할 필요가 없으므로 이를 거절할 수 있다는 것을 의미하는 것에 지나지 아니하는 것이며, 따라서 채무자가 어음의 반환이 없음을 이유로 원인채무의 변제를 거절할 수 있는 권능을 가진다고 하여 채권자가 어음의 반환을 제공하지 아니하면 채무자에게 적법한 이행의 최고를 할 수 없다고 할 수는 없고, 채무자는 원인채무의 이행기를 도과하면 원칙적으로 이행지체의 책임을 진다(대판 1999. 7. 9, 98다47542·47559).

② **채권자의 상계의 금지**: 동시이행의 항변권이 있는 채권은 이를 자동채권으로 하여 상계하지 못한다(제492조 제1항 단서). 이를 허용하면 상대방은 이유 없이 동시이행의 항변권을 잃기 때문이다.

4. 동시이행의 항변권의 확장

(1) 법률에 의한 확장

① **전세권의 소멸과 동시이행**: 전세권이 소멸한 때에는 전세권설정자는 전세권자로부터 그 목적물의 인도 및 전세권설정등기의 말소등기에 필요한 서류의 교부를 받는 동시에 전세금을 반환하여야 한다(제317조).

② **가등기담보의 실행에 따른 청산**: 가등기담보에 있어서는 채권자의 청산금지급채무와 채무자의 목적부동산의 소유권이전등기 및 인도채무가 동시이행의 관계에 있다(가등기담보법 제4조 제3항). 그러나 채무담보의 목적으로 경료된 채권자 명의의 소유권이전등기나 그 청구권 보전의 가등기의 말소를 구하려면 먼저 채무를 변제하여야 하고, 피담보채무의 변제와 교환적으로 말소를 구할 수는 없다(84다카781).

③ **해제에 의한 원상회복의무와 동시이행**: 계약의 해제 시 발생하는 당사자의 원상회복의무는 동시이행의 관계에 있다(제549조). 판례는 원상회복의무뿐만 아니라 해제에 따른 손해배상의무도 동시이행관계에 있다고 본다(91다29972).

④ **부담부 증여**: 부담부 증여에 대하여는 쌍무계약에 관한 규정이 적용되므로(제561조), 재산권이전과 부담채무 사이에 동시이행의 항변권이 인정된다.

⑤ **매도인의 담보책임**: 매수인이 매도인에게 담보책임을 물어 계약을 해제하는 경우에 동시이행의 항변권에 관한 규정이 준용된다(제583조).

> **판례** ◆
> 민법 제583조의 취지는 매도인은 같은 조에서 명시한 규정들에 터 잡아 이미 지급받은 대금의 전부나 일부의 반환의무·손해배상의무·하자 없는 물건의 지급의무가 있는 반면, 매수인은 매도인에게서 수령한 목적물이 있다면 원상회복의무로서 이를 반환할 의무가 있는데, 이러한 쌍방 당사자의 의무는 하나의 쌍무계약에서 발생한 것은 아닐지라도 동일한 생활관계에서 발생한 것으로 서로 밀접한 관계에 있어 그 이행에 견련관계를 인정함이 공평의 원칙에 부합하기 때문에, 일반 해제의 경우와 마찬가지로 이들 경우에도 민법 제536조를 준용한다는 것이다(대판 1993. 4. 9, 92다25946).

⑥ **수급인의 담보책임**: 도급에 있어 완성된 목적물에 하자가 있는 때에는 도급인은 수급인에 대하여 하자의 보수를 청구할 수 있고, 그 하자의 보수에 갈음하여 또는 보수와 함께 손해배상을 청구할 수 있는데(제667조 제2항), 이 경우 도급인의 하자보수청구권 및 손해배상청구권과 수급인의 보수지급청구권은 동시이행의 관계에 있다(제667조 제3항).

⑦ **종신정기금계약의 해제와 동시이행**: 정기금채무자가 정기금채무의 원본을 받은 경우에 그 정기금채무의 지급을 해태하거나 기타 의무를 이행하지 아니한 때에는 정기금채권자는 원본의 반환을 청구할 수 있으나, 이미 지급을 받은 채무액에서 그 원본의 이자를 공제한 잔액을 정기금채무자에게 반환하여야 한다. 이때 손해배상도 청구할 수 있다(제727조). 종신정기금계약의 해제로 인한 쌍방의 원상회복의무 및 손해배상의무는 동시이행의 관계에 있다(제728조).

(2) 판례와 학설에 의한 확장

1) 확장의 요건

① 원래 쌍무계약에서 인정되는 동시이행의 항변권을 비쌍무계약에 확장함에 있어서는 양 채무가 동일한 법률요건으로부터 생겨서 공평의 관점에서 보아 견련적으로 이행시킴이 마땅한 경우라야 한다(2000다36118).

② 계약당사자가 부담하는 각 채무가 쌍무계약에 있어 고유의 대가관계가 있는 채무가 아니라고 하더라도 구체적인 계약관계에서 각 당사자가 부담하는 채무에 관한 약정 내용에 따라 그것이 대가적 의미가 있어 이행상의 견련관계를 인정하여야 할 사정이 있는 경우에는 동시이행의 항변권을 인정할 수 있다(2007다3285).

2) 구체적인 확장의 예

① 계약이 무효 또는 취소된 경우 당사자 쌍방의 반환의무

> **판례**
>
> 1. 쌍무계약이 무효로 되어 각 당사자가 서로 취득한 것을 반환하여야 할 경우에도, 어느 일방의 당사자에게만 먼저 그 반환의무의 이행이 강제된다면 공평과 신의칙에 위배되는 결과가 되므로 각 당사자의 반환의무는 동시이행의 관계에 있다고 보아 제536조를 준용함이 옳다고 해석되고, 이러한 법리는 경매절차가 무효로 된 경우에도 마찬가지이다(대판 1995. 9. 15, 94다55071).
> 2. 매매계약이 취소된 경우에 당사자 쌍방의 원상회복의무는 동시이행의 관계에 있다(대판 2001. 7. 10, 2001다3764).

② 임대차가 종료된 경우, 임차인의 목적물반환의무와 임대인의 보증금반환의무

> **판례**
>
> 임대차계약의 기간이 만료된 경우에 임차인이 임차목적물을 명도할 의무와 임대인이 보증금 중 연체차임 등 당해 임대차에 관하여 명도 시까지 생긴 모든 채무를 청산한 나머지를 반환할 의무는 모두 이행기에 도달하고 이들 의무 상호 간에는 동시이행의 관계가 있다고 보는 것이 상당하다(대판 전합 1977. 9. 28, 77다1241·1242).

③ 토지임차인이 그 지상건물의 매수청구권을 행사한 경우에 토지임차인의 건물명도 및 그 소유권이전등기의무와 토지임대인의 건물대금지급의무

> **판례**
>
> 민법 제643조의 규정에 의한 토지임차인의 매수청구권 행사로 지상건물에 대하여 시가에 의한 매매 유사의 법률관계가 성립된 경우에 토지임차인의 건물명도 및 그 소유권이전등기의무와 토지임대인의 건물대금지급의무는 서로 대가관계에 있는 채무이므로 토지임차인은 토지임대인의 건물명도청구에 대하여 대금지급과의 동시이행을 주장할 수 있다(대판 1998. 5. 8, 98다2389).

④ 매도인의 소유권이전등기의무와 매수인이 부담하기로 한 세액의 납부의무

> **판례**
>
> 1. 부동산의 매매계약 시 그 부동산의 양도로 인하여 매도인이 부담할 양도소득세를 매수인이 부담하기로 하는 약정이 있는 경우, 매수인이 양도소득세를 부담하기 위한 이행제공의 형태·방법·시기 등이 매도인의 소유권이전등기의무와 견련관계에 있는 경우에는 매도인의 소유권이전등기의무와 매수인의 양도소득세액 제공(납부)의무는 동시이행의 관계에 있다고 봄이 상당하다(대판 1993. 8. 24, 92다56490).
> 2. 부동산매매계약에 있어 매수인이 부가가치세를 부담하기로 약정한 경우, 부가가치세를 매매대금과 별도로 지급하기로 했다는 등의 특별한 사정이 없는 한 부가가치세를 포함한 매매대금 전부와 부동산의 소유권이전등기의무가 동시이행의 관계에 있다고 봄이 상당하다(대판 2006. 2. 24, 2005다58656·58663).

⑤ 민법 제571조에 의한 해제의 경우에 매도인의 손해배상의무와 매수인의 대지인도의무

> **판례**
> 민법 제571조에 의한 계약해제의 경우에도 매도인의 손해배상의무와 매수인의 대지인도의무는 발생원인이 다르다 하더라도 이행의 견련관계는 양 의무에도 그대로 존재하므로, 양 의무 사이에는 동시이행관계가 있다고 인정함이 공평의 원칙에 합치한다(대판 1993. 4. 9, 92다25946).

⑥ 원인채무의 지급확보를 위해 어음·수표가 교부된 경우에 그 어음·수표의 반환의무와 원인채무의 이행의무(98다47542·47559)

⑦ 채무의 변제와 영수증의 교부 vs 채무의 변제와 채권증서의 반환

> **판례**
> **채무의 변제와 채권증서의 반환이 동시이행관계에 있는지 여부**
> 채무자가 채무 전부를 변제한 때에는 채권자에게 채권증서의 반환을 청구할 수 있으며, 제3자가 변제를 하는 경우에는 제3자도 채권증서의 반환을 구할 수 있으나, 이러한 채권증서 반환청구권은 채권 전부를 변제한 경우에 인정되는 것이고, 영수증 교부의무와는 달리 변제와 동시이행관계에 있지 않다(대판 2005. 8. 19, 2003다22042).

03 위험부담

1. 서설

(1) 위험부담의 의의

쌍무계약의 일방의 채무가 채무자에게 책임 없는 사유로 불능이 되어 소멸하는 경우에, 그에 대응하는 타방의 채무의 운명은 어떻게 되는가가 위험부담의 문제이다. 예컨대 甲과 乙이 자동차의 매매를 하였는데 그 자동차가 태풍으로 침몰하여 매도인 甲이 그의 채무를 이행할 수 없게 된 때에, 매수인 乙은 대금의 지급을 하여야 하는지 아니면 지급할 필요가 없는지가 문제된다. 즉, 쌍무계약에서는 채무자가 그의 채무를 면하는 것과 관련하여 그것과 상호 의존관계에 있는 채권자의 반대급부의무의 존속 여부가 따로 문제되는데, 쌍무계약에서 양 채무의 존속상의 견련성을 인정하여 채권자의 반대급부의무도 같이 소멸하는 것으로 보면, 결국 채무자가 채권자로부터 반대급부(대가)를 받지 못하게 되는 위험을 지게 되는 것이다.

(2) 위험부담에 관한 민법의 규정

민법은 쌍무계약에서 당사자 일방의 채무가 당사자 쌍방의 책임 없는 사유로 이행할 수 없게 된 경우에, 채무자가 채권자에게 반대급부를 청구하지 못하는 것으로 하는 채무자위험부담주의를 원칙으로 채택하고 있다(제537조). 반면에 채무자의 급부불능이 채권자의 책임 있는 사유로 발생하거나 또는 채권자의 수령지체 중에 당사자 쌍방의 책임 없는 사유로 발생한 때에는 채무자가 채권자에게 반대급부를 청구할 수 있도록 하는 채권자위험부담주의를 예외적으로 인정한다. 위험부담에 관한 민법의 규정(제537조~제538조)은 임의규정이다. 따라서 당사자의 합의에 의해 달리 약정하는 것은 유효하다.

2. 원칙 : 채무자위험부담주의 2회 1-(1)문, 6회 4문

> **제537조【채무자위험부담주의】** 쌍무계약의 당사자 일방의 채무가 당사자 쌍방의 책임 없는 사유로 이행할 수 없게 된 때에는 채무자는 상대방의 이행을 청구하지 못한다.

(1) 요건

① **쌍무계약상의 채무** : 쌍무계약으로부터 발생하는 서로 대가적 의미를 갖는 채무가 존재하여야 한다. 편무계약의 경우에 위험부담의 문제는 생기지 않는다.
② **후발적 불능** : 일방의 채무가 후발적 불능으로 소멸하여야 한다. 자연력에 의한 이행불능이든 사람의 행위에 의한 이행불능이든 불문한다. 또한 전부의 이행불능뿐만 아니라 일부의 이행불능인 경우도 포함된다.
③ **쌍방 귀책사유의 부존재** : 급부불능이 당사자 쌍방의 책임 없는 사유로 인한 것이어야 한다.

(2) 효과

① **(채무자의) 반대급부청구권의 소멸** : 채무자는 급부불능이 된 그 채무를 면하게 되지만, 동시에 채권자에 대한 반대급부청구권을 잃는다(제537조). 이를 채권자측에서 보면 결국 채권자는 채권을 상실하는 동시에 반대급부를 하여야 할 채무를 면하게 되는 것이다.
② **기이행한 반대급부의 반환의무** : 반대급부를 이미 이행하였다고 한다면 채권자는 목적소멸에 의한 부당이득을 이유로 급부한 것의 반환을 청구할 수 있고(제741조), 또한 채무자의 이행이 불능으로 되었음을 알지 못하고 그 후에 반대급부를 한 경우에는 비채변제에 의한 부당이득으로서 반환청구권을 가지게 된다(제742조).

> 판례

1. **쌍무계약에서 당사자 쌍방의 귀책사유 없이 채무가 이행불능되어 계약관계가 소멸한 경우 적용되는 법리**
   [1] 민법 제537조는 채무자위험부담주의를 채택하고 있는 바, 쌍무계약에서 당사자 쌍방의 귀책사유 없이 채무가 이행불능된 경우 채무자는 급부의무를 면함과 더불어 반대급부도 청구하지 못하므로, 쌍방 급부가 없었던 경우에는 계약관계는 소멸하고 이미 이행한 급부는 법률상 원인 없는 급부가 되어 부당이득의 법리에 따라 반환청구할 수 있다.
   [2] 매매 목적물이 경매절차에서 매각됨으로써 당사자 쌍방의 귀책사유 없이 이행불능에 이르러 매매계약이 종료된 사안에서, 위험부담의 법리에 따라 매도인은 이미 지급받은 계약금을 반환하여야 하고 매수인은 목적물을 점유·사용함으로써 취득한 임료 상당의 부당이득을 반환할 의무가 있다(대판 2009. 5. 28, 2008다98655·98662).

2. **매각허가결정의 확정 후 매각대금의 지급기일이 지정되기 전에 매각목적물의 일부가 멸실된 경우, 감액결정의 허용 가부(적극)**
   임의경매절차가 진행되어 그 매각허가결정이 확정되었는데 그 매각대금 지급기일이 지정되기 전에 그 매각목적물에 대한 소유자 내지 채무자 또는 그 매수인의 책임으로 돌릴 수 없는 사유로 말미암아 그 매각목적물의 일부가 멸실되었고, 그 매수인이 나머지 부분이라도 매수할 의사가 있어서 경매법원에 대하여 그 매각대금의 감액신청을 하여 왔을 때에는 경매법원으로서는 민법상의 쌍무계약에 있어서의 위험부담 내지 하자담보책임의 이론을 적용하여 그 감액결정을 허용하는 것이 상당하다(대결 2004. 12. 24, 2003마1665).

3. [1] **임대인에게 목적물을 사용·수익할 수 있는 상태로 임차인에게 인도하고, 임대차 기간 중 그러한 상태를 유지시킬 의무가 있는지 여부(적극)**
   임대인은 민법 제623조에 따라 임차인이 목적물을 사용·수익할 수 있는 상태로 목적물을 임차인에게 인도하여야 하고, 임대차 기간 중 그러한 상태를 유지시킬 의무를 부담한다.
   [2] **쌍무계약에서 당사자 쌍방의 귀책사유 없이 채무를 이행할 수 없게 된 경우, 이미 이행한 급부의 반환을 청구할 수 있는지 여부(적극) 및 채무의 이행이 불가능하다는 것의 의미 / 기간을 정한 부동산 임대차계약 등 계속적 계약에서 일정 기간 동안 채무 이행이 불가능하게 된 경우, 채권자가 채무자의 이행의 실현을 기대할 수 없다면 해당 기간의 급부불능을 종국적인 것이라고 평가할 수 있는지 여부(적극) 및 이때 계약의 존속 여부가 민법 제537조의 적용 여부에 영향을 미치는지 여부(소극)**
   쌍무계약에서 당사자 쌍방의 귀책사유 없이 채무를 이행할 수 없게 된 경우 채무자는 민법 제537조에 따라 자신의 채무를 이행할 의무를 면함과 더불어 상대방의 이행도 청구하지 못한다. 쌍방 채무의 이행이 없었던 경우에는 계약상 의무의 이행을 청구하지 못하고, 이미 이행한 급부는 법률상 원인 없는 급부가 되어 부당이득 법리에 따라 반환을 청구할 수 있다. 채무의 이행이 불가능하다는 것은 절대적·물리적으로 불가능한 경우만이 아니라 사회생활상 경험칙이나 거래상의 관념에 비추어 볼 때 채권자가 채무자의 이행의 실현을 기대할 수 없는 경우도 포함한다. … 이때 해당 기간의 급부불능이 종국적 이행불능에 해당하는 이상 계약의 존속 여부는 민법 제537조의 적용 여부에 영향을 미치지 않는다.

[3] 갑 주식회사 등이 김포국제공항 및 김해국제공항의 국제선 청사 내 매장에 관하여 임대차 목적물의 용도를 '면세점'으로 정하여 한국공항공사와 임대차계약을 체결하였는데, 코로나바이러스감염증-19의 감염이 확산되자 국토교통부가 국제선을 인천국제공항으로 일원화하는 조치를 발표함에 따라 김포국제공항 및 김해국제공항의 국제선 청사가 폐쇄되어 면세점 운영이 중단되었고, 그 후 갑 회사 등이 한국공항공사를 상대로 면세점 운영이 중단되었던 기간 동안 지급한 차임 상당의 부당이득반환을 구한 사안에서, … 국토교통부의 국제선 운항 중단 조치로 김포국제공항 및 김해국제공항의 국제선 청사가 폐쇄됨에 따라 면세점 운영이 중단되었던 기간 동안 한국공항공사가 임대차 목적물을 면세점 용도로 사용·수익할 수 있는 상태로 유지시킬 의무는 당사자 쌍방의 책임 없는 사유로 이행할 수 없게 되었으므로, 민법 제537조에 따라 한국공항공사는 갑 회사 등에 대하여 위 기간에 대한 차임을 청구하지 못하고, 이미 지급한 차임은 부당이득으로서 반환해야 하는데도, 이와 달리 본 원심판단에 법리오해의 잘못이 있다(대판 2025. 5. 1, 2024다293580).

③ **대상청구권**: 대상청구권이란 급부의 후발적 불능으로 인하여 채무자가 목적물에 갈음하는 이익을 취득한 경우에 채권자가 채무자에게 그 이익을 청구할 수 있는 권리이다. 채권자는 채무자 위험부담을 주장하는 대신에 자기 채무를 이행하고 대상청구권을 행사할 수 있다.

> **판례**
> [1] 매매목적물이 화재로 소실됨으로써 채무자인 매도인의 매매목적물에 대한 인도의무가 이행불능이 되었다면, 채권자인 매수인은 화재사고로 매도인이 지급받게 되는 화재보험금, 화재공제금에 대하여 대상청구권을 행사할 수 있다.
> [2] 매도인이 지급받게 되는 화재보험금, 화재공제금에 대하여 매수인의 대상청구권이 인정되는 이상, 매수인은 특별한 사정이 없는 한 목적물에 대하여 지급되는 화재보험금, 화재공제금 전부에 대하여 대상청구권을 행사할 수 있고, 인도의무의 이행불능 당시 매수인이 지급하였거나 지급하기로 약정한 매매대금 상당액의 한도 내로 범위가 제한된다고 할 수 없다(대판 2016. 10. 27, 2013다7769).

3. 예외: 채권자위험부담 9회 3문

> **제538조【채권자귀책사유로 인한 이행불능】** ① 쌍무계약의 당사자 일방의 채무가 채권자의 책임 있는 사유로 이행할 수 없게 된 때에는 채무자는 상대방의 이행을 청구할 수 있다. 채권자의 수령지체 중에 당사자 쌍방의 책임 없는 사유로 이행할 수 없게 된 때에도 같다.
> ② 전항의 경우에 채무자는 자기의 채무를 면함으로써 이익을 얻은 때에는 이를 채권자에게 상환하여야 한다.

(1) **요건**

채권자의 귀책사유의 존재 또는 채권자의 수령지체 중에 쌍방 귀책사유의 부존재

① **채권자의 귀책사유의 존재**: 제538조 제1항 전문의 '채권자의 책임 있는 사유'라고 함은 채권자의 어떤 작위나 부작위가 채무의 내용인 급부의 실현을 방해하고, 그 작위나 부작위는 채권자가 이를 피할 수 있었다는 점에서 신의칙상 비난받을 수 있는 경우를 의미한다.

> **판례**
>
> 1. 영상물 제작공급계약상 수급인의 채무가 도급인과 협력하여 그 지시감독을 받으면서 영상물을 제작하여야 하므로 도급인의 협력 없이는 완전한 이행이 불가능한 채무이고, 한편 그 계약의 성질상 수급인이 일정한 기간 내에 채무를 이행하지 아니하면 계약의 목적을 달성할 수 없는 정기행위인 사안에서, 도급인의 영상물 제작에 대한 협력의 거부로 수급인이 독자적으로 성의껏 제작하여 납품한 영상물이 도급인의 의도에 부합되지 아니하게 됨으로써 결과적으로 도급인의 의도에 부합하는 영상물을 기한 내에 제작하여 납품하여야 할 수급인의 채무가 이행불능케 된 경우, 이는 계약상 협력의무의 이행을 거부한 도급인의 귀책사유로 인한 것이므로 수급인은 약정대금 전부의 지급을 청구할 수 있다(대판 1996. 7. 9, 96다14364·14371).
>
> 2. 아파트 수분양자에게 중도금을 대출한 은행이 수분양자가 그 대출금 이자의 지급 및 후취담보약정의 이행 등을 하지 않자 위 대출채무의 연대보증인인 분양회사로부터 그 회사 명의로 소유권보존등기가 되어 있던 분양아파트에 대하여 근저당권을 설정받아 결국 그 근저당권을 실행함으로써 제3자가 그 아파트의 소유권을 취득한 사안에서, 위 근저당권의 실행으로 제3자가 분양아파트 소유권을 취득한 결과 분양회사의 소유권이전의무가 이행불능이 된 것은 채권자인 수분양자가 자신의 분양잔금지급의무, 나아가 위 대출금 및 그 이자의 지급의무를 이행하지 않은 귀책사유로 인한 것이므로, 이는 민법 제538조 제1항 제1문의 '채권자의 책임 있는 사유'로 인하여 채무자의 채무가 이행할 수 없게 된 때에 해당한다(대판 2011. 1. 27, 2010다25698).
>
> 3. 부동산의 매수인이 매매목적물에 관한 근저당권의 피담보채무를 인수하는 한편, 그 채무액을 매매대금에서 공제하기로 약정한 경우, 다른 특별한 사정이 없는 이상, 이는 매도인을 면책시키는 채무인수가 아니라 이행인수로 보아야 하고, 매수인이 그 채무를 현실적으로 변제할 의무를 부담한다고도 해석할 수 없으며, 이 약정의 내용은 매도인과 매수인과의 계약으로 매수인이 매도인의 채무를 변제하기로 하는 것으로서 매수인은 제3자의 지위에서 매도인에 대하여만 그의 채무를 변제할 의무를 부담함에 그치는 것이다. 위와 같이 매수인이 매매목적물에 관한 근저당권의 피담보채무에 관하여 그 이행을 인수한 경우, 채권자에 대한 관계에서는 매도인이 여전히 채무를 부담한다고 하더라도, 매도인과 매수인 사이에서는 매수인에게 위 피담보채무를 변제할 책임이 있다고 할 것이므로, 매수인이 그 변제를 게을리 하여 근저당권이 실행됨으로써 매도인이 매매목적물에 관한 소유권을 상실하였다면, 특별한 사정이 없는 한, 이는 매수인에게 책임 있는 사유로 인하여 소유권이전등기의무가 이행불능으로 된 경우에 해당하고, 거기에 매도인의 과실이 있다고 할 수는 없다(대판 2009. 5. 14, 2009다5193).

② **채권자의 수령지체 중에 쌍방 귀책사유의 부존재**: 채권자의 수령지체 중에 당사자 쌍방의 책임 없는 사유로 채무자가 이행할 수 없게 된 것이어야 한다. 채권자의 수령지체 중에는 채무자는 고의 또는 중과실이 없으면 그 책임을 부담하지 않으므로(제401조), 채무자의 경과실로 급부가 불능하게 된 경우에도 제538조 제1항 후문의 '채권자의 수령지체 중 당사자 쌍방의 책임 없는 사유'에 의한 급부불능에 해당한다.

(2) 효과

① **(채무자의) 반대급부청구권의 존속**: 채무자는 자신의 급부의무를 면하지만, 채권자에 대한 반대급부청구권은 상실하지 않는다.

② **채무자의 이익상환의무**: 제538조 제2항의 이익이란 적극적으로 얻은 이익뿐만 아니라 소극적으로 지출하지 않게 된 비용 등도 포함한다.

> **판례**
>
> 1. 부당해고로 인하여 노무를 제공하지 못한 근로자는 민법 제538조 제1항 본문의 규정에 의하여 사용자에 대하여 임금을 청구할 수 있고, 이 경우 근로자가 자기의 채무를 면함으로써 이익을 얻은 때에는 이를 사용자에게 상환하되, 상환하여야 할 이익은 채무를 면한 것과 상당인과관계에 있는 것에 한한다고 할 것이지만, 근로자가 해고기간 중에 노동조합기금으로부터 지급받은 금원은 그가 노무제공을 면한 것과 상당인과관계에 있는 이익이라고는 볼 수 없다(대판 1991. 5. 14, 91다2656).
>
> 2. 사용자의 근로자에 대한 해고가 무효이거나 취소된 경우 근로자는 근로계약관계가 유효하게 존속함에도 불구하고 사용자의 귀책사유로 인하여 근로제공을 하지 못한 셈이므로, 민법 제538조 제1항에 의하여 그 기간 중에 근로를 제공하였을 경우에 받을 수 있는 반대급부인 임금의 지급을 청구할 수 있지만, 해고가 없었다고 하더라도 취업이 사실상 불가능한 상태가 발생한 경우라든가 사용자가 정당한 사유에 의하여 사업을 폐지한 경우에는 사용자의 귀책사유로 인하여 근로제공을 못한 것이 아니므로 그 기간 중에는 임금을 청구할 수 없다(대판 1994. 9. 13, 93다50017).

04 제3자를 위한 계약

1. 서설

(1) 의의

제3자를 위한 계약이란 계약당사자가 아닌 제3자로 하여금 직접 계약당사자의 일방에 대하여 채권을 취득케 하는 것을 목적으로 하는 계약을 말한다. 예컨대 甲이 그 소유 건물을 乙에게 매도하면서 매매대금은 丙이 받기로 약정하는 것이다. 여기서 甲을 요약자, 乙을 낙약자, 丙을 수익자라고도 부른다.

(2) 구별개념

① **이행인수**: 이행인수에 있어서 인수인은 채무자에 대한 관계에서 채무자를 면책케 하는 채무를 부담하나, 채권자로 하여금 인수인에 대한 채권을 직접 취득케 하는 것은 아니므로 제3자를 위한 계약은 아니다.

② **면책적 채무인수**: 병존적 채무인수와는 달리 면책적 채무인수는 채권자로 하여금 새로운 채권을 취득케 하는 것이 아니므로 제3자를 위한 계약이라고 할 수 없다.

③ **병존적 채무인수**: 계약당사자 일방이 상대방의 제3자에 대한 채무와 동일한 내용의 채무를 중첩적으로 인수하여 직접 제3자에게 이행하기로 하는 약정은 제3자를 위한 계약이다.

> 판례
>
> [1] 채무자와 인수인의 계약으로 체결되는 병존적 채무인수는 채권자로 하여금 인수인에 대하여 새로운 권리를 취득하게 하는 것으로 제3자를 위한 계약의 하나로 볼 수 있고, 이와 비교하여 이행인수는 채무자와 인수인 사이의 계약으로 인수인이 변제 등에 의하여 채무를 소멸케 하여 채무자의 책임을 면하게 할 것을 약정하는 것으로 인수인이 채무자에 대한 관계에서 채무자를 면책케 하는 채무를 부담하게 될 뿐 채권자로 하여금 직접 인수인에 대한 채권을 취득케 하는 것이 아니므로 결국 제3자를 위한 계약과 이행인수의 판별기준은 계약당사자에게 제3자 또는 채권자가 계약당사자 일방 또는 인수인에 대하여 직접 채권을 취득케 할 의사가 있는지 여부에 달려 있다 할 것이다.
>
> [2] 부동산을 매매하면서 매도인과 매수인 사이에 중도금 및 잔금은 매도인의 채권자에게 직접 지급하기로 약정한 경우, 그 약정은 매도인의 채권자로 하여금 매수인에 대하여 그 중도금 및 잔금에 대한 직접 청구권을 행사할 권리를 취득케 하는 제3자를 위한 계약에 해당하고, 동시에 매수인이 매도인의 그 제3자에 대한 채무를 인수하는 병존적 채무인수에도 해당한다(대판 1997. 10. 24, 97다28698).

(3) 성질

제3자를 위한 계약의 당사자는 요약자와 낙약자이며, 수익자는 당사자가 아니다. 그러므로 수익자가 낙약자에게 급부를 청구할 권리를 취득하는 외에 계약의 효과는 요약자에게 생긴다. 즉, 제3자를 위한 계약은 보통의 계약 중에 그 법률효과의 일부를 직접 제3자에게 귀속시킨다는 내용의 합의가 있을 뿐이다.

(4) 출연의 원인관계

1) 보상관계(기본관계, 요약자와 낙약자 사이의 관계)

① 제3자를 위한 계약에 의하여 낙약자가 제3자에 대하여 경제적 출연을 하는 것은 요약자·낙약자 간에 일정한 원인관계가 있기 때문인바, 이를 보상관계라고 한다. 즉, 낙약자가 제3자에게 급부함으로써 받는 재산상의 손실은 요약자와의 사이에 있는 원인관계에 의하여 보상받는다는 의미이다. 보상관계는 유상계약인 수도 있고 무상계약인 수도 있다.

② 낙약자는 보상관계를 원인으로 하여 제3자를 위한 계약을 하는 것이므로, 그 보상관계는 계약의 내용을 이루게 되어 그의 흠결이나 하자는 계약의 효력에 영향을 미치고, 또한 낙약자는 보상관계에서 생기는 항변권을 가지고 제3자에게 대항할 수 있게 된다(제542조).

2) 대가관계(요약자와 수익자 사이의 관계)

① 요약자가 낙약자와의 계약에서 제3자에게 채권을 취득시키는 것은 요약자와 제3자와의 사이에 어떤 원인관계가 있기 때문인 바, 이를 대가관계라고 한다. 대가관계는 요약자가 제3자에게 부담하는 채무의 이행을 위한 경우일 수도 있고, 무상으로 제3자로 하여금 권리를 취득하게 하기 위한 증여일 수도 있다.

② 대가관계는 제3자와 요약자의 사이에 존재하는 내부관계임에 불과하며, 요약자와 낙약자 사이에 맺어지는 제3자를 위한 계약의 성립이나 효력과는 전혀 관계가 없다. 즉, 대가관계의 흠결이나 하자는 제3자를 위한 계약의 성립과 효력에는 영향을 미치지 않으며, 대가관계가 없더라도 제3자를 위한 계약은 유효하게 성립한다. 다만 이러한 대가관계가 없으면 제3자의 권리취득에 의한 이익은 부당이득으로서 요약자에게 반환하여야 할 뿐이다.

> **판례**
> 제3자를 위한 계약의 체결원인이 된 요약자와 제3자(수익자) 사이의 법률관계(이른바 대가관계)의 효력은 제3자를 위한 계약 자체는 물론 그에 기한 요약자와 낙약자 사이의 법률관계(이른바 기본관계)의 성립이나 효력에 영향을 미치지 아니하므로 낙약자는 요약자와 수익자 사이의 법률관계에 기한 항변으로 수익자에게 대항하지 못하고, 요약자도 대가관계의 부존재나 효력의 상실을 이유로 자신이 기본관계에 기하여 낙약자에게 부담하는 채무의 이행을 거부할 수 없다(대판 2003. 12. 11, 2003다49771).

3) 급부관계(낙약자와 제3자 사이의 관계)

낙약자와 제3자 사이에는 계약이 존재하지 않으며, 낙약자는 요약자가 어떠한 원인에 의하여 제3자에게 출연을 하는지를 모르는 경우도 존재한다. 다만 제3자는 수익의 의사표시를 낙약자에게 하여야 하며(제539조 제2항), 낙약자에게 청구권을 갖는다.

2. 성립요건

(1) 유효한 계약의 성립

요약자와 낙약자 사이에 유효한 계약이 성립하고 있어야 한다. 그리고 보상관계에 관해서도 필요한 성립요건이나 효력발생요건이 있으면 이를 갖추어야 한다. 그러나 요약자·제3자 사이의 대가관계는 계약의 성립과 관계가 없다.

(2) 제3자에게 권리를 취득하게 하는 약정의 존재

① 제3자를 위한 계약의 내용 중 제3자에게 권리를 직접 취득하게 하는 약정이 있어야 한다. 제3자에게 취득시키는 권리는 채권에 한하지 않으며, 물권 기타 권리도 상관없다.

> **판례**
> 1. 제3자를 위한 계약은 단순히 제3자에게 권리만을 부여하는 것을 필요로 하지 아니하고 제3자에게 일정한 대가의 지급 기타 일정한 부담하에 권리를 부여하는 것도 가능한 법리이다(대판 1965. 11. 9, 65다1620).
> 2. 제3자를 위한 계약이 성립하기 위하여는 일반적으로 그 계약의 당사자가 아닌 제3자로 하여금 직접 권리를 취득하게 하는 조항이 있어야 할 것이지만, 계약의 당사자(낙약자)가 제3자에 대하여 가진 채권에 관하여 채무를 면제하는 계약도 제3자를 위한 계약에 준하는 것으로서 유효하므로, 이에 의하여 채무면제의 효력이 생긴다(대판 2004. 9. 3, 2002다37405).

② 권리를 취득하게 되는 제3자(수익자)는 계약이 성립할 때에 특정되어 있을 필요는 없으며, 특정할 수 있는 자(예 태아나 설립 중의 법인)이면 된다. 즉, 제3자는 계약성립 시에 현존하고 있지 않아도 좋다. 그러나 계약이 효력을 발생하여 그 효과가 제3자에게 귀속하려면 제3자는 특정되고 또한 권리능력을 가지고 있어야 한다.

3. 효과

(1) 수익자(제3자)에 대한 효력 5회 4문, 11회 3문

> 제539조【제3자를 위한 계약】 ① 계약에 의하여 당사자 일방이 제3자에게 이행할 것을 약정한 때에는 그 제3자는 채무자에게 직접 그 이행을 청구할 수 있다.
> ② 전항의 경우에 제3자의 권리는 그 제3자가 채무자에 대하여 계약의 이익을 받을 의사를 표시한 때에 생긴다.
> 제540조【채무자의 제3자에 대한 최고권】 전조의 경우에 채무자는 상당한 기간을 정하여 계약의 이익의 향수 여부의 확답을 제3자에게 최고할 수 있다. 채무자가 그 기간 내에 확답을 받지 못한 때에는 제3자가 계약의 이익을 받을 것을 거절한 것으로 본다.

1) 제3자의 수익의 의사표시

제539조 제2항의 '제3자의 수익의 의사표시'는 제3자를 위한 계약의 성립요건이 아니라 제3자를 위한 계약에 있어서 제3자의 권리의 발생요건이다(통설, 판례). 제3자의 수익의 의사표시는 채무자, 즉 낙약자를 상대방으로 하고(제539조 제2항), 그 방법은 명시적이든 묵시적이든 불문한다. 따라서 제3자가 낙약자에 대하여 직접 급부를 청구하거나 이행의 소를 제기한 경우에는, 수익의 의사표시가 있었다고 할 수 있다.

2) 수익의 의사표시 전의 제3자의 지위

① **형성권**: 제3자를 위한 계약에서 수익의 의사표시를 하느냐 않느냐는 제3자의 자유이다. 그러나 제3자는 일방적 의사표시에 의하여 권리취득의 효과를 발생케 하는 법률상 지위를 가지게 되므로, 수익의 의사표시를 하기 전이라도 일종의 형성권을 가지고 있다고 볼 수 있다.

② **비전속권**: 제3자의 형성권은 당사자의 계약으로 변경 또는 소멸될 수 있는 대단히 불안정한 것이기는 하나(제541조의 반대해석), 재산적 색채가 강하므로 일신전속권이라 할 수 없다. 따라서 상속·양도는 물론이고, 채권자대위권의 목적이 된다.

③ **행사기간**: 제3자가 수익의 의사표시를 할 수 있는 기간은 계약에서 특별히 정한 바가 없으면 10년의 제척기간에 걸린다. 그러나 채무자(낙약자)는 상당한 기간을 정하여 이익의 향수 여부의 확답을 제3자에게 최고할 수 있고, 낙약자가 그 기간 내에 확답을 받지 못한 때에는 제3자가 수익을 거절한 것으로 본다(제540조).

3) 수익의 의사표시 후의 제3자의 지위

① 제3자의 지위 확정

> **제541조【제3자의 권리의 확정】** 제539조의 규정에 의하여 제3자의 권리가 생긴 후에는 당사자는 이를 변경 또는 소멸시키지 못한다.

제3자가 수익의 의사표시를 한 후, 즉 제3자의 권리가 발생한 후에는 계약당사자는 이를 변경 또는 소멸시키지 못한다(제541조). 그러나 계약당사자가 제3자의 권리가 발생한 후에도 이를 변경·소멸시킬 수 있음을 미리 유보하였거나 제3자의 동의가 있는 경우는 예외다.

판례

1. 민법 제541조의 규정에 의해, 계약당사자는 제3자의 권리가 발생한 후에는 합의해제를 할 수 없고, 설사 합의해제를 하더라도 그로써 이미 제3자가 취득한 권리에는 아무런 영향을 미치지 못한다고 할 것이다(대판 1997. 10. 24, 97다28698). ^{13회 1-(1)문}

2. 제3자를 위한 계약에 있어서, 제3자가 민법 제539조 제2항에 따라 수익의 의사표시를 함으로써 제3자에게 권리가 확정적으로 귀속된 경우에는, 요약자와 낙약자의 합의에 의하여 제3자의 권리를 변경·소멸시킬 수 있음을 미리 유보하였거나, 제3자의 동의가 있는 경우가 아니면 계약의 당사자인 요약자와 낙약자는 제3자의 권리를 변경·소멸시키지 못하고, 만일 계약의 당사자가 제3자의 권리를 임의로 변경·소멸시키는 행위를 한 경우 이는 제3자에 대하여 효력이 없다(대판 2002. 1. 25, 2001다30285).

② 제3자는 계약당사자가 아니다.

㉠ 제3자는 해제권이나 취소권을 행사할 수 없다. 또한 계약상대방의 선의·악의나 과실 유무 등이 문제될 때(제126조·제129조·제135조·제570조~제580조 등)에는, 오로지 요약자를 기준으로 한다. 그리고 의사의 흠결이나 사기·강박의 유무에 관하여서도 요약자나 낙약자를 기준으로 한다.

㉡ 제3자는 계약의 당사자가 아니지만 그가 취득하는 권리는 계약으로부터 직접 생기는 것이므로, 민법상 제3자 보호규정의 적용에 있어서는 원칙적으로 제3자가 아니다(다수설). 그런데 최근 판례는 낙약자와 요약자 사이의 법률관계(기본관계)에 기초하여 수익자가 요약자와 원인관계(대가관계)를 맺음으로써 해제 전에 새로운 이해관계를 갖고 등기·인도 등을 마쳐 권리를 취득하였다면, 수익자는 제548조 제1항 단서의 제3자에 해당한다고 판시하였다(2018다244976).

> **판례**

1. 제3자를 위한 계약의 당사자가 아닌 수익자는 계약의 해제권이나 해제를 원인으로 한 원상회복청구권이 있다고 볼 수 없다(대판 1994. 8. 12, 92다41559).

2. 제3자를 위한 계약관계에서 낙약자와 요약자 사이의 법률관계(이른바 기본관계)를 이루는 계약이 해제된 경우 그 계약관계의 청산은 계약의 당사자인 낙약자와 요약자 사이에 이루어져야 하므로, 특별한 사정이 없는 한 낙약자가 이미 제3자에게 급부한 것이 있더라도 낙약자는 계약해제에 기한 원상회복 또는 부당이득을 원인으로 제3자를 상대로 그 반환을 구할 수 없다(대판 2005. 7. 22, 2005다7566·7573).

3. 제3자를 위한 계약에 있어서 수익의 의사표시를 한 수익자는 낙약자에게 직접 그 이행을 청구할 수 있을 뿐만 아니라, 요약자가 계약을 해제한 경우에는 낙약자에게 자기가 입은 손해의 배상을 청구할 수 있는 것이므로 수익자가 완성된 목적물의 하자로 인하여 손해를 입었다면 낙약자(수급인)는 그 손해를 배상할 의무가 있다(대판 1994. 8. 12, 92다41559). ^{13회 1-(2)문}

4. 제3자를 위한 계약에서도 낙약자와 요약자 사이의 법률관계(기본관계)에 기초하여 수익자가 요약자와 원인관계(대가관계)를 맺음으로써 해제 전에 새로운 이해관계를 갖고 그에 따라 등기·인도 등을 마쳐 권리를 취득하였다면, 수익자는 민법 제548조 제1항 단서에서 말하는 계약해제의 소급효가 제한되는 제3자에 해당한다고 봄이 타당하다(대판 2021. 8. 19, 2018다244976). ^{13회 1-(2)문}

(2) 요약자(채권자)에 대한 효력

1) 요약자의 권리

① **채권자로서의 이행청구권**: 요약자는 제3자에 대한 채무의 이행을 낙약자에게 청구할 수 있다. 즉, 제3자도 급부청구권을 가질 뿐 아니라 요약자도 제3자에게 급부할 것을 낙약자에게 청구할 수 있다.

> **판례**

제3자를 위한 계약에서 요약자가 제3자의 권리와는 별도로 낙약자에 대하여 제3자에게 급부를 이행할 것을 요구할 수 있는 권리를 가지는지 여부(적극)

제3자를 위한 계약에서 제3자는 채무자(낙약자)에 대하여 계약의 이익을 받을 의사를 표시한 때에 채무자에게 직접 이행을 청구할 수 있는 권리를 취득하고(민법 제539조), 요약자는 제3자를 위한 계약의 당사자로서 원칙적으로 제3자의 권리와는 별도로 낙약자에 대하여 제3자에게 급부를 이행할 것을 요구할 수 있는 권리를 가진다. 이때 낙약자가 요약자의 이행청구에 응하지 아니하면 특별한 사정이 없는 한 요약자는 낙약자에 대하여 제3자에게 급부를 이행할 것을 소로써 구할 이익이 있다(대판 2022. 1. 27, 2018다259565).

② **낙약자(채무자)의 채무불이행에 따른 요약자(채권자)의 손해배상청구권**: 제3자의 수익의 의사표시 이후 낙약자가 채무를 이행하지 않은 경우에, 채권자도 손해배상을 청구할 수 있는가 하는 점이 문제된다. 부정설은 채권자는 채무자에 대해 제3자에게 손해를 배상할 것을 청구할 수 있을 뿐이고, 자기에게 배상할 것을 청구하지는 못한다고 한다. 이에 반해 긍정설은 채권자가 제3자에게 이행되는 것에 대하여 특별한 이익을 가지며 또한 이를 채무자가 알 수 있는 때에는, 채권자는 채무자의 채무불이행에 대하여 독립된 별개의 손해배상청구권을 가진다고 한다.

2) 계약당사자로서의 지위

요약자는 계약당사자로서 낙약자에 대하여 의사표시의 흠결을 이유로 취소권을 행사할 수 있고, 또한 낙약자의 채무불이행을 이유로 해제권을 행사할 수 있다.

> **판례**
>
> 제3자를 위한 유상 쌍무계약의 경우 요약자는 낙약자의 채무불이행을 이유로 제3자의 동의 없이 계약을 해제할 수 있다(대판 1970. 2. 24, 69다1410·1411). 13회 1-(2)문

(3) 낙약자(채무자)에 대한 효력

① **채무자의 급부의무**: 제3자가 수익의 의사를 표시한 때에는 그가 채권자가 되며, 채무자는 제3자에게 급부할 의무를 진다. 따라서 채무자의 채무불이행이 있으면 제3자에 대해 손해배상책임을 부담한다.

② **낙약자의 항변권**

> **제542조【채무자의 항변권】** 채무자는 제539조의 계약에 기한 항변으로 그 계약의 이익을 받을 제3자에게 대항할 수 있다.

채무자가 제3자에 대해 부담하는 급부의무는 채권자와의 계약에 의해 발생한 것이므로, 채무자가 그 계약에서 채권자에 대해 가지는 항변은 제3자에게도 주장할 수 있다. 예컨대 그 계약이 쌍무계약이면 채권자가 반대급부를 제공할 때까지는 동시이행의 항변권을 주장하여 제3자에 대한 이행을 거절할 수 있고, 또한 그 계약에 무효 또는 취소의 사유가 있으면 이를 주장할 수 있다. 다만 이러한 항변권은 채권자와 채무자 사이의 제3자를 위한 계약에서 기인하는 것에 한한다. 따라서 그 계약 이외의 원인에 의하여 채무자가 채권자에게만 대항할 수 있는 항변으로는 제3자에게 대항하지 못한다. 예컨대 채무자는 채권자에 대한 반대채권을 가지고 제3자의 자신에 대한 급부청구권과 상계하지는 못한다.

③ **계약당사자로서의 지위**: 낙약자는 계약당사자로서 계약상의 채무를 제3자에게 이행할 의무를 지며, 또한 계약의 무효·취소·해제 등의 사유는 모두 낙약자와 요약자 사이에서 결정된다.

제7절 계약의 해제·해지

01 계약해제 서설

1. 의의

계약의 해제란 유효하게 성립하고 있는 계약의 효력을 당사자 일방의 의사표시에 의하여, 그 계약이 처음부터 있지 않았던 것과 같은 상태에 복귀시키는 것을 말한다.

2. 구별개념

(1) 합의해제(해제계약) 2회 2문

1) 의의

계약의 합의해제 또는 해제계약이라 함은 해제권의 유무를 불문하고 계약당사자 쌍방이 합의에 의하여 기존의 계약의 효력을 소멸시켜 당초부터 계약이 체결되지 않았던 것과 같은 상태로 복귀시킬 것을 내용으로 하는 새로운 계약을 말한다. 해제는 해제권자의 일방적 의사표시로 성립하는 단독행위이지만, 합의해제는 기존의 계약당사자가 계약해소에 관하여 합의하는 계약이라는 점에서 다르다.

2) 성립요건

① 합의해제는 계약이므로 청약과 승낙의 합치, 즉 합의를 그 요건으로 한다.
② 묵시적 합의해제는 계약 후 당사자 쌍방의 계약실현의사의 결여 또는 포기로 인하여 계약을 실현하지 아니할 당사자 쌍방의 의사가 합치되어야만 한다.

> **판례**
>
> **계약이 묵시적 합의에 의하여 해제된 것으로 보기 위한 요건**
> 계약당사자 쌍방이 합의에 의하여 기존의 계약의 효력을 소멸시켜 당초부터 계약이 체결되지 않았던 것과 같은 상태로 복귀시킬 것을 내용으로 하는 계약의 합의해제는 당사자 쌍방의 묵시적인 의사표시에 의하여도 성립될 수 있는 것이지만, 당사자 쌍방이 계약을 이행하지 아니한 채 장기간 방치하였다고 하더라도 그와 같은 사유만으로 당사자 쌍방의 계약을 실현하지 아니할 의사의 합치로 계약이 묵시적으로 합의해제되었다고 볼 수는 없고 당사자 쌍방이 계약을 실현할 의사가 있었는지의 여부는 계약이 체결된 후의 여러 가지 사정을 종합적으로 고려하여 판단하여야 한다(대판 1993. 7. 27, 93다19030).

3) 효과

① **해제규정의 적용 여부**: 합의해제의 효력은 그 합의의 내용에 의하여 결정되고 이에는 해제에 관한 민법 제543조 이하의 규정은 적용되지 아니한다(79다1455).

② **합의해제와 원상회복**: 매매계약이 합의해제된 경우에도 매수인에게 이전되었던 소유권은 당연히 매도인에게 복귀하는 것이므로, 합의해제에 따른 매도인의 원상회복청구권은 소유권에 기한 물권적 청구권이고 따라서 소멸시효의 대상이 되지 아니한다(80다2968).

> **판례**
>
> 1. **계약의 합의해제에 대하여 민법 제548조 제2항이 적용되는지 여부**
>   합의해제 또는 해제계약이라 함은 해제권의 유무에 불구하고 계약 당사자 쌍방이 합의에 의하여 기존의 계약의 효력을 소멸시켜 당초부터 계약이 체결되지 않았던 것과 같은 상태로 복귀시킬 것을 내용으로 하는 새로운 계약으로서, 그 효력은 그 합의의 내용에 의하여 결정되고 여기에는 해제에 관한 민법 제548조 제2항의 규정은 적용되지 아니하므로, 당사자 사이에 약정이 없는 이상 합의해제로 인하여 반환할 금전에 그 받은 날로부터의 이자를 가하여야 할 의무가 있는 것은 아니다(대판 1996. 7. 30, 95다16011).
>
> 2. **계약의 합의해제와 채무불이행으로 인한 손해배상청구**
>   계약이 합의해제된 경우에는 그 해제 시에 당사자 일방이 상대방에게 손해배상을 하기로 특약하거나 손해배상청구를 유보하는 의사표시를 하는 등 다른 사정이 없는 한 채무불이행으로 인한 손해배상을 청구할 수 없다(대판 1989. 4. 25, 86다카1147・1148).
>
> 3. **계약의 합의해제에 있어 민법 제548조 제1항 단서가 적용되는지 여부** [9회 1-(3)문]
>   계약의 합의해제에 있어서도 민법 제548조의 계약해제의 경우와 같이 이로써 제3자의 권리를 해할 수 없다(대판 2005. 6. 9, 2005다6341).

(2) 해제조건 및 실권약관

① 해제의 의사표시 없이 계약으로 정한 조건이 성취되면 자동 해제되는 것으로 정한 것을 해제조건이라고 하며, 이러한 조건이 붙은 계약을 해제조건부 계약이라고 한다. 이는 해제조건의 성취에 의하여 장래에 향하여 법률행위의 효력이 당연히 실효된다. 따라서 해제권의 행사에 의하여 소급적으로 계약이 소멸되는 해제와 구별된다.

② 채무자의 채무불이행이 있으면 채권자의 특별한 의사표시가 없더라도 당연히 계약의 효력이 소멸한다고 약정하는 경우에, 이러한 계약의 실효조항을 실권약관이라고 한다. 즉, 실권약관은 채무자의 채무불이행을 해제조건으로 하는 약정이며, 해제권을 유보하는 약정은 아니다.

> **판례**
>
> 1. '매수인이 중도금을 약정한 일자에 지급하지 아니하면 계약이 해제된 것으로 한다.'라는 특약이 있는 실권약관부 매매계약에 있어서는 매수인이 약정의 중도금지급의무를 이행하지 아니하면, 그 계약은 그 일자에 자동적으로 해제된 것으로 보아야 하며, 매도인이 그 후에 중도금의 지급을 최고하였다 하더라도, 이는 은혜적으로 한 번 지급의무를 이행할 기회를 준 것에 지나지 아니한다(대판 1991. 8. 13, 91다13717).
> 2. 부동산매매계약에 있어서 '매수인이 잔대금지급기일까지 그 대금을 지급하지 못하면 그 계약이 자동적으로 해제된다.'라는 취지의 약정이 있더라도 매도인이 이행의 제공을 하여 매수인을 이행지체에 빠뜨리지 않는 한 그 약정기일의 도과사실만으로는 매매계약이 자동해제된 것으로 볼 수 없는 것이나, 매수인이 수회에 걸친 채무불이행에 대하여 책임을 느끼고 잔금지급기일의 연기를 요청하면서 새로운 약정기일까지는 반드시 계약을 이행할 것을 확약하고 불이행 시에는 매매계약이 자동적으로 해제되는 것을 감수하겠다는 내용의 약정을 한 특별한 사정이 있다면, 매수인이 잔금지급기일까지 잔금을 지급하지 아니함으로써 그 매매계약은 자동적으로 실효된다(대판 1996. 3. 8, 95다55467).

3. 해제권

(1) 의의

해제권은 계약의 당사자가 일방적 의사표시에 의하여 계약을 해소시키는 권리를 말한다. 해제권은 일방적 의사표시에 의하여 법률관계를 변동시키는 형성권이다. 이는 계약당사자의 지위에 수반하는 권리이므로 해제권만을 양도할 수는 없다.

(2) 해제권의 종류

1) 법정해제권

① 법률의 규정에 의하여 발생하는 해제권을 말한다. 계약의 해제에 관한 민법의 규정은 주로 쌍무계약을 그 대상으로 하지만 편무계약에도 법정해제권이 인정한다(통설). 예컨대 편무계약인 증여에 있어 증여자가 이행지체에 빠진 때에 수증자는 증여를 해제하고 손해배상으로서 그 급부에 갈음하는 전보배상을 청구할 수 있다고 한다.

② 해제의 대상이 되는 계약은 채권계약에 한한다. 법정해제는 당사자 일방의 채무불이행을 원인으로 하여 발생하는 것이므로, 처분행위인 물권계약이나 준물권계약에서는 법정해제는 인정되지 않는다.

2) 약정해제권

당사자의 계약에 의하여 발생하는 해제권을 말한다. 즉, 당사자가 미리 계약에서 해제권을 보류한 경우이다.

02 해제권의 발생

1. 법정해제권의 발생

(1) 서설

법정해제권의 발생원인에는 계약 일반에 공통된 것(채무불이행)과 증여(제555조 이하)·매매(제570조 이하)·도급(제668조 이하)과 같은 각 계약에 특수한 것이 있다.

(2) 이행지체에 의한 해제권의 발생

1) 보통의 이행지체

> 제544조【이행지체와 해제】당사자 일방이 그 채무를 이행하지 아니하는 때에는 상대방은 상당한 기간을 정하여 그 이행을 최고하고 그 기간 내에 이행하지 아니한 때에는 계약을 해제할 수 있다. 그러나 채무자가 미리 이행하지 아니할 의사를 표시한 경우에는 최고를 요하지 아니한다.

① **채무자의 이행지체가 있을 것**: 해제권의 발생은 결국 이행지체의 한 효과이므로, 이행지체의 요건(이행기의 도래·이행의 가능·채무자의 귀책사유·지체의 위법성)이 필요하다. 채무자가 일부의 이행을 지체한 경우에는 그 일부의 불이행에 의해 계약의 목적을 달성할 수 없는 때에만 계약 전부를 해제할 수 있고, 기타의 경우에는 불이행의 부분에 관하여서만 해제할 수 있다. 다만 불이행의 부분이 아주 경미한 경우에는 신의칙상 해제할 수 없다.

> 판례
> 쌍무계약에서 상대방의 채무불이행을 이유로 계약을 해제하려면 먼저 자기의 채무이행을 제공하고 상당한 기간을 정하여 상대방의 채무이행을 최고함으로써 상대방으로 하여금 이행지체에 빠지게 하여야 하는 것인바, 자기의 채무의 이행에 상대방의 행위를 요하는 경우에는 이행의 준비를 완료한 다음 그 사실을 상대방에게 통지하고 수령을 최고하는 구두의 제공을 하면 되는 것이기는 하지만, 이 경우에도 상대방이 협력만 한다면 언제든지 현실로 이행을 할 수 있을 정도로 준비를 완료하고 그 사실을 상대방에게 통지하여 수령 기타 상대방의 협력과 상대방의 채무이행을 최고하여야만 상대방을 이행지체에 빠지게 할 수 있는 것이므로 단순히 자기의 채무를 이행할 준비태세를 갖추고 있는 것만으로는 부족하다(대판 1993. 4. 13, 92다56438).

② **채권자가 상당한 기간을 정하여 이행을 최고할 것**
  ㉠ 최고의 본질: 제544조의 최고는 채무자에 대하여 채무의 이행을 촉구하는 채권자의 의사의 통지이며, 제387조 제2항에서 말하는 이행청구와 그 본질이 같다. 따라서 기한을 정하지 아니한 채무의 경우에는 채무자를 지체에 빠지게 하는 최고(제387조 제2항의 이행청구)를 한 후에 다시 해제권 발생을 위한 최고(제544조의 최고)를 할 필요는 없다.

> **판례**
>
> **채권자가 채무자의 급부불이행 사정을 들어 계약을 해제하겠다는 통지를 한 경우, 그로써 이행의 최고를 하였다고 볼 수 있는지 여부(원칙적 적극)**
>
> 채권자가 채무자의 급부불이행 사정을 들어 계약을 해제하겠다는 통지를 한 때에는 특별히 그 급부의 수령을 거부하는 취지가 포함되어 있지 아니하는 한 그로써 이행의 최고를 하였다고 볼 수 있으며, 그로부터 상당한 기간이 경과하도록 이행되지 아니하였다면 채권자는 계약을 해제할 수 있다(대판 2022. 10. 27, 2022다238053).

ⓒ 과다최고·과소최고 : 채권자의 이행최고가 본래 이행하여야 할 채무액을 초과하는 경우에도 본래 급부하여야 할 수량과의 차이가 비교적 적거나 채권자가 급부의 수량을 잘못 알고 과다한 최고를 한 것으로서 과다하게 최고한 진의가 본래의 급부를 청구하는 취지라면, 그 최고는 본래 급부하여야 할 수량의 범위 내에서 유효하다. 그러나 그 과다한 정도가 현저하고 채권자가 청구한 금액을 제공하지 않으면 그것을 수령하지 않을 것이라는 의사가 분명한 경우에는 그 최고는 부적법하고, 이러한 최고에 터잡은 계약의 해제는 그 효력이 없다(2004다13083). 한편 과소최고는 채무의 동일성이 인정되는 한 최고에 표시된 수량에 관하여만 유효하다.

ⓒ 상당한 기간 : 상당한 기간은 채무자가 이행을 준비하고 또 이를 이행하는 데 필요한 기간을 말하며, 이행하여야 할 채무의 성질 기타 객관적 사정으로 결정할 것이지 채무자의 여행·질병 등 주관적 사정은 고려되지 않는다. 다만 상당기간을 정하지 않은 최고도 유효하고, 최고 후 객관적으로 상당한 기간이 지나면 해제권이 발생한다(89다카14110).

ⓔ 최고를 요하지 않는 경우 : 채무자가 미리 이행하지 아니할 의사를 표시한 경우에는 최고를 요하지 아니한다(제544조 단서). 나아가 최고를 하여도 채무자가 이행할 의사가 없으리라는 것이 명백하다면 현실로 채무자의 불이행의 의사표시가 없더라도 최고 없이 해제할 수 있고(62다684), 또한 계약상의 의무 없는 과다한 채무의 이행을 요구하는 것은 자기 채무를 이행할 의사가 없음을 표시한 것으로 보아야 하므로 상대방은 이행을 최고할 필요 없이 계약을 해제할 수 있다(92다9463).

> **판례**
>
> 계약상 채무자가 계약을 이행하지 아니할 의사를 명백히 표시한 경우에 채권자는 신의성실의 원칙상 이행기 전이라도 이행의 최고 없이 채무자의 이행거절을 이유로 계약을 해제하거나 채무자를 상대로 손해배상을 청구할 수 있다(대판 2005. 8. 19, 2004다53173).

③ **채무자가 최고기간 내에 이행 또는 이행의 제공이 없을 것**: 채무자가 최고기간 내에 이행하지 않는 것도 그의 귀책사유에 기하여야 한다.

> **판례**
>
> [1] 쌍무계약 일방 당사자의 이행제공으로 상대방이 이행지체에 빠진 후 계약해제를 위한 이행최고를 함에 있어 갖추어야 할 자기 채무의 이행준비의 정도
>   쌍무계약의 일방 당사자가 이행기에 한 번 이행제공을 하여서 상대방을 이행지체에 빠지게 한 경우, 신의성실의 원칙상 이행을 최고하는 일방 당사자로서는 그 채무이행의 제공을 계속할 필요는 없다 하더라도 상대방이 최고기간 내에 이행 또는 이행제공을 하면 계약해제권은 소멸하므로 상대방의 이행을 수령하고 자신의 채무를 이행할 수 있는 정도의 준비가 되어 있으면 된다.
> [2] 부동산 매수인이 잔대금 지급기일에 잔대금의 이행제공을 하였음에도 매도인이 명도의무를 이행하지 못하여 이행지체에 빠진 경우, 매수인이 매도인에게 상당한 기간 내에 명도의무의 이행이 없을 것을 정지조건으로 하여 미리 해제의 의사표시를 함과 동시에 매도인으로서의 이행을 최고함에 있어서 현실로 이행제공하였던 잔대금으로 양도성예금증서를 구입하여 보관하고 있으면서 자신의 채무를 이행할 수 있는 준비를 하고 있었다면 이는 해제권 발생을 위한 적법한 최고라고 한 사례(대판 1996. 11. 26, 96다35590 · 35606).

④ **해제권의 발생시기**: 해제권은 원칙적으로 최고기간이 만료한 때에 발생한다. 그러나 채무자가 미리 불이행의 의사표시를 한 때에는 최고를 필요로 하지 않으므로(제544조 단서), 이때에는 이행지체가 있으면 곧 해제권은 발생한다.

⑤ **해제권의 소멸**: 해제권이 발생한 후이더라도 채권자가 해제권을 행사하기 전에 채무자가 채무내용에 좇은 이행을 하면 해제권은 소멸한다.

2) 정기행위의 이행지체

> **제545조【정기행위와 해제】** 계약의 성질 또는 당사자의 의사표시에 의하여 일정한 시일 또는 일정한 기간 내에 이행하지 아니하면 계약의 목적을 달성할 수 없을 경우에 당사자 일방이 그 시기에 이행하지 아니한 때에는 상대방은 전조의 최고를 하지 아니하고 계약을 해제할 수 있다.

① **정기행위의 의의**: 정기행위란 계약의 성질 또는 당사자의 의사표시에 의하여 일정한 시일 또는 일정한 기간 내에 이행하지 않으면 계약을 체결한 목적을 달성할 수 없는 것을 말한다(제545조). 계약의 성질에 의한 것(예 잔치를 위한 요리의 주문)을 절대적 정기행위라 하고, 당사자의 의사표시에 의한 것(예 결혼식에 착용하기 위한 예복의 주문)을 상대적 정기행위라 한다.

② **해제권의 발생요건**
  ㉠ 정기행위인 계약에 대하여 채무자의 귀책사유로 인한 위법한 이행지체가 있어야 한다.
  ㉡ 정기행위인 계약의 불이행이 있으면 즉시 해제권이 발생한다. 즉, 보통의 이행지체의 경우에서 요구되는 이행의 최고를 할 필요도 없이 곧 해제권을 행사할 수 있다.

③ **해제권의 행사**: 정기행위에 있어서 최고는 필요하지 않으나 해제의 의사표시는 반드시 있어야 한다.

(3) 이행불능에 의한 해제권의 발생

> **제546조【이행불능과 해제】** 채무자의 책임 있는 사유로 이행이 불능하게 된 때에는 채권자는 계약을 해제할 수 있다.

① **해제권의 발생요건** : 계약이 성립한 후에 채무자의 귀책사유로 인한 이행불능이 있어야 한다. 채권자의 이행의 최고는 그 요건이 아니다. 계약의 일부의 이행이 불능인 경우에는 이행이 가능한 나머지 부분만의 이행으로 계약의 목적을 달성할 수 없을 경우에만 계약 전부의 해제가 가능하다(94다57817).
② **해제권의 발생시기** : 채무자의 책임 있는 사유에 의한 이행불능이 있으면 곧 해제권이 발생한다. 이행기 전에 불능으로 된 때에도 이행기를 기다릴 필요 없이 해제할 수 있다.

(4) 불완전이행에 의한 해제권의 발생

민법에 명문규정은 없으나, 불완전이행에 의한 해제권의 발생도 인정한다(통설). 따라서 완전이행이 가능한 경우는 상당한 기간을 정하여 완전이행을 최고하였으나 채무자가 완전이행을 하지 않고 최고기간을 도과한 때에 해제권이 발생하고, 완전이행이 불가능한 경우는 채권자는 최고를 할 필요 없이 곧 해제할 수 있다.

(5) 채권자지체에 의한 해제권의 발생

채권자지체가 있을 때 채무자에게 해제권이 발생하느냐는 채권자지체의 본질을 어떻게 파악하느냐에 따라 결론이 다르다. 즉, 채무불이행설(다수설)에 의하면 해제권이 인정되나, 법정책임설에 의하면 해제권이 부정된다.

(6) 부수적 채무의 불이행과 해제권 발생 여부

민법 제544조에 의하여 채무불이행을 이유로 계약을 해제하려면, 당해 채무가 계약의 목적 달성에 있어 필요불가결하고 이를 이행하지 아니하면 계약의 목적이 달성되지 아니하여 채권자가 그 계약을 체결하지 아니하였을 것이라고 여겨질 정도의 주된 채무이어야 하고 그렇지 아니한 부수적 채무를 불이행한 데에 지나지 아니한 경우에는 계약을 해제할 수 없다(2005다53705·53712).

| 판례 |

계약 본래의 목적은 이미 달성되었고 부수적 채무의 이행만이 지체 중에 있는 경우에는 그 불이행으로 인하여 채권자가 계약을 달성할 수 없는 경우 또는 특별한 약정이 있는 경우를 제외하고는 원칙적으로 계약 전체의 해제를 허용할 수 없다(대판 1968. 11. 5, 68다1808).

(7) 사정변경의 원칙에 의한 해제권의 발생

통설은 사정변경의 원칙에 기한 해제권을 인정한다. 한편 판례는 종래 이를 부정하는 입장이었으나, 최근에는 그 가능성을 인정하였다(2004다31302).

> **판례**
>
> 이른바 사정변경으로 인한 계약해제는, 계약성립 당시 당사자가 예견할 수 없었던 현저한 사정의 변경이 발생하였고 그러한 사정의 변경이 해제권을 취득하는 당사자에게 책임 없는 사유로 생긴 것으로서, 계약내용대로의 구속력을 인정한다면 신의칙에 현저히 반하는 결과가 생기는 경우에 계약준수원칙의 예외로서 인정되는 것이고, 여기에서 말하는 사정이라 함은 계약의 기초가 되었던 객관적인 사정으로서, 일방당사자의 주관적 또는 개인적인 사정을 의미하는 것은 아니다. 또한, 계약의 성립에 기초가 되지 아니한 사정이 그 후 변경되어 일방당사자가 계약 당시 의도한 계약목적을 달성할 수 없게 됨으로써 손해를 입게 되었다 하더라도 특별한 사정이 없는 한 그 계약내용의 효력을 그대로 유지하는 것이 신의칙에 반한다고 볼 수도 없다. 지방자치단체로부터 매수한 토지가 공공공지에 편입되어 매수인이 의도한 음식점 등의 건축이 불가능하게 되었더라도 이는 매매계약을 해제할 만한 사정변경에 해당하지 않고, 매수인이 의도한 주관적인 매수목적을 달성할 수 없게 되어 손해를 입었다 하더라도 매매계약을 그대로 유지하는 것이 신의칙에 반한다고 볼 수도 없다고 한 사례(대판 2007. 3. 29, 2004다31302).

2. 약정해제권의 발생

해제권을 보류하는 약정은 처음의 계약과 동시에 할 수도 있으나, 계약체결 후에 별개의 계약에 의해서도 할 수 있다. 그리고 당사자가 명백하게 해제권을 보류하지 않았더라도 계약금의 수수(제565조)와 같이 법률에 의해 해제권을 보류한 것으로 다루어지는 경우도 있다.

03 해제권의 행사

1. 행사의 방법

> **제543조【해지, 해제권】** ① 계약 또는 법률의 규정에 의하여 당사자의 일방이나 쌍방이 해지 또는 해제의 권리가 있는 때에는 그 해지 또는 해제는 상대방에 대한 의사표시로 한다.
> ② 전항의 의사표시는 철회하지 못한다.

(1) 해제권자의 행사의 자유

약정해제권이나 법정해제권을 불문하고, 그 해제권의 행사 여부는 해제권자의 자유이다.

(2) 상대방에 대한 의사표시

상대방이란 해제되는 계약의 당사자인 상대방 또는 그 법률상의 지위를 승계하고 있는 자를 가리킨다. 그리고 해제의 의사표시의 방식에는 아무런 제한이 없으므로, 서면에 의하든 또는 구두로 하든 상관없다.

(3) 조건부·기한부 해제의 인정 여부

해제의 의사표시에는 원칙적으로 조건이나 기한을 붙이지 못한다. 그러나 조건이나 기한을 붙여도 상대방을 불이익한 지위에 놓이게 할 염려가 없는 경우에는 예외적으로 허용된다. 예컨대 최고를 하면서 최고기간 내에 이행하지 않으면 다시 해제의 의사표시를 하지 않더라도 당연히 해제된다고 하는 것은, 최고기간 내의 불이행을 정지조건으로 하는 해제의 의사표시이나 유효하다.

> **판례**
> **소정 기간 내에 이행이 없으면 계약은 당연히 해제된 것으로 한다는 뜻의 이행청구의 의미**
> 소정의 기간 내에 이행이 없으면 계약은 당연히 해제된 것으로 한다는 뜻을 포함하고 있는 이행청구는 이행청구와 동시에 그 기간 내에 이행이 없는 것을 정지조건으로 하여 미리 해제의 의사를 표시한 것으로 볼 수 있다(대판 1992. 12. 22, 92다28549).

(4) 철회 여부

해제의 의사표시는 철회하지 못한다(제543조 제2항).

2. 해제권 행사의 불가분성

> **제547조【해지, 해제권의 불가분성】** ① 당사자의 일방 또는 쌍방이 수인인 경우에는 계약의 해지나 해제는 그 전원으로부터 또는 전원에 대하여 하여야 한다.

04 해제의 효과   1회 1문, 9회 1-(3)문, 10회 1-(2)문, 11회 1-(2)문

1. 해제의 효과에 관한 이론구성

(1) 직접효과설

계약에 의한 모든 채권관계는 소급적으로 소멸한다는 견해로서, 다수설·판례의 입장이다. 따라서 미이행채무는 소멸하고, 기이행채무의 경우에는 이행된 급부가 법률상 원인 없는 급부로 되어 수령자는 부당이득반환의무를 부담한다. 다만 반환의무의 범위는 현존이익에 한하지 않고 원상회복으로 확대된다.

(2) 청산관계설

해제에 의한 계약의 소급적 소멸을 부정하여, 계약이 해제되면 미이행채무는 장래에 향하여 소멸하지만, 그때까지 존속하였던 채권관계는 원상회복을 위한 청산관계로 변형된다고 이해하는 견해로서 소수설의 입장이다. 즉, 해제 시의 원상회복의무는 수정된 부당이득반환의무가 아니라 변형된 채권·채무관계이며, 따라서 원래의 채권관계는 계약의 청산을 목적으로 하는 반환채권관계로 변하여 그 동일성을 가진다.

2. 해제의 구체적 효과

> 제548조【해제의 효과, 원상회복의무】① 당사자 일방이 계약을 해제한 때에는 각 당사자는 그 상대방에 대하여 원상회복의 의무가 있다. 그러나 제3자의 권리를 해하지 못한다.
> ② 전항의 경우에 반환할 금전에는 그 받은 날로부터 이자를 가하여야 한다.

(1) 계약의 구속으로부터 해방

1) 계약의 소급적 실효

계약을 해제하면 계약은 소급하여 소멸한다. 그러므로 계약상의 채권과 채무는 소멸한다. 따라서 당사자는 계약의 구속으로부터 해방되며, 이행하지 않은 채무는 이행할 필요가 없고, 이미 이행된 급부는 서로 원상회복을 하여야 한다.

> **판례**
> 계약의 해제권은 일종의 형성권으로서 당사자의 일방에 의한 계약해제의 의사표시가 있으면 그 효과로서 새로운 법률관계가 발생하고 각 당사자는 그에 구속되는 것이므로, 일방당사자의 계약위반을 이유로 한 상대방의 계약해제 의사표시에 의하여 계약이 해제되었음에도 상대방이 계약이 존속함을 전제로 계약상 의무의 이행을 구하는 경우 계약을 위반한 당사자도 당해 계약이 상대방의 해제로 소멸되었음을 들어 그 이행을 거절할 수 있다(대판 2001. 6. 29, 2001다21441·21458).

2) 해제와 물권의 복귀

① 문제는 계약의 이행으로써 등기 또는 인도를 갖추어 물권이 이전되었을 때, 그 물권이 등기 또는 인도 없이도 당연히 복귀하는가이다.

② **채권적 효과설(물권행위의 무인성설의 입장)**: 계약이 해제되더라도 채권행위가 해소될 뿐이며 물권행위는 유효하게 존속하므로 물권변동의 효과는 그대로 유지되고, 따라서 이전된 권리가 해제에 의하여 당연히 복귀하는 것은 아니며 이전된 권리를 회복하기 위해서는 다시 이행행위와 등기 또는 인도가 필요하다는 견해이다. 이에 의하면 제548조 제1항 단서의 제3자 보호는 무의미한 주의적 규정에 불과하게 된다.

③ **물권적 효과설(물권행위의 유인성설의 입장)** : 원인행위인 채권계약이 해제되면 이전하였던 물권은 등기 또는 인도 없이도 당연히 복귀한다는 견해이다. 판례도 '우리의 법제가 물권행위의 독자성과 무인성을 인정하고 있지 않는 점과, 민법 제548조 1항 단서가 거래안정을 위한 특별규정이란 점을 생각할 때' 물권적 효과설이 타당하다고 본다(75다1394).

3) 해제와 제3자의 보호

① **의의** : 계약의 해제는 제3자의 권리를 해하지 못한다(제548조 제1항 단서). 여기서 제3자는 원칙적으로 해제의 의사표시가 있기 이전에 그 해제된 계약으로부터 생긴 법률적 효과를 기초로 하여 새로운 이해관계를 가졌을 뿐 아니라 등기·인도 등으로 완전한 권리를 취득한 자를 말한다.

② **제3자 범위의 확대** : 판례는 거래의 안전을 위하여 보호되는 제3자에 해제의 의사표시가 있은 후 그 해제에 기한 말소등기가 이루어지기 이전에 새로운 이해관계를 갖게 된 선의의 제3자도 포함시킨다.

> **판례** ◆

1. 민법 제548조 제1항 단서에서 말하는 제3자란 일반적으로 그 해제된 계약으로부터 생긴 법률효과를 기초로 하여 해제 전에 새로운 이해관계를 가졌을 뿐 아니라 등기, 인도 등으로 완전한 권리를 취득한 자를 말하는 것인데, 해제된 매매계약에 의하여 채무자의 책임재산이 된 부동산을 가압류 집행한 가압류채권자도 원칙상 위 조항 단서에서 말하는 제3자에 포함된다(대판 2005. 1. 14, 2003다33004).

2. 민법 제548조 제1항 단서에서 규정하는 제3자라 함은 그 해제된 계약으로부터 생긴 법률적 효과를 기초로 하여 새로운 이해관계를 가졌을 뿐 아니라 등기·인도 등으로 완전한 권리를 취득한 자를 지칭하는 것이고, 계약상의 채권을 양도받은 양수인은 특별한 사정이 없는 이상 이에 포함되지 않는다. 따라서 아파트 분양신청권이 전전매매된 후 최초의 매매 당사자가 계약을 합의해제한 경우, 그 분양신청권을 전전매수한 자는 설사 그가 백지 매도증서, 위임장 등 제반 서류를 소지하고 있다 하더라도 완전한 권리를 취득한 것이라고 할 수 없고, 또한 매매계약을 합의해제한 다음 이를 회수하지 아니하였다고 하여 그에 대하여 매매계약의 해제를 주장할 수 없는 것은 아니다(대판 1996. 4. 12, 95다49882).

3. 계약이 해제되기 이전에 계약상의 채권을 양수하여 이를 피보전권리로 하여 처분금지가처분결정을 받은 경우, 그 권리는 채권에 불과하고 대세적 효력을 갖는 완전한 권리가 아니라는 이유로 그 채권자는 민법 제548조 제1항 단서 소정의 해제의 소급효가 미치지 아니하는 '제3자'에 해당하지 아니한다(대판 2000. 8. 22, 2000다23433).

4. 소유권을 취득하였다가 계약해제로 인하여 소유권을 상실하게 된 임대인으로부터 그 계약이 해제되기 전에 주택을 임차받아 주택의 인도와 주민등록을 마침으로써 주택임대차보호법 제3조 제1항에 의한 대항요건을 갖춘 임차인은 민법 제548조 제1항 단서의 규정에 따라 계약해제로 인하여 권리를 침해받지 않는 제3자에 해당하므로 임대인의 임대권원의 바탕이 되는 계약의 해제에도 불구하고 자신의 임차권을 새로운 소유자에게 대항할 수 있고, 이 경우 계약해제로 소유권을 회복한 제3자는 주택임대차보호법 제3조 제2항에 따라 임대인의 지위를 승계한다(대판 2003. 8. 22, 2003다12717).

5. [1] 주택임대차보호법이 적용되는 임대차로서는 반드시 임차인과 주택의 소유자인 임대인 사이에 임대차계약이 체결된 경우에 한정된다고 할 수는 없고, 주택의 소유자는 아니지만 주택에 관하여 적법하게 임대차계약을 체결할 수 있는 권한(적법한 임대권한)을 가진 임대인과 임대차계약이 체결된 경우도 포함된다.
 [2] 매매계약의 이행으로 매매목적물을 인도받은 매수인은 그 물건을 사용·수익할 수 있는 지위에서 그 물건을 타인에게 적법하게 임대할 수 있으며, 이러한 지위에 있는 매수인으로부터 매매계약이 해제되기 전에 매매목적물인 주택을 임차하여 주택의 인도와 주민등록을 마침으로써 주택임대차보호법 제3조 제1항에 의한 대항요건을 갖춘 임차인은 민법 제548조 제1항 단서에 따라 계약해제로 인하여 권리를 침해받지 않는 제3자에 해당하므로 임대인의 임대권원의 바탕이 되는 계약의 해제에도 불구하고 자신의 임차권을 새로운 소유자에게 대항할 수 있다.
 [3] 아파트 수분양자가 분양자로부터 열쇠를 교부받아 임차인을 입주케 하고 임차인이 주택임대차보호법상 대항력을 갖춘 후 다른 사정으로 분양계약이 해제되어 임대인인 수분양자가 주택의 소유권을 취득하지 못한 사안에서, 임차인은 아파트 소유자인 분양자에 대하여 임차권으로 대항할 수 있다(대판 2008. 4. 10, 2007다38908·38915).

6. 무허가건물관리대장은 무허가건물에 관한 관리의 편의를 위하여 작성된 것일 뿐 그에 관한 권리관계를 공시할 목적으로 작성된 것이 아니므로 무허가건물관리대장에 소유자로 등재되었다는 사실만으로는 무허가건물에 관한 소유권 기타의 권리를 취득하는 효력이 없다. 따라서 미등기 무허가건물에 관한 매매계약이 해제되기 전에 매수인으로부터 해당 무허가건물을 다시 매수하고 무허가건물관리대장에 소유자로 등재되었다고 하더라도 건물에 관하여 완전한 권리를 취득한 것으로 볼 수 없으므로 민법 제548조 제1항 단서에서 규정하는 제3자에 해당한다고 할 수 없다(대판 2014. 2. 13, 2011다64782).

7. 계약해제 시 계약은 소급하여 소멸하게 되어 해약당사자는 각 원상회복의 의무를 부담하게 되나 이 경우 계약해제로 인한 원상회복등기 등이 이루어지기 이전에 해약당사자와 양립되지 아니하는 법률관계를 가지게 되었고 계약해제 사실을 몰랐던 제3자에 대하여는 계약해제를 주장할 수 없고, 이 경우 제3자가 악의라는 사실의 주장·입증책임은 계약해제를 주장하는 자에게 있다(대판 2005. 6. 9, 2005다6341).

(2) 원상회복의무

1) 의의

당사자 일방이 계약을 해제한 때에는 각 당사자는 그 상대방에 대하여 원상회복의 의무가 있다(제548조 제1항 본문). 계약을 해제하면 계약은 소급하여 실효되므로, 이미 이행된 급부는 반환되어야 한다.

2) 원상회복의 범위

① 해제에 의하여 생기는 원상회복의무는 부당이득반환의무의 성질을 가지며, 제548조의 규정은 제741조 이하의 특칙을 이룬다. 따라서 원상회복의 범위는 해제에 관한 특칙(제548조)에 의하여 정하여진다. 그 결과 부당이득에 관한 제748조와 달리, 이득의 현존 여부와 상대방의 선의·악의를 묻지 않고 받은 급부 전부를 상대방에게 반환하여야 한다.
② 원물이 존재하면 그 물건을 상대방에게 반환하여야 한다. 즉, 원물반환이 원칙이다.

③ 원물이 반환의무자의 귀책사유로 멸실·훼손되거나 그 밖의 사유로 그 반환이 어려운 때에는 그 가액을 반환하여야 한다.
④ 원물반환이 처음부터 불가능한 급부, 예컨대 노무 그 밖의 무형의 것을 급부한 경우에는 그 가액을 반환하여야 한다.
⑤ 채무의 이행으로 금전이 급부된 경우에는, 그 받은 날로부터 이자를 붙여서 반환하여야 한다(제548조 제2항).

> **판례**
>
> 1. 법정해제권 행사의 경우 당사자 일방이 그 수령한 금전을 반환함에 있어 그 받은 때로부터 법정이자를 부가함을 요하는 것은 민법 제548조 제2항이 규정하는 바로서, 이는 원상회복의 범위에 속하는 것이며 일종의 부당이득반환의 성질을 가지는 것이고 반환의무의 이행지체로 인한 것이 아니므로, 부동산 매매계약이 해제된 경우 매도인의 매매대금 반환의무와 매수인의 소유권이전등기말소등기절차이행의무가 동시이행의 관계에 있는지 여부와는 관계없이 매도인이 반환하여야 할 매매대금에 대하여는 그 받은 날로부터 민법 소정의 법정이율인 연 5푼의 비율에 의한 법정이자를 부가하여 지급하여야 하고, 이와 같은 법리는 약정된 해제권을 행사하는 경우라 하여 달라지는 것은 아니다(대판 2000. 6. 9, 2000다9123).
>
> 2. 매도인으로부터 매매 목적물의 소유권을 이전받은 매수인이 매도인의 계약해제 이전에 제3자에게 목적물을 처분하여 계약해제에 따른 원물반환이 불가능하게 된 경우에 매수인은 원상회복의무로서 가액을 반환하여야 하며, 이때에 반환할 금액은 특별한 사정이 없는 한 그 처분 당시의 목적물의 대가 또는 그 시가 상당액과 처분으로 얻은 이익에 대하여 그 이득일부터의 법정이자를 가산한 금액이다(대판 2013. 12. 12, 2013다14675).
>
> 3. [1] 당사자 일방이 계약을 해제한 때에는 각 당사자는 상대방에 대하여 원상회복의무가 있고, 이 경우 반환할 금전에는 받은 날로부터 이자를 가산하여 지급하여야 한다. 여기서 가산되는 이자는 원상회복의 범위에 속하는 것으로서 일종의 부당이득반환의 성질을 가지는 것이고 반환의무의 이행지체로 인한 지연손해금이 아니다. 따라서 당사자 사이에 그 이자에 관하여 특별한 약정이 있으면 그 약정이율이 우선 적용되고 약정이율이 없으면 민사 또는 상사 법정이율이 적용된다. 반면 원상회복의무가 이행지체에 빠진 이후의 기간에 대해서는 부당이득반환의무로서의 이자가 아니라 반환채무에 대한 지연손해금이 발생하게 되므로 거기에는 지연손해금률이 적용되어야 한다. 지연손해금률에 관하여도 당사자 사이에 별도의 약정이 있으면 그에 따라야 할 것이고, 설사 그것이 법정이율보다 낮다 하더라도 마찬가지이다.
> [2] 계약해제 시 반환할 금전에 가산할 이자에 관하여 당사자 사이에 약정이 있는 경우에는 특별한 사정이 없는 한 이행지체로 인한 지연손해금도 그 약정이율에 의하기로 하였다고 보는 것이 당사자의 의사에 부합한다. 다만 그 약정이율이 법정이율보다 낮은 경우에는 약정이율에 의하지 아니하고 법정이율에 의한 지연손해금을 청구할 수 있다고 봄이 타당하다. 계약해제로 인한 원상회복 시 반환할 금전에 받은 날로부터 가산할 이자의 지급의무를 면제하는 약정이 있는 때에도 그 금전반환의무가 이행지체 상태에 빠진 경우에는 법정이율에 의한 지연손해금을 청구할 수 있는 점과 비교해 볼 때 그렇게 보는 것이 논리와 형평의 원리에 맞기 때문이다(대판 2013. 4. 26, 2011다50509).

⑥ 급부받은 물건으로부터 과실을 취득하거나 사용을 하여 이득을 얻은 때에는 그 과실 및 사용이익도 함께 반환하여야 한다.

(3) 손해배상의무

> **제551조【해지, 해제와 손해배상】** 계약의 해지 또는 해제는 손해배상의 청구에 영향을 미치지 아니한다.

① **손해배상의 성질**: 계약상 채무의 불이행이 있는 경우에 법정해제가 인정되고, 이 경우 해제를 하더라도 이미 발생한 손해는 남게 되므로, 계약해제와 손해배상청구는 양립할 수 있는 것이다.
② **손해배상의 범위**: 제551조의 손해배상은 채무불이행에 기초하는 것이므로 그 범위는 민법 제390조 이하 특히 제393조에 의해 정해진다. 따라서 채무가 이행되었더라면 채권자가 얻었을 이익, 즉 이행이익의 배상을 원칙으로 한다.

> **판례**
> 채무불이행을 이유로 계약해제와 아울러 손해배상을 청구하는 경우에 그 계약이행으로 인하여 채권자가 얻을 이익, 즉 이행이익의 배상을 구하는 것이 원칙이지만, 그에 갈음하여 그 계약이 이행되리라고 믿고 채권자가 지출한 비용, 즉 신뢰이익의 배상을 구할 수도 있다고 할 것이고, 그 신뢰이익 중 계약의 체결과 이행을 위하여 통상적으로 지출되는 비용은 통상의 손해로서 상대방이 알았거나 알 수 있었는지의 여부와는 관계없이 그 배상을 구할 수 있고, 이를 초과하여 지출되는 비용은 특별한 사정으로 인한 손해로서 상대방이 이를 알았거나 알 수 있었던 경우에 한하여 그 배상을 구할 수 있다고 할 것이고, 다만 그 신뢰이익은 과잉배상금지의 원칙에 비추어 이행이익의 범위를 초과할 수 없다(대판 2002. 6. 11, 2002다2539).

(4) 해제의 효과와 동시이행

> **제549조【원상회복의무와 동시이행】** 제536조의 규정은 전조의 경우에 준용한다.

> **판례**
> 계약이 해제되면 계약당사자는 상대방에 대하여 원상회복의무와 손해배상의무를 부담하는데, 이때 계약당사자가 부담하는 원상회복의무뿐만 아니라 손해배상의무도 함께 동시이행의 관계에 있다(대판 1996. 7. 26, 95다25138 · 25145).

05 해제권의 소멸

1. 일반적 소멸원인

(1) 이행 또는 이행의 제공

해제권이 발생한 후에도 해제하기 전에 채무자가 이행지체로 인한 손해배상을 포함하는 이행 또는 이행의 제공을 하면 해제권은 소멸한다.

(2) 제척기간

해제권은 형성권이므로 10년의 제척기간에 걸린다(통설).

(3) 해제권의 포기

해제권은 해제권자의 상대방에 대한 의사표시로 포기할 수 있다.

(4) 해제권의 실효

> 판례
> 해제의 의사표시가 있은 무렵을 기준으로 볼 때 무려 1년 4개월가량 전에 발생한 해제권을 장기간 행사하지 아니하고 오히려 매매계약이 여전히 유효함을 전제로 잔존채무의 이행을 최고함에 따라 상대방으로서는 그 해제권이 더 이상 행사되지 아니할 것으로 신뢰하였고, 또 매매계약상의 매매대금 자체는 거의 전부가 지급된 점 등에 비추어 보면 그와 같이 신뢰한 데에는 정당한 사유도 있었다고 봄이 상당하다면, 그 후 새삼스럽게 그 해제권을 행사한다는 것은 신의성실의 원칙에 반하여 허용되지 아니한다 할 것이므로, 이제와서 매매계약을 해제하기 위하여는 다시 이행제공을 하면서 최고를 할 필요가 있다(대판 1994. 11. 25, 94다12234).

2. 특수한 소멸원인

(1) 상대방의 최고권 행사

> 제552조【해제권행사 여부의 최고권】① 해제권의 행사의 기간을 정하지 아니한 때에는 상대방은 상당한 기간을 정하여 해제권행사 여부의 확답을 해제권자에게 최고할 수 있다.
> ② 전항의 기간 내에 해제의 통지를 받지 못한 때에는 해제권은 소멸한다.

> 판례
> 해제권의 행사의 기간을 정하지 아니한 때에는 상대방은 상당한 기간을 정하여 해제권 행사 여부의 확답을 해제권자에게 최고할 수 있고, 그 기간 내에 해제의 통지를 받지 못한 때에는 해제권은 소멸하는 것이지만, 이로 인하여 그 후 새로운 사유에 의하여 발생한 해제권까지 행사할 수 없게 되는 것은 아니다(대판 2005. 12. 8, 2003다41463).

(2) 목적물의 훼손 등

> 제553조【훼손 등으로 인한 해제권의 소멸】해제권자의 고의나 과실로 인하여 계약의 목적물이 현저히 훼손되거나 이를 반환할 수 없게 된 때 또는 가공이나 개조로 인하여 다른 종류의 물건으로 변경된 때에는 해제권은 소멸한다.

(3) 해제권의 소멸상의 불가분성

> 제547조【해지, 해제권의 불가분성】② 전항의 경우에 해지나 해제의 권리가 당사자 1인에 대하여 소멸한 때에는 다른 당사자에 대하여도 소멸한다.

06 계약의 해지

1. 서설

(1) 의의

계속적 계약에서 당사자의 일방적 의사표시만으로 그 효력을 장래에 대해 소멸시키는 것을 해지라고 한다. 해지를 할 수 있기 위해서는 해지권이 있어야 한다.

(2) 구별개념 : 합의해지

① 합의해지(해지계약)란 계속적 계약에 있어서 계약 당사자 쌍방이 합의에 의하여 계속적 계약의 효력을 해지시점 이후부터 장래를 향하여 소멸하게 하는 것을 내용으로 하는 새로운 계약을 말한다.

② 계약의 합의해지는 명시적인 경우뿐만 아니라 묵시적으로도 이루어질 수 있는 것이므로 계약 후 당사자 쌍방의 계약실현의사의 결여 또는 포기가 쌍방 당사자의 표시행위에 나타난 의사의 내용에 의하여 객관적으로 일치하는 경우에는, 그 계약은 계약을 실현하지 아니할 당사자 쌍방의 의사가 일치됨으로써 묵시적으로 해지되었다고 해석함이 상당하다.

③ 합의해지의 효력은 그 합의의 내용에 의하여 결정되고 여기에는 해제에 관한 민법 제548조 제2항의 규정은 적용되지 아니하므로, 당사자 사이에 약정이 없는 이상 합의해지로 인하여 반환할 금전에 그 받은 날로부터의 이자를 가하여야 할 의무가 있는 것은 아니다(2000다5336·5343).

2. 해지권의 발생

(1) 법정해지권의 발생

① **개별규정에 의한 발생**: 민법은 각각의 계속적 계약에 관해 개별적으로 해지권을 정하고 있다. 예컨대 사용대차(제610조 제3항), 임대차(제625조·제627조·제629조·제635조·제636조·제637조·제639조·제640조), 고용(제657조~제663조), 위임(제689조), 임치(제698조·제699조) 등이 그러하다.

② **채무불이행에 의한 발생**: 민법은 계약해제의 경우에는 계약총칙 부분에서 일시적 계약 모두에 공통되는 해제권의 발생원인으로 이행지체와 이행불능을 정하고 있는데, 계약해지의 경우에는 이러한 규정을 두고 있지 않다. 여기서 이 규정을 계속적 계약의 해지에 유추적용할 수 있는가에 대해 긍정설과 부정설이 대립한다.

> **판례**
>
> 1. 계속적 계약은 당사자 상호 간의 신뢰관계를 그 기초로 하는 것이므로, 당해 계약의 존속 중에 당사자의 일방이 그 계약상의 의무를 위반함으로써 그로 인하여 계약의 기초가 되는 신뢰관계가 파괴되어 계약관계를 그대로 유지하기 어려운 정도에 이르게 된 경우에는 상대방은 그 계약관계를 막바로 해지함으로써 그 효력을 장래에 향하여 소멸시킬 수 있다고 봄이 타당하다(대판 2002. 11. 26, 2002두5948).
>
> 2. 회사의 이사의 지위에 있었기 때문에 회사의 요구로 부득이 회사와 은행 사이의 계속적 거래로 인한 위 회사의 채무에 대하여 연대보증인이 된 자가 그 후 위 회사로부터 퇴사하여 이사의 지위를 떠난 것이라면 위 연대보증계약 성립 당시의 사정에 현저한 변경이 생긴 경우에 해당하므로 사정변경을 이유로 위 연대보증계약을 해지할 수 있다(대판 1992. 5. 26, 92다2332).

(2) 약정해지권의 발생

당사자는 계속적 계약에서 당사자의 일방 또는 쌍방이 해지권을 갖기로 약정할 수 있다(제543조 제1항). 특히 임대차에는 명문의 규정이 있다(제636조).

3. 해지권의 행사

(1) 상대방에 대한 일방적 의사표시

해지권은 형성권이므로, 그 행사는 상대방에 대한 일방적 의사표시로 하게 된다(제543조 제1항). 그리고 해제권과 마찬가지로 상대방의 승낙이 없으면 철회할 수 없고(제543조 제2항), 원칙적으로 조건과 기한을 붙이지 못한다.

(2) 해지권의 불가분성

해지권에도 해제권과 마찬가지로 불가분성이 있으므로, 그 행사는 전원으로부터 또는 전원에 대하여 하여야 한다(제547조 제1항). 그리고 해지권이 당사자 1인에 대하여 소멸한 때에는 다른 당사자에 대하여도 소멸한다(제547조 제2항).

4. 해지의 효과

(1) 장래효

> 제550조【해지의 효과】당사자 일방이 계약을 해지한 때에는 계약은 장래에 대하여 그 효력을 잃는다.

해지는 해지 이전의 계약관계에 대하여는 영향을 미치지 않고, 계약은 장래에 향하여 그 효력을 잃는다(제550조). 그러므로 해지 전에 발생한 계약상 채무는 유효하게 존속하므로, 미이행채무는 해지에 관계없이 그대로 이행되어야 하며, 기이행급부는 수령자가 적법하게 보유할 수 있다.

(2) 해지기간

해지는 상대방 있는 의사표시로서 상대방에게 도달한 때부터 그 효력을 발생하는 것이 원칙이지만(제111조 제1항), 예외적으로 상대방이 해지통고를 받은 날로부터 일정기간이 경과한 후에 해지의 효력이 생기는 것으로 하는 경우도 있다(제603조 제2항·제635조·제660조 등). 그 기간을 해지기간이라고 하는데, 해지의 상대방을 보호하려는 것이다.

(3) 청산의무

계약을 해지하면 그 때부터 계약은 그 효력을 잃는다. 예컨대 임대차의 경우에 임차인은 더 이상 목적물을 사용·수익할 권리를 잃게 되므로 목적물을 임대인에게 반환할 의무를 지게 되는데, 이를 청산의무라고 한다.

(4) 손해배상의 청구

계약의 해지는 손해배상의 청구에 영향을 미치지 아니한다(제551조).

MEMO

제1절 증여
제2절 매매
제3절 교환
제4절 소비대차
제5절 사용대차
제6절 임대차
제7절 고용
제8절 도급

제8절의2 여행계약
제9절 현상광고
제10절 위임
제11절 임치
제12절 조합
제13절 종신정기금
제14절 화해

행정사
조민기 민법(계약)

CHAPTER

02

계약각론

Chapter 02 계약각론

제1절 증여

01 서설

1. 의의

> 제554조【증여의 의의】증여는 당사자 일방이 무상으로 재산을 상대방에 수여하는 의사를 표시하고 상대방이 이를 승낙함으로써 그 효력이 생긴다.

증여는 당사자의 일방(증여자)이 대가없이, 즉 무상으로 재산을 상대방에게 수여하는 의사를 표시하고, 상대방(수증자)이 이를 승낙함으로써 성립하는 계약이다.

2. 법적 성질

(1) 계약

① 증여는 계약이므로, 무상으로 타인에게 재산을 수여하는 경우에도 단독행위인 유증은 증여가 아니다.
② 증여는 채권계약이므로 타인의 재산을 증여의 목적으로 할 수 있다.
③ 수증자의 승낙의 의사표시가 있어야 성립하므로, 태아나 아직 형성되지 않은 종중 또는 친족공동체(91다28344)에 대한 증여의 의사표시는 아무런 효력이 없다.

(2) 낙성·무상·편무·불요식계약

① 증여는 무상계약이다. 따라서 유상계약을 전제로 하는 규정, 특히 매도인의 담보책임에 관한 규정은 무상계약인 증여에는 준용되지 않고(제567조), 증여자의 담보책임에 관해서는 증여계약에서 따로 정한다(제559조).
② 증여는 증여자만이 의무를 지는 점에서 편무계약이며, 따라서 쌍무계약을 전제로 하는 효력(제536조~제538조)은 생기지 않는다.
③ 다만 부담부 증여에 관해서는 부담의 한도에서 매도인과 같은 담보책임을 지고, 쌍무계약에 관한 규정을 적용하도록 하고 있다(제559조 제2항, 제561조).
④ 증여는 불요식계약이다. 서면에 의하지 않은 증여는 각 당사자가 이를 해제할 수 있지만(제555조), 이 조항이 증여계약을 서면으로 작성하여야 유효하다는 의미는 아니다.

02 증여의 효력

1. 증여자의 재산권이전의무

증여자는 증여계약의 내용에 따라 재산권을 이전해 줄 의무를 부담한다(제554조). 즉, 동산은 인도, 부동산은 등기, 채권은 대항요건을 갖추어 주어야 한다.

2. 증여자의 담보책임

> 제559조【증여자의 담보책임】① 증여자는 증여의 목적인 물건 또는 권리의 하자나 흠결에 대하여 책임을 지지 아니한다. 그러나 증여자가 그 하자나 흠결을 알고 수증자에게 고지하지 아니한 때에는 그러하지 아니하다.
> ② 상대부담 있는 증여에 대하여는 증여자는 그 부담의 한도에서 매도인과 같은 담보의 책임이 있다.

(1) 원칙

증여자는 그가 급부한 물건 또는 권리에 하자나 흠결이 있더라도 그에 대한 담보책임을 부담하지 않는 것이 원칙이다(제559조 제1항 본문). 증여는 무상계약이어서 증여자는 아무런 대가를 받지 않으므로 매매와 같은 유상계약에서 인정되는 담보책임을 증여자에게 부담시키는 것은 적절치 않으며, 또한 증여자는 목적물을 현상대로 수여하려는 의사를 가진다고 볼 수 있기 때문이다. 다만 제559조가 강행규정은 아니므로(통설), 당사자의 특약에 의하여 담보책임이 발생할 수 있다.

(2) 예외

① **악의증여자가 불고지한 경우**: 증여자가 그 하자나 흠결을 알고 수증자에게 고지하지 아니한 때에는 담보책임을 진다(제559조 제1항 단서). 이 담보책임의 내용은 수증자가 하자나 흠결이 없다고 오신하였기 때문에 받은 손해, 즉 신뢰이익의 배상이다. 따라서 증여자가 그 사실을 고지하지 않은 경우에도 수증자가 계약 당시에 이를 알고 있었다면 증여자는 담보책임을 지지 않는다(통설).

② **부담부 증여**: 부담부 증여에서 증여자는 그 부담의 한도에서 매도인과 같은 담보책임을 진다(제559조 제2항).

03 증여계약의 해제

1. 특유한 해제원인 5회 2문

(1) 서면에 의하지 않은 증여의 해제

> 제555조【서면에 의하지 아니한 증여와 해제】증여의 의사가 서면으로 표시되지 아니한 경우에는 각 당사자는 이를 해제할 수 있다.

① **취지**: 증여의 의사가 서면으로 표시되지 아니한 경우에는 각 당사자(증여자 또는 수증자)는 이를 해제할 수 있다. 이는 증여자가 경솔하게 계약을 맺는 것을 방지하고, 증여의사를 명확히 하여 분쟁을 피하고자 하는 취지이다.

② **서면에 의한 증여**: 서면으로 표시되어야 하는 것은 증여자의 증여의사이다. 즉, 증여자가 자기의 재산을 상대방에게 준다는 증여의사가 서면에 나타나는 것으로 족하다. 계약서의 작성을 반드시 필요로 하지 않으며, 수증자의 수증의 의사표시가 서면에 기재되어 있을 것을 요하지도 않는다.

> 판례
>
> 1. 서면에 의한 증여란 증여계약 당사자 간에 있어서 증여자가 자기의 재산을 상대방에게 준다는 증여의사가 문서를 통하여 확실히 알 수 있는 정도로 서면에 나타난 증여를 말하는 것으로서, 비록 서면의 문언 자체는 증여계약서로 되어 있지 않더라도 그 서면의 작성에 이르게 된 경위를 아울러 고려할 때 그 서면이 바로 증여의사를 표시한 서면이라고 인정되면 이를 민법 제555조에서 말하는 서면에 해당한다고 보아야 할 것이다(대판 1998. 9. 25, 98다22543).
> 2. 민법 제555조 소정의 증여의 의사가 표시된 서면의 작성시기에 대하여는 법률상 아무런 제한이 없으므로 증여계약이 성립한 당시에는 서면이 작성되지 않았더라도 그 후 계약이 존속하는 동안 서면을 작성한 때에는 그때부터는 서면에 의한 증여로서 당사자가 임의로 이를 해제할 수 없게 된다(대판 1989. 5. 9, 88다카2271).

(2) 수증자의 망은행위로 인한 증여의 해제

> 제556조【수증자의 행위와 증여의 해제】① 수증자가 증여자에 대하여 다음 각 호의 사유가 있는 때에는 증여자는 그 증여를 해제할 수 있다.
>   1. 증여자 또는 그 배우자나 직계혈족에 대한 범죄행위가 있는 때
>   2. 증여자에 대하여 부양의무 있는 경우에 이를 이행하지 아니하는 때
> ② 전항의 해제권은 해제원인 있음을 안 날로부터 6월을 경과하거나 증여자가 수증자에 대하여 용서의 의사를 표시한 때에는 소멸한다.

> **판례**
>
> 1. 수증자의 범죄행위를 원인으로 한 증여계약의 해제를 규정하고 있는 민법 제556조 제1항 제1호에서 정한 '범죄행위'의 의미
>   여기에서 '범죄행위'는, 수증자가 증여자에게 감사의 마음을 가져야 함에도 불구하고 증여자가 배은망덕하다고 느낄 정도로 둘 사이의 신뢰관계를 중대하게 침해하여 수증자에게 증여의 효과를 그대로 유지시키는 것이 사회통념상 허용되지 아니할 정도의 범죄를 저지르는 것을 말한다. 이때 이러한 범죄행위에 해당하는지는 수증자가 범죄행위에 이르게 된 동기 및 경위, 수증자의 범죄행위로 증여자가 받은 피해의 정도, 침해되는 법익의 유형, 증여자와 수증자의 관계 및 친밀도, 증여행위의 동기와 목적 등을 종합적으로 고려하여 판단하여야 하고, 반드시 수증자가 그 범죄행위로 형사처벌을 받을 필요는 없다(대판 2022. 3. 11, 2017다207475·207482).
> 2. 민법 제556조 제1항 제2호에 규정되어 있는 '부양의무'라 함은 민법 제974조에 규정되어 있는 직계혈족 및 그 배우자 또는 생계를 같이하는 친족 간의 부양의무를 가리키는 것으로서, 친족 간이 아닌 당사자 사이의 약정에 의한 부양의무는 이에 해당하지 아니하여 민법 제556조 제2항이나 민법 제558조가 적용되지 않는다(대판 1996. 1. 26, 95다43358).

(3) 증여자의 재산상태변경으로 인한 증여의 해제

> **제557조【증여자의 재산상태변경과 증여의 해제】** 증여계약 후에 증여자의 재산상태가 현저히 변경되고 그 이행으로 인하여 생계에 중대한 영향을 미칠 경우에는 증여자는 증여를 해제할 수 있다.

2. 해제의 효력제한

> **제558조【해제와 이행완료부분】** 전3조의 규정에 의한 계약의 해제는 이미 이행한 부분에 대하여는 영향을 미치지 아니한다.

> **판례**
>
> 1. 민법 제555조에서 말하는 해제는 일종의 특수한 철회일 뿐 민법 제543조 이하에서 규정한 본래 의미의 해제와는 다르다고 할 것이어서 형성권의 제척기간의 적용을 받지 않는다(대판 2003. 4. 11, 2003다1755).
> 2. 동산의 경우에는 인도시에 이행이 있게 되나, 부동산의 경우에는 그 소유권을 수증자에게 이전하는 등기를 한 때에 이행을 한 것이 되며 증여부동산의 인도까지 하여야 하는 것은 아니다(대판 1981. 10. 13, 81다649).
> 3. 민법 제558조에 의하면 서면에 의하지 아니한 증여의 해제는 이미 이행한 부분에 대하여는 영향을 미치지 않으므로, 증여자가 서면에 의하지 않고 소유권이전등기가 경료되지 않은 매수 토지를 증여하였으나 위 토지에 관한 소유권이전등기청구권을 수증자에게 양도하고 매도인에게 양도통지까지 마친 경우에는, 그 이후 증여자의 상속인들에 의한 서면에 의하지 아니한 증여라는 이유의 해제는 이에 아무런 영향을 끼치지 않는다(대판 1998. 9. 25, 98다22543).

4. **증여자가 생전에 제공한 서류에 의하여 수증자가 증여자 사망 후 목적 부동산에 관하여 소유권이전등기를 경료한 경우, 증여계약의 이행이 종료되었는지 여부** 13회 2문

민법 제555조는 "증여의 의사가 서면으로 표시되지 아니한 경우에는 각 당사자는 이를 해제할 수 있다."라고 규정하고 있고, 민법 제558조는 "전 3조의 규정에 의한 계약의 해제는 이미 이행한 부분에 대하여는 영향을 미치지 아니한다."라고 규정하고 있으므로, 증여의 의사가 서면으로 표시되지 아니한 경우라도 증여자가 생전에 부동산을 증여하고 그의 뜻에 따라 그 소유권이전등기에 필요한 서류를 제공하였다면 증여자가 사망한 후에 그 등기가 경료되었다고 하더라도 증여자의 의사에 따른 증여의 이행으로서의 소유권이전등기가 경료되었다 할 것이므로 증여는 이미 이행되었다 할 것이어서 증여자의 상속인이 서면에 의하지 아니한 증여라는 이유로 증여계약을 해제하였다 하더라도 이에 아무런 영향이 없다(대판 2001. 9. 18, 2001다29643).

04 특수한 증여

1. 부담부 증여 9회 1-(1)·(2)문

(1) 의의

① 부담부 증여란 수증자도 일정한 급부를 하여야 할 채무를 부담하는 증여계약이다. 이때 수증자의 부담으로부터 이익을 얻는 자는 증여자 자신일 수도 있고, 제3자일 수도 있다.
② 부담부 증여에서 부담은 증여에 대하여 대가관계에 서는 것이 아니므로, 부담부 증여도 편무·무상계약이다.

(2) 부담부 증여에 관한 특칙

① **매도인과 같은 담보책임**

> **제559조【증여자의 담보책임】** ② 상대부담 있는 증여에 대하여는 증여자는 그 부담의 한도에서 매도인과 같은 담보의 책임이 있다.

② **쌍무계약에 관한 규정의 적용**

> **제561조【부담부 증여】** 상대부담 있는 증여에 대하여는 본절의 규정 외에 쌍무계약에 관한 규정을 적용한다.

부담부 증여에 대하여는 증여의 규정이 적용되는 외에, 쌍무계약에 관한 규정을 적용한다(제561조). 따라서 동시이행의 항변권(제536조), 위험부담(제537조·제538조)의 규정이 준용된다.

> 판례 ◆

1. 상대부담 있는 증여에 대하여는 민법 제561조에 의하여 쌍무계약에 관한 규정이 준용되어 부담의무 있는 상대방이 자신의 의무를 이행하지 아니할 때에는 비록 증여계약이 이미 이행되어 있다 하더라도 증여자는 계약을 해제할 수 있고, 그 경우 민법 제555조와 제558조는 적용되지 아니한다(대판 1997. 7. 8, 97다2177).

2. **증여의 의사가 서면으로 표시되지 않은 경우, 민법 제555조에 따라 부담부 증여계약을 해제할 수 있는지 여부(원칙적 적극) / 부담부 증여계약에서 증여자의 증여 이행이 완료되지 않았더라도 수증자가 부담의 이행을 완료한 경우, 서면에 의하지 않은 증여임을 이유로 증여계약의 전부 또는 일부를 해제할 수 있는지 여부(원칙적 소극)**
   부담부 증여에도 민법 제3편 제2장 제2절(제554조부터 제562조까지)의 증여에 관한 일반 조항들이 그대로 적용되므로, 증여의 의사가 서면으로 표시되지 않은 경우 각 당사자는 원칙적으로 민법 제555조에 따라 부담부 증여계약을 해제할 수 있다. 그러나 부담부 증여계약에서 증여자의 증여 이행이 완료되지 않았더라도 수증자가 부담의 이행을 완료한 경우에는, 그러한 부담이 의례적·명목적인 것에 그치거나 그 이행에 특별한 노력과 비용이 필요하지 않는 등 실질적으로는 부담 없는 증여가 이루어지는 것과 마찬가지라고 볼 만한 특별한 사정이 없는 한, 각 당사자가 서면에 의하지 않은 증여임을 이유로 증여계약의 전부 또는 일부를 해제할 수는 없다고 봄이 타당하다. … 민법 제558조는 제555조에 따라 증여계약을 해제하더라도 이미 이행한 부분에 대해서는 영향을 미치지 못한다고 정하고, 부담부 증여에서는 이미 이행한 부담 역시 제558조에서의 '이미 이행한 부분'에 포함된다. 따라서 수증자가 부담의 이행을 완료하였음에도 증여자가 증여를 이행하지 않은 상태에서 민법 제555조에 따라 부담부 증여계약을 자유롭게 해제할 수 있다고 본다면, 증여자가 아무런 노력 없이 수증자의 부담 이행에 따른 이익을 그대로 보유하는 부당한 결과가 발생할 수 있다(대판 2022. 9. 29, 2021다299976·299983).

2. 정기증여

> **제560조【정기증여와 사망으로 인한 실효】** 정기의 급여를 목적으로 한 증여는 증여자 또는 수증자의 사망으로 인하여 그 효력을 잃는다.

정기증여란 예컨대 매월 100만 원을 증여하는 것처럼 정기적으로 증여하기로 약정한 것이다. 이때 정기증여의 기간의 약정 여부와 관계없이 증여자 또는 수증자가 사망한 때에는 그 효력을 잃는다.

3. 사인증여

> **제562조【사인증여】** 증여자의 사망으로 인하여 효력이 생길 증여에는 유증에 관한 규정을 준용한다.

(1) 의의

사인증여란 증여자의 사망으로 효력을 발생하는 증여를 말한다(제562조). 예컨대 "내가 죽으면 너에게 이 자동차를 주겠다"라고 하는 것이다.

(2) 유증규정의 준용

① 사인증여도 증여계약인 점에서 단독행위인 유증과는 구별되나, 양자는 사망으로 그 효과가 발생하고 증여자의 생전재산이 아닌 상속인의 상속재산으로부터 출연된다는 점에서 공통되므로, 사인증여에는 유증에 관한 규정을 준용한다(제562조).

② 이때 유증의 효력에 관한 규정(제1073조 이하)은 준용되나, 유증이 단독행위임을 전제로 하는 규정, 즉 능력(제1061조~제1063조)·방식(제1065조 이하)·승인과 포기(제1074조~제1077조) 등에 관한 규정은 준용되지 않는다. 다만 유증의 철회에 관한 규정(제1108조 이하)이 준용될 수 있는지에 대하여는 다툼이 있다.

> **판례**
>
> **[1] 유증의 방식에 관한 민법 제1065조 내지 제1072조가 사인증여에 준용되는지 여부(소극)**
> 민법 제562조는 사인증여에 관하여는 유증에 관한 규정을 준용하도록 규정하고 있지만, 유증의 방식에 관한 민법 제1065조 내지 제1072조는 그것이 단독행위임을 전제로 하는 것이어서 계약인 사인증여에는 적용되지 아니한다.
>
> **[2] 포괄유증의 효력에 관한 민법 제1078조가 포괄적 사인증여에도 준용되는지 여부(소극)**
> 민법 제562조가 사인증여에 관하여 유증에 관한 규정을 준용하도록 규정하고 있다고 하여, 이를 근거로 포괄적 유증을 받은 자는 상속인과 동일한 권리의무가 있다고 규정하고 있는 민법 제1078조가 포괄적 사인증여에도 준용된다고 해석하면 포괄적 사인증여에도 상속과 같은 효과가 발생하게 된다. 그러나 포괄적 사인증여는 낙성·불요식의 증여계약의 일종이고, 포괄적 유증은 엄격한 방식을 요하는 단독행위이며, 방식을 위배한 포괄적 유증은 대부분 포괄적 사인증여로 보여질 것인바, 포괄적 사인증여에 민법 제1078조가 준용된다면 양자의 효과는 같게 되므로, 결과적으로 포괄적 유증에 엄격한 방식을 요하는 요식행위로 규정한 조항들은 무의미하게 된다. 따라서 민법 제1078조가 포괄적 사인증여에 준용된다고 하는 것은 사인증여의 성질에 반하므로 준용되지 아니한다고 해석함이 상당하다(대판 1996. 4. 12, 94다37714·37721).

제2절 매매

01 서설

1. 매매의 의의 및 법적 성질

> 제563조【매매의 의의】매매는 당사자 일방이 재산권을 상대방에게 이전할 것을 약정하고 상대방이 그 대금을 지급할 것을 약정함으로써 그 효력이 생긴다.

매매는 당사자의 일방이 상대방에게 재산권을 이전할 것을 약정하고, 상대방이 이에 대하여 대금을 지급할 것을 약정함으로써 성립하는 유상·쌍무·낙성·불요식 계약이다(제563조).

2. 유상계약에의 준용

> 제567조【유상계약에의 준용】본절의 규정은 매매 이외의 유상계약에 준용한다. 그러나 그 계약의 성질이 이를 허용하지 아니하는 때에는 그러하지 아니하다.

매매에 관한 규정은 성질에 반하지 않는 한 매매 이외의 유상계약에 준용한다(제567조). 이때 준용되는 규정으로 일방예약(제564조)·해약금(제565조)·계약비용의 부담(제566조)·담보책임(제570조 이하) 등을 들 수 있다. 그러나 다른 유상계약에서 따로 특별규정을 두고 있거나 [예] 수급인의 담보책임(제667조 이하)], 또는 그 계약의 성질이 이를 허용하지 아니하는 때에는 매매에 관한 규정을 준용하지 않는다(제567조 단서).

02 매매의 성립

1. 성립요건

(1) 당사자의 합의

매매는 낙성계약이므로 매도인의 재산권이전과 매수인의 대금지급에 합의가 있으면 성립한다. 그 밖에 채무의 이행시기 및 이행장소·담보책임·계약의 비용 등과 같은 부수적인 구성부분에 대해서는 당사자가 이를 매매계약의 내용으로 제시하지 않는 한 합의가 없더라도 상관없다. 다만 그러한 부수적인 부분도 당사자가 합의가 필요하다고 표시한 때에는 그 부분에 대한 합의가 있어야 매매계약이 성립한다.

(2) **매매의 목적**
① **재산권의 이전**: 매매의 목적인 재산권은 물권에 한하지 않고 채권·지식재산권 등도 포함하며, 장래에 성립할 재산권도 매매의 목적이 될 수 있다.
② **대금의 지급**: 매수인은 반대급부로 금전을 지급하여야 한다.

> 판례
> 매매계약에 있어 매매목적물과 대금은 반드시 그 계약체결 당시에 구체적으로 특정되어 있을 필요는 없고 이를 사후라도 구체적으로 특정할 수 있는 방법과 기준이 정하여져 있으면 족하다(대판 1986. 2. 11, 84다카2454).

2. 매매의 예약 3회 2문

(1) **의의**
예약이란 장래 일정한 계약을 체결할 것을 미리 약정하는 계약이고, 이 예약에 의하여 장차 맺어질 계약을 본계약이라고 한다.

(2) **종류**
① **쌍무예약·편무예약**: 예약상의 권리자가 본계약 체결의 청약을 하는 때에 상대방이 승낙의무를 지게 되는 예약의 형태를 말한다. 즉, 쌍무예약은 쌍방당사자가 청약을 하여 본계약을 성립시킬 수 있는 예약상의 권리자인 동시에 승낙의무를 지게 되는 예약이고, 편무예약은 일방당사자만이 예약상의 권리자이고 다른 당사자는 승낙의무를 부담하는 예약이다.
② **쌍방예약·일방예약**: 예약완결권을 가진 자의 일방적 의사표시로 계약을 성립시키는 예약의 형태를 말한다. 즉, 일방예약은 당사자의 일방만이 매매완결의 의사표시를 할 수 있는 권리(예약완결권)를 가지는 예약이고, 쌍방예약은 쌍방이 모두 예약완결권을 가지는 예약이다.

(3) **매매의 일방예약**

> **제564조【매매의 일방예약】** ① 매매의 일방예약은 상대방이 매매를 완결할 의사를 표시하는 때에 매매의 효력이 생긴다.
> ② 전항의 의사표시의 기간을 정하지 아니한 때에는 예약자는 상당한 기간을 정하여 매매완결 여부의 확답을 상대방에게 최고할 수 있다.
> ③ 예약자가 전항의 기간 내에 확답을 받지 못한 때에는 예약은 그 효력을 잃는다.

1) **일방예약의 추정**

   ① 매매의 예약이란 당사자 간에 장차 매매계약을 체결할 것을 약속하는 계약을 말한다.
   ② 매매의 예약은 당사자의 일방이 매매를 완결할 의사를 표시한 때에 매매의 효력이 생기는 것이므로 적어도 일방예약이 성립하려면 그 예약에 터 잡아 맺어질 본계약의 요소가 되는 매매목적물・이전방법・매매가액 및 지급방법 등의 내용이 확정되어 있거나 확정할 수 있어야 한다.
   ③ 매매의 예약은 원칙적으로 일방예약으로 추정된다(제564조 제1항).

2) **예약완결권**

   ① **의의**: 예약완결권이란 일방예약・쌍방예약에 의하여 일방 또는 쌍방의 당사자(즉, 예약권리자)가 상대방에 대하여 매매완결의 의사표시를 할 수 있는 권리를 말한다. 예약완결권은 일방적 의사표시에 의하여 본계약인 매매를 성립케 하는 형성권이고, 또한 양도성이 있다.
   ② **예약완결권의 가등기**: 부동산물권의 소유권이전의무를 발생케 하는 예약완결권은 이를 가등기할 수 있다. 예약완결권을 가등기하였는데 제3자가 그 목적물을 양수한 때에는 가등기권리자(예약권리자)가 가등기의무자(당초의 예약의무자)를 상대로 가등기에 기한 본등기를 청구하면 제3자의 소유권이전등기는 직권말소된다.
   ③ **존속기간**: 당사자가 예약완결권의 행사기간을 계약에서 정한 경우에는 그 약정에 의한다. 당사자가 그 행사기간을 정하지 아니한 때에는 예약완결권은 형성권이므로 그 예약이 성립한 때로부터 10년의 제척기간에 걸린다. 이 경우 예약자는 상당한 기간을 정하여 매매완결 여부의 확답을 상대방에게 최고할 수 있고, 만일에 예약의무자가 그 기간 내에 확답을 받지 못한 때에는 예약은 그 효력을 잃는다(제564조 제2항・제3항).
   ④ **예약완결권의 제척기간의 기산점**

   > **판례**
   >
   > 1. 제척기간은 그 기간의 경과 자체만으로 곧 권리 소멸의 효과를 가져오게 하는 것이므로, 그 기간 진행의 기산점은 특별한 사정이 없는 한 원칙적으로 권리가 발생한 때이고, 당사자 사이에 매매예약완결권을 행사할 수 있는 시기를 특별히 약정한 경우에도 그 제척기간은 당초 권리의 발생일로부터 10년간의 기간이 경과되면 만료되는 것이지 그 기간을 넘어서 그 약정에 따라 권리를 행사할 수 있는 때로부터 10년이 되는 날까지로 연장된다고 볼 수 없다(대판 1995. 11. 10, 94다22682・22699).
   >
   > 2. [1] 수인의 채권자가 각기 채권을 담보하기 위하여 채무자와 채무자 소유의 부동산에 관하여 수인의 채권자를 공동매수인으로 하는 1개의 매매예약을 체결하고 그에 따라 수인의 채권자 공동명의로 그 부동산에 가등기를 마친 경우, 수인의 채권자가 공동으로 매매예약완결권을 가지는 관계인지 아니면 채권자 각자의 지분별로 별개의 독립적인 매매예약완결권을 가지는 관계인지는 매매예약의 내용에 따라야 하고, 매매예약에서 그러한 내용을 명시적으로 정하지 않은 경우에는 수인의 채권자가 공동으로 매매예약을 체결하게 된 동기 및 경위, 매매예약에 의하여 달성하려는 담보의 목적, 담보 관련 권리를 공동 행사하려는 의사의 유무, 채권자별 구체적인 지분권의 표시 여부 및 지분권 비율과 피담보채권 비율의 일치 여부, 가등기담보권 설정의 관행 등을 종합적으로 고려하여 판단하여야 한다.

이와 달리 1인의 채무자에 대한 수인의 채권자의 채권을 담보하기 위하여 그 수인의 채권자와 채무자가 채무자 소유의 부동산에 관하여 수인의 채권자를 권리자로 하는 1개의 매매예약을 체결하고 그에 따른 가등기를 마친 경우에, 매매예약의 내용이나 매매예약완결권 행사와 관련한 당사자의 의사와 관계없이 언제나 수인의 채권자가 공동으로 매매예약완결권을 가진다고 보고, 매매예약완결의 의사표시도 수인의 채권자 전원이 공동으로 행사하여야 한다는 취지의 판결 등은 이 판결의 견해와 저촉되는 한도에서 변경하기로 한다.

[2] 甲이 乙에게 돈을 대여하면서 담보 목적으로 乙 소유의 부동산 지분에 관하여 乙의 다른 채권자들과 공동명의로 매매예약을 체결하고 각자의 채권액 비율에 따라 지분을 특정하여 가등기를 마친 사안에서, 채권자가 각자의 지분별로 별개의 독립적인 매매예약완결권을 갖는 것으로 보아, 甲이 단독으로 담보목적물 중 자신의 지분에 관하여 매매예약완결권을 행사할 수 있고, 이에 따라 단독으로 자신의 지분에 관하여 가등기에 기한 본등기절차의 이행을 구할 수 있다(대판 전합 2012. 2. 16, 2010다82530).

3. 계약금 5회 3문, 6회 1-(1)·(2)문, 11회 1-(1)문

> **제565조【해약금】** ① 매매의 당사자 일방이 계약 당시에 금전 기타 물건을 계약금, 보증금 등의 명목으로 상대방에게 교부한 때에는 당사자 간에 다른 약정이 없는 한 당사자의 일방이 이행에 착수할 때까지 교부자는 이를 포기하고 수령자는 그 배액을 상환하여 매매계약을 해제할 수 있다.
> ② 제551조의 규정은 전항의 경우에 이를 적용하지 아니한다.

(1) 의의

계약금이란 계약을 체결할 때에 당사자 일방이 상대방에 대하여 교부하는 금전 기타의 유가물을 말한다. 계약금계약은 금전 기타 유가물의 교부를 요건으로 하므로 요물계약이며, 매매 기타의 계약에 부수하여 행하여지는 종된 계약이다.

판례

1. 계약이 일단 성립한 후에는 당사자의 일방이 이를 마음대로 해제할 수 없는 것이 원칙이고, 다만 주된 계약과 더불어 계약금계약을 한 경우에는 민법 제565조 제1항의 규정에 따라 임의해제를 할 수 있기는 하나, 계약금계약은 금전 기타 유가물의 교부를 요건으로 하므로 단지 계약금을 지급하기로 약정만 한 단계에서는 아직 계약금으로서의 효력, 즉 위 민법 규정에 의해 계약해제를 할 수 있는 권리는 발생하지 않는다고 할 것이다. 따라서 당사자가 계약금의 일부만을 먼저 지급하고 잔액은 나중에 지급하기로 약정하거나 계약금 전부를 나중에 지급하기로 약정한 경우, 교부자가 계약금의 잔금이나 전부를 약정대로 지급하지 않으면 상대방은 계약금 지급의무의 이행을 청구하거나 채무불이행을 이유로 계약금약정을 해제할 수 있고, 나아가 위 약정이 없었더라면 주계약을 체결하지 않았을 것이라는 사정이 인정된다면 주계약도 해제할 수도 있을 것이나, 교부자가 계약금의 잔금 또는 전부를 지급하지 아니하는 한 계약금계약은 성립하지 아니하므로 당사자가 임의로 주계약을 해제할 수는 없다(대판 2008. 3. 13, 2007다73611).

2. 매도인이 '계약금 일부만 지급된 경우 지급받은 금원의 배액을 상환하고 매매계약을 해제할 수 있다'라고 주장한 사안에서, '실제 교부받은 계약금'의 배액만을 상환하여 매매계약을 해제할 수 있다면 이는 당사자가 일정한 금액을 계약금으로 정한 의사에 반하게 될 뿐 아니라, 교부받은 금원이 소액일 경우에는 사실상 계약을 자유로이 해제할 수 있어 계약의 구속력이 약화되는 결과가 되어 부당하기 때문에, 계약금 일부만 지급된 경우 수령자가 매매계약을 해제할 수 있다고 하더라도 해약금의 기준이 되는 금원은 '실제 교부받은 계약금'이 아니라 '약정 계약금'이라고 봄이 타당하므로, 매도인이 계약금의 일부로서 지급받은 금원의 배액을 상환하는 것으로는 매매계약을 해제할 수 없다(대판 2015. 4. 23, 2014다231378).

(2) 법적 성질

계약금은 그 기능에 따라 증약금, 해약금, 위약금으로 구분할 수 있다. 계약금은 당사자 사이에 특약이 없는 한 원칙적으로 해약금으로 추정한다(제565조 제1항). 즉, 계약금을 교부한 자는 그것을 포기함으로써, 그리고 이를 수령한 자는 그 배액을 상환함으로써 각각 계약을 해제할 수 있다.

(3) 해약금의 효력

1) 해제권 행사의 요건

① **교부자의 계약금 포기**: 계약금의 교부자는 이를 포기해서 매매계약을 해제할 수 있다. 계약금을 포기한다는 것은 계약금의 반환청구권을 포기한다는 의미이며, 해제권을 행사하면 당연히 계약금포기의 효력이 생기며, 포기의 의사표시를 따로 할 필요는 없다.

② **수령자의 배액상환**: 계약금의 수령자는 그 배액을 상환하여 해제하여야 한다. 따라서 단순히 해제의 의사표시만으로는 해제하지 못하며, 그 밖에 배액을 제공하여야 한다(66다699·700). 제공하기만 하면 되고, 상대방이 이를 수령하지 않는다고 해서 공탁까지 할 필요는 없다.

③ **해제할 수 있는 시기**

㉠ 당사자의 일방이 이행에 착수할 때까지 해제할 수 있다. 이행에 착수한다는 것은 객관적으로 외부에서 인식할 수 있는 정도로 채무의 이행행위의 일부(예 중도금의 제공 등)를 하거나 또는 이행을 하기 위하여 필요한 전제행위를 하는 경우를 말하는 것으로서 단순히 이행의 준비를 하는 것만으로는 부족하나 반드시 계약내용에 들어맞는 이행의 제공의 정도에까지 이르러야 하는 것은 아니다(93다1114).

㉡ 여기서 '당사자의 일방'은, 매매 쌍방 중 어느 일방을 지칭하는 것이고 상대방으로 국한하여 해석할 것이 아니므로, 비록 상대방인 매도인이 매매계약의 이행에 착수한 바가 없더라도 매수인이 중도금을 지급하여 이미 이행에 착수한 이상, 매도인이나 매수인이나 이제는 매매계약을 해제할 수 없다(99다62074).

㉢ 이행기 전에 이행의 착수를 한 경우에도 원칙적으로 해약금에 의한 해제는 부정된다.

㉣ 제565조의 해약권은 당사자 간에 다른 약정이 없는 경우에 한하여 인정되는 것이고, 만일 당사자가 위 조항의 해약권을 배제하기로 하는 약정을 하였다면 더 이상 그 해제권을 행사할 수 없다(2008다50615).

> 판례

1. **토지거래허가구역 내 토지에 관하여 매매계약을 체결하고 계약금만 주고받은 상태에서 토지거래허가를 받은 경우, 매도인이 민법 제565조의 규정에 의하여 그 계약을 해제할 수 있는지 여부(적극)**
   토지거래계약에 관한 허가구역으로 지정된 구역 안에 위치한 토지에 관하여 매매계약이 체결된 경우 당사자는 그 매매계약이 효력이 있는 것으로 완성될 수 있도록 서로 협력할 의무가 있지만, 이러한 의무는 그 매매계약의 효력으로서 발생하는 매도인의 재산권이전의무나 매수인의 대금지급의무와는 달리 신의칙상의 의무에 해당하는 것이어서 당사자 쌍방이 위 협력의무에 기초해 토지거래허가신청을 하고 이에 따라 관할관청으로부터 그 허가를 받았다 하더라도, 아직 그 단계에서는 당사자 쌍방 모두 매매계약의 효력으로서 발생하는 의무를 이행하였거나 이행에 착수하였다고 할 수 없을 뿐만 아니라, 그 단계에서 매매계약에 대한 이행의 착수가 있다고 보아 민법 제565조의 규정에 의한 해제권 행사를 부정하게 되면 당사자 쌍방 모두에게 해제권의 행사 기한을 부당하게 단축시키는 결과를 가져올 수도 있다. 그러므로 토지거래계약에 관한 허가구역으로 지정된 구역 안의 토지에 관하여 매매계약이 체결된 후 계약금만 수수한 상태에서 당사자가 토지거래허가신청을 하고 이에 따라 관할관청으로부터 그 허가를 받았다 하더라도, 그러한 사정만으로는 아직 이행의 착수가 있다고 볼 수 없어 매도인으로서는 민법 제565조에 의하여 계약금의 배액을 상환하여 매매계약을 해제할 수 있다(대판 2009. 4. 23, 2008다62427).

2. **매도인이 매수인에게 매매계약의 이행을 최고하고 매매잔대금의 지급을 구하는 소송을 제기한 것만으로 이행에 착수하였다고 볼 수 있는지 여부(소극)**
   매수인은 민법 제565조 제1항에 따라 본인 또는 매도인이 이행에 착수할 때까지는 계약금을 포기하고 계약을 해제할 수 있는바, 여기에서 이행에 착수한다는 것은 객관적으로 외부에서 인식할 수 있는 정도로 채무의 이행행위의 일부를 하거나 또는 이행을 하기 위하여 필요한 전제행위를 하는 경우를 말하는 것으로서 단순히 이행의 준비를 하는 것만으로는 부족하고, 그렇다고 반드시 계약내용에 들어맞는 이행제공의 정도에까지 이르러야 하는 것은 아니지만, 매도인이 매수인에 대하여 매매계약의 이행을 최고하고 매매잔대금의 지급을 구하는 소송을 제기한 것만으로는 이행에 착수하였다고 볼 수 없다(대판 2008. 10. 23, 2007다72274·72281).

3. 매매계약 당시 매수인이 중도금 일부의 지급에 갈음하여 매도인에게 제3자에 대한 대여금채권을 양도하기로 약정하고, 그 자리에 제3자도 참석한 경우, 매수인은 매매계약과 함께 채무의 일부 이행에 착수하였으므로, 매도인은 민법 제565조 제1항에 정한 해제권을 행사할 수 없다(대판 2006. 11. 24, 2005다39594).

4. [1] **이행기의 약정이 있는 경우, 이행기 전에 이행에 착수할 수 있는지 여부(한정 적극)**
   민법 제565조가 해제권 행사의 시기를 당사자의 일방이 이행에 착수할 때까지로 제한한 것은 당사자의 일방이 이미 이행에 착수한 때에는 그 당사자는 그에 필요한 비용을 지출하였을 것이고, 또 그 당사자는 계약이 이행될 것으로 기대하고 있는데 만일 이러한 단계에서 상대방으로부터 계약이 해제된다면 예측하지 못한 손해를 입게 될 우려가 있으므로 이를 방지하고자 함에 있고, 이행기의 약정이 있는 경우라 하더라도 당사자가 채무의 이행기 전에는 착수하지 아니하기로 하는 특약을 하는 등 특별한 사정이 없는 한 이행기 전에 이행에 착수할 수 있다.
   [2] 매매계약의 체결 이후 시가 상승이 예상되자 매도인이 구두로 구체적인 금액의 제시 없이 매매대금의 증액요청을 하였고, 매수인은 이에 대하여 확답하지 않은 상태에서 중도금을 이행기 전에 제공하였는데, 그 이후 매도인이 계약금의 배액을 공탁하여 해제권을 행사한 사안에서, 시가 상승만으로 매매계약의 기초적 사실관계가 변경되었다고 볼 수 없고, 이행기 전의 이행의 착수가 허용되어서는 안 될 만한 불가피한 사정이 있는 것도 아니므로 매도인은 위의 해제권을 행사할 수 없다(대판 2006. 2. 10, 2004다11599).

5. 매도인이 민법 제565조에 의하여 계약을 해제한다는 의사표시를 하고 일정한 기한까지 해약금의 수령을 최고하며 기한을 넘기면 공탁하겠다고 통지를 한 이상 중도금 지급기일은 매도인을 위하여서도 기한의 이익이 있다고 보는 것이 옳고, 따라서 이 경우에는 매수인이 이행기 전에 이행에 착수할 수 없는 특별한 사정이 있는 경우에 해당하여 매수인은 매도인의 의사에 반하여 이행할 수 없다고 보는 것이 옳으며, 매수인이 이행기 전에, 더욱이 매도인이 정한 해약금 수령기한 이전에 일방적으로 이행에 착수하였다고 하여도 매도인의 계약해제권 행사에 영향을 미칠 수 없다(대판 1993. 1. 19, 92다31323).

6. 부동산 매매계약에서 중도금 또는 잔금 지급기일은 일반적으로 계약금에 의한 해제권의 유보기간의 의미를 가진다고 이해되고 있으므로, 계약에서 정한 매매대금의 이행기가 매도인을 위해서도 기한의 이익을 부여하는 것이라고 볼 수 있다면, 채무자가 이행기 전에 이행에 착수할 수 없는 특별한 사정이 있는 경우에 해당한다고 할 수 있다(대판 2024. 1. 4, 2022다256624).

2) 해제권 행사의 효과

① **원상회복의무의 불발생**: 해약금에 의한 해제는 당사자 일방의 이행이 있기 전에 교부자는 이를 포기하고 수령자는 그 배액을 상환하여 매매계약을 종결짓는 것이므로, 따로 원상회복의무는 발생하지 않는다.

② **손해배상청구권의 불발생**: 해약금에 의한 해제는 채무불이행이 원인이 아니라 해약금계약이라는 특약에 의한 것이기 때문에, 해제를 하더라도 따로 손해배상의 문제는 생기지 않는다(제565조 제2항).

③ **해약금과 법정해제의 관계**: 계약금이 교부된 경우에도 채무불이행을 이유로 한 법정해제는 물론 가능하며, 각각의 요건을 갖춘 경우 선택적으로 행사할 수 있다.

> **판례**
>
> 계약서에 명문으로 위약 시의 법정해제권의 포기 또는 배제를 규정하지 않은 이상 계약당사자 중 어느 일방에 대한 약정해제권의 유보 또는 위약벌에 관한 특약의 유무 등은 채무불이행으로 인한 법정해제권의 성립에 아무런 영향을 미칠 수 없다(대판 1990. 3. 27, 89다카14110).

4. 계약비용의 부담

> **제566조【매매계약의 비용의 부담】** 매매계약에 관한 비용은 당사자 쌍방이 균분하여 부담한다.

(1) 매매계약에 관한 비용

매매계약에 관한 비용이란 계약을 체결하는 데 일반적으로 소요되는 비용으로서, 예컨대 목적물의 측량비용·계약서 작성비용 등을 말한다. 이는 당사자 쌍방이 균분하여 부담한다(제566조). 다만 제566조는 임의규정이므로 당사자 사이에 특약이 있으면 그에 의한다.

(2) 부동산매매에서 이전등기에 소요되는 비용

그러나 부동산매매에 있어서의 이전등기비용은 매매계약에 관한 비용이 아니라 매도인의 소유권이전채무의 이행에 소요되는 변제비용에 해당한다. 따라서 채무자인 매도인이 부담함이 원칙이나(제473조), 보통 매수인이 부담하는 것이 거래관행으로 되어 있다.

03 매매의 효력

1. 매도인의 재산권이전의무

> 제568조【매매의 효력】① 매도인은 매수인에 대하여 매매의 목적이 된 권리를 이전하여야 하며 매수인은 매도인에게 그 대금을 지급하여야 한다.
> ② 전항의 쌍방의무는 특별한 약정이나 관습이 없으면 동시에 이행하여야 한다.

(1) 재산권이전의무의 내용

1) 종국적인 권리이전의무

① 매도인은 매매의 목적인 권리를 매수인에게 이전하여야 할 의무가 있으므로(제568조 제1항), 권리 그 자체를 이전하여야 한다. 부동산소유권은 등기, 동산소유권은 인도, 지식재산권은 등록, 채권은 대항요건을 갖추어 주어야 할 의무를 진다. 타인 권리의 매매인 경우에는 그 권리를 취득하여 매수인에게 이전하여야 한다(제569조).

② 소유권·지상권·전세권과 같이 부동산의 점유를 내용으로 하는 물권의 매매에서는 등기 외에 목적부동산의 점유도 이전하여야 한다.

③ 이전된 권리에 관하여 필요한 서류가 있는 때에는 이를 매수인에게 교부하여야 한다. 예컨대 채권증서가 있는 경우에 변제자가 채무 전부를 변제한 때에는 채권증서의 반환을 청구할 수 있으므로(제475조), 채권을 매도한 때에는 채권증서를 매수인에게 교부하여야 한다.

④ 이전하여야 할 권리는 다른 특약이 없는 한 아무런 부담 없는 완전한 것이어야 한다(2000다8533). 예컨대 제한물권이 설정되어 있는 부동산의 매매에 있어서는 그 제한물권을 소멸시켜서 완전한 소유권을 이전하여야 하며, 이행인수와 같은 특별한 사정이 없는 한 제한물권의 소멸의무는 매도인의 재산권이전의무에 포함되어 매수인의 대금지급의무와 동시이행관계에 있게 된다.

⑤ 종물은 주물의 처분에 따르는 것이 원칙이므로(제100조 제2항), 특약이 없는 한 매도인은 종물 또는 종된 권리도 이전하여야 한다.

2) 매도인의 재산권이전의무와 매수인의 대금지급의무의 관계

매도인의 재산권이전의무는 원칙적으로 매수인의 대금지급의무와 동시이행관계에 있다(제568조 제2항). 이와 관련하여 부동산매매의 매도인의 목적물인도의무와 매수인의 대금지급의무의 동시이행관계에 대해서 학설의 대립이 있으나, 판례는 기본적으로 긍정설의 입장이다.

> **판례**
> 1. 근저당권설정등기가 되어 있는 부동산을 매매하는 경우 매수인이 근저당권의 피담보채무를 인수하여 그 채무금 상당을 매매잔대금에서 공제하기로 하는 특약을 하는 등 특별한 사정이 없는 한 매도인의 근저당권말소 및 소유권이전등기의무와 매수인의 잔대금지급의무는 동시이행의 관계에 있는 것이다(대판 1991. 11. 26, 91다23103).
> 2. 부동산의 매매계약이 체결된 경우에는 매도인의 소유권이전등기의무, 인도의무와 매수인의 잔대금지급 의무는 동시이행의 관계에 있는 것이 원칙이고, 이 경우 매도인은 특별한 사정이 없는 한 제한이나 부담이 없는 완전한 소유권이전등기의무를 지는 것이므로 가압류등기 등이 있는 부동산의 매매계약에 있어서는 매도인의 소유권이전등기의무와 아울러 가압류등기의 말소의무도 매수인의 대금지급의무와 동시이행 관계에 있다고 할 것이다(대판 2000. 11. 28, 2000다8533).

(2) 과실의 귀속 3회 1-(2)문

> **제587조【과실의 귀속, 대금의 이자】** 매매계약 있은 후에도 인도하지 아니한 목적물로부터 생긴 과실은 매도인에게 속한다. 매수인은 목적물의 인도를 받은 날로부터 대금의 이자를 지급하여야 한다. 그러나 대금의 지급에 대하여 기한이 있는 때에는 그러하지 아니하다.

① **의의**: 매매계약이 있은 후에도 아직 인도하지 아니한 매매의 목적물로부터 생긴 과실은, 비록 매도인이 그 인도를 지체하고 있더라도 매도인에게 속한다. 이것은 인도할 때까지 매수인이 대금의 이자를 지급할 의무를 지지 않는 것과 대응한다(제587조).

② **인도와 대금지급의 관계**

> **판례**
> 1. 부동산매매에 있어 목적부동산을 제3자가 점유하고 있어 인도받지 아니한 매수인이 명도소송제기의 방편으로 미리 소유권이전등기를 경료받았다고 하여도 아직 매매대금을 완급하지 않은 이상 부동산으로부터 발생하는 과실은 매수인이 아니라 매도인에게 귀속되어야 한다(대판 1992. 4. 28, 91다32527).
> 2. 민법 제587조에 의하면, 매매계약 있은 후에도 인도하지 아니한 목적물로부터 생긴 과실은 매도인에게 속하고, 매수인은 목적물의 인도를 받은 날로부터 대금의 이자를 지급하여야 한다고 규정하고 있는바, 이는 매매당사자 사이의 형평을 꾀하기 위하여 매매목적물이 인도되지 아니하더라도 매수인이 대금을 완제한 때에는 그 시점 이후의 과실은 매수인에게 귀속되지만, 매매목적물이 인도되지 아니하고 또한 매수인이 대금을 완제하지 아니한 때에는 매도인의 이행지체가 있더라도 과실은 매도인에게 귀속되는 것이므로 매수인은 인도의무의 지체로 인한 손해배상금의 지급을 구할 수 없다(대판 2004. 4. 23, 2004다8210).

3. 특정물의 매매에 있어서 매수인의 대금지급채무가 이행지체에 빠졌다 하더라도 그 목적물이 매수인에게 인도될 때까지는 매수인은 매매대금의 이자를 지급할 필요가 없는 것이므로, 목적물의 인도가 이루어지지 아니하는 한 매도인은 매수인의 대금지급의무 이행의 지체를 이유로 매매대금의 이자 상당액의 손해배상청구를 할 수 없다(대판 1995. 6. 30, 95다14190).

4. 민법 제587조는 "매매계약이 있은 후에도 인도하지 아니한 목적물로부터 생긴 과실은 매도인에게 속한다. 매수인은 목적물의 인도를 받은 날로부터 대금의 이자를 지급하여야 한다."라고 규정하고 있다. 그러나 매수인의 대금 지급의무와 매도인의 근저당권설정등기 내지 가압류등기 말소의무가 동시이행관계에 있는 등으로 매수인이 대금 지급을 거절할 정당한 사유가 있는 경우에는 매매목적물을 미리 인도받았다 하더라도 위 민법 규정에 의한 이자를 지급할 의무는 없다고 보아야 한다(대판 2018. 9. 28, 2016다246800).

③ 제587조의 유추적용문제

> **판례**
>
> **쌍무계약이 취소된 경우 선의의 매도인은 대금의 운용이익 내지 법정이자를 반환할 필요가 있는지 여부(소극)**
> 쌍무계약이 취소된 경우 선의의 매수인에게 민법 제201조가 적용되어 과실취득권이 인정되는 이상 선의의 매도인에게도 민법 제587조의 유추적용에 의하여 대금의 운용이익 내지 법정이자의 반환을 부정함이 형평에 맞다(대판 1993. 5. 14, 92다45025).

2. 매도인의 담보책임

(1) 서설

1) 의의

매도인의 담보책임이란 매매에 의하여 매수인이 취득하는 권리 또는 권리의 객체인 물건에 흠결 내지 하자가 있는 경우에 물건을 인도한 매도인이 매수인에게 부담하는 책임을 말한다.

2) 법적 성질

① **권리에 하자가 있는 경우**: 권리의 하자로 인한 담보책임은 매도인이 재산권이전의무를 전부 또는 일부 불이행한 경우이므로, 채무불이행책임으로서의 성격을 가진다.

② **물건에 하자가 있는 경우**

㉠ 종류물매매: 매도인이 불특정물(종류물)의 하자에 대하여 담보책임을 지는 것은 본질적으로 매도인이 하자 없는 완전한 물건을 인도하지 않은 것에 대한 채무불이행책임의 성격을 갖는다.

ⓒ 특정물매매
　ⓐ 법정책임설 : 매매계약의 유상성에 비추어 매수인을 보호하려는 법정책적 목적, 즉 유상계약에서의 대가관계를 유지하기 위한 목적에서 인정된 법정의 무과실책임이라는 견해이다.
　ⓑ 채무불이행책임설 : 특정물매매에 있어서도 매도인은 완전물급부의무를 부담하기 때문에 하자 있는 물건을 인도하는 것은 채무불이행에 해당하지만, 급부와 반대급부 사이의 균형을 고려하여 무과실책임으로 구성되었을 뿐이며, 따라서 하자담보책임에 관한 제580조는 채무불이행책임에 관한 제390조에 대한 특별규정으로서의 성격을 갖는다고 보는 견해이다. 이 견해에서는 담보책임에서 특칙으로 정한 요건·효과 외에는 채무불이행의 일반원칙에 따른다고 한다.

3) 담보책임과 다른 제도와의 관계

① **채무불이행책임과 담보책임**
　㉠ 성립요건에서, 채무불이행책임은 채무자의 과실을 요구하고 채권자의 과실은 과실상계의 사유로 되는 데 불과하지만, 담보책임은 매도인의 과실을 요건으로 하지 않는 일종의 무과실책임이다.
　㉡ 책임의 내용에서, 채무불이행책임은 손해배상청구권과 해제권이 발생하는 데 비해, 담보책임은 대금감액청구권·해제권·손해배상청구권·완전물급부청구권의 네 가지가 인정되며, 매수인의 선의 여부 및 하자의 종류에 따라 그 인정범위와 행사요건을 달리한다.
　㉢ 권리행사기간에서, 담보책임의 경우에는 일정한 제척기간이 적용된다.

> **판례**
>
> 1. 토지 매도인이 성토작업을 기화로 다량의 폐기물을 은밀히 매립하고 그 위에 토사를 덮은 다음, 도시계획사업을 시행하는 공공사업시행자와 사이에서 정상적인 토지임을 전제로 협의취득절차를 진행하여 이를 매도함으로써 매수자로 하여금 그 토지의 폐기물처리비용 상당의 손해를 입게 하였다면, 매도인은 이른바 불완전이행으로서 채무불이행으로 인한 손해배상책임을 부담하고, 이는 하자 있는 토지의 매매로 인한 민법 제580조 소정의 하자담보책임과 경합적으로 인정된다(대판 2004. 7. 22, 2002다51586).
>
> 2. **매매의 목적물인 토지에 폐기물이 매립되어 있고 매수인이 폐기물을 처리하기 위해 비용이 발생한 경우, 매도인의 하자담보책임과 채무불이행책임이 경합적으로 인정되는지 여부(적극)**
> 매매의 목적물에 하자가 있는 경우 매도인의 하자담보책임과 채무불이행책임은 별개의 권원에 의하여 경합적으로 인정된다. 이 경우 특별한 사정이 없는 한 하자를 보수하기 위한 비용은 매도인의 하자담보책임과 채무불이행책임에서 말하는 손해에 해당한다. 따라서 매매 목적물인 토지에 폐기물이 매립되어 있고 매수인이 폐기물을 처리하기 위해 비용이 발생한다면 매수인은 그 비용을 민법 제390조에 따라 채무불이행으로 인한 손해배상으로 청구할 수도 있고, 민법 제580조 제1항에 따라 하자담보책임으로 인한 손해배상으로 청구할 수도 있다(대판 2021. 4. 8, 2017다202050).

3. **부품 판매업자에게 그 부품의 하자로 인한 확대손해발생에 대한 책임을 지우기 위한 요건**

매도인이 매수인에게 공급한 부품이 통상의 품질이나 성능을 갖추고 있는 경우, 나아가 내한성이라는 특수한 품질이나 성능을 갖추고 있지 못하여 하자가 있다고 인정할 수 있기 위하여는, 매수인이 매도인에게 완제품이 사용될 환경을 설명하면서 그 환경에 충분히 견딜 수 있는 내한성 있는 부품의 공급을 요구한 데 대하여, 매도인이 부품이 그러한 품질과 성능을 갖춘 제품이라는 점을 명시적으로나 묵시적으로 보증하고 공급하였다는 사실이 인정되어야만 할 것이고, 특히 매매목적물의 하자로 인하여 확대손해 내지 2차 손해가 발생하였다는 이유로 매도인에게 그 확대손해에 대한 배상책임을 지우기 위하여는 채무의 내용으로 된 하자 없는 목적물을 인도하지 못한 의무위반사실 외에 그러한 의무위반에 대하여 매도인에게 귀책사유가 인정될 수 있어야만 한다(대판 1997. 5. 7, 96다39455).

② **착오와 하자담보책임**: 착오로 인한 취소 제도와 매도인의 하자담보책임 제도는 취지가 서로 다르고, 요건과 효과도 구별된다. 따라서 매매계약 내용의 중요 부분에 착오가 있는 경우 매수인은 매도인의 하자담보책임이 성립하는지와 상관없이 착오를 이유로 매매계약을 취소할 수 있다(2015다78703).

③ **사기와 담보책임**: 기망에 의하여 하자 있는 물건에 관한 매매가 성립한 경우, 매수인은 하자담보책임과 사기에 의한 취소권을 선택적으로 주장할 수 있다(73다268).

④ **다른 유상계약에의 준용**: 매도인의 담보책임은 그 계약의 성질상 허용되지 아니하는 경우를 제외하고는 도급을 제외한 다른 유상계약에도 준용된다(제567조).

(2) 권리의 하자(흠결)에 대한 담보책임

1) 권리의 전부가 타인에게 속하는 경우 4회 1-(1)문, 10회 3문, 12회 3문

> **제569조【타인의 권리의 매매】** 매매의 목적이 된 권리가 타인에 속한 경우에는 매도인은 그 권리를 취득하여 매수인에게 이전하여야 한다.
> **제570조【동전 – 매도인의 담보책임】** 전조의 경우에 매도인이 그 권리를 취득하여 매수인에게 이전할 수 없는 때에는 매수인은 계약을 해제할 수 있다. 그러나 매수인이 계약 당시 그 권리가 매도인에게 속하지 아니함을 안 때에는 손해배상을 청구하지 못한다.

① **요건**
  ㉠ **이전불능**: 제570조의 담보책임은 매도인이 타인의 권리를 매도하였는데 이를 이전하지 못한 때, 즉 제569조를 전제로 하여 발생한다. 즉, 매매의 목적물은 현존하나, 그 목적물이 타인의 권리에 속하기 때문에 이전할 수 없는 경우이어야 한다. 만일 목적물이 처음부터 존재하지 않거나 계약 당시 이미 멸실된 상태인 때에는 그 계약은 원시적 불능으로 무효가 되므로 담보책임은 적용되지 않는다. 또한 매도인이 소유하고 있었으나 매수인에게 이전하기 전에 소멸하였기 때문에 이전할 수 없는 경우에는 채무불이행이나 위험부담이 문제되므로 역시 담보책임은 적용되지 않는다.

> 판례◆

1. 부동산임의경매절차에서 낙찰받은 토지를 그 대금납부 전에 피고에게 매도하기로 한 것으로서 민법 제569조에 정해진 타인의 권리의 매매에 해당한다(대판 2008. 8. 11, 2008다25824).
2. 명의신탁한 부동산을 명의신탁자가 매도하는 경우에 명의신탁자는 그 부동산을 사실상 처분할 수 있을 뿐 아니라 법률상으로도 처분할 수 있는 권원에 의하여 매도한 것이므로 이를 민법 제569조 소정의 타인의 권리의 매매라고 할 수 없다(대판 1996. 8. 20, 96다18656).

ⓒ 매수인의 귀책사유에 의한 이전불능이 아닐 것 : 매도인의 권리이전불능이 오직 매수인의 귀책사유에 기인한 경우에는 매도인은 제570조의 담보책임을 지지 않는다(79다564).

② 책임의 내용
  ㉠ 계약해제권 : 매수인은 계약 당시에 그 권리가 매도인에게 속하지 않음을 알았든 몰랐든, 즉 매수인의 선의・악의를 불문하고 해제할 수 있다(제570조 본문). 매수인은 상대방에게 최고할 필요가 없고, 또 매도인의 귀책사유도 묻지 않는다.
  ㉡ 손해배상청구권 : 선의의 매수인은 손해배상도 청구할 수 있다(제570조 단서). 이때의 배상액의 산정은 매매의 목적물을 취득하여 이전하는 것이 불능으로 된 때의 시가를 표준으로 하고(72다2207), 그 손해배상의 범위는 이행이익 상당액이다.

> 판례◆

1. 타인의 물건 매매에 있어서, 매수인이 그 물건의 소유권이 매도인에게 속하지 아니함을 알지 못한 것이 매수인의 과실에 기인한 경우에는 매도인의 배상액을 산정함에 있어서 이를 참작하여야 한다(대판 1971. 12. 21, 71다218).
2. 매매계약 당시 그 토지의 소유권이 매도인에 속하지 아니함을 알고 있던 매수인은 매도인에 대하여 그 이행불능을 원인으로 손해배상을 청구할 수 없고 다만 그 이행불능이 매도인의 귀속사유로 인하여 이루어진 것인 때에 한하여 그 손해배상을 청구할 수 있는 것이므로 그 이행불능이 매도인의 귀속사유로 인한 것인가는 매수인이 입증해야 한다(대판 1970. 12. 29, 70다2449).
3. 타인의 권리를 매매한 자가 권리이전을 할 수 없게 된 때에는 매도인은 선의의 매수인에 대하여 불능 당시의 시가를 표준으로 그 계약이 완전히 이행된 것과 동일한 경제적 이익을 배상할 의무가 있다(대판 전합 1967. 5. 18, 66다2618).

③ **권리행사기간** : 매수인의 해제권과 손해배상청구권의 행사에 특별한 제척기간의 제한규정이 없다.

④ **선의의 매도인의 해제권**

> **제571조【동전 – 선의의 매도인의 담보책임】** ① 매도인이 계약 당시에 매매의 목적이 된 권리가 자기에게 속하지 아니함을 알지 못한 경우에 그 권리를 취득하여 매수인에게 이전할 수 없는 때에는 매도인은 손해를 배상하고 계약을 해제할 수 있다.
> ② 전항의 경우에 매수인이 계약 당시 그 권리가 매도인에게 속하지 아니함을 안 때에는 매도인은 매수인에 대하여 그 권리를 이전할 수 없음을 통지하고 계약을 해제할 수 있다.

㉠ 의의: 매매의 목적이 된 권리가 타인에게 속한다는 사실을 모르고 매도한 선의의 매도인을 보호하기 위해, 매도인이 손해를 배상하고 계약을 해제할 수 있는 특칙을 인정한다(제571조 제1항). 특히 매수인이 타인의 권리의 매매라는 사실을 안 때에는, 매도인은 손해를 배상할 필요 없이 권리를 이전할 수 없음을 통지하고 계약을 해제할 수 있는 것으로 규정한다(제571조 제2항).

> **판례**
> 민법 제571조의 취지는 선의의 매도인에게 무과실의 손해배상책임을 부담하도록 하면서 그의 보호를 위하여 특별히 해제권을 부여한다는 것인바, 그 해제의 효과에 대하여 특별한 규정은 없지만, 일반적인 해제와 달리 해석할 이유가 없다 할 것이므로 매도인은 매수인에게 손해배상의무를 부담하는 반면에 매수인은 매도인에게 목적물을 반환하고 목적물을 사용하였으면 그 사용이익을 반환할 의무를 부담한다 할 것이다(대판 1993. 4. 9, 92다25946).

㉡ 적용범위: 권리 전부가 이전불능인 때에만 적용된다.

> **판례**
> 민법 제571조 제1항은 선의의 매도인이 매매의 목적인 권리의 전부를 이전할 수 없는 경우에 적용될 뿐 매매의 목적인 권리의 일부를 이전할 수 없는 경우에는 적용될 수 없고, 마찬가지로 수 개의 권리를 일괄하여 매매의 목적으로 정하였으나 그중 일부의 권리를 이전할 수 없는 경우에도 위 조항은 적용될 수 없다(대판 2004. 12. 9, 2002다33557).

2) 권리의 일부가 타인에게 속하는 경우

> **제572조【권리의 일부가 타인에 속한 경우와 매도인의 담보책임】** ① 매매의 목적이 된 권리의 일부가 타인에게 속함으로 인하여 매도인이 그 권리를 취득하여 매수인에게 이전할 수 없는 때에는 매수인은 그 부분의 비율로 대금의 감액을 청구할 수 있다.
> ② 전항의 경우에 잔존한 부분만이면 매수인이 이를 매수하지 아니하였을 때에는 선의의 매수인은 계약전부를 해제할 수 있다.
> ③ 선의의 매수인은 감액청구 또는 계약해제 외에 손해배상을 청구할 수 있다.

① 요건

㉠ 매매의 목적인 권리의 일부가 타인에게 속하기 때문에, 매도인이 그 부분의 권리를 매수인에게 이전할 수 없는 경우이다.

㉡ 매도인이 소유권을 취득하여 매수인에게 이전할 수 없는 때라 함은 채무불이행에 있어서와 같은 정도의 엄격한 개념이 아니며, 사회관념상 매수인에게 해제권을 행사시키는 것이 타당하다고 인정되는 정도의 이행장애가 있는 경우를 의미한다(77다1283).

② **책임의 내용**
- ㉠ 대금감액청구권 : 매수인은 선의·악의에 관계없이 타인에게 속하는 부분의 비율로 대금의 감액을 청구할 수 있다(제572조 제1항).
- ㉡ 계약해제권 : 선의의 매수인은 잔존한 부분만이면 이를 매수하지 않았으리라는 사정이 있는 경우에는, 계약의 전부를 해제할 수 있다(제572조 제2항).
- ㉢ 손해배상청구권 : 선의의 매수인은 대금감액 또는 계약해제 외에 손해배상도 청구할 수 있다(제572조 제3항). 이 경우에 매도인이 매수인에 대하여 배상하여야 할 손해액은 원칙적으로 매도인이 매매의 목적이 된 권리의 일부를 취득하여 매수인에게 이전할 수 없게 된 때의 이행불능이 된 권리의 시가, 즉 이행이익 상당액이라고 할 것이다(92다37727).

③ **권리행사기간**

> 제573조【전조의 권리행사의 기간】전조의 권리는 매수인이 선의인 경우에는 사실을 안 날로부터, 악의인 경우에는 계약한 날로부터 1년 내에 행사하여야 한다.

제573조에서 "사실을 안 날"이라 함은 권리의 일부가 타인에게 속한 사실을 안 날이 아니라, 그 때문에 매도인이 이를 취득해서 매수인에게 이전할 수 없게 되었음이 확실하게 된 사실을 안 날을 의미한다(91다27396).

3) 목적물의 수량부족·일부멸실의 경우

> 제574조【수량부족, 일부멸실의 경우와 매도인의 담보책임】전2조의 규정은 수량을 지정한 매매의 목적물이 부족되는 경우와 매매목적물의 일부가 계약 당시에 이미 멸실된 경우에 매수인이 그 부족 또는 멸실을 알지 못한 때에 준용한다.

① **요건**
- ㉠ 수량부족 : 당사자가 수량을 지정해서 매매한 경우에 목적물의 수량이 부족되는 때에는 담보책임이 인정된다(제574조). "수량을 지정한 매매"라 함은 당사자가 매매의 목적인 특정물이 일정한 수량을 가지고 있다는 데 주안을 두고 대금도 그 수량을 기준으로 하여 정한 경우를 말한다.

판례

1. 토지의 매매에 있어 목적물을 등기부상의 평수에 따라 특정한 경우라도 당사자가 그 지정된 구획을 전체로서 평가하였고 평수에 의한 계산이 하나의 표준에 지나지 아니하여 그것이 당사자들 사이에 대상토지를 특정하고 대금을 결정하기 위한 방편이었다고 보일 때에는 이를 가리켜 수량을 지정한 매매라 할 수 없다(대판 1993. 6. 25, 92다56674).

2. 매매계약을 체결함에 있어 토지의 면적을 기초로 하여 평수에 따라 대금을 산정하였는데, 토지의 일부가 매매계약 당시에 이미 도로의 부지로 편입되어 있었고, 매수인이 그와 같은 사실을 알지 못하고 매매계약을 체결한 경우, 매수인은 민법 제574조에 따라 매도인에 대하여 토지 중 도로의 부지로 편입된 부분의 비율로 대금의 감액을 청구할 수 있다(대판 1992. 12. 22, 92다30580).

3. [1] 부동산 매매계약에 있어서 매수인이 일정한 면적이 있는 것으로 믿고 매도인도 그 면적이 있는 것을 명시적 또는 묵시적으로 표시하며, 나아가 계약당사자가 면적을 가격을 정하는 여러 요소 중 가장 중요한 요소로 파악하고, 그 객관적 수치를 기준으로 가격을 정하는 경우라면 특정물이 일정한 수량을 가지고 있다는 데에 주안을 두고, 대금도 그 수량을 기준으로 하여 정한 경우에 속하므로 민법 제574조에 정한 '수량을 지정한 매매'에 해당한다.

 [2] 매매계약당사자가 목적토지의 면적이 공부상의 표시와 같은 것을 전제로 하여 면적을 가격을 정하는 여러 요소 중 가장 중요한 요소로 파악하여 가격을 정하였고, 만약 그 면적이 공부상의 표시와 다르다는 것을 사전에 알았더라면 당연히 그 실제 평수를 기준으로 가격을 정하였으리라는 점이 인정된다면 그 매매는 '수량을 지정한 매매'에 해당되고, 매매계약서에 평당 가격을 기재하지 아니하였다거나 매매계약의 내용에 부수적으로 매도인이 매수인에게 인근 국유지에 대한 점유를 이전해 주고 이축권(이른바 딱지)을 양도하기로 하는 약정이 포함되어 있었다 하더라도 달리 볼 것은 아니라고 한다(대판 2001. 4. 10, 2001다12256).

4. 목적물이 일정한 면적(수량)을 가지고 있다는 데 주안을 두고 대금도 면적을 기준으로 하여 정하여지는 아파트분양계약은 이른바 수량을 지정한 매매라 할 것이다(대판 2002. 11. 8, 99다58136).

5. 건물 일부의 임대차계약을 체결함에 있어 임차인이 건물면적의 일정한 수량이 있는 것으로 믿고 계약을 체결하였고, 임대인도 그 일정 수량이 있는 것으로 명시적 또는 묵시적으로 표시하였으며, 또한 임대차보증금과 월 임료 등도 그 수량을 기초로 하여 정하여진 경우에는, 그 임대차는 수량을 지정한 임대차라고 봄이 타당하다(대판 1995. 7. 14, 94다38342).

ⓒ **일부멸실**: 목적물의 일부가 계약 당시에 이미 멸실되어 있는 경우에도 담보책임이 인정된다(제574조).

② **책임의 내용**: 민법은 수량부족이나 일부멸실을 처음부터 권리의 일부가 흠결되어 있는 권리의 하자로 보고, 수량부족 또는 일부멸실의 사실을 모른 선의의 매수인에 한해 권리의 일부가 타인에게 속한 경우의 담보책임에 관한 규정(제572조·제573조)을 준용하는 것으로 정한다(제574조). 즉, 선의의 매수인만 대금감액청구권·해제권·손해배상청구권을 행사할 수 있다.

> **판례**
> 부동산매매계약에 있어서 실제면적이 계약면적에 미달하는 경우에는 그 매매가 수량지정매매에 해당할 때에 한하여 민법 제574조·제572조에 의한 대금감액청구권을 행사함은 별론으로 하고, 그 매매계약이 그 미달 부분만큼 일부무효임을 들어 이와 별도로 일반 부당이득반환청구를 하거나 그 부분의 원시적 불능을 이유로 제535조가 규정하는 계약체결상의 과실에 따른 책임의 이행을 구할 수 없다(대판 2002. 4. 9, 99다47396).

③ **권리행사기간**: 선의의 매수인은 사실을 안 날로부터 1년 내에 행사하여야 한다(제574조·제573조).

4) **제한물권 등에 의한 제한이 있는 경우**

> **제575조【제한물권 있는 경우와 매도인의 담보책임】** ① 매매의 목적물이 지상권, 지역권, 전세권, 질권 또는 유치권의 목적이 된 경우에 매수인이 이를 알지 못한 때에는 이로 인하여 계약의 목적을 달성할 수 없는 경우에 한하여 매수인은 계약을 해제할 수 있다. 기타의 경우에는 손해배상만을 청구할 수 있다.
> ② 전항의 규정은 매매의 목적이 된 부동산을 위하여 존재할 지역권이 없거나 그 부동산에 등기된 임대차계약이 있는 경우에 준용한다.
> ③ 전2항의 권리는 매수인이 그 사실을 안 날로부터 1년 내에 행사하여야 한다.

① **요건**
  ㉠ 제한물권 등의 존재와 지역권의 부존재: ⓐ 매매의 목적물이 지상권·지역권·전세권·질권·유치권의 목적이 되어 있는 경우, ⓑ 목적부동산을 위하여 존재할 지역권이 없는 경우, ⓒ 목적부동산 위에 등기된 임대차계약이 있는 경우이다. 여기서 등기된 임대차계약이란 임차권이 대항력을 갖춘 것을 의미하므로(제621조 제2항), 건물의 소유를 목적으로 한 토지임대차(제622조), 대항요건을 구비한 주택의 임대차나 상가건물의 임대차에도 적용된다.
  ㉡ 매수인의 선의: 매수인이 제한물권 등에 의한 제한이 있음을 알면서 매수한 때에는 그러한 사정을 고려하여 대금액 등을 정하게 될 것이므로, 악의의 매수인은 이를 보호할 필요가 없기 때문이다.

② **책임의 내용**
  ㉠ 계약해제권: 선의의 매수인은 계약해제권이 있다. 계약의 해제는 제한물권 등의 존재로 인하여 계약의 목적을 달성할 수 없는 경우에 한하여 인정된다.
  ㉡ 손해배상청구권: 선의의 매수인은 손해배상청구권이 있다. 손해가 있는 때에는 어느 경우든 그 배상을 청구할 수 있다.
  ㉢ 대금감액청구권의 불인정: 담보책임으로서 대금감액청구권을 인정하지 않는 것은 그러한 제한물권 등이 있다고 해서 매매계약의 목적인 소유권이전이 불가능하지 않고, 또한 이때에는 매매의 목적인 권리에 양적인 하자가 있는 것이 아니라 질적인 하자가 있는 것이므로 감축되어야 할 액을 비율적으로 산출할 수 없기 때문이다.

③ **권리행사기간**: 제한물권의 존재 또는 지역권의 부존재를 안 날로부터 1년 내에 행사하여야 한다(제575조 제3항).

5) 저당권 또는 전세권의 행사가 있는 경우

> **제576조【저당권, 전세권의 행사와 매도인의 담보책임】** ① 매매의 목적이 된 부동산에 설정된 저당권 또는 전세권의 행사로 인하여 매수인이 그 소유권을 취득할 수 없거나 취득한 소유권을 잃은 때에는 매수인은 계약을 해제할 수 있다.
> ② 전항의 경우에 매수인의 출재로 그 소유권을 보존한 때에는 매도인에 대하여 그 상환을 청구할 수 있다.
> ③ 전2항의 경우에 매수인이 손해를 받은 때에는 그 배상을 청구할 수 있다.

① **요건**
  ㉠ 소유권을 취득할 수 없을 때: 이것은 저당권 또는 전세권이 설정된 부동산에 대해 매매계약을 체결하고 아직 소유권이전등기를 하지 않은 상태에서, 저당권 등에 기한 경매로 인해 제3자가 부동산의 소유권을 취득함으로써, 매수인이 그 소유권을 취득할 수 없게 되는 것을 말한다.
  ㉡ 취득한 소유권을 잃은 때: 이것은 저당권 등이 설정된 부동산을 매수인이 취득한 경우로서, 그 후 저당권의 실행으로 제3자가 소유권을 취득하는 결과 매수인이 취득한 소유권을 잃게 되는 것을 말한다.

  판례
  1. 가등기의 목적이 된 부동산을 매수한 사람이 그 뒤 가등기에 기한 본등기가 경료됨으로써 그 부동산의 소유권을 상실하게 된 때에는 매매의 목적부동산에 설정된 저당권 또는 전세권의 행사로 인하여 매수인이 취득한 소유권을 상실한 경우와 유사하므로, 이와 같은 경우 민법 제576조의 규정이 준용된다고 보아 같은 조 소정의 담보책임을 진다고 보는 것이 상당하고, 민법 제570조에 의한 담보책임을 진다고 할 수 없다(대판 1992. 10. 27, 92다21784).
  2. **가압류 목적이 된 부동산을 매수한 이후 가압류에 기한 강제집행으로 부동산 소유권을 상실한 경우에도 매도인의 담보책임에 관한 민법 제576조가 준용되는지 여부(적극)**
     가압류 목적이 된 부동산을 매수한 사람이 그 후 가압류에 기한 강제집행으로 부동산 소유권을 상실하게 되었다면 이는 매매의 목적 부동산에 설정된 저당권 또는 전세권의 행사로 인하여 매수인이 취득한 소유권을 상실한 경우와 유사하므로, 이와 같은 경우 매도인의 담보책임에 관한 민법 제576조의 규정이 준용된다고 보아 매수인은 같은 조 제1항에 따라 매매계약을 해제할 수 있고, 같은 조 제3항에 따라 손해배상을 청구할 수 있다고 보아야 한다(대판 2011. 5. 13, 2011다1941).

  ㉢ 소유권을 보존한 때: 위 ㉠과 ㉡에 해당하는 매수인이 그의 출재로 그 소유권을 보존한 경우이다.

② **책임의 내용**
  ㉠ 계약해제권: 매매의 목적이 된 부동산에 설정된 저당권 또는 전세권의 행사로 인하여 매수인이 그 소유권을 취득할 수 없거나 취득한 소유권을 잃은 때에는 매수인은 선의·악의에 관계없이 계약을 해제할 수 있다(제576조 제1항).

ⓛ **상환청구권**: 매수인이 그의 출재로 소유권을 보존한 때에는 출재의 상환을 청구할 수 있다(제576조 제2항).
ⓒ **손해배상청구권**: 계약해제나 상환청구와 함께 손해의 배상을 청구할 수 있다(제576조 제3항).
② **책임의 배제**: 담보책임의 요건을 충족하는 경우라도 매수인이 저당권의 피담보채무 또는 전세금의 반환채무를 인수한 경우나 이행인수한 경우에는 매도인에게 담보책임을 물을 수 없다.

> **판례**
>
> **매수인이 매매목적물에 관한 근저당권의 피담보채무 중 일부만을 인수하였는데 매도인은 자신이 부담하는 피담보채무를 모두 이행한 반면 매수인은 인수한 부분을 이행하지 않음으로써 근저당권이 실행되어 매수인이 취득한 소유권을 잃게 된 경우, 매도인은 민법 제576조 소정의 담보책임을 부담하게 되는지 여부(소극)**
>
> 매매의 목적이 된 부동산에 설정된 저당권의 행사로 인하여 매수인이 취득한 소유권을 잃은 때에는 매수인은 민법 제576조 제1항의 규정에 의하여 매매계약을 해제할 수 있지만, 매수인이 매매목적물에 관한 근저당권의 피담보채무를 인수하는 것으로 매매대금의 지급에 갈음하기로 약정한 경우에는 특별한 사정이 없는 한, 매수인으로서는 매도인에 대하여 민법 제576조 제1항의 담보책임을 면제하여 주었거나 이를 포기한 것으로 봄이 상당하므로, 매수인이 매매목적물에 관한 근저당권의 피담보채무 중 일부만을 인수한 경우 매도인으로서는 자신이 부담하는 피담보채무를 모두 이행한 이상 매수인이 인수한 부분을 이행하지 않음으로써 근저당권이 실행되어 매수인이 취득한 소유권을 잃게 되더라도 민법 제576조 소정의 담보책임을 부담하게 되는 것은 아니다(대판 2002. 9. 4, 2002다11151).

③ **권리행사기간**: 위 권리의 행사기간(제척기간)에 특별한 제한은 없다.
④ **저당권의 목적인 된 지상권·전세권의 매매의 경우**

> **제577조【저당권의 목적이 된 지상권, 전세권의 매매와 매도인의 담보책임】** 전조의 규정은 저당권의 목적이 된 지상권 또는 전세권이 매매의 목적이 된 경우에 준용한다.

저당권의 목적으로 된 지상권 또는 전세권을 매수한 경우, 저당권에 기해 경매가 실행되면 그 지상권 또는 전세권의 매수인은 그 권리를 취득할 수 없거나 또는 잃게 된다. 이 경우는 매수인이 소유권을 취득할 수 없거나 잃게 되는 제576조와 그 취지를 같이하므로, 그 담보책임에 관해서는 제576조의 규정을 준용한다.

(3) 물건의 하자에 대한 담보책임 6회 2문

> **제580조【매도인의 하자담보책임】** ① 매매의 목적물에 하자가 있는 때에는 제575조 제1항의 규정을 준용한다. 그러나 매수인이 하자 있는 것을 알았거나 과실로 인하여 이를 알지 못한 때에는 그러하지 아니하다.
> ② 전항의 규정은 경매의 경우에 적용하지 아니한다.
> **제581조【종류매매와 매도인의 담보책임】** ① 매매의 목적물을 종류로 지정한 경우에도 그 후 특정된 목적물에 하자가 있는 때에는 전조의 규정을 준용한다.
> ② 전항의 경우에 매수인은 계약의 해제 또는 손해배상의 청구를 하지 아니하고 하자 없는 물건을 청구할 수 있다.

1) 특정물매매에서 목적물에 하자가 있는 경우

① **요건**

㉠ 매매의 목적물에 하자가 있을 것

ⓐ 판례는 매매의 목적물이 거래통념상 기대되는 객관적 성질·성능을 결여하거나, 당사자가 예정 또는 보증한 성질을 결여한 경우를 하자로 본다(98다18506).

ⓑ 하자의 존재시기에 대해서는 학설의 대립이 있으나 판례는 특정물매매에서는 계약 성립시를, 종류물매매에서는 특정시를 기준으로 한다.

> **판례**
>
> 1. **매도인이 매수인에게 기계를 공급하면서 카탈로그와 검사성적서를 제시한 경우, 그 기계에 하자가 있는지 여부의 판단 기준**
> 매도인이 매수인에게 공급한 기계가 통상의 품질이나 성능을 갖추고 있는 경우, 그 기계에 작업환경이나 상황이 요구하는 품질이나 성능을 갖추고 있지 못하다 하여 하자가 있다고 인정할 수 있기 위하여는, 매수인이 매도인에게 제품이 사용될 작업환경이나 상황을 설명하면서 그 환경이나 상황에 충분히 견딜 수 있는 제품의 공급을 요구한 데 대하여, 매도인이 그러한 품질과 성능을 갖춘 제품이라는 점을 명시적으로나 묵시적으로 보증하고 공급하였다는 사실이 인정되어야만 할 것임은 물론이나, 매도인이 매수인에게 기계를 공급하면서 당해 기계의 카탈로그와 검사성적서를 제시하였다면, 매도인은 그 기계가 카탈로그와 검사성적서에 기재된 바와 같은 정도의 품질과 성능을 갖춘 제품이라는 점을 보증하였다고 할 것이므로, 매도인이 공급한 기계가 매도인이 카탈로그와 검사성적서에 의하여 보증한 일정한 품질과 성능을 갖추지 못한 경우에는 그 기계에 하자가 있다고 보아야 한다(대판 2000. 10. 27, 2000다30554·30561).
>
> 2. **건축을 목적으로 매매된 토지에 대하여 건축허가를 받을 수 없어 건축이 불가능하다는 법률적 장애가 매매목적물의 하자에 해당하는지 여부(적극) 및 그 하자의 존부에 관한 판단 기준시(= 매매계약 성립시)**
> 매매의 목적물이 거래통념상 기대되는 객관적 성질·성능을 결여하거나, 당사자가 예정 또는 보증한 성질을 결여한 경우에 매도인은 매수인에 대하여 그 하자로 인한 담보책임을 부담한다 할 것이고, 한편 건축을 목적으로 매매된 토지에 대하여 건축허가를 받을 수 없어 건축이 불가능한 경우, 위와 같은 법률적 제한 내지 장애 역시 매매목적물의 하자에 해당한다 할 것이나, 다만 위와 같은 하자의 존부는 매매계약 성립 시를 기준으로 판단하여야 할 것이다(대판 2000. 1. 18, 98다18506).

    ⓒ 매수인의 선의·무과실 : 매수인이 하자 있는 것을 알았거나 과실로 인하여 알지 못한 때에는 매도인은 담보책임을 부담하지 않는다(제580조 제1항 단서). 매수인의 악의 또는 과실은 매도인이 이를 입증하여야 한다(통설).

> **판례**
>
> 민법 제581조·제580조에 기한 매도인의 하자담보책임은 법이 특별히 인정한 무과실책임으로서 여기에 민법 제396조의 과실상계 규정이 준용될 수는 없다 하더라도, 담보책임이 민법의 지도이념인 공평의 원칙에 입각한 것인 이상 하자 발생 및 그 확대에 가공한 매수인의 잘못을 참작하여 손해배상의 범위를 정함이 상당하다(대판 1995. 6. 30, 94다23920).

② **책임의 내용**
    ㉠ 계약해제권 : 목적물의 하자로 인하여 매매의 목적을 달성할 수 없는 때에는, (선의·무과실의) 매수인은 계약을 해제할 수 있다(제580조 제1항·제575조 제1항).
    ㉡ 손해배상청구권 : 목적물의 하자로 인하여 매매의 목적을 달성할 수 없는 때에는, (선의·무과실의) 매수인은 계약의 해제와 아울러 손해배상을 청구할 수 있다(제580조 제1항·제575조 제1항). 그러나 목적물의 하자가 계약의 목적을 달성할 수 없을 정도로 중대한 것이 아닌 때에는, (선의·무과실의) 매수인은 계약을 해제하지 못하고 손해배상만을 청구할 수 있다(제580조 제1항·제575조 제1항 단서).

③ **권리행사기간**

> **제582조 【전2조의 권리행사기간】** 전2조에 의한 권리는 매수인이 그 사실을 안 날로부터 6월 내에 행사하여야 한다.

> **판례**
>
> 1. **[1] 표고버섯 종균의 발아율이 정상적인 발아율의 1/100에도 미치지 못하는 현상이 발생한 경우, 제반 사정에 비추어 종균으로서 통상적으로 갖추어야 할 품질이나 특성을 갖추지 못한 하자가 있음을 인정한 사례**
>   표고버섯 종균을 접종한 표고목의 발아율이 일률적으로 정상적인 발아율의 1/100에도 미치지 못하는 현상이 발생한 경우, 종균을 생산한 회사의 대표가 관리를 잘못하여 종균에 문제가 있다고 말한 사실, 다른 구입처에서 구입한 종균을 동일한 통상의 접종 및 재배조건에서 접종한 표고목에서는 종균이 정상적으로 발아한 사실 등 제반 사정에 비추어, 그 종균은 종균으로서 통상적으로 갖추어야 할 품질이나 특성을 갖추지 못한 하자가 있음을 인정할 수 있다.
>
>   [2] **표고버섯 종균에 하자가 존재하는 사실을 알았다고 하기 위해서는 종균의 비정상적인 발아 사실뿐만 아니라 그 원인이 종균에 존재하는 하자로 인한 것이라는 사실도 알아야 하는지 여부(적극)**
>   표고버섯 종균에 하자가 존재하는 사실을 알았다고 하기 위하여는 종균을 접종한 표고목에서 종균이 정상적으로 발아하지 아니한 사실을 알았다는 것만으로는 부족하고, 종균이 정상적으로 발아하지 아니한 원인이 바로 종균에 존재하는 하자로 인한 것임을 알았을 때라야 비로소 종균에 하자가 존재하는 사실을 알았다고 볼 것이다.

[3] **민법 제582조의 매수인의 권리행사기간의 성질 및 재판 외에서의 권리행사방법**
민법 제582조의 매수인의 권리행사 기간은 재판상 또는 재판 외에서의 권리행사에 관한 기간이므로 매수인은 소정 기간 내에 재판 외에서 권리행사를 함으로써 그 권리를 보존할 수 있고, 재판 외에서의 권리행사는 특별한 형식을 요구하는 것이 아니므로 매수인이 매도인에 대하여 적당한 방법으로 물건에 하자가 있음을 통지하고, 계약의 해제나 하자의 보수 또는 손해배상을 구하는 뜻을 표시함으로써 충분하다(대판 2003. 6. 27, 2003다20190).

2. [1] **하자담보에 기한 매수인의 손해배상청구권이 소멸시효의 대상이 되는지 여부(적극) 및 소멸시효의 기산점(= 매수인이 매매 목적물을 인도받은 때)**
매도인에 대한 하자담보에 기한 손해배상청구권에 대하여는 민법 제582조의 제척기간이 적용되고, 이는 법률관계의 조속한 안정을 도모하고자 하는 데에 취지가 있다. 그런데 하자담보에 기한 매수인의 손해배상청구권은 권리의 내용·성질 및 취지에 비추어 민법 제162조 제1항의 채권 소멸시효의 규정이 적용되고, 민법 제582조의 제척기간 규정으로 인하여 소멸시효 규정의 적용이 배제된다고 볼 수 없으며, 이때 다른 특별한 사정이 없는 한 무엇보다도 매수인이 매매 목적물을 인도받은 때부터 소멸시효가 진행한다고 해석함이 타당하다.

[2] **부동산 매수인이 매도인을 상대로 하자담보책임에 기한 손해배상을 구한 사안에서, 매수인의 하자담보에 기한 손해배상청구권은 부동산을 인도받은 날부터 소멸시효가 진행하는데 그로부터 10년이 경과한 후 소를 제기하였으므로 이미 소멸되었다고 한 사례**
甲이 乙 등에게서 부동산을 매수하여 소유권이전등기를 마쳤는데 위 부동산을 순차 매수한 丙이 부동산 지하에 매립되어 있는 폐기물을 처리한 후 甲을 상대로 처리비용 상당의 손해배상청구소송을 제기하였고, 甲이 丙에게 위 판결에 따라 손해배상금을 지급한 후 乙 등을 상대로 하자담보책임에 기한 손해배상으로서 丙에게 기지급한 돈의 배상을 구한 사안에서, 甲의 하자담보에 기한 손해배상청구권은 甲이 乙 등에게서 부동산을 인도받았을 것으로 보이는 소유권이전등기일로부터 소멸시효가 진행하는데, 甲이 그로부터 10년이 경과한 후 소를 제기하였으므로, 甲의 하자담보책임에 기한 손해배상청구권은 이미 소멸시효 완성으로 소멸되었다(대판 2011. 10. 13, 2011다10266).

2) 종류물매매에서 목적물에 하자가 있는 경우

① **요건**: 매매의 목적물을 종류로 지정하였는데 그 후 특정된 목적물에 하자가 있어야 하고, 매수인은 그 하자에 관해 선의·무과실이어야 한다(제581조 제1항).

② **책임의 내용**: 종류물의 매매에서 그 후 특정된 목적물에 하자가 있는 때에는 제580조를 준용한다(제581조 제1항). 이때 (선의·무과실의) 매수인은 계약의 해제 또는 손해배상의 청구를 하지 아니하고 그에 갈음하여 하자 없는 물건(완전물)의 급부를 청구할 수 있다(제581조 제2항).

③ **권리행사기간**: 위 권리는 매수인이 그 사실을 안 날부터 6개월 내에 행사하여야 한다 (제582조).

> **판례**
>
> [1] **종류매매에서 하자담보의무의 이행이 공평의 원칙에 반하는 경우 매수인의 완전물급부청구권 행사를 제한할 수 있는지 여부(적극) 및 그 판단 기준**
> 민법의 하자담보책임에 관한 규정은 매매라는 유상·쌍무계약에 의한 급부와 반대급부 사이의 등가관계를 유지하기 위하여 민법의 지도이념인 공평의 원칙에 입각하여 마련된 것인데, 종류매매에서 매수인이 가지는 완전물급부청구권을 제한 없이 인정하는 경우에는 오히려 매도인에게 지나친 불이익이나 부당한 손해를 주어 등가관계를 파괴하는 결과를 낳을 수 있다. 따라서 매매목적물의 하자가 경미하여 수선 등의 방법으로도 계약의 목적을 달성하는 데 별다른 지장이 없는 반면 매도인에게 하자 없는 물건의 급부의무를 지우면 다른 구제방법에 비하여 지나치게 큰 불이익이 매도인에게 발생되는 경우와 같이 하자담보의무의 이행이 오히려 공평의 원칙에 반하는 경우에는, 완전물급부청구권의 행사를 제한함이 타당하다.
> [2] 甲이 乙주식회사로부터 자동차를 매수하여 인도받은 지 5일 만에 계기판의 속도계가 작동하지 않는 하자가 발생하였음을 이유로 乙회사 등을 상대로 신차 교환을 구한 사안에서, 위 하자는 계기판 모듈의 교체로 큰 비용을 들이지 않고서도 손쉽게 치유될 수 있는 하자로서 하자수리에 의하더라도 신차구입이라는 매매계약의 목적을 달성하는 데에 별다른 지장이 없고, 하자보수로 자동차의 가치하락에 영향을 줄 가능성이 희박한 반면, 매도인인 乙회사에 하자 없는 신차의 급부의무를 부담하게 하면 다른 구제방법에 비하여 乙회사에 지나치게 큰 불이익이 발생되어서 오히려 공평의 원칙에 반하게 되어 매수인의 완전물급부청구권의 행사를 제한함이 타당하므로, 甲의 완전물급부청구권 행사가 허용되지 않는다(대판 2014. 5. 16, 2012다72582).

(4) 경매에서의 담보책임

> **제578조【경매와 매도인의 담보책임】** ① 경매의 경우에는 경락인은 전8조의 규정에 의하여 채무자에게 계약의 해제 또는 대금감액의 청구를 할 수 있다.
> ② 전항의 경우에 채무자가 자력이 없는 때에는 경락인은 대금의 배당을 받은 채권자에 대하여 그 대금 전부나 일부의 반환을 청구할 수 있다.
> ③ 전2항의 경우에 채무자가 물건 또는 권리의 흠결을 알고 고지하지 아니하거나 채권자가 이를 알고 경매를 청구한 때에는 경락인은 그 흠결을 안 채무자나 채권자에 대하여 손해배상을 청구할 수 있다.

① **요건**
  ㉠ **공경매에 의할 것**: 본조가 적용되는 '경매'는 국가기관이 법률에 의해 행하는 공경매를 말하며, 민사집행법에 의한 강제경매·담보권실행경매 및 국세징수법에 의한 공매가 이에 해당한다.
  ㉡ **경매절차는 유효할 것**: 경매에서의 담보책임은 경매절차는 유효하게 이루어졌으나 경매의 목적이 된 권리의 전부 또는 일부가 타인에게 속하는 등의 하자로 경락인이 완전한 소유권을 취득할 수 없거나 이를 잃게 되는 경우에 인정되는 것이고, 경매절차 자체가 무효인 경우에는 경매의 채무자나 채권자의 담보책임은 인정될 여지가 없다(92다15574).

ⓒ **권리의 하자(흠결)**: 경매에서의 담보책임은 권리의 하자에 대해서만 인정되며, 물건의 하자에 대해서는 담보책임을 인정하지 않는다(제580조 제2항).

> **판례**
> 경락인이 강제경매절차를 통하여 부동산을 경락받아 대금을 납부하고 그 앞으로 소유권이전등기까지 마쳤으나, 그 후 위 강제집행의 채무명의가 된 약속어음공정증서가 위조된 것이어서 무효라는 이유로 그 소유권이전등기의 말소를 명하는 판결이 확정됨으로써 경매 부동산에 대한 소유권을 취득하지 못하게 된 경우 경락인은 경매 채권자에게 경매 대금 중 그가 배당받은 금액에 대하여 일반 부당이득의 법리에 따라 반환을 청구할 수 있을 뿐, 제578조 제2항에 의한 담보책임을 물을 수는 없다(대판 1991. 10. 11, 91다21640).

② **책임의 내용**
　　㉠ **해제권 · 대금감액청구권**: 경락받은 권리에 하자가 있는 경우에는, 하자의 유형에 따라 경락인은 채무자에게 계약의 해제 또는 대금감액의 청구를 할 수 있다(제578조 제1항). 제578조 제1항의 채무자에는 임의경매에 있어서의 물상보증인도 포함한다(87다카2641).
　　㉡ **대금반환청구권**: 제1차적으로 책임을 지는 채무자가 무자력인 때에는 제2차적으로 대금의 배당을 받은 채권자가 책임을 진다. 즉, 경락인은 그러한 채권자에 대하여 대금의 전부나 일부의 반환청구할 수 있다(제578조 제2항).
　　㉢ **손해배상청구권**: 경매는 채무자의 의사에 따라 행하여지는 것이 아니고, 또 채권자도 경매의 목적인 권리의 상태를 자세히 알지 못하는 것이 보통이므로, 이들은 원칙적으로 손해배상책임을 부담하지 않는다. 다만 예외적으로 채무자가 물건 또는 권리의 흠결을 알고 고지하지 아니한 때에는 채무자에 대하여, 또한 채권자가 그러한 흠결을 알고 있으면서 경매를 청구한 때에는 그 채권자에 대하여 각각 손해배상을 청구할 수 있다(제578조 제3항).
③ **권리행사기간**: 위 권리에 관해서는 권리의 하자의 담보책임규정에서 정한 제척기간이 준용된다(제578조 제1항 · 제573조 · 제574조 · 제575조).

(5) 채권의 매도인의 담보책임

> 제579조【채권매매와 매도인의 담보책임】① 채권의 매도인이 채무자의 자력을 담보한 때에는 매매계약 당시의 자력을 담보한 것으로 추정한다.
> ② 변제기에 도달하지 아니한 채권의 매도인이 채무자의 자력을 담보한 때에는 변제기의 자력을 담보한 것으로 추정한다.

1) 채권에 권리의 하자가 있는 경우

채권의 매매에 있어서 그 채권에 권리의 흠결이 있는 때에는, 제570조 내지 제576조의 규정에 의하여 매도인은 담보책임을 진다. 예컨대 ① 매매의 목적인 채권의 전부 또는 일부가 타인에게 속하는 경우에는 제570조 내지 제573조가 적용되고, ② 채권의 일부가 계약의 무효·취소·해제나 채무의 변제 등의 이유로 존재하지 않는 경우에는 제574조가 적용된다.

2) 채무자의 자력에 관한 담보책임

① **의의**: 채권의 매도인은 채권의 존재와 채권액에 대해서는 책임을 져야 하지만, 채무자의 변제자력에 대해서까지 책임을 지는 것은 아니다. 그런데 채권을 매매하면서 매도인이 채무자의 자력을 담보하는 특약을 맺는 수가 있다. 이 경우에는 그 특약에 기해 매도인이 채무자의 무자력에 대해 담보책임을 지는데, 여기서 '어느 때'의 채무자의 자력을 담보하는지가 문제되고, 제579조는 이에 관해 추정규정을 두고 있다.

② **추정규정**
  ㉠ 변제기에 도달한 채권의 매도인이 채무자의 자력을 담보한 때에는 '매매계약 당시'의 자력을 담보한 것으로 추정한다(제579조 제1항).
  ㉡ 변제기에 도달하지 아니한 채권의 매도인이 채무자의 자력을 담보한 때에는 '변제기'의 자력을 담보한 것으로 추정한다(제579조 제2항).
  ㉢ 변제기가 이미 도래한 채권의 매도인이 채무자의 장래의 자력을 담보하거나, 또는 변제기의 약정 없는 채권에 관하여 채무자의 장래의 자력을 담보하는 경우에 관해서는 민법은 정하고 있지 않으나, 이때에는 실제로 변제될 때까지 매도인이 채무자의 자력을 담보한다는 것이 통설이다.

③ **책임의 내용**: 매도인은 매수인이 채무자의 무자력으로 인해 변제받지 못한 부분에 대해 손해배상책임을 진다.

(6) 관련문제

1) 담보책임과 동시이행

> **제583조【담보책임과 동시이행】** 제536조의 규정은 제572조 내지 제575조, 제580조 및 제581조의 경우에 준용한다.

민법 제583조의 취지는 매도인은 같은 조에서 명시한 규정들에 터 잡아 이미 지급받은 대금의 전부나 일부의 반환의무, 손해배상의무, 하자 없는 물건의 지급의무가 있는 반면 매수인은 매도인에게서 수령한 목적물이 있다면 원상회복의무로서 이를 반환할 의무가 있는데, 이러한 쌍방 당사자의 의무는 하나의 쌍무계약에서 발생한 것은 아닐지라도 동일한 생활관계에서 발생한 것으로 서로 밀접한 관계에 있어 그 이행에 견련관계를 인정함이 공평의 원칙에 부합하기 때문에, 일반 해제의 경우와 마찬가지로 이들 경우에도 민법 제536조를 준용한다(92다25946).

2) 담보책임면제의 특약

> **제584조【담보책임면제의 특약】** 매도인은 전15조에 의한 담보책임을 면하는 특약을 한 경우에도 매도인이 알고 고지하지 아니한 사실 및 제3자에게 권리를 설정 또는 양도한 행위에 대하여는 책임을 면하지 못한다.

① **면책특약의 유효**: 담보책임에 관한 규정은 강행규정이 아니므로, 신의칙에 반하지 않는 한도에서 매도인의 담보책임을 배제하거나 경감 또는 가중하는 특약은 원칙적으로 유효하다.
② **면책특약의 제한**: 매도인은 담보책임을 면하는 특약을 한 경우에도 매도인이 알고 고지하지 아니한 사실 및 제3자에게 권리를 설정 또는 양도한 행위에 대하여는 책임을 면하지 못한다(제584조).

3. 매수인의 대금지급의무

(1) 의의

매수인은 매도인의 권리이전에 대한 반대급부로서 대금지급의무를 지며(제568조 제1항), 이러한 의무는 매도인의 재산권이전의무와 원칙적으로 동시이행관계에 있다(제568조 제2항).

(2) 대금지급시기

> **제585조【동일기한의 추정】** 매매의 당사자 일방에 대한 의무이행의 기한이 있는 때에는 상대방의 의무이행에 대하여도 동일한 기한이 있는 것으로 추정한다.

(3) 대금지급장소

> 제586조【대금지급장소】매매의 목적물의 인도와 동시에 대금을 지급할 경우에는 그 인도장소에서 이를 지급하여야 한다.

(4) 대금지급거절권

> 제588조【권리주장자가 있는 경우와 대금지급거절권】매매의 목적물에 대하여 권리를 주장하는 자가 있는 경우에 매수인이 매수한 권리의 전부나 일부를 잃을 염려가 있는 때에는 매수인은 그 위험의 한도에서 대금의 전부나 일부의 지급을 거절할 수 있다. 그러나 매도인이 상당한 담보를 제공한 때에는 그러하지 아니하다.
> 제589조【대금공탁청구권】전조의 경우에 매도인은 매수인에 대하여 대금의 공탁을 청구할 수 있다.

1) 의의

매매의 목적물에 대하여 권리를 주장하는 자가 있는 경우에 매수인이 매수한 권리를 잃을 염려가 있는 때에는 매수인은 그 위험의 한도에서 대금의 지급을 거절할 수 있다(제588조 본문).

2) 요건

① 매매의 목적물에 대하여 권리를 주장하는 자가 있어야 한다. 이때 제3자가 주장하는 권리에는 소유권뿐만 아니라 용익물권이나 대항력 있는 임차권 등을 포함한다. 또한 저당권과 같은 담보물권을 주장하는 자도 여기에 해당하는가에 대해서는 긍정설이 다수설·판례이다.
② 매수인이 매수한 권리의 전부나 일부를 잃을 염려가 있어야 한다.

3) 효과

① 매수인은 그 위험의 한도에서 대금의 전부나 일부의 지급을 거절할 수 있다(제588조 본문).

> 판례
>
> 1. **매매계약이 있은 후에 등기부상 목적물이 매도인의 소유가 아닌 것이 발견된 경우 매수인은 선행의 무인 중도금 지급을 거절할 수 있는가 여부**
> 매매계약을 맺은 후에야 등기부상 매매목적물이 매도인의 소유가 아닌 것이 발견되었다면 매수인은 경우에 따라서는 민법 588조에 의하여 중도금의 지급을 거절할 수 있고 그렇지 않다고 하더라도 계약에 있어서의 형평의 원칙이나 신의성실의 원칙에 비추어 선행의무에 해당하는 중도금지급의무라 하더라도 그 지급을 거절할 수 있다(대판 1974. 6. 11, 73다1632).

2. **매도인이 말소하여야 할 매매목적물상의 근저당권을 말소하지 못한 경우, 매수인이 대금지급을 거절할 수 있는 범위**

    매도인이 말소할 의무를 부담하고 있는 매매목적물상의 근저당권을 말소하지 못하고 있다면 매수인은 그 위험의 한도에서 매매대금의 지급을 거절할 수 있고, 그 결과 민법 제587조 단서에 의하여 매수인이 매매목적물을 인도받았다고 하더라도 미지급 대금에 대한 인도일 이후의 이자를 지급할 의무가 없으나, 이 경우 지급을 거절할 수 있는 매매대금이 어느 경우에나 근저당권의 채권최고액에 상당하는 금액인 것은 아니고, 매수인이 근저당권의 피담보채무액을 확인하여 이를 알고 있는 경우와 같은 특별한 사정이 있는 경우에는 지급을 거절할 수 있는 매매대금은 확인된 피담보채무액에 한정된다(대판 1996. 5. 10, 96다6554).

② 매도인이 상당한 담보를 제공한 때에는 매수인은 대금지급거절권을 행사하지 못한다(제588조 단서). 여기의 담보제공이란 담보물권의 설정 또는 보증계약의 체결을 말하는 것으로서 단지 담보물권설정계약의 청약 또는 보증인으로부터의 보증계약의 청약만으로 불충분하다(62다826).

③ 매수인이 대금지급거절권을 행사한 경우에 매도인은 매수인에 대하여 대금의 공탁을 청구할 수 있다(제589조).

04 환매

1. 서설

(1) **의의**

환매란 매도인이 매매계약과 동시에 특약으로 환매할 권리, 즉 환매권을 보류한 경우에, 그 환매권을 일정한 기간 내에 행사함으로써 매매의 목적물을 다시 사 오는 것을 말한다(제590조).

(2) **법적 성질**

① **해제권보류부 매매설**: 환매를 매매계약의 해제, 즉 해제권보류부 매매의 일종으로 보고, 환매권은 매매계약의 해제권이므로 환매권을 행사하는 경우에는 당초의 매매계약이 해제되는 것으로 보는 견해이다.

② **재매매예약설**: 환매권의 행사로 원매매의 당사자 사이에는 원매매의 목적물에 대해서 두 번째의 매매, 즉 재매매가 성립하므로 환매는 재매매의 예약이고, 환매권은 예약완결권이라는 견해이다. 따라서 환매를 실행하여 이전등기를 하면 물권이 복귀된다고 한다.

(3) 재매매의 예약과의 비교 [7회 4문]

환매에 관해서는 제590조 내지 제595조에서 이를 정하는데, 재매매의 예약에 관해 따로 규정하는 것은 없다. 만약 환매의 성질을 재매매의 예약으로 보는 경우에는 양자의 관계가 문제되는데, 제590조 내지 제595조가 적용되는 경우는 재매매의 예약 중에서도 특히 환매라 하고, 그 요건에 해당하지 않는 그 밖의 경우는 재매매의 예약으로 본다. 즉, 환매이기 위해서는 매매계약과 동시에 환매의 특약을 하여야 하고(제590조), 일정기간 내에 환매를 하여야 하며(제591조), 부동산의 경우에 환매등기를 할 수 있음(제592조)에 반해, 매매계약 후에 환매의 특약을 맺거나 또는 일정기간을 넘는 환매기간을 설정하는 경우에는 재매매의 예약으로 보고, 재매매의 예약에서는 그 청구권을 보전하기 위해 가등기를 할 수 있을 뿐이라는 점에서 차이가 있다.

2. 환매의 요건

> **제590조 【환매의 의의】** ① 매도인이 매매계약과 동시에 환매할 권리를 보류한 때에는 그 영수한 대금 및 매수인이 부담한 매매비용을 반환하고 그 목적물을 환매할 수 있다.
> ② 전항의 환매대금에 관하여 특별한 약정이 있으면 그 약정에 의한다.
> ③ 전2항의 경우에 목적물의 과실과 대금의 이자는 특별한 약정이 없으면 이를 상계한 것으로 본다.

(1) 목적물

환매의 목적물은 제한이 없다. 즉, 부동산·동산 기타의 재산권(채권·지식재산권 등)에 관하여도 환매의 특약이 가능하다.

(2) 시기

환매의 특약은 매매계약과 동시에 하여야 한다(제590조 제1항). 환매의 특약은 매매계약의 「종된 계약」이므로 매매계약이 무효·취소되면 환매계약도 무효로 된다.

(3) 환매대금

환매대금은 특별한 약정이 있으면 그 약정에 의한다(제590조 제2항). 그러나 특별한 약정이 없으면 환매권자는 최초의 매매대금과 매수인이 부담한 매매비용을 반환하고 환매할 수 있다(제590조 제1항). 특별한 약정이 없는 한 대금의 이자와 목적물의 과실은 상계한 것으로 본다(제590조 제3항).

(4) 환매기간

> 제591조 【환매기간】 ① 환매기간은 부동산은 5년, 동산은 3년을 넘지 못한다. 약정기간이 이를 넘는 때에는 부동산은 5년, 동산은 3년으로 단축한다.
> ② 환매기간을 정한 때에는 다시 이를 연장하지 못한다.
> ③ 환매기간을 정하지 아니한 때에는 그 기간은 부동산은 5년, 동산은 3년으로 한다.

(5) 환매의 등기

> 제592조 【환매등기】 매매의 목적물이 부동산인 경우에 매매등기와 동시에 환매권의 보류를 등기한 때에는 제3자에 대하여 그 효력이 있다.

3. 환매의 실행

(1) 환매권의 행사방법

> 제594조 【환매의 실행】 ① 매도인은 기간 내에 대금과 매매비용을 매수인에게 제공하지 아니하면 환매할 권리를 잃는다.

매도인이 환매기간 내에 환매대금을 제공하고 환매의 의사표시를 함으로써 환매가 성립한다 (제594조 제1항). 여기서 환매의 의사표시만으로는 부족하고, 환매대금을 실제로 제공하여야 한다. 환매의 의사표시는 매수인에게 하여야 하지만, 매매계약과 동시에 환매권의 보류를 등기한 때에는 목적물의 전득 시 전득자에 대하여만 환매권을 행사할 수 있다(제592조).

(2) 환매권의 대위행사

> 제593조 【환매권의 대위행사와 매수인의 권리】 매도인의 채권자가 매도인을 대위하여 환매하고자 하는 때에는 매수인은 법원이 선정한 감정인의 평가액에서 매도인이 반환할 금액을 공제한 잔액으로 매도인의 채무를 변제하고 잉여액이 있으면 이를 매도인에게 지급하여 환매권을 소멸시킬 수 있다.

환매권은 양도성이 있고 또 일신전속권이 아니므로 매도인의 채권자는 환매권을 대위행사할 수 있다(제404조). 그런데 매도인의 채권자가 환매권을 대위행사하는 경우에 매수인을 보호하기 위하여, 매수인으로 하여금 목적물의 평가액에서 환매대금을 공제한 잔액으로 매도인의 채무를 변제하여 매도인의 환매권을 소멸시킬 수 있는 특칙을 규정하고 있다(제593조).

4. 환매의 효과

(1) 기본적 효과

해제권보류부 매매설에 의하면 환매의 의사표시로 매매계약은 해제되므로 매매계약을 해제한 경우와 같은 효과가 발생한다. 그러나 재매매예약설에 의하면 환매권의 행사로써 매도인과 매수인 간에 두 번째의 매매계약이 성립한 것으로 된다. 따라서 그 이행이 있을 때에 환매권자는 소유권을 취득한다.

> **판례**
> 부동산등기법 제64조의2에 의하면 환매특약의 등기는 매수인의 권리취득의 등기에 부기하고, 이 등기는 환매에 의한 권리취득의 등기를 한 때에는 이를 말소하도록 되어 있으며 환매에 의한 권리취득의 등기는 이전등기의 방법으로 하여야 할 것인바, 설사 환매특약부 매매계약의 매도인이 환매기간 내에 매수인에게 환매의 의사표시를 한 바 있다고 하여도 그 환매에 의한 권리취득의 등기를 함이 없이는 부동산에 가압류 집행을 한 자에 대하여 이를 주장할 수 없다(대판 1990. 12. 26, 90다카16914).

(2) 상계간주

당사자 사이에 다른 특약이 없으면 목적물의 과실과 대금의 이자는 상계한 것으로 본다 (제590조 제3항).

(3) 비용상환청구권

> **제594조【환매의 실행】**② 매수인이나 전득자가 목적물에 대하여 비용을 지출한 때에는 매도인은 제203조의 규정에 의하여 이를 상환하여야 한다. 그러나 유익비에 대하여는 법원은 매도인의 청구에 의하여 상당한 상환기간을 허여할 수 있다.

5. 공유지분의 환매

> **제595조【공유지분의 환매】** 공유자의 1인이 환매할 권리를 보류하고 그 지분을 매도한 후 그 목적물의 분할이나 경매가 있는 때에는 매도인은 매수인이 받은 또는 받을 부분이나 대금에 대하여 환매권을 행사할 수 있다. 그러나 매도인에게 통지하지 아니한 매수인은 그 분할이나 경매로써 매도인에게 대항하지 못한다.

공유자는 자기의 지분권을 단독으로 처분하는 것이 인정되므로(제263조), 공유자가 그의 지분에 환매권을 보류하고서 매도하는 것도 자유이다. 그런데 민법은 공유물이 지분환매의 특약 후 그 환매권을 행사하기 전에 분할되는 경우에 대비하여 매도인을 보호하기 위한 하나의 특칙을 두고 있다(제595조).

05 할부매매

1. 의의

할부매매는 매수인이 상품을 미리 인도받고 대금은 일정기간 동안 분할하여 지급하는 매매로서, 목적물의 인도시기와 대금의 분할지급에서 특수한 내용을 이룬다.

2. 할부매매와 소유권유보의 특약

(1) 할부매매에서는 매도인의 대금채권 담보를 위해 매수인에게 인도된 목적물의 소유권은 대금이 완제될 때까지 매도인에게 남아 있는 것으로, 즉 소유권을 유보하는 것으로 약정하는 것이 보통이다.

(2) 소유권유보의 법적 성질에 관해, 판례는 물권행위는 성립하지만 그 효력이 발생하기 위해서는 대금이 모두 지급되는 것을 조건으로 하는 정지조건부 물권행위로 파악한다. 즉, 대금의 완제가 있으면 그것만으로 당연히 소유권이전의 효력이 발생하는 것으로 본다.

> **판례**
>
> 1. **소유권 유보부 동산 매매계약의 법적 성질과 그 목적물의 소유권 귀속관계**
> 동산의 매매계약을 체결하면서, 매도인이 대금을 모두 지급받기 전에 목적물을 매수인에게 인도하지만 대금이 모두 지급될 때까지는 목적물의 소유권은 매도인에게 유보되며 대금이 모두 지급된 때에 그 소유권이 매수인에게 이전된다는 내용의 이른바 소유권유보의 특약을 한 경우, 목적물의 소유권을 이전한다는 당사자 사이의 물권적 합의는 매매계약을 체결하고 목적물을 인도한 때 이미 성립하지만 대금이 모두 지급되는 것을 정지조건으로 하므로, 목적물이 매수인에게 인도되었다고 하더라도 특별한 사정이 없는 한 매도인은 대금이 모두 지급될 때까지 매수인뿐만 아니라 제3자에 대하여도 유보된 목적물의 소유권을 주장할 수 있으며, 이와 같은 법리는 소유권유보의 특약을 한 매매계약이 매수인의 목적물 판매를 예정하고 있고, 그 매매계약에서 소유권유보의 특약을 제3자에 대하여 공시한 바 없고, 또한 그 매매계약이 종류물을 목적물로 하고 있다 하더라도 다를 바 없다(대판 1999. 9. 7, 99다30534).
>
> 2. **소유권 이전을 위하여 등기나 등록을 요하는 재산에 대하여 소유권유보부매매가 성립할 수 있는지 여부 (소극)**
> 소유권유보부매매는 동산을 매매함에 있어 매매목적물을 인도하면서 대금완납 시까지 소유권을 매도인에게 유보하기로 특약한 것을 말하며, 이러한 내용의 계약은 동산의 매도인이 매매대금을 다 수령할 때까지 그 대금채권에 대한 담보의 효과를 취득·유지하려는 의도에서 비롯된 것이다. 따라서 부동산과 같이 등기에 의하여 소유권이 이전되는 경우에는 등기를 대금완납 시까지 미룸으로써 담보의 기능을 할 수 있기 때문에 굳이 위와 같은 소유권유보부매매의 개념을 원용할 필요성이 없으며, 일단 매도인이 매수인에게 소유권이전등기를 경료하여 준 이상은 특별한 사정이 없는 한 매수인에게 소유권이 귀속되는 것이다. 한편 자동차, 중기, 건설기계 등은 비록 동산이기는 하나 부동산과 마찬가지로 등록에 의하여 소유권이 이전되고, 등록이 부동산 등기와 마찬가지로 소유권이전의 요건이므로, 역시 소유권유보부매매의 개념을 원용할 필요성이 없는 것이다(대판 2010. 2. 25, 2009도5064).

제3절 | 교환

01 서설

1. 의의 및 법적 성질

> **제596조【교환의 의의】** 교환은 당사자 쌍방이 금전 이외의 재산권을 상호 이전할 것을 약정함으로써 그 효력이 생긴다.

교환이란 당사자 쌍방이 금전 이외의 재산권을 서로 이전할 것을 약정함으로써 성립하는 계약이다(제596조). 교환의 법적 성질은 유상·쌍무·낙성·불요식의 계약인 점에서 매매와 같으나, 당사자 간에 서로 금전 이외의 재산권을 이전하는 점에서, 재산권이전의 대가로 매수인이 금전을 지급하는 매매와 구별된다.

02 성립요건

1. 의사의 합치

교환은 당사자 쌍방이 모두 금전 이외의 재산권을 이전하기로 하는 약정이 있어야 성립한다.

2. 교환의 목적물

교환은 금전 이외의 재산권을 목적물로 하나, 서로 교환하는 재산권의 가격이 대등하지 않은 때에 일방이 일정액의 금전을 보충지급할 것을 약정하는 수가 있다(제597조). 이때 지급되는 금전을 보충금이라고 한다.

03 효력

1. 매매규정의 준용

교환에 의해 각 당사자는 목적이 된 재산권을 상대방에게 이전해 줄 채무를 부담한다. 그 밖에 쌍무계약에 따른 효과가 발생하고, 교환은 유상계약이므로 매매에 관한 규정이 준용된다(제567조).

2. 보충금

> **제597조【금전의 보충지급의 경우】** 당사자 일방이 전조의 재산권이전과 금전의 보충지급을 약정한 때에는 그 금전에 대하여는 매매대금에 관한 규정을 준용한다.

제4절 소비대차

01 서설

1. 의의

> 제598조 【소비대차의 의의】 소비대차는 당사자 일방이 금전 기타 대체물의 소유권을 상대방에게 이전할 것을 약정하고 상대방은 그와 같은 종류, 품질 및 수량으로 반환할 것을 약정함으로써 그 효력이 생긴다.

소비대차는 당사자 일방(대주)이 금전 기타 대체물의 소유권을 상대방에게 이전하고, 상대방(차주)은 동종·동질·동량의 물건을 반환하는 것을 내용으로 하는 계약이다(제598조).

2. 법적 성질

소비대차는 낙성·불요식계약이다. 또한 원칙적으로 금전 기타 대체물의 사용의 대가인 이자를 요건으로 하지 않는 점에서 무상·편무계약이다(제598조). 그러나 특약 또는 법률의 규정에 의해 이자를 지급하기로 한 이자부 소비대차는 유상·쌍무계약이 된다.

3. 사용대차·임대차와의 비교

구분	소비대차	사용대차	임대차
차주의 소유권 취득 여부	소유권을 취득함	소유권을 취득하지 못함	소유권을 취득하지 못함
계약의 목적물	대체물에 한정됨	대체물에 한정되지 않음	대체물에 한정되지 않음
차주의 목적물 이용방법	제한 없음	계약 또는 목적물의 성질에 의해 정해진 용법에 따라 사용·수익(제610조)	계약 또는 목적물의 성질에 의해 정해진 용법에 따라 사용·수익하여야 함
대가의 지급	원칙적으로 대가의 지급이 없으나, 이자부 소비대차는 대가를 지급	대가의 지급이 없음	차임이라는 대가를 지급

02 소비대차의 성립요건

1. 목적물

소비대차의 성질상 목적물은 금전 기타 대체물이어야 한다.

2. 소비대차의 실효와 해제에 관한 특칙

(1) 파산과 소비대차의 실효

> 제599조【파산과 소비대차의 실효】 대주가 목적물을 차주에게 인도하기 전에 당사자 일방이 파산선고를 받은 때에는 소비대차는 그 효력을 잃는다.

(2) 무이자 소비대차의 해제권

> 제601조【무이자 소비대차와 해제권】 이자 없는 소비대차의 당사자는 목적물의 인도 전에는 언제든지 계약을 해제할 수 있다. 그러나 상대방에게 생긴 손해가 있는 때에는 이를 배상하여야 한다.

03 소비대차의 효력

1. 대주의 의무

(1) 목적물의 소유권이전의무

대주는 차주가 목적물을 이용할 수 있도록 하기 위하여 목적물의 소유권을 차주에게 이전하여야 한다.

(2) 대주의 담보책임

> 제602조【대주의 담보책임】 ① 이자 있는 소비대차의 목적물에 하자가 있는 경우에는 제580조 내지 제582조의 규정을 준용한다.
> ② 이자 없는 소비대차의 경우에는 차주는 하자 있는 물건의 가액으로 반환할 수 있다. 그러나 대주가 그 하자를 알고 차주에게 고지하지 아니한 때에는 전항과 같다.

① **이자 있는 소비대차**: 이자 있는 소비대차의 목적물에 하자가 있는 때에는 매도인의 하자담보책임의 규정을 준용한다(제602조 제1항). 따라서 차주가 목적물에 하자 있음을 모르고 모르는 데 과실이 없는 것을 전제로 하여, 목적물의 하자로 인해 소비대차의 목적을 달성할 수 없는 때에는 계약을 해제하고, 그 밖의 경우에는 손해배상을 청구하며, 또는 이에 갈음하여 하자 없는 물건을 청구할 수 있다. 그리고 이러한 권리는 차주가 그 사실을 안 날부터 6개월 내에 행사하여야 한다.

② **이자 없는 소비대차**: 이자 없는 소비대차에서 목적물에 하자가 있는 때에는 차주는 그 하자 있는 물건의 가액으로 반환할 수 있다(제602조 제2항 본문). 다만 대주가 그 하자를 알고 차주에게 고지하지 아니한 때에는 이자 있는 소비대차와 같은 담보책임을 인정한다(제602조 제2항 단서).

2. 차주의 의무

(1) 목적물반환의무

1) 반환할 물건

① **원칙**: 차주는 대주로부터 받은 것과 동종·동질·동량의 물건을 반환하여야 한다(제598조).

② **예외**

> **제606조【대물대차】** 금전대차의 경우에 차주가 금전에 갈음하여 유가증권 기타 물건의 인도를 받은 때에는 그 인도 시의 가액으로써 차용액으로 한다.
>
> **제607조【대물반환의 예약】** 차용물의 반환에 관하여 차주가 차용물에 갈음하여 다른 재산권을 이전할 것을 예약한 경우에는 그 재산의 예약 당시의 가액이 차용액 및 이에 붙인 이자의 합산액을 넘지 못한다.
>
> **제608조【차주에 불이익한 약정의 금지】** 전2조의 규정에 위반한 당사자의 약정으로서 차주에 불리한 것은 환매 기타 여하한 명목이라도 그 효력이 없다.
>
> **제604조【반환불능으로 인한 시가상환】** 차주가 차용물과 같은 종류, 품질 및 수량의 물건을 반환할 수 없는 때에는 그때의 시가로 상환하여야 한다. 그러나 제376조 및 제377조 제2항의 경우에는 그러하지 아니하다.

㉠ 대물대차의 경우: 금전대차에서 차주가 금전에 갈음하여 유가증권 기타 물건의 인도를 받은 경우, 차주는 그 물건이 아닌 금전을 반환하여야 한다. 다만 반환할 금액은 당초의 약정액이 아니라 금전에 갈음하여 인도한 유가증권 기타 물건 인도 시의 가액으로 한다(제606조).

㉡ 대물반환예약의 경우: 차용물의 반환에 관하여 차주가 차용물에 갈음하여 다른 재산권을 이전할 것을 예약한 경우에는 그 재산의 예약 당시의 가액이 차용액 및 이에 붙인 이자의 합산액을 넘지 못하며(제607조), 이에 위반한 당사자의 약정으로 차주에 불리한 것은 효력이 없다(제608조). 제607조의 규정에 위반한 대물반환의 예약이 차주에 불리한 것은 그 효력이 없다는 의미는 무엇인가에 대해 견해가 대립한다. 판례는 제607조, 제608조를 위반한 대물반환의 예약을 대물반환의 예약으로서는 무효이지만 약한 의미의 양도담보를 설정하기로 하는 약정으로서는 유효라고 본다(98다51220).

㉢ 하자 있는 물건을 받은 경우: 무이자 소비대차에서 목적물에 하자가 있는 때에는 차주는 그 하자 있는 물건의 가액으로 반환할 수 있다(제602조 제2항 본문).

㉣ 반환불능으로 된 경우 : 차주가 차용물과 같은 것으로 반환할 수 없는 때에는 불능 당시의 시가로 상환하면 된다(제604조 본문). 다만 금전의 소비대차에서 그 빌린 통화가 변제기에 강제통용력을 잃은 때에는 다른 통화로, 또 외화인 경우에는 그 나라의 다른 통화로 변제하여야 하고, 강제통용력을 잃은 당시의 구통화의 시가로 상환하지는 못한다(제604조 단서).

2) 반환시기

> 제603조【반환시기】① 차주는 약정시기에 차용물과 같은 종류, 품질 및 수량의 물건을 반환하여야 한다.
> ② 반환시기의 약정이 없는 때에는 대주는 상당한 기간을 정하여 반환을 최고하여야 한다. 그러나 차주는 언제든지 반환할 수 있다.

(2) 이자지급의무

> 제600조【이자계산의 시기】이자 있는 소비대차는 차주가 목적물의 인도를 받은 때로부터 이자를 계산하여야 하며 차주가 그 책임 있는 사유로 수령을 지체할 때에는 대주가 이행을 제공한 때로부터 이자를 계산하여야 한다.

04 준소비대차 3회 3문

> 제605조【준소비대차】당사자 쌍방이 소비대차에 의하지 아니하고 금전 기타의 대체물을 지급할 의무가 있는 경우에 당사자가 그 목적물을 소비대차의 목적으로 할 것을 약정한 때에는 소비대차의 효력이 생긴다.

1. 서설

(1) 의의

당사자 쌍방이 소비대차에 의하지 아니하고 성립한 금전 기타의 대체물을 지급할 의무가 있는 경우에, 당사자가 그 목적물을 소비대차의 목적으로 할 것을 약정한 경우(예 매매계약에 의하여 생긴 대금채무를 매도인과 매수인이 소비대차로 한다는 합의를 한 경우)를 준소비대차라고 한다.

(2) 경개와의 구별

준소비대차는 기존 채무를 소멸케 하고 신채무를 성립시키는 계약인 점에 있어서는 경개와 동일하다. 그러나 경개에 있어서는 기존 채무와 신채무 사이에 동일성이 없는 반면, 준소비대차에 있어서는 원칙적으로 동일성이 인정된다는 점에 차이가 있다. 따라서 기존 채권·채무의 당사자가 그 목적물을 소비대차의 목적으로 할 것을 약정한 경우 그 약정을 경개로 볼 것인가 또는 준소비대차로 볼 것인가는 1차적으로 당사자의 의사에 의하여 결정되고, 만약 당사자의 의사가 명백하지 않을 때에는 특별한 사정이 없는 한 일반적으로 준소비대차로 보아야 할 것이다(2002다31803·31810).

2. 성립요건

(1) 기존 채무의 존재

준소비대차가 성립하려면 우선 당사자 사이에 금전 기타 대체물의 급부를 목적으로 하는 기존의 채무가 존재하여야 한다. 기존의 채무에는 특별한 제한이 없다.

> **판례**
>
> 준소비대차는 기존채무를 소멸하게 하고 신채무를 성립시키는 계약인 점에 있어서는 경개와 동일하지만 경개에 있어서는 기존채무와 신채무 사이에 동일성이 없는 반면, 준소비대차에 있어서는 원칙적으로 동일성이 인정되는바, 이때 신채무와 기존채무의 소멸은 서로 조건을 이루어 기존채무가 부존재하거나 무효인 경우에는 신채무는 성립하지 않고 신채무가 무효이거나 취소된 때에는 기존채무는 소멸하지 않았던 것이 되고, 기존채무와 신채무의 동일성이란 기존채무에 동반한 담보권·항변권 등이 당사자의 의사나 그 계약의 성질에 반하지 않는 한 신채무에도 그대로 존속한다는 의미이다(대판 2007. 1. 11, 2005다47175).

(2) 당사자 간의 합의

기존 채무의 당사자가 그 채무의 목적물을 소비대차의 목적으로 한다는 합의를 하여야 한다.

3. 효력

(1) 소비대차의 효력

준소비대차가 성립하면 소비대차의 효력이 생긴다(제605조). 다만 대주가 금전 기타 대체물의 소유권을 이전해야 할 의무는, 준소비대차에서는 그것이 이미 이행되었다는 점에서 차주의 반환의무만이 문제된다.

(2) 신채무의 성립과 기존 채무의 소멸

신채무의 성립과 기존 채무의 소멸은 서로 조건을 이루어, 기존 채무가 부존재하거나 무효인 경우에는 신채무는 성립하지 않고 신채무가 무효이거나 취소된 때에는 기존 채무는 소멸하지 않았던 것이 된다.

(3) 신·구채무의 동일성

① 기존 채권·채무의 당사자가 그 목적물을 소비대차의 목적으로 할 것을 약정한 경우, 그 약정을 경개로 볼 것인가 또는 준소비대차로 볼 것인가는 일차적으로 당사자의 의사에 의하여 결정되고, 만약 당사자의 의사가 명백하지 않을 때에는 의사해석의 문제라 할 것이나, 특별한 사정이 없는 한 동일성을 상실함으로써 채권자가 담보를 잃고 채무자가 항변권을 잃게 되는 것과 같이 스스로 불이익을 초래하는 의사를 표시하였다고 볼 수 없으므로 일반적으로 준소비대차로 보아야 할 것이다(89다카2957). 따라서 기존 채무에 동반한 담보권·보증·동시이행의 항변권 등이 당사자의 의사나 그 계약의 성질에 반하지 않는 한 신채무에도 그대로 존속한다(2005다47175).

② 다만 시효는 채무 자체의 성질에 의하여 결정되고 당사자의 의사로 좌우할 수 있는 것이 아니므로, 언제나 신채무를 표준으로 하여야 한다.

판례

1. **대환의 법적 성질과 기존 채무에 대한 보증책임의 존속 여부(적극)**
   현실적인 자금의 수수 없이 형식적으로만 신규 대출을 하여 기존 채무를 변제하는 대환은 특별한 사정이 없는 한 형식적으로는 별도의 대출에 해당하나, 실질적으로는 기존 채무의 변제기 연장에 불과하므로, 그 법률적 성질은 기존 채무가 여전히 동일성을 유지한 채 존속하는 준소비대차로 보아야 하고, 이러한 경우 채권자와 보증인 사이에 사전에 신규 대출 형식에 의한 대환을 하는 경우 보증책임을 면하기로 약정하는 등의 특별한 사정이 없는 한 기존 채무에 대한 보증책임이 존속된다(대판 2002. 10. 11, 2001다7445).

2. **회사에 대한 노임채권에 관하여 준소비대차계약이 체결된 경우의 소멸시효기간**
   민법 제164조 제3호 소정의 단기소멸시효의 적용을 받는 노임채권이라도 채권자인 원고와 채무자인 피고 회사사이에 위 노임채권에 관하여 준소비대차의 약정이 있었다면 동 준소비대차계약은 상인인 피고 회사가 영업을 위하여 한 상행위로 추정함이 상당하고, 이에 의하여 새로이 발생한 채권은 상사채권으로서 5년의 상사시효의 적용을 받게 된다(대판1981. 12. 22, 80다1363).

제5절 사용대차

01 서설

1. 의의

> 제609조 【사용대차의 의의】 사용대차는 당사자 일방이 상대방에게 무상으로 사용·수익하게 하기 위하여 목적물을 인도할 것을 약정하고, 상대방은 이를 사용·수익한 후 그 물건을 반환할 것을 약정함으로써 그 효력이 생긴다.

당사자 일방(대주)이 상대방(차주)에게 무상으로 사용·수익케 하기 위하여 목적물을 인도할 것을 약정하고, 상대방은 이를 사용·수익한 후 그 물건을 반환할 것을 약정함으로써 성립하는 계약이다(제609조).

2. 법적 성질

사용대차는 무상·편무·낙성·불요식계약이다. 대주는 차주에게 목적물을 인도할 의무를 지고, 차주는 사용한 후 그 물건을 반환할 의무를 부담하지만, 양자의 의무가 서로 의존관계에 있는 것이 아니기 때문이다.

02 사용대차의 성립

1. 사용대차의 목적물

사용대차는 물건의 사용·수익을 목적으로 하는 계약으로서, 목적물인 물건에는 제한이 없다. 즉, 동산이든 부동산이든, 대체물이든 부대체물이든, 물건의 일부이든 불문한다.

2. 목적물인도 전의 해제권

> 제612조 【준용규정】 제559조, 제601조의 규정은 사용대차에 준용한다.

대주가 차주에게 목적물을 인도하기 전에는 당사자는 언제든지 해제할 수 있다. 그러나 해제로 말미암아 상대방에게 손해가 생긴 때에는 해제한 당사자는 그 손해를 배상하여야 한다(제612조·제601조).

03 사용대차의 효력

1. 대주의 의무

(1) 목적물인도의무(사용·수익허용의무)

대주는 차주가 사용·수익할 수 있도록 목적물을 인도할 의무를 지고(제609조), 인도 후에는 차주의 정당한 용익을 방해하지 않을 의무를 진다. 임대차에서는 임대인은 임차인이 목적물을 사용·수익하는 데 적합한 상태를 유지할 수 있도록 적극적인 수선의무를 부담하지만(제623조), 무상계약인 사용대차에서 대주는 이러한 적극적 의무를 지지 않는다.

(2) 대주의 담보책임

> **제612조 【준용규정】** 제559조, 제601조의 규정은 사용대차에 준용한다.

사용대차는 무상계약이므로 그 대주의 담보책임에 관하여는 증여자의 담보책임에 관한 제559조가 준용된다(제612조). 즉, 대주는 원칙적으로 담보책임이 없으나, 대주가 목적물의 하자나 흠결을 알고 있으면서 차주에게 고지하지 않은 때에는 담보책임을 진다.

2. 차주의 권리·의무

(1) 차주의 사용·수익권

> **제610조 【차주의 사용, 수익권】** ① 차주는 계약 또는 그 목적물의 성질에 의하여 정하여진 용법으로 이를 사용·수익하여야 한다.
> ② 차주는 대주의 승낙이 없으면 제3자에게 차용물을 사용·수익하게 하지 못한다.
> ③ 차주가 전2항의 규정에 위반한 때에는 대주는 계약을 해지할 수 있다.

차주는 계약 또는 목적물의 성질에 의해 정하여진 용법으로 이를 사용·수익하여야 하며(제610조 제1항), 대주의 승낙이 없으면 제3자에게 차용물을 사용·수익하게 하지 못한다(제610조 제2항). 차주가 이에 위반한 때에는 대주는 계약을 해지할 수 있다(제610조 제3항).

(2) 차주의 의무

① **차용물보관의무**: 차주는 사용기간이 종료한 후에는 차용물을 대주에게 반환하여야 하는 특정물인도채무를 부담하므로, 반환할 때까지 선량한 관리자의 주의로 보존할 의무를 진다(제374조).

② 비용의 부담

> 제611조【비용의 부담】① 차주는 차용물의 통상의 필요비를 부담한다.
> ② 기타의 비용에 대하여는 제594조 제2항의 규정을 준용한다.
>
> 제617조【손해배상, 비용상환청구의 기간】계약 또는 목적물의 성질에 위반한 사용·수익으로 인하여 생긴 손해배상의 청구와 차주가 지출한 비용의 상환청구는 대주가 물건의 반환을 받은 날로부터 6월 내에 하여야 한다.

사용대차의 대주는 계약존속 중 사용·수익에 적합한 상태를 유지할 의무가 없으므로, 차용물의 통상의 필요비는 차주가 부담한다(제611조 제1항). 필요비가 아닌 기타의 비용(유익비)에 대하여는 제594조 제2항이 준용된다(제611조 제2항). 따라서 그 가액의 증가가 현존한 경우에 한하여 대주의 선택에 좇아 그 지출한 금액이나 증가액의 상환을 대주에게 청구할 수 있다. 비용의 상환청구는 대주가 물건의 반환을 받은 날부터 6개월 내에 하여야 한다(제617조).

③ 원상회복의무

> 제615조【차주의 원상회복의무와 철거권】차주가 차용물을 반환하는 때에는 이를 원상에 회복하여야 한다. 이에 부속시킨 물건은 철거할 수 있다.

④ 공동차주의 연대의무

> 제616조【공동차주의 연대의무】수인이 공동하여 물건을 차용한 때에는 연대하여 그 의무를 부담한다.

04 사용대차의 종료

1. 존속기간의 만료

> 제613조【차용물의 반환시기】① 차주는 약정시기에 차용물을 반환하여야 한다.
> ② 시기의 약정이 없는 경우에는 차주는 계약 또는 목적물의 성질에 의한 사용·수익이 종료한 때에 반환하여야 한다. 그러나 사용·수익에 족한 기간이 경과한 때에는 대주는 언제든지 계약을 해지할 수 있다.

2. 계약의 해지

(1) 대주의 해지

> 제614조【차주의 사망, 파산과 해지】 차주가 사망하거나 파산선고를 받은 때에는 대주는 계약을 해지할 수 있다.

① 차주가 계약 또는 목적물의 성질에 의하여 정하여진 용법에 위반하여 사용·수익하거나, 대주의 승낙 없이 제3자에게 차용물을 사용·수익하게 한 때(제610조 제3항), ② 반환시기의 약정이 없는 경우에 사용·수익에 족한 기간이 경과한 때(제613조 제2항 단서), ③ 차주가 사망하거나 파산선고를 받은 때(제614조)에 대주는 사용대차를 해지할 수 있다.

(2) 차주의 해지

차주는 다른 특약이 없는 한 언제든지 계약을 해지할 수 있다(통설, 제153조).

> 판례
>
> [1] **건물의 소유를 목적으로 한 토지 사용대차에 있어 대주가 차주의 사망을 이유로 계약을 해지할 수 있는지 여부**
> 일반으로 건물의 소유를 목적으로 하는 토지 사용대차에 있어서는, 당해 토지의 사용수익의 필요는 당해 지상건물의 사용수익의 필요가 있는 한 그대로 존속하는 것이고, 이는 특별한 사정이 없는 한 차주 본인이 사망하더라도 당연히 상실되는 것이 아니어서 그로 인하여 곧바로 계약의 목적을 달성하게 되는 것은 아니라고 봄이 통상의 의사해석에도 합치되므로, 이러한 경우에는 민법 제614조의 규정에 불구하고 대주가 차주의 사망사실을 사유로 들어 사용대차계약을 해지할 수는 없다.
>
> [2] **민법 제613조 제2항의 사용수익에 충분한 기간이 경과하였는지의 판단기준**
> 민법 제613조 제2항 소정의 사용수익에 충분한 기간이 경과하였는지의 여부는 사용대차계약 당시의 사정, 차주의 사용기간 및 이용상황, 대주가 반환을 필요로 하는 사정 등을 종합적으로 고려하여 공평의 입장에서 대주에게 해지권을 인정하는 것이 타당한가의 여부에 의하여 판단하여야 한다(대판 1993. 11. 26, 93다36806).

제6절 임대차

제1관 _ 임대차 총설

01 서설

1. 의의

> **제618조【임대차의 의의】** 임대차는 당사자 일방이 상대방에게 목적물을 사용·수익하게 할 것을 약정하고 상대방이 이에 대하여 차임을 지급할 것을 약정함으로써 그 효력이 생긴다.

당사자의 일방(임대인)이 상대방(임차인)에게 목적물을 사용·수익하게 할 것을 약정하고, 상대방은 차임을 지급할 것을 약정함으로써 성립하는 계약이다(제618조).

2. 법적 성질

임대차는 유상·쌍무·낙성·불요식계약이다. 임대인이 임차인에게 목적물을 사용·수익하게 하는 것과 임차인이 그 대가로 차임을 지급하는 것은 서로 의존관계에 있는 점에서 유상·쌍무계약이다.

02 부동산임차권의 물권화

1. 의의

임차권이란 임차물을 사용·수익할 수 있는 채권을 말하는데, 채권인 부동산임차인의 임차권이 강화되어가는 현상을 부동산임차권의 물권화라고 한다.

2. 물권화의 내용

(1) **대항력**

임대차의 목적물이 양도·경락된 경우에 임차인이 신소유자에 대하여 임차권을 주장하여 반환을 거절할 수 있느냐의 문제이다. 임차권은 채권이므로 원칙적으로 대항력이 없지만, 일정한 경우에는 임차인을 보호하기 위해 예외를 인정한다. 즉 ① 등기된 부동산임대차(제621조), ② 건물등기 있는 토지임대차(제622조), ③ 인도와 주민등록이 된 주택임대차(주택임대차보호법 제3조 제1항), ④ 인도와 사업자등록이 신청된 상가건물임대차(상가건물 임대차보호법 제3조 제1항)의 경우에는 대항력을 인정한다.

(2) 방해배제

① 임차권에 대해 제3자의 침해가 있는 경우에 임차권 자체에 기해 방해배제를 구할 수 있는지가 문제된다. 민법에는 규정이 없지만 다수설은 대항력을 갖춘 임차권에 한해 임차권 자체에 기한 방해배제청구권을 인정한다. 또한 ② 점유를 취득한 임차인은 점유권에 기한 방해배제를 청구할 수 있고(제204조~제206조), ③ 임차인은 임대인의 소유권에 기한 방해배제청구권을 대위행사할 수도 있다.

(3) 존속보장

민법상의 임대차에는 최단기간에 관한 규정이 없다. 다만 주택임대차는 최단기간 2년(주택임대차보호법 제4조 제1항), 상가건물임대차는 최단기간 1년이 보장된다(상가건물 임대차보호법 제9조 제1항).

(4) 처분가능성

임차인의 투하자본회수를 위해서는 임차권의 양도·전대를 허용하는 것이 필요하다. 민법은 임대인의 동의를 조건으로 이를 허용한다(제629조).

제2관 _ 임대차의 성립

01 임대차의 목적

1. 목적물의 사용·수익

임대차는 임차인이 목적물을 사용·수익하는 것을 내용으로 한다. 그런데 사용 또는 수익만을 내용으로 하는 임대차도 유효하다.

2. 목적물

임대차의 목적물은 물건이다. 물건인 이상 동산·부동산, 대체물·부대체물, 물건의 전부·일부를 불문한다. 임대차는 당사자의 일방이 상대방에게 목적물을 사용·수익케 할 것을 약정하면 되는 것으로서 나아가 임대인이 그 목적물에 대한 소유권이나 기타 그것을 처분할 권한을 반드시 가져야 하는 것은 아니다(88다카30702). 따라서 타인의 소유물에 대해서도 임대차를 성립시킬 수 있다.

02 차임의 지급

임대차에 있어서는 사용·수익의 대가로서 차임을 지급하는 것이 그 요소이다. 차임은 금전에 한하지 않는다.

제3관 _ 임대차의 존속기간

01 계약으로 기간을 정하는 경우

1. 기간의 제한

(1) 최장기의 제한

> 제651조 삭제 〈2016. 1. 6.〉 [2016. 1. 6. 법률 제13710호에 의하여 2013. 12. 26. 헌법재판소에서 위헌 결정된 이 조를 삭제함.]
> 제619조 【처분능력, 권한 없는 자의 할 수 있는 단기임대차】 처분의 능력 또는 권한 없는 자가 임대차를 하는 경우에는 그 임대차는 다음 각 호의 기간을 넘지 못한다.
> 1. 식목, 채염 또는 석조, 석회조, 연와조 및 이와 유사한 건축을 목적으로 한 토지의 임대차는 10년
> 2. 기타 토지의 임대차는 5년
> 3. 건물 기타 공작물의 임대차는 3년
> 4. 동산의 임대차는 6월

① **원칙**: 최근 헌법재판소는 임대차존속기간을 20년으로 제한한 민법 제651조 제1항에 대해 계약의 자유를 침해하여 위헌이라고 결정하였다. 따라서 이제는 원칙적으로 최장기의 제한은 없어졌다.

② **예외**: 다만 처분능력이나 처분권한 없는 자가 할 수 있는 단기임대차의 경우에는 최장기의 제한이 있다(제619조). 여기서 처분의 능력 또는 권한 없는 자란 처분권한은 없지만 관리권한은 있는 자를 뜻하는 것으로 해석되는데, 부재자재산관리인(제25조)·권한의 정함이 없는 임의대리인(제118조)·후견인·상속재산관리인 등이 이에 해당한다.

(2) 최단기의 제한

① **민법상의 임대차**: 민법에는 아무런 제한규정이 없다.
② **주택임대차**

> 주택임대차보호법 제4조 【임대차기간 등】 ① 기간을 정하지 아니하거나 2년 미만으로 정한 임대차는 그 기간을 2년으로 본다. 다만, 임차인은 2년 미만으로 정한 기간이 유효함을 주장할 수 있다.

③ **상가건물임대차**

> 상가건물 임대차보호법 제9조 【임대차기간 등】 ① 기간을 정하지 아니하거나 기간을 1년 미만으로 정한 임대차는 그 기간을 1년으로 본다. 다만, 임차인은 1년 미만으로 정한 기간이 유효함을 주장할 수 있다.

> **판례**

임대차기간을 영구로 정한 임대차계약이 허용되는지 여부(원칙적 적극) / 임차인은 언제라도 영구 임대차기간에 관한 권리를 포기할 수 있는지 여부(적극) 및 이때 임대차계약은 임차인에게 기간의 정함이 없는 임대차가 되는지 여부(적극)

[1] 구 민법(2016. 1. 6. 법률 제13710호로 삭제되기 전의 것) 제651조에서는 '석조, 석회조, 연와조 또는 이와 유사한 견고한 건물 기타 공작물의 소유를 목적으로 하는 토지임대차 및 식목, 채염을 목적으로 하는 토지임대차'를 제외한 임대차의 존속기간을 20년으로 제한하고 있었으나, 헌법재판소는 2013. 12. 26. 위 조항의 입법 취지가 불명확하고, 과잉금지원칙을 위반하여 계약의 자유를 침해한다는 이유로 헌법에 위반된다는 결정을 선고하였다. 결국 민법 제619조에서 처분능력, 권한 없는 자의 단기임대차의 경우에만 임대차기간의 최장기를 제한하는 규정만 있을 뿐, 민법상 임대차기간이 영구인 임대차계약의 체결을 불허하는 규정은 없다.

[2] 당사자들이 자유로운 의사에 따라 임대차기간을 영구로 정한 약정은 이를 무효로 볼 만한 특별한 사정이 없는 한 계약자유의 원칙에 의하여 허용된다고 보아야 한다. 특히 영구임대라는 취지는, 임대인이 차임지급 지체 등 임차인의 귀책사유로 인한 채무불이행이 없는 한 임차인이 임대차관계의 유지를 원하는 동안 임대차계약이 존속되도록 이를 보장하여 주는 의미로, 위와 같은 임대차기간의 보장은 임대인에게는 의무가 되나 임차인에게는 권리의 성격을 갖는 것이므로 임차인으로서는 언제라도 그 권리를 포기할 수 있고, 그렇게 되면 임대차계약은 임차인에게 기간의 정함이 없는 임대차가 된다(대판 2023. 6. 1, 2023다209045).

2. 임대차의 갱신

(1) 계약에 의한 갱신

1) 토지임차인의 계약갱신청구권

> **제643조【임차인의 갱신청구권, 매수청구권】** 건물 기타 공작물의 소유 또는 식목, 채염, 목축을 목적으로 한 토지임대차의 기간이 만료한 경우에 건물, 수목 기타 지상시설이 현존한 때에는 제283조의 규정을 준용한다.
> **제652조【강행규정】** 제643조의 규정에 위반한 약정으로 임차인에게 불리한 것은 그 효력이 없다.

① 건물 기타 공작물의 소유 또는 식목·채염·목축을 목적으로 한 토지임대차의 기간이 만료한 경우에 건물·수목 기타 지상시설이 현존한 때에는 임차인은 계약의 갱신을 청구할 수 있다(제643조·제283조 제1항).
② 임차인이 갱신청구권을 행사한 경우에 임대인은 이에 응하여 승낙하여야 할 법률상의 의무는 없다. 다만 임대인이 거절한 경우에 임차인은 그 지상시설의 매수를 청구할 수 있다(제643조·제283조 제2항).
③ 임차인의 채무불이행 등 사유로 인하여 임대차계약이 해지되었을 때에는 임차인에게 계약갱신청구권이나 매수청구권이 발생할 수 없다(72다2013).

2) 단기임대차의 갱신

> **제620조【단기임대차의 갱신】** 전조의 기간은 갱신할 수 있다. 그러나 그 기간 만료 전 토지에 대하여는 1년, 건물 기타 공작물에 대하여는 3월, 동산에 대하여는 1월 내에 갱신하여야 한다.

(2) 묵시의 갱신(법정갱신)

1) 민법의 임대차의 묵시의 갱신

> 제639조【묵시의 갱신】① 임대차기간이 만료한 후 임차인이 임차물의 사용·수익을 계속하는 경우에 임대인이 상당한 기간 내에 이의를 하지 아니한 때에는 전 임대차와 동일한 조건으로 다시 임대차한 것으로 본다. 그러나 당사자는 제635조의 규정에 의하여 해지의 통고를 할 수 있다.
> ② 전항의 경우에 전 임대차에 대하여 제3자가 제공한 담보는 기간의 만료로 인하여 소멸한다.

① 임대차기간이 만료한 후 임차인이 임차물의 사용·수익을 계속하는 경우에 임대인이 상당한 기간 내에 이의를 제기하지 않는 때에는 전 임대차와 동일한 조건으로 다시 임대차한 것으로 본다(제639조 제1항 본문). 다만 그 존속기간만은 전 임대차와 동일한 것이 아니라 기간의 약정이 없는 것으로 한다. 따라서 당사자는 제635조 제1항의 규정에 의해 언제든지 해지의 통고를 할 수 있고, 이 경우 제635조 제2항에서 정한 기간이 경과한 때에 그 효력이 생긴다(제639조 제1항 단서).

② 이러한 법정갱신이 인정되는 경우에 전 임대차에 대하여 제3자가 제공한 담보는 기간의 만료로 인하여 소멸한다(제639조 제2항). 그러나 당사자가 제공한 담보는 소멸하지 않고 갱신 후의 임대차에 관하여도 계속 그 효력을 유지한다.

> **판례**
>
> **민법 제639조 제2항이 당사자들의 합의에 따른 임대차 기간연장의 경우에도 적용되는지 여부(소극)**
> 민법 제639조 제1항의 묵시의 갱신은 임차인의 신뢰를 보호하기 위하여 인정되는 것이고, 이 경우 같은 조 제2항에 의하여 제3자가 제공한 담보는 소멸한다고 규정한 것은 담보를 제공한 자의 예상하지 못한 불이익을 방지하기 위한 것이라 할 것이므로, 민법 제639조 제2항은 당사자들의 합의에 따른 임대차 기간연장의 경우에는 적용되지 않는다(대판 2005. 4. 14, 2004다63293).

③ 제639조는 제652조에서 강행규정으로 규정되어 있지 않지만, 판례는 강행규정으로 본다(64누62).

2) 주택임대차의 묵시의 갱신 1회 3문

> 주택임대차보호법 제6조【계약의 갱신】① 임대인이 임대차기간이 끝나기 6개월 전부터 2개월 전까지의 기간에 임차인에게 갱신거절의 통지를 하지 아니하거나 계약조건을 변경하지 아니하면 갱신하지 아니한다는 뜻의 통지를 하지 아니한 경우에는 그 기간이 끝난 때에 전 임대차와 동일한 조건으로 다시 임대차한 것으로 본다. 임차인이 임대차기간이 끝나기 2개월 전까지 통지하지 아니한 경우에도 또한 같다.
> ② 제1항의 경우 임대차의 존속기간은 2년으로 본다.
> ③ 2기의 차임액에 달하도록 연체하거나 그 밖에 임차인으로서의 의무를 현저히 위반한 임차인에 대하여는 제1항을 적용하지 아니한다.
> 제6조의2【묵시적 갱신의 경우 계약의 해지】① 제6조 제1항에 따라 계약이 갱신된 경우 같은 조 제2항에도 불구하고 임차인은 언제든지 임대인에게 계약해지를 통지할 수 있다.
> ② 제1항에 따른 해지는 임대인이 그 통지를 받은 날부터 3개월이 지나면 그 효력이 발생한다.

3) 상가건물임대차의 묵시의 갱신

> **상가건물 임대차보호법 제10조【계약갱신 요구 등】** ① 임대인은 임차인이 임대차기간이 만료되기 6개월 전부터 1개월 전까지 사이에 계약갱신을 요구할 경우 정당한 사유 없이 거절하지 못한다. 다만, 다음 각 호의 어느 하나의 경우에는 그러하지 아니하다.
> ④ 임대인이 제1항의 기간 이내에 임차인에게 갱신 거절의 통지 또는 조건 변경의 통지를 하지 아니한 경우에는 그 기간이 만료된 때에 전 임대차와 동일한 조건으로 다시 임대차한 것으로 본다. 이 경우에 임대차의 존속기간은 1년으로 본다.
> ⑤ 제4항의 경우 임차인은 언제든지 임대인에게 계약해지의 통고를 할 수 있고, 임대인이 통고를 받은 날부터 3개월이 지나면 효력이 발생한다.

02 계약으로 기간을 정하지 않은 경우

1. 해지통고와 해지기간

> **제635조【기간의 약정 없는 임대차의 해지통고】** ① 임대차기간의 약정이 없는 때에는 당사자는 언제든지 계약해지의 통고를 할 수 있다.
> ② 상대방이 전항의 통고를 받은 날로부터 다음 각 호의 기간이 경과하면 해지의 효력이 생긴다.
>   1. 토지, 건물 기타 공작물에 대하여는 임대인이 해지를 통고한 경우에는 6월, 임차인이 해지를 통고한 경우에는 1월
>   2. 동산에 대하여는 5일
>
> **제636조【기간의 약정 있는 임대차의 해지통고】** 임대차기간의 약정이 있는 경우에도 당사자 일방 또는 쌍방이 그 기간 내에 해지할 권리를 보류한 때에는 전조의 규정을 준용한다.
>
> **제652조【강행규정】** 제635조의 규정에 위반한 약정으로 임차인에게 불리한 것은 그 효력이 없다.

2. 해지통고의 전차인에 대한 통지

> **제638조【해지통고의 전차인에 대한 통지】** ① 임대차계약이 해지의 통고로 인하여 종료된 경우에 그 임대물이 적법하게 전대되었을 때에는 임대인은 전차인에 대하여 그 사유를 통지하지 아니하면 해지로써 전차인에게 대항하지 못한다.
> ② 전차인이 전항의 통지를 받은 때에는 제635조 제2항의 규정을 준용한다.

제4관 _ 임대차의 효력

01 임대인의 권리·의무

1. 임대인의 권리

임대인은 차임지급청구권(제618조)을 갖는다. 이와 관련하여 차임증액청구권(제628조), 법정저당권(제649조), 법정질권(제648조·제650조)을 취득한다. 그 밖에 임대차 종료 시 목적물반환청구권도 있다.

2. 임대인의 의무

> 제623조【임대인의 의무】임대인은 목적물을 임차인에게 인도하고 계약존속 중 그 사용·수익에 필요한 상태를 유지하게 할 의무를 부담한다.
> 제624조【임대인의 보존행위, 인용의무】임대인이 임대물의 보존에 필요한 행위를 하는 때에는 임차인은 이를 거절하지 못한다.
> 제625조【임차인의 의사에 반하는 보존행위와 해지권】임대인이 임차인의 의사에 반하여 보존행위를 하는 경우에 임차인이 이로 인하여 임차의 목적을 달성할 수 없는 때에는 계약을 해지할 수 있다.

(1) 목적물을 사용·수익하게 할 의무

① **목적물인도의무**: 임차인이 목적물을 사용·수익할 수 있도록 하기 위해, 임대인은 목적물을 임차인에게 인도할 의무를 진다(제623조).

② **방해제거의무**: 제3자가 임차인의 사용·수익을 방해하는 행위를 하는 경우, 임대인은 자신의 채무의 이행의 일환으로서 제3자를 상대로 그 방해의 제거를 구할 의무를 진다. 임차인이 점유권 또는 대항력 있는 임차권에 기해 방해의 제거를 청구할 수 있다고 하여 임대인이 방해제거의무를 면하는 것은 아니다.

③ **수선의무**: 임대인은 계약존속 중 임차인이 사용·수익을 하는 데 필요한 상태를 유지하게 할 의무를 지며(제623조), 따라서 수선의무도 부담하게 된다.

판례

1. 임대차계약에 있어서 임대인은 임차목적물을 계약 존속 중 사용·수익에 필요한 상태를 유지하게 할 의무를 부담하는 것이므로, 임차목적물에 임차인이 계약에 의하여 정해진 목적에 따라 사용·수익할 수 없는 상태로 될 정도의 파손 또는 장해가 생긴 경우 그것이 임차인이 별 비용을 들이지 아니하고도 손쉽게 고칠 수 있을 정도의 사소한 것이어서 임차인의 사용·수익을 방해할 정도의 것이 아니라면 임대인은 수선의무를 부담하지 않지만, 그것을 수선하지 아니하면 임차인이 계약에 의하여 정해진 목적에 따라 사용·수익할 수 없는 상태로 될 정도의 것이라면 임대인은 그 수선의무를 부담한다 할 것이고, 이러한 임대인의 수선의무는 특약에 의하여 이를 면제하거나 임차인의 부담으로 돌릴 수 있으나, 그러한 특약에서 수선의무의 범위를 명시하고 있는 등의 특별한 사정이 없는 한 그러한 특약에 의하여 임대인이

수선의무를 면하거나 임차인이 그 수선의무를 부담하게 되는 것은 통상 생길 수 있는 파손의 수선 등 소규모의 수선에 한한다 할 것이고, 대파손의 수리, 건물의 주요 구성부분에 대한 대수선, 기본적 설비부분의 교체 등과 같은 대규모의 수선은 이에 포함되지 아니하고 여전히 임대인이 그 수선의무를 부담한다고 해석함이 상당하다(대판 2008. 3. 27, 2007다91336·91343).

2. **임대인의 수선의무불이행으로 사용수익에 부분적인 지장만 있는 경우 임차인의 차임지급의무**

   임대차계약에 있어서 목적물을 사용수익케 할 임대인의 의무와 임차인의 차임지급의무는 상호 대응관계에 있으므로 임대인이 목적물에 대한 수선의무를 불이행하여 임차인이 목적물을 전혀 사용할 수 없을 경우에는 임차인은 차임전부의 지급을 거절할 수 있으나, 수선의무불이행으로 인하여 부분적으로 지장이 있는 상태에서 그 사용수익이 가능할 경우에는 그 지장이 있는 한도 내에서만 차임의 지급을 거절할 수 있을 뿐 그 전부의 지급을 거절할 수는 없으므로 그 한도를 넘는 차임의 지급거절은 채무불이행이 된다(대판 1989. 6. 13, 88다카13332·13349).

3. 목적물에 파손 또는 장해가 생긴 경우 그것이 임차인이 별 비용을 들이지 아니하고도 손쉽게 고칠 수 있을 정도의 사소한 것이어서 임차인의 사용·수익을 방해할 정도의 것이 아니라면 임대인은 수선의무를 부담하지 않지만, 그것을 수선하지 아니하면 임차인이 계약에 의하여 정하여진 목적에 따라 사용·수익할 수 없는 상태로 될 정도의 것이라면, 임대인은 그 수선의무를 부담한다 할 것이고, 이는 자신에게 귀책사유가 있는 임대차 목적물의 훼손의 경우에는 물론 자신에게 귀책사유가 없는 훼손의 경우에도 마찬가지다(대판 2010. 4. 29, 2009다96984).

4. **임차인이 민법 제621조에 의하여 임차권등기를 마친 경우, 임차인은 임차권등기 말소의무를 이행하거나 이행제공을 하여 상대방을 이행지체에 빠뜨려야 비로소 임차보증금에 대한 지연손해금의 지급을 청구할 수 있는지 여부(원칙적 적극)**

   임차인이 민법 제621조에 의하여 임차권등기를 마친 경우 당사자 사이에 다른 약정이 없는 한 임대차 종료 후 임대인의 임차보증금 반환의무와 임차인의 임차권등기 말소의무는 동시이행관계에 있으므로, 임차인은 임차권등기 말소의무를 이행하거나 이행제공을 하여 상대방을 이행지체에 빠뜨려야 비로소 임차보증금에 대한 지연손해금의 지급을 청구할 수 있다. … 피고가 상고이유에서 들고 있는 대법원 2005. 6. 9. 선고 2005다4529 판결은 주택임대차보호법 제3조의3에 의한 임차권등기에 관한 것으로서 이 사건과 사안을 달리하여 원용하기에 적절하지 않다(대판 2024. 12. 12, 2024다261989).

(2) **임대인의 담보책임**

임대차는 유상계약이므로 매매에 관한 규정이 준용되어(제567조), 임대인은 매도인과 같은 담보책임을 부담한다. 따라서 임대차의 목적물에 하자가 있거나 또는 그 권리에 하자가 있는 때에는, 임차인은 임대인에게 손해의 배상을 청구하고, 목적물의 수량이 부족한 경우 등에 있어서는 차임의 감액을 청구할 수 있고, 하자로 인하여 계약의 목적을 달성할 수 없을 때에는 계약을 해제·해지할 수 있다.

02 임차인의 권리·의무

1. 임차인의 권리

(1) 임차권(임차물의 사용·수익권)

① 의의: 임차인은 목적물에 대한 사용·수익권, 즉 임차권이 있다(제618조).

② 사용·수익의 범위

> 제654조【준용규정】제610조 제1항, 제615조 내지 제617조의 규정은 임대차에 이를 준용한다.

임차인은 계약 또는 그 목적물의 성질에 의하여 정하여진 용법으로 사용·수익하여야 한다(제610조·제654조).

(2) 임차권의 대항력

1) 의의

임대차의 목적물이 양도·경락된 경우에 임차인이 신소유자에 대하여 임차권을 주장하여 반환을 거절할 수 있느냐의 문제이다. 원칙적으로 임차권에는 대항력이 없으므로, 임대인으로부터 목적물을 양수한 제3자가 소유권에 기하여 반환을 청구하는 경우에 임차인은 반환해 주어야 한다. 다만 일정한 요건을 갖춘 경우에는 임차인을 보호하기 위해 대항력을 인정한다.

2) 대항력이 인정되는 경우

① 등기된 부동산임대차

> 제621조【임대차의 등기】① 부동산임차인은 당사자 간에 반대약정이 없으면 임대인에 대하여 그 임대차등기절차에 협력할 것을 청구할 수 있다.
> ② 부동산임대차를 등기한 때에는 그때부터 제3자에 대하여 효력이 생긴다.

② 건물등기 있는 토지임대차

> 제622조【건물등기 있는 차지권의 대항력】① 건물의 소유를 목적으로 한 토지임대차는 이를 등기하지 아니한 경우에도 임차인이 그 지상건물을 등기한 때에는 제3자에 대하여 임대차의 효력이 생긴다.
> ② 건물이 임대차기간 만료 전에 멸실 또는 후폐한 때에는 전항의 효력을 잃는다.

③ 일정한 요건을 갖춘 주택임대차

> 주택임대차보호법 제3조【대항력 등】① 임대차는 그 등기가 없는 경우에도 임차인이 주택의 인도와 주민등록을 마친 때에는 그 다음 날부터 제3자에 대하여 효력이 생긴다. 이 경우 전입신고를 한 때에 주민등록이 된 것으로 본다.
> ④ 임차주택의 양수인(그 밖에 임대할 권리를 승계한 자를 포함한다)은 임대인의 지위를 승계한 것으로 본다.

④ 일정한 요건을 갖춘 상가건물임대차

> **상가건물 임대차보호법 제3조 【대항력 등】** ① 임대차는 그 등기가 없는 경우에도 임차인이 건물의 인도와 부가가치세법 제8조, 소득세법 제168조 또는 법인세법 제111조에 따른 사업자등록을 신청하면 그 다음 날부터 제3자에 대하여 효력이 생긴다.
> ② 임차건물의 양수인(그 밖에 임대할 권리를 승계한 자를 포함한다)은 임대인의 지위를 승계한 것으로 본다.

3) 대항력 있는 임대차의 법률관계

① 대항력을 갖춘 임차인은 그 부동산의 소유권을 취득한 제3자에게 대항할 수 있다. 이는 임차인이 임차물의 소유권을 취득한 제3자에게 임차권을 주장하여 목적물의 인도를 거절할 수 있다는 것이다. 이 경우 종전 소유자와의 임대차관계가 신소유자에게 승계된다고 해석한다. 즉, 주택임대차나 상가건물임대차에 대해서는 임차주택이나 임차건물의 양수인은 임대인의 지위를 승계한 것으로 본다고 규정하고 있는데, 민법상 일반임대차에 대해서도 동일하게 해석한다.

② 주택의 임차인이 제3자에 대하여 대항력을 구비한 후에 그 주택의 소유권이 양도된 경우에는 그 양수인이 임대인의 지위를 승계하게 되는 것으로 임대차보증금반환채무도 주택의 소유권과 결합하여 일체로서 이전하는 것이며 이에 따라 양도인의 임차보증금반환채무는 소멸하는 것이다(88다카13172).

③ 임대인 지위가 양수인에게 승계된 경우 이미 발생한 연체차임채권은 따로 채권양도의 요건을 갖추지 않는 한 승계되지 않는다(2008다3022).

> **판례**
>
> **대항력 있는 주택임대차에 있어 기간만료나 당사자의 합의 등으로 임대차가 종료된 상태에서 임차주택이 양도되었으나 임차인이 임대인의 지위승계를 원하지 않는 경우, 임차인이 임차주택의 양도사실을 안 때로부터 상당한 기간 내에 이의를 제기하면 양도인의 임차인에 대한 보증금 반환채무는 소멸하지 않게 되는지 여부(적극)**
> 대항력 있는 주택임대차에 있어 기간만료나 당사자의 합의 등으로 임대차가 종료된 경우에도 주택임대차보호법 제4조 제2항에 의하여 임차인은 보증금을 반환받을 때까지 임대차관계가 존속하는 것으로 의제되므로 그러한 상태에서 임차목적물인 부동산이 양도되는 경우에는 같은 법 제3조 제2항에 의하여 양수인에게 임대차가 종료된 상태에서의 임대인으로서의 지위가 당연히 승계되고, 양수인이 임대인의 지위를 승계하는 경우에는 임대차보증금 반환채무도 부동산의 소유권과 결합하여 일체로서 이전하는 것이므로 양도인의 임대인으로서의 지위나 보증금 반환채무는 소멸하는 것이지만, 임차인의 보호를 위한 임대차보호법의 입법 취지에 비추어 임차인이 임대인의 지위승계를 원하지 않는 경우에는 임차인이 임차주택의 양도사실을 안 때로부터 상당한 기간 내에 이의를 제기함으로써 승계되는 임대차관계의 구속으로부터 벗어날 수 있다고 봄이 상당하고, 그와 같은 경우에는 양도인의 임차인에 대한 보증금 반환채무는 소멸하지 않는다(대판 2002. 9. 4, 2001다64615).

(3) 임차인의 비용상환청구권 2회 3문

> **제626조【임차인의 상환청구권】** ① 임차인이 임차물의 보존에 관한 필요비를 지출한 때에는 임대인에 대하여 그 상환을 청구할 수 있다.
> ② 임차인이 유익비를 지출한 경우에는 임대인은 임대차종료 시에 그 가액의 증가가 현존한 때에 한하여 임차인의 지출한 금액이나 그 증가액을 상환하여야 한다. 이 경우에 법원은 임대인의 청구에 의하여 상당한 상환기간을 허여할 수 있다.

1) 요건

① **필요비상환청구권**: 임차인은 필요비를 임대차의 종료를 기다리지 않고서 지출 즉시 그 상환을 청구할 수 있다(제626조 제1항). 필요비의 범위는 단순히 목적물 자체의 원상을 유지하거나 또는 그 원상을 회복하는 비용에 한하지 않으며, 목적물을 통상의 용도에 적합한 상태로 보존하기 위하여 지출된 비용을 포함한다.

② **유익비상환청구권**: 임차인은 유익비를 임대차종료 시에 그 상환을 청구할 수 있다(제626조 제2항). 유익비라 함은 임차인이 임차물의 객관적 가치를 증가시키기 위하여 투입한 비용을 말한다. 임차인이 임차건물부분에서 간이음식점을 경영하기 위하여 부착시킨 시설물에 불과한 간판은 건물부분의 객관적 가치를 증가시키기 위한 것이라고 보기 어려울 뿐만 아니라, 그로 인한 가액의 증가가 현존하는 것도 아니어서 그 간판설치비를 유익비라 할 수 없다(94다20389·20396).

판례

유익비의 상환범위는 임차인이 유익비로 지출한 비용과 현존하는 증가액 중 임대인이 선택하는 바에 따라 정하여진다고 할 것이고, 따라서 유익비상환의무자인 임대인의 선택권을 위하여 그 유익비는 실제로 지출한 비용과 현존하는 증가액을 모두 산정하여야 할 것이다(대판 2002. 11. 22, 2001다40381).

2) 행사기간

필요비와 유익비의 상환청구권은 임대인이 목적물을 반환받은 때에는 그날로부터 6개월 내에 행사하여야 한다(제654조·제617조). 이는 제척기간이며, 그 기산점은 원칙적으로 임대인이 목적물을 반환받은 때이다. 다만 유익비에 관해 법원이 기한을 허여한 때에는 그 기한이 도래한 때로부터 기산한다.

3) 유치권

비용상환청구권은 목적물에 관하여 생긴 채권이므로, 임차인은 임차물에 대해 유치권을 취득한다(제320조).

4) 임의규정

임차인의 비용상환청구권에 관한 규정은 강행규정이 아니므로(제652조 참조), 당사자의 약정으로 임차인이 비용상환청구권을 포기하도록 정하는 것은 유효하다.

> **판례**
> 1. 건물의 임차인이 임대차관계 종료 시에는 건물을 원상으로 복구하여 임대인에게 명도하기로 약정한 것은 건물에 지출한 각종 유익비 또는 필요비의 상환청구권을 미리 포기하기로 한 취지의 특약이라고 볼 수 있어 임차인은 유치권을 주장을 할 수 없다(대판 1975. 4. 22, 73다2010).
> 2. 임대차계약에서 "임차인은 임대인의 승인하에 개축 또는 변조할 수 있으나 부동산의 반환기일 전에 임차인의 부담으로 원상복구키로 한다."라고 약정한 경우, 이는 임차인이 임차 목적물에 지출한 각종 유익비의 상환청구권을 미리 포기하기로 한 취지의 특약이라고 봄이 상당하다(대판 1995. 6. 30, 95다12927).

(4) 건물 기타 공작물임차인의 부속물매수청구권 5회 1-(1)문, 8회 4문

> **제646조【임차인의 부속물매수청구권】** ① 건물 기타 공작물의 임차인이 그 사용의 편익을 위하여 임대인의 동의를 얻어 이에 부속한 물건이 있는 때에는 임대차의 종료 시에 임대인에 대하여 그 부속물의 매수를 청구할 수 있다.
> ② 임대인으로부터 매수한 부속물에 대하여도 전항과 같다.
> **제652조【강행규정】** 제646조의 규정에 위반한 약정으로 임차인에게 불리한 것은 그 효력이 없다.

1) 요건

① **청구권자**: 건물 기타 공작물의 임차인에 한하여 부속물매수청구권을 행사할 수 있다.
② **부속물**: 부속물매수청구의 대상이 되는 '부속물'이란 건물에 부속된 물건으로서 임차인의 소유에 속하고 건물의 구성부분으로는 되지 아니한 것으로서 건물의 사용에 객관적인 편익을 가져오게 하는 물건이라고 할 것이므로, 부속된 물건이 오로지 임차인의 특수목적에 사용하기 위하여 부속된 것일 때에는 이에 해당하지 않는다(93다25738·25745). 건물 자체의 수선 내지 증·개축부분은 특별한 사정이 없는 한 건물 자체의 구성부분을 이루고 독립된 물건이라고 보이지 않으므로 임차인의 부속물매수청구권의 대상이 될 수 없다(80다589). 그리고 부속물은 임대인의 동의를 얻어서 부속시킨 것이거나 또는 임대인으로부터 매수한 것이어야 한다.

2) 행사시기

부속물매수청구권은 존속기간의 만료·해지 등으로 임대차가 종료한 때에 발생한다. 이와 관련하여 임차인의 채무불이행으로 임대차계약이 해지된 경우에도 임차인은 부속물매수청구권을 행사할 수 있는가가 문제된다. 통설은 제646조가 '임대차의 종료 시'에 그 부속물의 매수를 청구할 수 있다고 정하고 특별히 종료원인을 제한하고 있지 않다는 점을 들어 이를 긍정한다. 그러나 판례는, "임대차계약이 임차인의 채무불이행으로 인하여 해지된 경우에는 임차인은 제646조에 의한 부속물매수청구권이 없다"라고 하여 부정한다(88다카7245·7252).

3) 효과

임차인의 부속물매수청구권은 형성권이며, 임차인의 매수청구의 의사표시만으로 그 부속물에 대해 임대인과 임차인 사이에 매매 유사의 법률관계가 성립한다.

> **판례**
>
> **임대차계약 종료에 따른 임차인의 목적물 반환의무와 임차인의 부속물매수청구권 행사에 따른 임대인의 부속물 매매대금 지급의무가 동시이행관계에 있는지 여부(적극) 및 임차인이 적법한 부속물매수청구권 행사 후 목적물을 계속 점유하는 경우 불법점유에 따른 손해배상의무를 지는지 여부(원칙적 소극)**
>
> 임대차계약 종료로 발생한 임차인의 목적물 반환의무와 임차인의 부속물매수청구권 행사로 발생한 임대인의 부속물 매매대금 지급의무는 동시이행관계에 있으므로, 임대인이 부속물 매매대금 지급의무를 이행하거나 적법하게 이행제공을 하는 등으로 임차인의 동시이행항변권을 상실시키지 않은 이상, 임차인이 적법한 부속물매수청구권 행사 후에 목적물을 계속 점유하는 것을 불법점유라고 할 수 없고 임차인은 이에 대한 손해배상의무를 지지 않는다(대판 2025. 5. 15, 2024다317332·317349).

4) 강행규정

임차인의 부속물매수청구권은 강행규정으로서, 이에 위반하는 약정으로 임차인에게 불리한 것은 무효이다(제652조).

> **판례**
>
> 임대차계약의 보증금 및 월 차임을 파격적으로 저렴하게 하고, 그 임대기간도 장기간으로 약정하고, 임대인은 임대차계약의 종료 즉시 임대건물을 철거하고 그 부지에 건물을 신축하려고 하고 있으며 임대차계약 당시부터 임차인도 그와 같은 사정을 알고 있었다면, 임대차계약 시 임차인의 부속시설의 소유권이 임대인에게 귀속하기로 한 특약은 단지 부속물매수청구권을 배제하기로 하거나 또는 부속물을 대가 없이 임대인의 소유에 속하게 하는 약정들과는 달라서 임차인에게 불리한 약정이라고 할 수 없다(대판 1982. 1. 19, 81다1001).

(5) 토지임차인의 지상물매수청구권 3회 4문, 6회 3문, 11회 4문

> 제643조【임차인의 갱신청구권, 매수청구권】건물 기타 공작물의 소유 또는 식목, 채염, 목축을 목적으로 한 토지임대차의 기간이 만료한 경우에 건물, 수목 기타 지상시설이 현존한 때에는 제283조의 규정을 준용한다.
>
> 제283조【지상권자의 갱신청구권, 매수청구권】① 지상권이 소멸한 경우에 건물 기타 공작물이나 수목이 현존한 때에는 지상권자는 계약의 갱신을 청구할 수 있다.
> ② 지상권설정자가 계약의 갱신을 원하지 아니하는 때에는 지상권자는 상당한 가액으로 전항의 공작물이나 수목의 매수를 청구할 수 있다.
>
> 제652조【강행규정】제643조의 규정에 위반한 약정으로 임차인에게 불리한 것은 그 효력이 없다.

1) 요건

① **매수청구권의 대상**: 지상물매수청구권의 대상이 되는 건물은 그것이 토지의 임대목적에 반하여 축조되고, 임대인이 예상할 수 없을 정도의 고가의 것이라는 특별한 사정이 없는 한 임대차기간 중에 축조되었다고 하더라도 그 만료 시에 그 가치가 잔존하고 있으면 그 범위에 포함되는 것이고, 반드시 임대차계약 당시의 기존 건물이거나 임대인의 동의를 얻어 신축한 것에 한정된다고는 할 수 없다(93다34589). 그리고 무허가 건물도 원칙적으로 매수청구권의 대상이 된다(97다37753).

> **판례**
>
> 1. 민법 제643조·제283조에 규정된 임차인의 매수청구권은 건물의 소유를 목적으로 한 토지임대차의 기간이 만료되어 그 지상에 건물이 현존하고 임대인이 계약의 갱신을 원하지 아니하는 경우에 임차인에게 부여된 권리로서, 그 지상건물이 객관적으로 경제적 가치가 있는지 여부나 임대인에게 소용이 있는지 여부가 그 행사요건이라고 볼 수 없다(대판 2002. 5. 31, 2001다42080).
>
> 2. 건물 소유를 목적으로 하는 토지임대차에 있어서 임차인 소유 건물이 임대인이 임대한 토지 외에 임차인 또는 제3자 소유의 토지 위에 걸쳐서 건립되어 있는 경우에는, 임차지상에 서 있는 건물부분 중 구분소유의 객체가 될 수 있는 부분에 한하여 임차인에게 매수청구가 허용된다고 할 것이다. … 따라서 임차인으로서는 임차지상에 있는 건물부분이 구분소유권의 객체이거나 아니면 객체임에 적합한 상태로 만든 후 비로소 매수청구를 할 수 있다고 볼 것이다(대판 전합 1996. 3. 21, 93다42634).
>
> 3. **건물에 근저당권이 설정되어 있는 경우에도 토지임차인의 건물매수청구권이 인정되는지 여부(적극) 및 그 경우 건물 매수가격의 산정 방법**
>   건물의 소유를 목적으로 한 토지임대차계약의 기간이 만료함에 따라 지상건물 소유자가 임대인에 대하여 행사하는 민법 제643조 소정의 매수청구권은 매수청구의 대상이 되는 건물에 근저당권이 설정되어 있는 경우에도 인정된다. 이 경우에 그 건물의 매수가격은 건물 자체의 가격 외에 건물의 위치, 주변 토지의 여러 사정 등을 종합적으로 고려하여 매수청구권 행사 당시 건물이 현존하는 대로의 상태에서 평가된 시가 상당액을 의미하고, 여기에서 근저당권의 채권최고액이나 피담보채무액을 공제한 금액을 매수가격으로 정할 것은 아니다. 다만, 매수청구권을 행사한 지상건물 소유자가 위와 같은 근저당권을 말소하지 않는 경우 토지소유자는 민법 제588조에 의하여 위 근저당권의 말소등기가 될 때까지 그 채권최고액에 상당한 대금의 지급을 거절할 수 있다(대판 2008. 5. 29, 2007다4356).

② **매수청구권의 당사자**: 지상물매수청구권자는 토지임차인으로서 그 지상물의 소유자만이 행사할 수 있다(93다6386). 그리고 지상물매수청구의 상대방은 원칙적으로 임차권 소멸 당시의 토지소유자인 임대인이고, 임대인이 임차권 소멸 당시에 이미 토지소유권을 상실한 경우에는 그에게 지상건물의 매수청구권을 행사할 수는 없다(93다59717·59724). 다만 임차권 소멸 후 임대인이 그 토지를 제3자에게 양도하는 등으로 그 소유권이 이전되었을 때에는 제3자에 대항할 수 있는 임차권을 가지고 있던 토지임차인은 그 신소유자에 대해서도 지상물매수청구권을 행사할 수 있다(75다348).

2) 행사시기

① 원칙적으로 토지임대차의 기간이 만료되어 임차인이 갱신을 청구하였으나, 임대인이 이를 거절한 경우에 지상물의 매수를 청구할 수 있다. 다만 기간의 약정 없는 토지임대차계약에 대해 임대인이 해지통고를 한 경우에는 임대인이 미리 계약의 갱신을 거절한 것으로 볼 수 있으므로, 임차인은 계약의 갱신을 청구할 필요 없이 곧바로 지상물의 매수를 청구할 수 있다.

② 차임연체 등 채무불이행을 이유로 그 임대차계약이 해지되는 경우에는, 토지임차인은 토지임대인에 대하여 그 지상건물의 매수를 청구할 수 없다(96다54249·54256).

③ 토지의 임대인이 임차인에 대해 제기한 토지인도 및 건물철거청구소송에서 임차인의 패소판결이 확정되었다고 하더라도, 그 확정판결에 의해 건물철거가 집행되지 아니한 이상, 임차인은 별소로써 건물매수청구권을 행사하여 임대인에 대해 건물 매매대금의 지급을 구할 수 있다(95다42195).

3) 효과

지상물매수청구권은 형성권으로서, 임차인의 행사만으로 지상물에 관해 임대인과 임차인 사이에 시가에 의한 매매 유사의 법률관계가 성립한다(91다3260).

| 판례 |

임차인이 민법 제643조의 지상물 매수청구권을 행사한 경우, 임대인으로부터 매수대금을 지급받기 전까지의 부지 사용에 대한 임차인의 부당이득반환의무 성립 여부(적극)

건물 기타 공작물의 소유를 목적으로 한 대지임대차에 있어서 임차인이 그 지상건물 등에 대하여 민법 제643조 소정의 매수청구권을 행사한 후에 그 임대인인 대지의 소유자로부터 매수대금을 지급받을 때까지 그 지상건물 등의 인도를 거부할 수 있다고 하여도, 지상건물 등의 점유·사용을 통하여 그 부지를 계속하여 점유·사용하는 한 그로 인한 부당이득으로서 부지의 임료 상당액은 이를 반환할 의무가 있다(대판 2001. 6. 1, 99다60535).

4) 강행규정

제643조는 강행규정이며, 이에 위반하는 것으로서 임차인에게 불리한 약정은 그 효력이 없다(제652조).

> **판례**
>
> 1. **토지임대차계약에 있어 임대차기간 만료 후 임차인이 지상건물을 철거하여 토지를 인도하고 만약 지상건물을 철거하지 아니할 경우에는 그 소유권을 임대인에게 이전하기로 한 약정의 효력 유무(소극)**
>   토지 임대인과 임차인 사이에 임대차기간 만료 후 임차인이 지상건물을 철거하여 토지를 인도하고 만약 지상건물을 철거하지 아니할 경우에는 그 소유권을 임대인에게 이전하기로 한 약정은 민법 제643조 소정의 임차인의 지상물매수청구권을 배제키로 하는 약정으로서 임차인에게 불리한 것이므로 민법 제652조의 규정에 의하여 무효이다(대판 1991. 4. 23, 90다19695).
>
> 2. **민법 제643조 소정의 임차인의 매수청구권에 관한 규정에 위반하는 약정으로서 임차인 등에게 불리한 것인지의 여부에 관한 판단기준**
>   임차인의 매수청구권에 관한 민법 제643조의 규정은 강행규정이므로 이 규정에 위반하는 약정으로서 임차인에게 불리한 것은 그 효력이 없는바, 임차인에게 불리한 약정인지의 여부는 우선 당해 계약의 조건 자체에 의하여 가려져야 하지만 계약체결의 경위와 제반 사정 등을 종합적으로 고려하여 실질적으로 임차인에게 불리하다고 볼 수 없는 특별한 사정을 인정할 수 있을 때에는 위 강행규정에 저촉되지 않는 것으로 보아야 한다. 따라서 토지를 점유할 권원이 없어 건물을 철거하여야 할 처지에 있는 건물소유자에게 토지소유자가 은혜적으로 명목상 차임만을 받고 토지의 사용을 일시적으로 허용하는 취지에서 토지 임대차계약이 체결된 경우라면, 임대인의 요구 시 언제든지 건물을 철거하고 토지를 인도한다는 특약이 임차인에게 불리한 약정에 해당하지 않는다(대판 1997. 4. 8, 96다45443).

2. 임차인의 의무

(1) 차임지급의무

1) 의의

임차인은 임차물을 사용·수익하는 대가로서 차임을 지급할 의무를 부담한다(제618조). 차임은 임대차계약의 요소이나, 반드시 금전이어야 하는 것은 아니며 물건으로 지급하는 것도 상관없다. 그리고 차임의 액은 당사자가 자유로이 정할 수 있다.

> **판례**
>
> **임차인의 차임 지급의무는 그가 임대인으로부터 목적물을 인도받았는지와 무관하게 임대차계약의 효력으로서 발생하는지 여부(적극) / 임대인이 임차인에게 목적물을 인도하여 이를 사용·수익할 수 있도록 할 의무를 불이행하여 목적물의 사용·수익에 지장이 있는 경우, 임차인은 지장이 있는 한도에서 차임 지급을 거절할 수 있는지 여부(적극)**
>
> 임대인은 임차인에게 목적물을 인도하여 이를 사용·수익할 수 있도록 할 의무를 부담하고, 임차인은 이에 대하여 차임을 지급할 의무를 부담한다. 이러한 임대인과 임차인의 의무는 특별한 사정이 없는 한 임대차계약이 유효하게 성립하면 발생하는 것이고, 상대방의 의무 이행이나 이행의 제공이 있어야 비로소 발생하는 것은 아니다. 그러므로 임차인의 차임 지급의무는 그가 임대인으로부터 목적물을 인도받았는지와 무관하게 임대차계약의 효력으로서 발생한다. 다만 임대인의 위와 같은 의무는 임차인의 차임 지급의무와 서로 대응하는 관계에 있으므로, 임대인이 이러한 의무를 불이행하여 목적물의 사용·수익에 지장이 있으면 임차인은 지장이 있는 한도에서 차임 지급을 거절할 수 있다(대판 2024. 9. 13, 2024다256116).

2) 차임의 증감청구

① 일부멸실과 차임감액청구권

> **제627조【일부멸실 등과 감액청구, 해지권】** ① 임차물의 일부가 임차인의 과실 없이 멸실 기타 사유로 인하여 사용·수익할 수 없는 때에는 임차인은 그 부분의 비율에 의한 차임의 감액을 청구할 수 있다.
> ② 전항의 경우에 그 잔존부분으로 임차의 목적을 달성할 수 없는 때에는 임차인은 계약을 해지할 수 있다.
> **제652조【강행규정】** 제627조의 규정에 위반한 약정으로 임차인에게 불리한 것은 그 효력이 없다.

② 경제사정의 변동과 차임증감청구권

> **제628조【차임증감청구권】** 임대물에 대한 공과부담의 증감 기타 경제사정의 변동으로 인하여 약정한 차임이 상당하지 아니하게 된 때에는 당사자는 장래에 대한 차임의 증감을 청구할 수 있다.
> **제652조【강행규정】** 제628조의 규정에 위반한 약정으로 임차인에게 불리한 것은 그 효력이 없다.

제628조의 차임증감청구권은 형성권이므로, 증감청구의 의사표시가 상대방의 승낙에 관계없이 상대방에게 도달한 때로부터 차임은 객관적으로 상당한 액까지 증액되거나 감액된다. 제628조는 강행규정이므로, 이에 위반하는 것으로서 임차인에게 불리한 것은 무효이다(제652조).

판례

1. 민법 제628조에 의하여 장래에 대한 차임의 증액을 청구하였을 때에 그 청구가 상당하다고 인정되면 그 효력은 재판 시를 표준으로 할 것이 아니고, 그 청구 시에 곧 발생한다고 보는 것이 상당하고 그 청구는 재판 외의 청구라도 무방하다(대판 1974. 8. 30, 74다1124).
2. 임대차계약에 있어서 차임부증액의 특약이 있더라도 그 약정 후 그 특약을 그대로 유지시키는 것이 신의칙에 반한다고 인정될 정도의 사정변경이 있다고 보여지는 경우에는 형평의 원칙상 임대인에게 차임증액청구를 인정하여야 한다(대판 1996. 11. 12, 96다34061).

3) 차임의 지급시기

> **제633조【차임지급의 시기】** 차임은 동산·건물이나 대지에 대하여는 매월 말에, 기타 토지에 대하여는 매년 말에 지급하여야 한다. 그러나 수확기 있는 것에 대하여는 그 수확 후 지체 없이 지급하여야 한다.

당사자 사이의 약정이나 사실인 관습이 없으면 제633조에 의한다.

판례

임대차계약에서 보증금을 지급하였다는 입증책임은 보증금의 반환을 구하는 임차인이 부담하고, 임대차계약이 성립하였다면 임대인에게 임대차계약에 기한 임료채권이 발생하였다 할 것이므로 임료를 지급하였다는 입증책임도 임차인이 부담한다(대판 2005. 1. 13, 2004다19647).

4) 차임지급연체와 계약의 해지

> **제640조【차임연체와 해지】** 건물 기타 공작물의 임대차에는 임차인의 차임연체액이 2기의 차임액에 달하는 때에는 임대인은 계약을 해지할 수 있다.
>
> **제641조【동전】** 건물 기타 공작물의 소유 또는 식목, 채염, 목축을 목적으로 한 토지임대차의 경우에도 전조의 규정을 준용한다.
>
> **제642조【토지임대차의 해지와 지상건물 등에 대한 담보물권자에의 통지】** 전조의 경우에 그 지상에 있는 건물 기타 공작물이 담보물권의 목적이 된 때에는 제288조의 규정을 준용한다.
>
> **제652조【강행규정】** 제640조, 제641조의 규정에 위반한 약정으로 임차인이나 전차인에게 불리한 것은 그 효력이 없다.

① 제640조의 '차임연체액이 2기의 차임액에 달하는 때'라 함은 연속하여 2기의 차임을 연체하는 것을 말하는 것은 아니므로, 연속하지 않더라도 2기의 차임액에 달하는 때에는 해지권이 발생한다.

② 차임지급연체로 인한 해지권을 행사할 때에는 임대인은 상당한 기간을 정하여 최고할 필요도 없다.

③ 제640조와 제641조는 강행규정이며, 임차인에게 불리한 것은 무효이다(제652조). 따라서 1기의 차임을 연체하면 해지할 수 있다는 특약은 무효이다.

판례

[1] 임차인이 임차물의 보존에 관한 필요비를 지출한 때에는 임대인에게 상환을 청구할 수 있다. 여기에서 '필요비'란 임차인이 임차물의 보존을 위하여 지출한 비용을 말한다. 임대차계약에서 임대인은 목적물을 계약존속 중 사용·수익에 필요한 상태를 유지하게 할 의무를 부담하고, 이러한 의무와 관련한 임차물의 보존을 위한 비용도 임대인이 부담해야 하므로, 임차인이 필요비를 지출하면, 임대인은 이를 상환할 의무가 있다. 임대인의 필요비상환의무는 특별한 사정이 없는 한 임차인의 차임지급의무와 서로 대응하는 관계에 있으므로, 임차인은 지출한 필요비 금액의 한도에서 차임의 지급을 거절할 수 있다.

[2] 임차인인 피고가 2차 화재로 훼손된 이 사건 영화관을 사용·수익할 수 있는 상태로 회복하기 위해 2013. 10. 11. 경과 2013. 10. 16.경 지출한 보수공사비 1500만 원은 임차물의 보존에 관한 필요비로서 임대인인 원고에게 즉시 상환을 청구할 수 있다. 원고는 피고가 2기 이상의 차임을 연체하였다는 이유로 이 사건 임대차계약을 해지한다고 통지하였고, 위 통지는 2014. 8. 8. 피고에게 도달하였다. 피고는 2014. 8. 8.을 기준으로 약정 차임액과 지급액의 차액 2700만 원 중 1500만 원에 대해서는 위 필요비의 상환과 동시이행을 주장할 수 있어 그 지급을 연체한 것으로 볼 수 없고, 연체한 차임은 1200만 원(= 2700만 원 − 1500만 원)에 불과하다. 따라서 피고가 2기 이상의 차임을 연체한 것이 아니어서 원고의 이 사건 임대차계약 해지는 부적법하다(대판 2019. 11. 14, 2016다227694).

○ 임차인의 차임연체액이 3기의 차임액에 달하는 때에는 임대인은 계약을 해지할 수 있다(상가건물 임대차보호법 제10조의8)[신설 2015. 5. 13]. 위 판례는 이 조문이 신설되기 전 사안이어서 민법 제640조가 적용되므로 2기의 차임연체가 해지의 기준이다.

5) 공동임차인의 연대의무

수인이 공동하여 목적물을 임차하는 경우에는 그 수인의 임차인들은 연대하여 그 의무를 부담한다(제654조·제616조).

6) 부동산임대인의 법정담보물권

① 법정질권

> 제648조【임차지의 부속물, 과실 등에 대한 법정질권】토지임대인이 임대차에 관한 채권에 의하여 임차지에 부속 또는 그 사용의 편익에 공용한 임차인의 소유동산 및 그 토지의 과실을 압류한 때에는 질권과 동일한 효력이 있다.
>
> 제650조【임차건물 등의 부속물에 대한 법정질권】건물 기타 공작물의 임대인이 임대차에 관한 채권에 의하여 그 건물 기타 공작물에 부속한 임차인소유의 동산을 압류한 때에는 질권과 동일한 효력이 있다.

② 법정저당권

> 제649조【임차지상의 건물에 대한 법정저당권】토지임대인이 변제기를 경과한 최후 2년의 차임채권에 의하여 그 지상에 있는 임차인소유의 건물을 압류한 때에는 저당권과 동일한 효력이 있다.

(2) 임차물보관의무

> 제634조【임차인의 통지의무】임차물의 수리를 요하거나 임차물에 대하여 권리를 주장하는 자가 있는 때에는 임차인은 지체 없이 임대인에게 이를 통지하여야 한다. 그러나 임대인이 이미 이를 안 때에는 그러하지 아니하다.

① 임차인은 반환시기에 임차물 자체를 반환하여야 하는 특정물인도채무를 지므로, 그 반환할 때까지 선량한 관리자의 주의로 이를 보존할 의무를 부담한다(제374조).
② 이 의무에 대한 종된 의무로서 통지의무(제634조)와 임대인이 임대물의 보존에 필요한 행위를 하는 때에는 임차인이 이를 거절하지 못하는 보존행위 인용의무(제624조)를 부담한다.

(3) 임차물반환의무

> 제654조【준용규정】제610조 제1항, 제615조 내지 제617조의 규정은 임대차에 이를 준용한다.

① 임대차가 종료한 때에는 임차인은 임차물 자체를 반환하여야 한다.
② 임차인이 임차물을 반환하는 때에는 이를 원상으로 회복하여야 하고, 부속시킨 물건은 철거할 수 있다(제654조·제615조).

> **판례** ◆

임대인의 귀책사유로 임대차계약이 해지된 경우에도 임차인이 원상회복의무를 부담하는지 여부(적극)
임대차계약이 중도에 해지되어 종료하면 임차인은 목적물을 원상으로 회복하여 반환하여야 하는 것이고, 임대인의 귀책사유로 임대차계약이 해지되었다고 하더라도 임차인은 그로 인한 손해배상을 청구할 수 있음은 별론으로 하고 원상회복의무를 부담하지 않는다고 할 수는 없다(대판 2002. 12. 6, 2002다42278).

③ 임차인의 과실로 임차물을 반환할 수 없는 경우 임차인은 이행불능에 따른 손해배상책임을 진다. 임차인의 임차물 반환채무가 이행불능이 된 경우 임차인이 그 이행불능으로 인한 손해배상책임을 면하려면 그 이행불능이 임차인의 귀책사유로 말미암은 것이 아님을 입증할 책임이 있으며, 임차건물이 화재로 소훼된 경우에 있어서 그 화재의 발생원인이 불명인 때에도 임차인이 그 책임을 면하려면 그 임차건물의 보존에 관하여 선량한 관리자의 주의의무를 다하였음을 입증하여야 한다(2000다57351).

> **판례** ◆

1. [1] **임대차 목적물이 화재 등으로 소멸됨으로써 임차인의 목적물 반환의무가 이행불능이 된 경우, 임차인이 이행불능이 자기가 책임질 수 없는 사유로 인한 것이라는 증명을 다하지 못하면 목적물 반환의무의 이행불능으로 인한 손해를 배상할 책임을 지는지 여부(적극) 및 화재 등의 구체적인 발생 원인이 밝혀지지 아니한 때에도 마찬가지인지 여부(적극) / 이러한 법리는 반환된 임차 건물이 화재로 훼손되었음을 이유로 손해배상을 구하는 경우에도 동일하게 적용되는지 여부(적극)**
임대차 목적물이 화재 등으로 인하여 소멸됨으로써 임차인의 목적물 반환의무가 이행불능이 된 경우에, 임차인은 이행불능이 자기가 책임질 수 없는 사유로 인한 것이라는 증명을 다하지 못하면 목적물 반환의무의 이행불능으로 인한 손해를 배상할 책임을 지고, 화재 등의 구체적 발생 원인이 밝혀지지 아니한 때에도 마찬가지이다. 이러한 법리는 임대차 종료 당시 임대차 목적물 반환의무가 이행불능 상태는 아니지만 반환된 임차 건물이 화재로 인하여 훼손되었음을 이유로 손해배상을 구하는 경우에도 동일하게 적용된다.
   [2] **숙박업자가 고객과 숙박계약을 체결한 경우, 객실을 비롯한 숙박시설이 숙박기간 중에도 숙박업자의 지배 아래 있다고 보아야 하는지 여부(원칙적 적극) 및 고객이 숙박계약에 따라 객실을 사용·수익하던 중 발생 원인이 밝혀지지 않은 화재가 발생한 경우, 그로 인하여 객실에 발생한 손해가 숙박업자의 부담으로 귀속되는지 여부(원칙적 적극)**
임차인이 임대차기간 중 목적물을 직접 지배함을 전제로 한 임대차 목적물 반환의무 이행불능에 관한 법리는 이와 전제를 달리하는 숙박계약에 그대로 적용될 수 없다. 고객이 숙박계약에 따라 객실을 사용·수익하던 중 발생 원인이 밝혀지지 않은 화재로 인하여 객실에 발생한 손해는 특별한 사정이 없는 한 숙박업자의 부담으로 귀속된다고 보아야 한다(대판 2023. 11. 2, 2023다244895).

2. [1] **임차인의 목적물반환의무가 이행불능이 된 경우 그 귀책사유에 관한 증명책임자(= 임차인) 및 이는 임대인의 의무 위반으로 인한 이행불능인 경우에도 마찬가지인지 여부(소극)**
임차인은 임차건물의 보존에 관하여 선량한 관리자의 주의의무를 다하여야 하고, 임차인의 목적물반환의무가 이행불능이 됨으로 인한 손해배상책임을 면하려면 그 이행불능이 임차인의 귀책사유로 인한 것이 아님을 입증할 책임이 있다. 그러나 그 이행불능이 임대차목적물을 임차인이 사용·수익하기에 필요한 상태로 유지하여야 할 임대인의 의무 위반에 원인이 있음이 밝혀진 경우까지 임차인이 별도로 목적물보존의무를 다하였음을 주장·입증하여야만 그 책임을 면할 수 있는 것은 아니다.

[2] 주택 기타 건물 또는 그 일부의 임차인이 임대인으로부터 목적물을 인도받아 점유·용익하고 있는 동안에 목적물이 화재로 멸실된 경우, 그 화재가 건물소유자 측이 설치하여 건물구조의 일부를 이루는 전기배선과 같이 임대인이 지배·관리하는 영역에 존재하는 하자로 인하여 발생한 것으로 추단된다면, 그 하자를 보수·제거하는 것은 임대차 목적물을 사용·수익하기에 필요한 상태로 유지할 의무를 부담하는 임대인의 의무에 속하는 것이므로, 그 화재로 인한 목적물 반환의무의 이행불능 등에 관한 손해배상책임을 임차인에게 물을 수 없다(대판 2009. 5. 28, 2009다13170).

3. 임차건물이 건물구조의 일부인 전기배선의 이상으로 인한 화재로 소훼되어 임차인의 임차목적물반환채무가 이행불능이 되었다고 하더라도, 당해 임대차가 장기간 계속되었고 화재의 원인이 된 전기배선을 임차인이 직접 하였으며 임차인이 전기배선의 이상을 미리 알았거나 알 수 있었던 경우에는, 당해 전기배선에 대한 관리는 임차인의 지배관리 영역 내에 있었다 할 것이므로, 위와 같은 전기배선의 하자로 인한 화재는 특별한 사정이 없는 한 임차인이 임차목적물의 보존에 관한 선량한 관리자의 주의의무를 다하지 아니한 결과 발생한 것으로 보아야 한다는 이유로 임차인의 손해배상책임을 인정한 사례(대판 2006. 1. 13, 2005다51013·51020).

4. **임차인이 임대인 소유 건물의 일부를 임차하여 사용·수익하던 중 임차 건물 부분에서 화재가 발생하여 임차 건물 부분이 아닌 건물 부분까지 불에 타 그로 인해 임대인에게 재산상 손해가 발생한 경우, 임차 외 건물 부분에 발생한 손해에 대하여 임대인이 임차인을 상대로 채무불이행을 원인으로 하는 배상을 구하기 위하여 주장·증명하여야 할 사항**
임차 외 건물 부분이 구조상 불가분의 일체를 이루는 관계에 있는 부분이라 하더라도, 그 부분에 발생한 손해에 대하여 임대인이 임차인을 상대로 채무불이행을 원인으로 하는 배상을 구하려면, 임차인이 보존·관리의무를 위반하여 화재가 발생한 원인을 제공하는 등 화재 발생과 관련된 임차인의 계약상 의무 위반이 있었고, 그러한 의무 위반과 임차 외 건물 부분의 손해 사이에 상당인과관계가 있으며, 임차 외 건물 부분의 손해가 의무 위반에 따라 민법 제393조에 의하여 배상하여야 할 손해의 범위 내에 있다는 점에 대하여 임대인이 주장·증명하여야 한다(대판 전합 2017. 5. 18, 2012다86895·86901).

제5관 _ 임차권의 양도와 임차물의 전대

01 서설

1. 의의

(1) 임차권의 양도

① 임차권의 양도는 임차인이 임차권을 제3자에게 양도하는 것인데, 이는 임차권을 동일성을 유지하면서 이전하는 계약, 즉 지명채권의 양도로서 처분행위(준물권행위)라고 보는 것이 종래 다수설이다. 이에 대해 단순한 지명채권의 양도가 아니라 계약당사자로서의 지위의 이전을 가져오는 계약인수로 보는 견해도 있다.

② 임차권의 양도를 지명채권의 양도로 보게 되면 임차권의 양도에 임대인의 동의가 없더라도 임차권의 양수인은 임대인에게 대항할 수 없을 뿐 임차권 자체는 양수인에게 이전하는 것으로 된다. 이에 반해 임차권의 양도를 계약인수로 본다면 임대인의 동의가 없으면 임차권의 양도는 무효가 되므로 임차권이 양수인에게 이전되는 효과가 발생하지 않는다.
③ 판례는 임차권의 양도를 지명채권의 양도로 보는 것을 전제로 임대인의 동의를 임대인에게 대항하기 위한 요건으로 본다(85다카1812). 또한 임차보증금반환채권은 임차권과는 별개의 지명채권으로 보아 임대인의 동의를 얻은 임차권의 양도가 있더라도 특약이 없는 한 당연히 임차권의 양수인에게 이전되는 것은 아니라고 한다(96다17202).

(2) 임차물의 전대

임차물의 전대는 임차인 자신이 다시 임대인(또는 사용대주)이 되어 임차물을 제3자로 하여금 사용·수익하게 하는 계약이다. 임차인과 제3자 간의 관계는 임대차인 것이 보통이지만 사용대차이어도 무방하며, 또 임차물의 전부 또는 일부에 대하여도 이루어질 수 있다. 임차물의 전대에서는 임차인이 종전의 계약상의 지위를 그대로 유지한다.

2. 민법의 태도

> **제629조【임차권의 양도, 전대의 제한】** ① 임차인은 임대인의 동의 없이 그 권리를 양도하거나 임차물을 전대하지 못한다.
> ② 임차인이 전항의 규정에 위반한 때에는 임대인은 계약을 해지할 수 있다.
> **제632조【임차건물의 소부분을 타인에게 사용케 하는 경우】** 전3조의 규정은 건물의 임차인이 그 건물의 소부분을 타인에게 사용하게 하는 경우에 적용하지 아니한다.

임대차는 계속적 채권관계로서 신뢰관계가 중요하므로, 임차권의 양도와 임차물의 전대에 임대인의 동의를 얻도록 함으로써 임대인의 이익을 보호하려는 데 본조의 취지가 있다. 그러나 민법의 무단양도·무단전대의 금지규정은 단순히 임대인의 이익을 보호하기 위한 것일 뿐이므로 임의규정이고, 따라서 당사자 간의 특약으로 임대인의 동의 없이도 양도나 전대를 할 수 있도록 정하는 것은 유효하다. 그리고 건물의 임차인이 그 건물의 소부분을 타인에게 사용하게 하는 경우에는 임대인의 동의 없이 자유롭게 할 수 있다(제632조).

02 임대인의 동의 없는 양도·전대의 법률관계

1. 무단양도(임대인의 동의 없는 임차권의 양도) 5회 1-(2)문

(1) 임차인(양도인)과 양수인의 관계

임대인의 동의를 받지 아니하고 임차권을 양도한 계약도 이로써 임대인에게 대항할 수 없을 뿐 임차인과 양수인 사이에는 유효한 것이고 이 경우 임차인은 양수인을 위하여 임대인의 동의를 받아 줄 의무가 있다(85다카1812).

(2) 임대인과 양수인의 관계

① 양수인은 동의하지 않은 임대인에 대하여 임차권을 취득하였음을 주장하지 못한다. 따라서 목적물에 대한 점유·사용은 불법점유가 되어, 임대인은 소유권에 기한 방해배제청구를 할 수 있다. 그러나 임대인은 임차인과의 임대차를 해지하지 않는 한, 직접 자기에게 인도할 것을 양수인에게 청구하지는 못하며, 양도인에게 반환할 것을 청구할 수 있을 뿐이다.

② 임차인이 임대인의 동의를 받지 않고 제3자에게 임차권을 양도하거나 전대하는 등의 방법으로 임차물을 사용·수익하게 하더라도, 임대인이 이를 이유로 임대차계약을 해지하거나 그 밖의 다른 사유로 임대차계약이 적법하게 종료되지 않는 한 임대인은 임차인에 대하여 여전히 차임청구권을 가지므로, 임대차계약이 존속하는 한도 내에서는 제3자에게 불법점유를 이유로 한 차임상당 손해배상청구나 부당이득반환청구를 할 수 없다(2006다10323).

(3) 임대인과 임차인(양도인)의 관계

① 임대인은 임차인의 무단양도로 해지권을 취득한다(제629조 제2항). 그러나 임차인의 변경이 당사자의 개인적인 신뢰를 기초로 하는 계속적 법률관계인 임대차를 더 이상 지속시키기 어려울 정도로 당사자 간의 신뢰관계를 파괴하는 임대인에 대한 배신행위가 아니라고 인정되는 특별한 사정이 있는 때에는 임대인은 자신의 동의 없이 임차권이 이전되었다는 것만을 이유로 임대차계약을 해지할 수 없다(92다24950).

> **판례**
> 임차인이 임대인으로부터 별도의 승낙을 얻은 바 없이 제3자에게 임차물을 사용·수익하도록 한 경우에 있어서도 임차인의 당해 행위가 임대인에 대한 배신적 행위라고 인정할 수 없는 특별한 사정이 있는 경우에는 제629조에 의한 해지권은 발생하지 않는다. 임차권의 양수인이 임차인과 부부로서 임차건물에 동거하면서 함께 가구점을 경영하고 있는 등의 사정은 여기의 "특별한 사정"에 해당한다(대판 1993. 4. 27, 92다45308).

② 임대차관계가 존속하는 한 임차인은 임대인에 대하여 목적물보관의무를 부담한다. 이때 양수인의 행위로 임대인에게 손해가 생기면, 임대인에 대한 관계에서는 양수인은 임차인의 이행보조자의 지위에 서므로, 임차인은 임대인에 대하여 손해배상의 책임을 지게 된다.

2. 무단전대(임대인의 동의 없는 임차물의 전대) 4회 2문

(1) 전대인과 전차인의 관계

전대차계약은 하나의 임대차계약으로서 유효하게 성립하며, 전대인은 임대인의 동의를 얻을 의무를 전차인에 대하여 부담한다. 따라서 전차인은 전대인에 대한 관계에 있어서 유효하게 임차권을 취득하는 것이 되고, 그 결과 임대인의 동의가 없더라도 전대인은 전차인에 대하여 차임청구권을 가진다.

(2) 임대인과 전차인의 관계

① 전차인은 전대인으로부터 취득한 임차권을 가지고 임대인에게 대항하지 못한다. 따라서 임대인은 소유권에 기한 물권적 청구권을 전차인에 대하여 행사함으로써 방해배제를 청구할 수 있다. 그러나 전대인과의 임대차를 해지하지 않는 한, 직접 자기에게 반환할 것을 청구하지는 못하고, 전대인에게 반환할 것을 청구할 수 있을 뿐이다.

② 전대차되었다는 사실만으로 임대인에게 손해가 생겼다고 볼 수 없다. 따라서 임대인은 전차인에 대하여 차임 상당 손해배상청구나 부당이익반환청구를 할 수 없다.

(3) 임대인과 임차인(전대인)의 관계

임대인은 임차인과의 임대차를 해지할 수 있다(제629조 제2항). 그러나 해지하지 않는 한 임대인과 임차인의 임대차관계는 직접 어떤 영향을 받지는 않는다. 따라서 임대인은 임차인에 대하여 계속 차임청구권을 가진다. 다만 민법은 임차인을 보호하기 위해, 건물임차인이 그 건물의 소부분을 타인에게 전대한 때에는 임대인은 이 전대를 이유로 임대차를 해지하지 못하도록 하였다(제632조).

03 임대인의 동의 있는 양도·전대의 법률관계

1. 임대인의 동의 있는 임차권의 양도 5회 1-(2)문

임차권은 그 동일성을 유지하면서 양수인에게 확정적으로 이전한다. 즉, 양도인에 대한 관계에 있어서 뿐만 아니라, 임대인이나 기타 제3자에 대한 관계에 있어서도, 임차권은 양수인에게 승계적으로 이전하며, 양도인은 임대차관계에서 벗어나게 된다. 따라서 차임지급의무도 당연히 양수인에게 이전하나, 양도인의 연체차임채무나 기타의 다른 의무위반에 의한 손해배상의무 등은 그것을 인수하는 데 관한 특약이 없는 한 양수인에게 이전하지 않는다.

> **판례**
> 임대차보증금에 관한 구 임차인의 권리의무관계는 구 임차인이 임대인과 사이에 임대차보증금을 신 임차인의 채무불이행의 담보로 하기로 약정하거나 신 임차인에 대하여 임대차보증금반환채권을 양도하기로 하는 등의 특별한 사정이 없는 한 신 임차인에게 승계되지 아니한다(대판 1998. 7. 14, 96다17202).

2. 임대인의 동의 있는 임차물의 전대

(1) 임차인(전대인)과 전차인의 관계

전대차계약의 내용에 의하여 결정된다. 전대가 유상이면 임대차가 되겠고, 무상이면 사용대차가 될 것이다. 전차인이 임대인에 대하여 직접 차임을 지급하면, 그 한도에서 전대인에 대한 차임지급의무를 면한다. 임대인·임차인 사이의 임대차와 전대인·전차인 사이의 전대차가 동시에 종료하는 경우에, 전차인이 임대인에게 목적물을 반환하면 전대인에 대한 반환의무를 면하게 된다.

(2) 임대인과 임차인(전대인)의 관계

전대차의 성립에 의하여 아무런 영향도 받지 않는다. 임대인이 전차인에 대하여 직접 권리를 행사할 수 있다고 하여, 임대인이 임차인에 대한 그의 임대차상의 채권을 행사할 수 없게 되는 것은 아니다(제630조 제2항). 즉, 임대인은 차임의 청구나 해지권의 행사 등을 임차인(전대인)에게 하여야 한다.

(3) 임대인과 전차인의 관계

① **임대차관계의 불성립** : 임대인의 동의 있는 임대차가 임대인에 대한 관계에서도 적법하다고 하여, 임대인과 전차인 사이에 직접 임대차관계가 성립하는 것은 아니다. 즉, 전차인은 임대인에 대하여 임대차상의 권리를 갖지 않는다. 따라서 전차인은 임대인에 대하여 수선이나 비용상환을 청구하지는 못한다.

② **전차인의 의무부담**

> **제630조【전대의 효과】** ① 임차인이 임대인의 동의를 얻어 임차물을 전대한 때에는 전차인은 직접 임대인에 대하여 의무를 부담한다. 이 경우에 전차인은 전대인에 대한 차임의 지급으로써 임대인에게 대항하지 못한다.
> ② 전항의 규정은 임대인의 임차인에 대한 권리행사에 영향을 미치지 아니한다.

전차인은 임대인에 대하여 직접 의무를 부담한다(제630조 제1항 전문). 전차인이 부담하는 의무의 주요한 것은, 목적물의 보관의무·그 위반에 의한 손해배상의무·임대차종료 시의 목적물반환의무·차임지급의무 등이다. 한편 전차인은 임대인 또는 전대인 중의 어느 일방에 대하여 이행하면 다른 쪽에 대하여는 그 의무를 면하게 된다. 그러나 전차인은 전대인에 대한 차임의 지급으로써 임대인에 대하여 대항하지 못한다(제630조 제1항 후문).

판례

1. **민법 제630조 제1항에 따라 임대인의 동의를 얻은 전대차의 전차인이 전대인에 대한 차임의 지급으로 임대인에게 대항할 수 없게 되는 차임의 범위**
   민법 제630조 제1항은 임차인이 임대인의 동의를 얻어 임차물을 전대한 때에는 전차인은 직접 임대인에 대하여 의무를 부담하고, 이 경우에 전차인은 전대인에 대한 차임의 지급으로써 임대인에게 대항할 수 없다고 규정하고 있는바, 위 규정에 의하여 전차인이 임대인에게 대항할 수 없는 차임의 범위는 전대차계약상의 차임지급시기를 기준으로 하여 그 전에 전대인에게 지급한 차임에 한정되고, 그 이후에 지급한 차임으로는 임대인에게 대항할 수 있다(대판 2008. 3. 27, 2006다45459).

2. [1] 임차인이 임대인의 동의를 얻어 임차물을 전대한 경우, 임대인과 임차인 사이의 종전 임대차계약은 계속 유지되고(민법 제630조 제2항), 임차인과 전차인 사이에는 별개의 새로운 전대차계약이 성립한다. 한편 임대인과 전차인 사이에는 직접적인 법률관계가 형성되지 않지만, 임대인의 보호를 위하여 전차인이 임대인에 대하여 직접 의무를 부담한다(민법 제630조 제1항). 이 경우 전차인은 전대차계약으로 전대인에 대하여 부담하는 의무 이상으로 임대인에게 의무를 지지 않고 동시에 임대차계약으로 임차인이 임대인에 대하여 부담하는 의무 이상으로 임대인에게 의무를 지지 않는다.
   [2] 전대인과 전차인은 계약자유의 원칙에 따라 전대차계약의 내용을 변경할 수 있다. 그로 인하여 민법 제630조 제1항에 따라 전차인이 임대인에 대하여 직접 부담하는 의무의 범위가 변경되더라도, 전대차계약의 내용 변경이 전대차에 동의한 임대인 보호를 목적으로 한 민법 제630조 제1항의 취지에 반하여 이루어진 것이라고 볼 특별한 사정이 없는 한 전차인은 변경된 전대차계약의 내용을 임대인에게 주장할 수 있다.
   [3] 전차인은 전대차계약상의 차임지급시기 전에 전대인에게 차임을 지급한 사정을 들어 임대인에게 대항하지 못하지만, 차임지급시기 이후에 지급한 차임으로는 임대인에게 대항할 수 있고, 전대차계약상의 차임지급시기 전에 전대인에게 지급한 차임이라도, 임대인의 차임청구 전에 차임지급시기가 도래한 경우에는 그 지급으로 임대인에게 대항할 수 있다(대판 2018. 7. 11, 2018다200518).

③ 전차인보호를 위한 특별규정

㉠ 해지통고의 전차인에 대한 통지

제638조【해지통고의 전차인에 대한 통지】 ① 임대차계약이 해지의 통고로 인하여 종료된 경우에 그 임대물이 적법하게 전대되었을 때에는 임대인은 전차인에 대하여 그 사유를 통지하지 아니하면 해지로써 전차인에게 대항하지 못한다.
② 전차인이 전항의 통지를 받은 때에는 제635조 제2항의 규정을 준용한다.
제652조【강행규정】 제638조의 규정에 위반한 약정으로 전차인에게 불리한 것은 그 효력이 없다.

> **판례**
>
> **임차인의 차임연체액이 2기의 차임액에 달한다는 이유로 임대인이 임대차계약을 해지하는 경우, 그 사유를 전차인에게 통지하여야만 해지로써 전차인에게 대항할 수 있는지 여부(소극) 및 이 경우 임대차계약이 종료하는 시점(= 해지의 의사표시가 임차인에게 도달한 즉시)**
> 민법 제638조 제1항, 제2항 및 제635조 제2항에 의하면 임대차계약이 해지 통고로 인하여 종료된 경우에 그 임대물이 적법하게 전대되었을 때에는 임대인은 전차인에 대하여 그 사유를 통지하지 아니하면 해지로써 전차인에게 대항하지 못하고, 전차인이 통지를 받은 때에는 토지, 건물 기타 공작물에 대하여는 임대인이 해지를 통고한 경우에는 6월, 임차인이 해지를 통고한 경우에는 1월, 동산에 대하여는 5일이 경과하면 해지의 효력이 생긴다고 할 것이지만 민법 제640조에 터 잡아 임차인의 차임연체액이 2기의 차임액에 달함에 따라 임대인이 임대차계약을 해지하는 경우에는 전차인에 대하여 그 사유를 통지하지 않더라도 해지로써 전차인에게 대항할 수 있고, 해지의 의사표시가 임차인에게 도달하는 즉시 임대차관계는 해지로 종료된다(대판 2012. 10. 11, 2012다55860).

ⓛ 전차인의 임대청구권과 지상물매수청구권

> **제644조 【전차인의 임대청구권, 매수청구권】** ① 건물 기타 공작물의 소유 또는 식목, 채염, 목축을 목적으로 한 토지임차인이 적법하게 그 토지를 전대한 경우에 임대차 및 전대차의 기간이 동시에 만료되고 건물, 수목 기타 지상시설이 현존한 때에는 전차인은 임대인에 대하여 전전대차와 동일한 조건으로 임대할 것을 청구할 수 있다.
> ② 전항의 경우에 임대인이 임대할 것을 원하지 아니하는 때에는 제283조 제2항의 규정을 준용한다.
> **제645조 【지상권목적토지의 임차인의 임대청구권, 매수청구권】** 전조의 규정은 지상권자가 그 토지를 임대한 경우에 준용한다.
> **제652조 【강행규정】** 제644조, 제645조의 규정에 위반한 약정으로 전차인에게 불리한 것은 그 효력이 없다.

ⓒ 전차인의 부속물매수청구권

> **제647조 【전차인의 부속물매수청구권】** ① 건물 기타 공작물의 임차인이 적법하게 전대한 경우에 전차인이 그 사용의 편익을 위하여 임대인의 동의를 얻어 이에 부속한 물건이 있는 때에는 전대차의 종료 시에 임대인에 대하여 그 부속물의 매수를 청구할 수 있다.
> ② 임대인으로부터 매수하였거나 그 동의를 얻어 임차인으로부터 매수한 부속물에 대하여도 전항과 같다.
> **제652조 【강행규정】** 제647조의 규정에 위반한 약정으로 전차인에게 불리한 것은 그 효력이 없다.

ⓔ 임차권의 소멸에 의한 전차권의 소멸

> **제631조 【전차인의 권리의 확정】** 임차인이 임대인의 동의를 얻어 임차물을 전대한 경우에는 임대인과 임차인의 합의로 계약을 종료한 때에도 전차인의 권리는 소멸하지 아니한다.
> **제652조 【강행규정】** 제631조의 규정에 위반한 약정으로 전차인에게 불리한 것은 그 효력이 없다.

전대차는 임대차를 기초로 하는 것이므로 임대차관계가 소멸하면 전대차관계도 소멸하게 된다. 그러나 임대인과 임차인의 합의로 계약을 종료한 때에는 전차인의 권리는 소멸하지 아니한다(제631조).

제6관 _ 보증금과 권리금

01 보증금 10회 1-(1)문

1. 서설

(1) 보증금의 의의
보증금이란 임대차에 있어서 임차인의 채무를 담보하기 위하여 임차인 또는 제3자가 임대인에게 교부하는 금전 기타 유가물을 말한다.

(2) 보증금의 법적 성질
① **정지조건설**: 임대차 종료 후 임차물 반환 시에 임차인의 반대채무가 없음을 정지조건으로 하는 정지조건부반환채무를 수반하는 금전 기타 유가물의 소유권 이전이라는 견해이다. 정지조건설에 따르면 보증금반환청구권은 목적물 반환 시에 공제한 잔액에 대해 발생한다. 따라서 임차인이 공제할 채무가 없음을 입증해야 전액반환을 청구할 수 있다.
② **해제조건설**: 임대차 종료 시에 일단 반환청구권이 발생하고 임차인의 반대채무가 있음을 해제조건으로 공제한다는 견해이다. 해제조건설에 따르면 보증금반환청구권은 임대차 종료 시에 발생하고 그 후 목적물 인도 시까지의 임차인의 채무를 공제하게 되므로 임대인이 공제할 채무가 있음을 입증해야 한다.

2. 보증금계약

보증금계약은 보증금을 수수하기로 하는 계약을 말한다. 이는 임대차계약과 동시에 하는 것이 보통이나, 반드시 동시에 해야 하는 것은 아니다. 보증금계약은 임대차계약에 종된 계약이다. 보증금계약을 보증금을 수수하기로 하는 채권·채무를 발생시키는 낙성계약으로 보는 견해도 있으나, 원칙적으로 보증금의 수수를 보증금계약의 성립요건으로 하는 요물계약으로 보면서 낙성계약으로도 가능하다는 견해가 다수설이다.

3. 보증금의 효력

(1) 담보적 효력

임대차계약에 있어 임대차보증금은 임대차계약 종료 후 목적물을 임대인에게 명도할 때까지 발생하는, 임대차에 따른 임차인의 모든 채무를 담보하는 것으로서, 그 피담보채무 상당액은 임대차관계의 종료 후 목적물이 반환될 때에, 특별한 사정이 없는 한 별도의 의사표시 없이 보증금에서 당연히 공제되는 것이므로, 임대인은 임대차보증금에서 그 피담보채무를 공제한 나머지만을 임차인에게 반환할 의무가 있다.

> **판례**
> **임대차보증금에서 공제될 차임채권 등의 발생원인에 관한 주장·증명책임의 소재(= 임대인) 및 그 발생한 채권의 소멸에 관한 주장·증명책임의 소재(= 임차인)**
> 임대차계약의 경우 임대차보증금에서 그 피담보채무 등을 공제하려면 임대인으로서는 그 피담보채무인 연체차임, 연체관리비 등을 임대차보증금에서 공제하여야 한다는 주장을 하여야 하고 나아가 그 임대차보증금에서 공제될 차임채권, 관리비채권 등의 발생원인에 관하여 주장·입증을 하여야 하는 것이며, 다만 그 발생한 채권이 변제 등의 이유로 소멸하였는지에 관하여는 임차인이 주장·입증책임을 부담한다(대판 2005. 9. 28, 2005다8323·8330).

(2) 임대차존속 중의 보증금의 충당

원래 보증금은 매기의 차임 기타의 채무를 담보하는 것이므로, 임대인은 임대차가 아직 존속하고 있는 동안에 보증금으로써 연체차임 등에 충당하느냐 않느냐는 임대인의 자유이다. 따라서 임대인은 보증금으로 연체차임 등에 충당할 수도 있고, 혹은 충당하지 않고서 그 지급을 임차인에게 청구할 수도 있다. 이 경우에 임차인은 보증금의 존재를 이유로 채무의 이행을 거절하지 못한다.

4. 보증금반환청구권

(1) 보증금반환청구권의 상대방

보증금반환청구의 상대방은 임대차가 종료할 때의 임대인이 보통이다. 다만, 제3자에 대한 대항력을 갖춘 임차권의 경우 목적물의 소유권이 양도되어 그 양수인이 임대인의 지위를 승계하는 경우에는 임대차보증금의 반환채무도 부동산의 소유권과 결합하여 일체로서 이전하는 것이므로, 양도인의 임대인으로서의 지위나 보증금반환채무는 소멸하고, 따라서 양수인이 그 상대방이 된다(95다35616).

(2) 동시이행의 항변권

임대차계약의 기간이 만료된 경우에 임차인이 임차목적물을 명도할 의무와 임대인이 보증금 중 연체차임 등 당해 임대차에 관하여 명도 시까지 생긴 모든 채무를 청산한 나머지를 반환할 의무는 모두 이행기에 도달하고 이들 의무 상호 간에는 동시이행의 관계가 있다(77다1241·1242).

판례

1. [1] **임대차계약 종료 후 임대인의 임대차보증금 반환 또는 임대차에 따른 임차인의 채무 공제 등으로 임차인이 동시이행항변권을 상실하였는데도 목적물의 반환을 계속 거부하면서 점유하고 있는 경우, 임차인이 동시이행항변권의 상실을 알 수 있는 때부터의 점유가 불법행위를 구성하는지 여부(원칙적 적극)**

    임대차계약이 종료되면 임차인은 목적물을 반환하고 임대인은 연체차임을 공제한 나머지 보증금을 반환해야 한다. 임차인의 목적물반환의무와 임대인의 보증금반환의무는 동시이행관계에 있으므로, 임대인이 임대차보증금의 반환의무를 이행하거나 적법하게 이행제공을 하는 등으로 임차인의 동시이행항변권을 상실시키지 않은 이상, 임대차계약 종료 후 임차인이 목적물을 계속 점유하더라도 그 점유를 불법점유라고 할 수 없고 임차인은 이에 대한 손해배상의무를 지지 않는다. 그러나 그 후 임대인의 임대차보증금 반환 또는 임대차에 따른 임차인의 채무 공제 등으로 임차인이 그러한 동시이행항변권을 상실하였는데도 목적물의 반환을 계속 거부하면서 점유하고 있다면, 달리 점유에 관한 적법한 권원이 인정될 수 있는 특별한 사정이 없는 한 임차인이 동시이행항변권의 상실을 알 수 있는 때부터의 점유는 적어도 과실에 의한 점유로서 불법행위를 구성한다.

    [2] 상가 임차인 갑이 임대차계약이 종료된 이후에도 상가에서 영업을 하면서 목적물의 인도를 거부하자 임대인 을이 갑을 상대로 불법점유로 인한 손해배상을 구한 사안에서, 임대차계약이 종료된 때에는 임대차보증금에서 연체차임 등을 공제하더라도 잔액이 남아 있어 갑의 동시이행항변권이 존재하므로 갑의 점유를 불법점유로 볼 수 없다고 하더라도, 그 이후 갑이 계속하여 상가를 점유함에 따라 발생한 차임 등으로 임대차보증금이 모두 공제된 때에는 갑이 동시이행항변권을 상실하므로 갑의 점유는 적어도 과실에 의한 점유로서 불법행위를 구성한다고 볼 수 있는데도, 이와 달리 본 원심판결에 법리오해 등의 잘못이 있다(대판 2024. 6. 13, 2022다228667).

2. [1] 임대차계약의 종료에 의하여 발생된 임차인의 임차목적물 반환의무와 임대인의 연체차임을 공제한 나머지 보증금의 반환의무는 동시이행의 관계에 있는 것이므로, 임대차계약 종료 후에도 임차인이 동시이행의 항변권을 행사하여 임차건물을 계속 점유하여 온 것이라면, 임차인의 그 건물에 대한 점유는 불법점유라고 할 수는 없으나, 그로 인하여 이득이 있다면 이는 부당이득으로서 반환하여야 하는 것은 당연하다.

    [2] 법률상의 원인 없이 이득하였음을 이유로 한 부당이득의 반환에 있어서 이득이라 함은 실질적인 이익을 가리키는 것이므로 법률상 원인 없이 건물을 점유하고 있다 하여도 이를 사용·수익하지 않았다면 이익을 얻은 것이라고 볼 수 없는 것인바, 임차인이 임대차계약 종료 이후에도 동시이행의 항변권을 행사하는 방법으로 목적물의 반환을 거부하기 위하여 임차건물부분을 계속 점유하기는 하였으나 이를 본래의 임대차계약상의 목적에 따라 사용·수익하지 아니하여 실질적인 이득을 얻은 바 없는 경우에는 그로 인하여 임대인에게 손해가 발생하였다 하더라도 임차인의 부당이득반환의무는 성립되지 않는다(대판 1992. 4. 14, 91다45202·45219).

3. 상가건물 임대차에서 기간만료나 당사자의 합의 등으로 임대차가 종료된 경우에도 상가건물 임대차보호법 제9조 제2항에 의하여 임차인은 보증금을 반환받을 때까지 임대차관계가 존속하는 것으로 의제된다. 따라서 상가임대차법이 적용되는 상가건물의 임차인이 임대차 종료 이후에 보증금을 반환받기 전에 임차 목적물을 점유하고 있다고 하더라도 임차인에게 차임 상당의 부당이득이 성립한다고 할 수 없다. 위와 같은 상가임대차법 제9조 제2항의 입법 취지, 상가건물 임대차 종료 후 의제되는 임대차관계의 법적 성격 등을 종합하면, 상가임대차법이 적용되는 임대차가 기간만료나 당사자의 합의·해지 등으로 종료된 경우 보증금을 반환받을 때까지 임차 목적물을 계속 점유하면서 사용·수익한 임차인은 종전 임대차계약에서 정한 차임을 지급할 의무를 부담할 뿐이고, 시가에 따른 차임에 상응하는 부당이득금을 지급할 의무를 부담하는 것은 아니다(대판 2023. 11. 9, 2023다257600).

4. [1] 소멸시효가 완성되기 위해서는 권리의 불행사라는 사실상태가 일정한 기간 동안 계속되어야 한다. 채권을 일정한 기간 행사하지 않으면 소멸시효가 완성하지만, 채권을 계속 행사하고 있다고 볼 수 있다면 소멸시효가 진행하지 않는다.
   [2] 임대차 종료 후 임차인이 보증금을 반환받기 위해 목적물을 점유하는 경우 보증금반환채권에 대한 권리를 행사하는 것으로 보아야 하고, 임차인이 임대인에 대하여 직접적인 이행청구를 하지 않았다고 해서 권리의 불행사라는 상태가 계속되고 있다고 볼 수 없다.
   [3] 주택임대차보호법에 따른 임대차에서 그 기간이 끝난 후 임차인이 보증금을 반환받기 위해 목적물을 점유하고 있는 경우 보증금반환채권에 대한 소멸시효는 진행하지 않는다고 보아야 한다(대판 2020. 7. 9, 2016다244224·244231).

5. 부동산임대차에서 임차인이 임대인에게 지급하는 임대차보증금은 임대차관계가 종료되어 목적물을 반환하는 때까지 임대차관계에서 발생하는 임차인의 모든 채무를 담보하는 것으로서, 임대인이 임차인을 상대로 차임연체로 인한 임대차계약의 해지를 원인으로 임대차목적물인 부동산의 인도 및 연체차임의 지급을 구하는 소송비용은 임차인이 부담할 원상복구비용 및 차임지급의무 불이행으로 인한 것이어서 임대차관계에서 발생하는 임차인의 채무에 해당하므로 이를 반환할 임대차보증금에서 당연히 공제할 수 있고, 한편 임대인의 임대차보증금 반환의무는 임대차관계가 종료되는 경우에 임대차보증금 중에서 목적물을 반환받을 때까지 생긴 임차인의 모든 채무를 공제한 나머지 금액에 관하여서만 비로소 이행기에 도달하는 것이므로, 임차인이 다른 사람에게 임대차보증금 반환채권을 양도하고, 임대인에게 양도통지를 하였어도 임차인이 임대차목적물을 인도하기 전까지는 임대인이 위 소송비용을 임대차보증금에서 당연히 공제할 수 있다(대판 2012. 9. 27, 2012다49490).

6. [1] 상가건물 임대차보호법 제3조는 '대항력 등'이라는 표제로 제1항에서 대항력의 요건을 정하고, 제2항에서 "임차건물의 양수인(그 밖에 임대할 권리를 승계한 자를 포함한다)은 임대인의 지위를 승계한 것으로 본다."라고 정하고 있다. 이 조항은 임차인이 취득하는 대항력의 내용을 정한 것으로, 상가건물의 임차인이 제3자에 대한 대항력을 취득한 다음 임차건물의 양도 등으로 소유자가 변동된 경우에는 양수인 등 새로운 소유자(이하 '양수인'이라 한다)가 임대인의 지위를 당연히 승계한다는 의미이다. 소유권 변동의 원인이 매매 등 법률행위든 상속·경매 등 법률의 규정이든 상관없이 이 규정이 적용된다. 따라서 임대를 한 상가건물을 여러 사람이 공유하고 있다가 이를 분할하기 위한 경매절차에서 건물의 소유자가 바뀐 경우에도 양수인이 임대인의 지위를 승계한다.
   [2] 위 조항에 따라 임차건물의 양수인이 임대인의 지위를 승계하면, 양수인은 임차인에게 임대보증금 반환의무를 부담하고 임차인은 양수인에게 차임지급의무를 부담한다. 그러나 임차건물의 소유권이 이전되기 전에 이미 발생한 연체차임이나 관리비 등은 별도의 채권양도절차가 없는 한 원칙적으로 양수인에게 이전되지 않고 임대인만이 임차인에게 청구할 수 있다. 차임이나 관리비 등은 임차건물을 사용한 대가로서 임차인에게 임차건물을 사용하도록 할 당시의 소유자 등 처분권한 있는 자에게 귀속된다고 볼 수 있기 때문이다.

[3] 임대차계약에서 임대차보증금은 임대차계약 종료 후 목적물을 임대인에게 명도할 때까지 발생하는, 임대차에 따른 임차인의 모든 채무를 담보한다. 따라서 이러한 채무는 임대차관계 종료 후 목적물이 반환될 때에 특별한 사정이 없는 한 별도의 의사표시 없이 보증금에서 당연히 공제된다. 임차건물의 양수인이 건물 소유권을 취득한 후 임대차관계가 종료되어 임차인에게 임대차보증금을 반환해야 하는 경우에 임대인의 지위를 승계하기 전까지 발생한 연체차임이나 관리비 등이 있으면 이는 특별한 사정이 없는 한 임대차보증금에서 당연히 공제된다. 일반적으로 임차건물의 양도 시에 연체차임이나 관리비 등이 남아있더라도 나중에 임대차관계가 종료되는 경우 임대차보증금에서 이를 공제하겠다는 것이 당사자들의 의사나 거래관념에 부합하기 때문이다(대판 2017. 3. 22, 2016다218874).

7. **임대차 존속 중 차임채권의 소멸시효가 완성된 후 임대인이 소멸시효가 완성된 차임채권을 자동채권으로 삼아 임대차보증금 반환채무와 상계할 수 있는지 여부(원칙적 소극) / 이 경우 연체차임을 임대차보증금에서 공제할 수 있는지 여부(적극)**

차임 지급채무가 상당기간 연체되고 있음에도, 임대인이 임대차계약을 해지하지 아니하고 임차인도 연체차임에 대한 담보가 충분하다는 것에 의지하여 임대차관계를 지속하는 경우에는, 임대인과 임차인 모두 차임채권이 소멸시효와 상관없이 임대차보증금에 의하여 담보되는 것으로 신뢰하고, 나아가 장차 임대차보증금에서 충당 공제되는 것을 용인하겠다는 묵시적 의사를 가지고 있는 것이 일반적이다.

한편 민법 제495조는 "소멸시효가 완성된 채권이 그 완성 전에 상계할 수 있었던 것이면 그 채권자는 상계할 수 있다."라고 규정하고 있다. 이는 당사자 쌍방의 채권이 상계적상에 있었던 경우에 당사자들은 채권·채무관계가 이미 정산되어 소멸하였다고 생각하는 것이 일반적이라는 점을 고려하여 당사자들의 신뢰를 보호하기 위한 것이다. 다만 이는 '자동채권의 소멸시효 완성 전에 양 채권이 상계적상에 이르렀을 것'을 요건으로 하는데, 임대인의 임대차보증금 반환채무는 임대차계약이 종료된 때에 비로소 이행기에 도달하므로, 임대차 존속 중 차임채권의 소멸시효가 완성된 경우에는 소멸시효 완성 전에 임대인이 임대차보증금 반환채무에 관한 기한의 이익을 실제로 포기하였다는 등의 특별한 사정이 없는 한 양 채권이 상계할 수 있는 상태에 있었다고 할 수 없다. 그러므로 그 이후에 임대인이 이미 소멸시효가 완성된 차임채권을 자동채권으로 삼아 임대차보증금 반환채무와 상계하는 것은 민법 제495조에 의하더라도 인정될 수 없지만, 임대차 존속 중 차임이 연체되고 있음에도 임대차보증금에서 연체차임을 충당하지 않고 있었던 임대인의 신뢰와 차임연체 상태에서 임대차관계를 지속해 온 임차인의 묵시적 의사를 감안하면 연체차임은 민법 제495조의 유추적용에 의하여 임대차보증금에서 공제할 수는 있다(대판 2016. 11. 25, 2016다211309).

8. [1] **임대차관계 종료 시 임대인의 임대차보증금 반환의무의 이행기가 도래하는 범위(=임대차보증금 중에서 목적물을 반환받을 때까지 생긴 임차인의 모든 채무를 공제한 나머지 금액)**

부동산임대차에서 임차인이 임대인에게 지급하는 임대차보증금은 임대차관계가 종료되어 목적물을 반환하는 때까지 그 임대차관계에서 발생하는 임차인의 모든 채무를 담보하는 것으로서, 임대인의 임대차보증금 반환의무는 임대차관계가 종료되는 경우에 그 임대차보증금 중에서 목적물을 반환받을 때까지 생긴 연체차임 등 임차인의 모든 채무를 공제한 나머지 금액에 관하여서만 비로소 이행기에 도달한다.

[2] **임대차 존속 중 차임을 연체하는 경우, 차임채권의 소멸시효가 임대차계약에서 정한 지급기일부터 진행하는지 여부(원칙적 적극)**

임대차 존속 중 차임을 연체하는 경우 그 채권의 소멸시효는, 임대차 종료 후 목적물 인도 시에 임대차보증금에서 일괄 공제하는 방식에 의하여 정산하기로 약정한 경우와 같은 특별한 사정이 없는 한 임대차계약에서 정한 지급기일부터 진행한다.

[3] **임대차 존속 중 차임채권의 소멸시효가 완성된 경우, 임대인이 소멸시효가 완성된 차임채권을 자동채권으로 삼아 임대차보증금 반환채무와 상계할 수 있는지 여부(원칙적 소극) 및 이때 민법 제495조를 유추적용하여 연체차임을 임대차보증금에서 공제할 수 있는지 여부(적극)**

민법 제495조에 따라 소멸시효가 완성된 채권이 그 완성 전에 상계할 수 있었던 것이면 채권자는 상계할 수 있다. 이는 '자동채권의 소멸시효 완성 전에 양 채권이 상계적상에 이르렀을 것'을 요건으로 하는 것인데, 임대인의 임대차보증금 반환채무는 임대차계약이 종료된 때에 비로소 이행기에 도달하므로, 임대차 존속 중 차임채권의 소멸시효가 완성된 경우에는 소멸시효 완성 전에 임대인이 임대차보증금 반환채무에 관한 기한의 이익을 실제로 포기하였다는 등의 특별한 사정이 없는 한 양 채권이 상계할 수 있는 상태에 있었다고 할 수 없다. 그러므로 그 이후에 임대인이 이미 소멸시효가 완성된 차임채권을 자동채권으로 삼아 임대차보증금 반환채무와 상계하는 것은 민법 제495조에 따르더라도 인정될 수 없다. 그러나 임대차 존속 중 차임이 연체되고 있음에도 임대차보증금에서 연체차임을 충당하지 않고 있었던 임대인의 신뢰와 차임연체 상태에서 임대차관계를 지속해 온 임차인의 묵시적 의사를 감안하면, 그 연체차임은 민법 제495조를 유추적용하여 임대차보증금에서 공제할 수는 있다고 봄이 타당하다(대판 2025. 3. 27, 2024다302217).

02 권리금

1. 의의

권리금이란 주로 부동산이 갖는 특수한 장소적 이익의 대가로서 임차인으로부터 임대인에게 또는 신규임차인으로부터 임차인에게 지급되는 금전을 말한다.

2. 내용

권리금과 대가관계에 서는 것은 부동산 자체의 용익이 아니라 지리적 위치나 고객관계·신용 기타의 영업적 요소이다.

3. 효력

통상 권리금은 임대차가 종료하더라도 반환을 청구할 수 없는 것이 거래상 관행이다. 판례도 임대인의 권리금 반환의무를 인정하기 위해서는 반환의 약정이 있는 등 특별한 사정이 있을 것을 요구한다(87다카823·824). 또한 임대인과 임차인 사이에 건물명도 시 권리금을 반환하기로 하는 약정이 있었다 하더라도 그와 같은 권리금반환청구권은 건물에 관하여 생긴 채권이라 할 수 없으므로 그와 같은 채권을 가지고 건물에 대한 유치권을 행사할 수 없다(93다62119).

> **판례**
>
> 1. 통상 권리금은 새로운 임차인으로부터만 지급받을 수 있을 뿐이고 임대인에 대하여는 지급을 구할 수 없는 것이므로, 임대인이 임대차계약서의 단서조항에 '모든 권리금을 인정함'이라는 기재를 하였다고 하여 임대차 종료 시 임차인에게 권리금을 반환하겠다고 약정하였다고 볼 수 없고, 단지 임차인이 나중에 임차권을 승계한 자로부터 권리금을 수수하는 것을 임대인이 용인하고, 나아가 임대인이 정당한 사유 없이 명도를 요구하거나 점포에 대한 임대차계약의 갱신을 거절하고 타에 처분하면서 권리금을 지급받지 못하도록 하는 등으로 임차인의 권리금 회수 기회를 박탈하거나 권리금 회수를 방해하는 경우에 임대인이 임차인에게 직접 권리금 지급을 책임지겠다는 취지로 해석해야 할 것이다(대판 2000. 4. 11, 2000다4517·4524).
>
> 2. 영업용 건물의 임대차에 수반되어 행하여지는 권리금의 지급은 임대차계약의 내용을 이루는 것은 아니고 권리금 자체는 거기의 영업시설·비품 등 유형물이나 거래처·신용·영업상의 노하우 혹은 점포위치에 따른 영업상의 이점 등 무형의 재산적 가치의 양도 또는 일정기간 동안의 이용대가라고 볼 것인바, 권리금이 그 수수 후 일정한 기간 이상으로 그 임대차를 존속시키기로 하는 임차권보장의 약정하에 임차인으로부터 임대인에게 지급된 경우에는, 보장기간 동안의 이용이 유효하게 이루어진 이상 임대인은 그 권리금의 반환의무를 지지 아니하며, 다만 임차인은 당초의 임대차에서 반대되는 약정이 없는 한 임차권의 양도 또는 전대차 기회에 부수하여 자신도 일정기간 이용할 수 있는 권리를 다른 사람에게 양도하거나 또는 다른 사람으로 하여금 일정기간 이용케 함으로써 권리금 상당액을 회수할 수 있을 것이지만, 반면 임대인의 사정으로 임대차계약이 중도 해지됨으로써 당초 보장된 기간 동안의 이용이 불가능하였다는 등의 특별한 사정이 있을 때에는 임대인은 임차인에 대하여 그 권리금의 반환의무를 진다고 할 것이고, 그 경우 임대인이 반환의무를 부담하는 권리금의 범위는, 지급된 권리금을 경과기간과 잔존기간에 대응하는 것으로 나누어, 임대인은 임차인으로부터 수령한 권리금 중 임대차계약이 종료될 때까지의 기간에 대응하는 부분을 공제한 잔존기간에 대응하는 부분만을 반환할 의무를 부담한다고 봄이 공평의 원칙에 합치된다(대판 2002. 7. 26, 2002다25013).

제7관 _ 임대차의 종료

01 임대차의 종료원인

1. 존속기간의 만료

임대차기간의 약정이 있는 때에는 그 기간의 만료로 임대차는 종료한다.

2. 해지의 통고

(1) 기간의 약정이 없는 경우

> 제635조 【기간의 약정 없는 임대차의 해지통고】 ① 임대차기간의 약정이 없는 때에는 당사자는 언제든지 계약해지의 통고를 할 수 있다.

② 상대방이 전항의 통고를 받은 날로부터 다음 각 호의 기간이 경과하면 해지의 효력이 생긴다.
1. 토지, 건물 기타 공작물에 대하여는 임대인이 해지를 통고한 경우에는 6월, 임차인이 해지를 통고한 경우에는 1월
2. 동산에 대하여는 5일

(2) 해지할 권리를 보류한 경우

제636조【기간의 약정 있는 임대차의 해지통고】임대차기간의 약정이 있는 경우에도 당사자 일방 또는 쌍방이 그 기간 내에 해지할 권리를 보류한 때에는 전조의 규정을 준용한다.

(3) 임차인의 파산선고

제637조【임차인의 파산과 해지통고】① 임차인이 파산선고를 받은 경우에는 임대차기간의 약정이 있는 때에도 임대인 또는 파산관재인은 제635조의 규정에 의하여 계약해지의 통고를 할 수 있다.
② 전항의 경우에 각 당사자는 상대방에 대하여 계약해지로 인하여 생긴 손해의 배상을 청구하지 못한다.

3. 해지

다음의 경우에는 임대차계약을 해지할 수 있으며, 상대방에게 그 의사표시가 도달한 때에 즉시 해지의 효력이 생긴다. 즉, ① 임대인이 임차인의 의사에 반하여 보존행위를 하는 때(제625조), ② 임차물의 일부가 임차인의 과실 없이 멸실한 경우에 그 잔존부분만으로는 임차의 목적을 달성할 수 없을 때(제627조 제2항), ③ 임차인이 임대인의 동의 없이 임차권을 양도하거나 임차물을 전대한 때(제629조 제2항), ④ 차임 연체액이 2기의 차임액에 달하는 때(제640조·제641조), ⑤ 그 밖에 당사자 일방의 채무불이행으로 인하여 임대차의 목적을 달성할 수 없는 사정이 있는 경우이다.

> **판례**
> 임대차는 임대인이 그 목적물에 대한 소유권 기타 이를 임대할 권한이 있을 것을 성립요건으로 하지 아니하므로, 임대차계약이 성립된 후 그 존속기간 중에 임대인이 임대차 목적물에 대한 소유권을 상실한 사실 그 자체만으로 바로 임대차에 직접적인 영향을 미친다고 볼 수는 없지만, 임대인이 임대차 목적물의 소유권을 제3자에게 양도하고 그 소유권을 취득한 제3자가 임차인에게 그 임대차 목적물의 인도를 요구하여 이를 인도하였다면, 임대인이 임차인에게 임대차 목적물을 사용·수익케 할 의무는 이행불능이 되었다고 할 것이고, 이 경우 임대차는 당사자의 해지의 의사표시를 기다릴 필요 없이 당연히 종료되었다고 볼 것이지, 임대인의 채무가 손해배상 채무로 변환된 상태로 채권·채무관계가 존속한다고 볼 수 없다(대판 1996. 3. 8, 95다15087).

02 임대차종료의 효과

1. 임차권의 소멸

임대차는 계속적 계약으로서 그 종료의 효과는 장래에 대하여 생길 뿐이다.

2. 원상회복의무

임대차가 종료하면 임차인은 목적물을 원상으로 회복시켜 임대인에게 반환하여야하는 것이 원칙이다.

> **판례**
>
> **임대차종료로 인한 임차인의 원상회복의무에 임대인이 임대 당시의 부동산 용도에 맞게 다시 사용할 수 있도록 협력할 의무가 포함되는지 여부(적극) 및 임차건물 부분에서의 영업허가에 대한 폐업신고절차 이행 의무도 이에 포함되는지 여부(적극)**
>
> 임대차종료로 인한 임차인의 원상회복의무에는 임차인이 사용하고 있던 부동산의 점유를 임대인에게 이전하는 것은 물론 임대인이 임대 당시의 부동산 용도에 맞게 다시 사용할 수 있도록 협력할 의무도 포함한다. 따라서 임대인 또는 그 승낙을 받은 제3자가 임차건물 부분에서 다시 영업허가를 받는 데 방해가 되지 않도록 임차인은 임차건물 부분에서의 영업허가에 대하여 폐업신고절차를 이행할 의무가 있다(대판 2008. 10. 9, 2008다34903).

제8관 _ 특수한 임대차

01 일시임대차

> 제653조 【일시사용을 위한 임대차의 특례】 제628조, 제638조, 제640조, 제646조 내지 제648조, 제650조 및 전조의 규정은 일시사용하기 위한 임대차 또는 전대차인 것이 명백한 경우에는 적용하지 아니한다.

02 주택임대차보호법

1. 목적

> 제1조 【목적】 이 법은 주거용 건물의 임대차에 관하여 민법에 대한 특례를 규정함으로써 국민 주거생활의 안정을 보장함을 목적으로 한다.

2. 적용범위

> 제2조【적용범위】 이 법은 주거용 건물(이하 "주택"이라 한다)의 전부 또는 일부의 임대차에 관하여 적용한다. 그 임차주택의 일부가 주거 외의 목적으로 사용되는 경우에도 또한 같다.

3. 대항력 등

> 제3조【대항력 등】 ① 임대차는 그 등기가 없는 경우에도 임차인이 주택의 인도와 주민등록을 마친 때에는 그 다음 날부터 제3자에 대하여 효력이 생긴다. 이 경우 전입신고를 한 때에 주민등록이 된 것으로 본다.
> ② 주택도시기금을 재원으로 하여 저소득층 무주택자에게 주거생활 안정을 목적으로 전세임대주택을 지원하는 법인이 주택을 임차한 후 지방자치단체의 장 또는 그 법인이 선정한 입주자가 그 주택을 인도받고 주민등록을 마쳤을 때에는 제1항을 준용한다. 이 경우 대항력이 인정되는 법인은 대통령령으로 정한다.
> ③ 「중소기업기본법」 제2조에 따른 중소기업에 해당하는 법인이 소속 직원의 주거용으로 주택을 임차한 후 그 법인이 선정한 직원이 해당 주택을 인도받고 주민등록을 마쳤을 때에는 제1항을 준용한다. 임대차가 끝나기 전에 그 직원이 변경된 경우에는 그 법인이 선정한 새로운 직원이 주택을 인도받고 주민등록을 마친 다음날부터 제3자에 대하여 효력이 생긴다.
> ④ 임차주택의 양수인(그 밖에 임대할 권리를 승계한 자를 포함한다)은 임대인의 지위를 승계한 것으로 본다.

판례

1. [1] **주택임대차보호법 제3조 제1항 소정의 주민등록이 대항력의 요건을 충족시키는 공시방법이 되기 위한 요건**

    주택임대차보호법 제3조 제1항에서 주택의 인도와 더불어 대항력의 요건으로 규정하고 있는 주민등록은 거래의 안전을 위하여 임차권의 존재를 제3자가 명백히 인식할 수 있게 하는 공시방법으로 마련된 것으로서, 주민등록이 어떤 임대차를 공시하는 효력이 있는가의 여부는 그 주민등록으로 제3자가 임차권의 존재를 인식할 수 있는가에 따라 결정된다고 할 것이므로, 주민등록이 대항력의 요건을 충족시킬 수 있는 공시방법이 되려면 단순히 형식적으로 주민등록이 되어 있다는 것만으로는 부족하고, 주민등록에 의하여 표상되는 점유관계가 임차권을 매개로 하는 점유임을 제3자가 인식할 수 있는 정도는 되어야 한다.

    [2] **등기부상 소유자로 되어 있는 상태에서는 주민등록이 주택임대차보호법 제3조 제1항 소정의 대항력 인정의 요건이 되는 적법한 공시방법으로서의 효력이 없다고 본 사례**

    갑이 1988. 8. 30. 당해 주택에 관하여 자기 명의로 소유권이전등기를 경료하고 같은 해 10. 1. 그 주민등록 전입신고까지 마친 후 이에 거주하다가 1993. 10. 23. 을과의 사이에 그 주택을 을에게 매도함과 동시에 그로부터 이를 다시 임차하되 매매잔금 지급기일인 1993. 12. 23.부터는 주택의 거주관계를 바꾸어 갑이 임차인의 자격으로 이에 거주하는 것으로 하기로 약정하고 계속하여 거주해 왔으나, 위 매매에 따른 을 명의의 소유권이전등기는 1994. 3. 9.에야 비로소 경료된 경우, 제3자로서는 그 주택에 관하여 갑으로부터 을 앞으로 소유권이전등기가 경료되기 전에는 갑의 주민등록이 소유권 아닌 임차권을 매개로 하는 점유라는 것을 인식하기 어려웠다 할 것이므로, 갑의 주민등록은 그 주택에 관하여 을 명의의 소유권이전등기가 경료된 1994. 3. 9. 이전에는 주택임대차의 대항력 인정의 요건이 되는 적법한 공시방법으로서의 효력이 없고, 그 이후에야 비로소 갑과 을 사이의 임대차를 공시하는 유효한 공시방법이 된다.

[3] 후순위 저당권의 실행으로 주택이 경락된 경우, 선순위 저당권과 후순위 저당권 사이에 대항력을 갖춘 임차인이 경락인에 대하여 그 임차권의 효력을 주장할 수 있는지 여부(소극)

후순위 저당권의 실행으로 목적부동산이 경락된 경우에는 민사소송법 제728조, 제608조 제2항의 규정에 의하여 선순위 저당권까지도 당연히 소멸하는 것이므로, 이 경우 비록 후순위 저당권자에게는 대항할 수 있는 임차권이라 하더라도 소멸된 선순위 저당권보다 뒤에 등기되었거나 대항력을 갖춘 임차권은 함께 소멸하는 것이고, 따라서 그 경락인은 주택임대차보호법 제3조에서 말하는 임차주택의 양수인 중에 포함된다고 할 수 없을 것이므로 경락인에 대하여 그 임차권의 효력을 주장할 수 없다(대판 1999. 4. 23, 98다32939).

2. 주택임차인이 임차주택을 직접 점유하여 거주하지 않고, 간접 점유하여 자신의 주민등록을 이전하지 아니한 경우라 하더라도 임대인의 승낙을 받아 임차주택을 전대하고 그 전차인이 주택을 인도받아 자신의 주민등록을 마친 때에는 그때(→ 그 다음날)로부터 임차인은 제3자에 대하여 대항력을 취득한다(대판 1994. 6. 24, 94다3155).

3. 甲이 丙회사 소유 임대아파트의 임차인인 乙로부터 아파트를 임차하여 전입신고를 마치고 거주하던 중, 乙이 丙회사로부터 위 아파트를 분양받아 자기 명의로 소유권이전등기를 경료한 후 근저당권을 설정한 사안에서, 비록 임대인인 乙이 甲과 위 임대차계약을 체결한 이후에, 그리고 甲이 위 전입신고를 한 이후에 위 아파트에 대한 소유권을 취득하였다고 하더라도, 주민등록상 전입신고를 한 날로부터 소유자 아닌 甲이 거주하는 것으로 나타나 있어서 제3자들이 보기에 甲의 주민등록이 소유권 아닌 임차권을 매개로 하는 점유라는 것을 인식할 수 있었으므로 위 주민등록은 甲이 전입신고를 마친 날로부터 임대차를 공시하는 기능을 수행하고 있었다고 할 것이고, 따라서 甲은 乙 명의의 소유권이전등기가 경료되는 즉시 임차권의 대항력을 취득하였다고 할 것이다(대판 2001. 1. 30, 2000다58026·58033).

4. 경매절차에서 낙찰인이 주민등록은 되어 있으나 대항력은 없는 종전 임차인과의 사이에 새로이 임대차계약을 체결하고 낙찰대금을 납부한 경우, 종전 임차인의 주민등록은 낙찰인의 소유권취득 이전부터 낙찰인과 종전 임차인 사이의 임대차관계를 공시하는 기능을 수행하고 있었으므로, 종전 임차인은 당해 부동산에 관하여 낙찰인이 낙찰대금을 납부하여 소유권을 취득하는 즉시 임차권의 대항력을 취득한다(대판 2002. 11. 8, 2002다38361·38378).

5. 주택의 공동임차인 중 1인이라도 주택임대차보호법 제3조 제1항에서 정한 대항력 요건을 갖추게 되면 그 대항력은 임대차 전체에 미치므로, 임차 건물이 양도되는 경우 특별한 사정이 없는 한 공동임차인에 대한 보증금반환채무 전부가 임대인 지위를 승계한 양수인에게 이전되고 양도인의 채무는 소멸한다. 이러한 법리는 계약당사자 사이에 공동임차인의 임대차보증금 지분을 별도로 정한 경우에도 마찬가지이다. 공동임차인으로서 임대차계약을 체결한 것은 기본적으로 임대차계약에 따른 권리·의무를 함께하겠다는 것이고, 임대차보증금에 관한 지분을 정하여 그 지분에 따라 임대차보증금을 지급하거나 반환받기로 약정하였다고 하더라도 임대차계약 자체를 지분에 따라 분리하겠다는 것이라고 볼 수는 없다(대판 2021. 10. 28, 2021다238650).

6. **주택임차인이 법인인 경우의 법률관계**
    법인은 주택임대차보호법 제3조 제1항이 정하는 대항요건의 하나인 주민등록을 마칠 수 없는 점에 비추어 보면, 주택을 임차한 법인에는 주택임대차보호법 제3조 제2항, 제3항이 정하는 경우를 제외하고는 주택임대차보호법 제3조가 적용되지 않는다. 그러므로 임차주택의 양수인이 임대인의 지위를 당연히 승계한다는 내용의 주택임대차보호법 제3조 제4항도 주택 임차인이 법인인 경우에는 원칙적으로 적용되지 않는다. 따라서 임대인이 법인을 임차인으로 하는 주택을 양도한 경우에는 임대인의 임대차보증금 반환채무를 양수인이 면책적으로 인수하였다는 등의 특별한 사정이 없는 한 임대인의 법인에 대한 임대차보증금 반환채무는 위 주택 양도에도 불구하고 소멸하지 아니한다(대판 2024. 6. 13, 2024다215542).

7. 외국인 또는 외국국적동포가 구 출입국관리법이나 구 재외동포의 출입국과 법적 지위에 관한 법률에 따라서 한 외국인등록이나 체류지변경신고 또는 국내거소신고나 거소이전신고에 대하여는, 주택임대차보호법 제3조 제1항에서 주택임대차의 대항력 취득 요건으로 규정하고 있는 주민등록과 동일한 법적 효과가 인정된다(대판 2016. 10. 13, 2014다218030·218047).

8. [1] 주택임대차보호법 제3조 제1항에서 주택의 인도와 더불어 대항력의 요건으로 규정하고 있는 주민등록은 거래의 안전을 위하여 임차권의 존재를 제3자가 명백히 인식할 수 있게 하는 공시방법으로서 마련된 것이라고 볼 것이므로, 주민등록이 어떤 임대차를 공시하는 효력이 있는지 여부는 사회통념상 그 주민등록으로 당해 임대차건물에 임차인이 주소 또는 거소를 가진 자로 등록되어 있다고 인식할 수 있는지 여부에 따라 결정되어야 한다.
    [2] 부동산등기부상 건물의 표제부에 '에이(A)동'이라고 기재되어 있는 연립주택의 임차인이 전입신고를 함에 있어 주소지를 '가동'으로 신고하였으나 주소지 대지 위에는 2개 동의 연립주택 외에는 다른 건물이 전혀 없고, 그 2개 동도 층당 세대수가 한 동은 4세대씩, 다른 동은 6세대씩으로서 크기가 달라서 외관상 혼동의 여지가 없으며, 실제 건물 외벽에는 '가동', '나동'으로 표기되어 사회생활상 그렇게 호칭되어 온 경우, 사회통념상 '가동', '나동', '에이동', '비동'은 표시 순서에 따라 각각 같은 건물을 의미하는 것이라고 인식될 여지가 있고, 더욱이 경매기록에서 경매목적물의 표시가 '에이동' 과 '가동'으로 병기되어 있었던 이상, 경매가 진행되면서 낙찰인을 포함하여 입찰에 참가하고자 한 사람들로서도 위 임대차를 대항력 있는 임대차로 인식하는 데에 아무런 어려움이 없었다는 이유로 임차인의 주민등록이 임대차의 공시방법으로 유효하다(대판 2003. 6. 10, 2002다59351).

9. [1] **주택임대차보호법상의 대항요건인 주민등록에 배우자나 자녀의 주민등록이 포함되는지 여부**
    주택임대차보호법 제3조 제1항에서 규정하고 있는 주민등록이라는 대항요건은 임차인 본인뿐만 아니라 그 배우자나 자녀 등 가족의 주민등록을 포함한다.
    [2] **입주 및 주민등록을 마친 주택 임차인이 가족의 주민등록은 그대로 둔 채 임차인만 주민등록을 일시 다른 곳으로 옮긴 경우, 대항력 상실 여부**
    주택 임차인이 그 가족과 함께 그 주택에 대한 점유를 계속하고 있으면서 그 가족의 주민등록을 그대로 둔 채 임차인만 주민등록을 일시 다른 곳으로 옮긴 경우라면, 전체적으로나 종국적으로 주민등록의 이탈이라고 볼 수 없는 만큼, 임대차의 제3자에 대한 대항력을 상실하지 아니한다(대판 1996. 1. 26, 95다30338).

10. [1] **주택임대차보호법상의 대항력을 행사하기 위해서는 그 요건인 주택의 인도 및 주민등록이 계속 존속하고 있어야 하는지 여부(적극)**
    주택임대차보호법이 제3조 제1항에서 주택임차인에게 주택의 인도와 주민등록을 요건으로 명시하여 등기된 물권에 버금가는 강력한 대항력을 부여하고 있는 취지에 비추어 볼 때 달리 공시방법이 없는 주택임대차에 있어서 주택의 인도 및 주민등록이라는 대항요건은 그 대항력 취득시에만 구비하면 족한 것이 아니고 그 대항력을 유지하기 위하여서도 계속 존속하고 있어야 한다.

[2] **임차인이 대항력 취득 후 가족과 함께 일시 다른 곳으로 주민등록을 이전했다가 재전입한 경우, 원래의 대항력의 소멸 여부(적극) 및 대항력의 소급 회복 여부(소극)**

주택의 임차인이 그 주택의 소재지로 전입신고를 마치고 그 주택에 입주함으로써 일단 임차권의 대항력을 취득한 후 어떤 이유에서든지 그 가족과 함께 일시적이나마 다른 곳으로 주민등록을 이전하였다면 이는 전체적으로나 종국적으로 주민등록의 이탈이라고 볼 수 있으므로 그 대항력은 그 전출 당시 이미 대항요건의 상실로 소멸되는 것이고, 그 후 그 임차인이 얼마 있지 않아 다시 원래의 주소지로 주민등록을 재전입하였다 하더라도 이로써 소멸되었던 대항력이 당초에 소급하여 회복되는 것이 아니라 그 재전입한 때부터 그와는 동일성이 없는 새로운 대항력이 재차 발생하는 것이다(대판 1998. 1. 23, 97다43468).

11. **다가구용 단독주택의 경우, 주택임대차보호법상 대항 요건을 갖추기 위해 지번 외에 호수까지 기재해야 하는지 여부(소극) 및 지번을 정확히 기재했으나 호수를 잘못 기재한 경우 대항 요건을 갖춘 것으로 볼 수 있는지 여부(적극)**

이른바 다가구용 단독주택의 경우 건축법이나 주택건설촉진법상 이를 공동주택으로 볼 근거가 없어 단독주택으로 보는 이상 주민등록법 시행령 제5조 제5항에 따라 임차인이 위 건물의 일부나 전부를 임차하고, 전입신고를 하는 경우 지번만 기재하는 것으로 충분하고, 나아가 위 건물 거주자의 편의상 구분하여 놓은 호수까지 기재할 의무나 필요가 있다고 할 수 없고, 등기부의 갑구란의 각 지분 표시 뒤에 각 그 호수가 기재되어 있으나 이는 법령상의 근거가 없이 소유자들의 편의를 위하여 등기공무원이 임의적으로 기재하는 것에 불과하며, 임차인이 실제로 위 건물의 어느 부분을 임차하여 거주하고 있는지 여부의 조사는 단독주택의 경우와 마찬가지로 위 건물에 담보권 등을 설정하려는 이해관계인의 책임하에 이루어져야 할 것이므로 임차인이 전입신고로 지번을 정확히 기재하여 전입신고를 한 이상 일반 사회통념상 그 주민등록으로 위 건물에 임차인이 주소 또는 거소를 가진 자로 등록되어 있는지를 인식할 수 있어 임대차의 공시방법으로 유효하다고 할 것이고, 설사 위 임차인이 위 건물의 소유자나 거주자 등이 부르는 대로 지층 1호를 1층 1호로 잘못 알고, 이에 따라 전입신고를 '연립 - 101'로 하였다고 하더라도 달리 볼 것은 아니다(대판 1997. 11. 14, 97다29530).

12. **다세대주택의 동·호수 표시 없이 그 부지 중 일부 지번으로만 주민등록을 한 경우, 주택임대차보호법상의 대항력이 없다고 한 사례**

임차인들이 다세대주택의 동·호수 표시 없이 그 부지 중 일부 지번으로만 주민등록을 한 경우, 그 주민등록으로써는 일반의 사회통념상 그 임차인들이 그 다세대주택의 특정 동·호수에 주소를 가진 것으로 제3자가 인식할 수는 없는 것이므로, 임차인들은 그 임차 주택에 관한 임대차의 유효한 공시방법을 갖추었다고 볼 수 없다(대판 1996. 2. 23, 95다48421).

13. **다가구용 단독주택으로 소유권보존등기된 건물의 일부를 임차한 사람이 그 지번을 기재하여 전입신고를 함으로써 대항력을 취득한 후에 위 건물이 다세대주택으로 변경된 경우, 이미 취득한 대항력을 상실하는지 여부(소극)**

처음에 다가구용 단독주택으로 소유권보존등기가 경료된 건물의 일부를 임차한 임차인은 이를 인도받고 임차 건물의 지번을 정확히 기재하여 전입신고를 하면 주택임대차보호법 소정의 대항력을 적법하게 취득하고, 나중에 다가구용 단독주택이 다세대주택으로 변경되었다는 사정만으로 임차인이 이미 취득한 대항력을 상실하게 되는 것은 아니다(대판 2007. 2. 8, 2006다70516).

4. 보증금의 회수

제3조의2 【보증금의 회수】 ① 임차인(제3조 제2항 및 제3항의 법인을 포함한다. 이하 같다)이 임차주택에 대하여 보증금반환청구소송의 확정판결이나 그 밖에 이에 준하는 집행권원에 따라서 경매를 신청하는 경우에는 집행개시요건에 관한 「민사집행법」 제41조에도 불구하고 반대의무의 이행이나 이행의 제공을 집행개시의 요건으로 하지 아니한다.
② 제3조 제1항·제2항 또는 제3항의 대항요건과 임대차계약증서(제3조 제2항 및 제3항의 경우에는 법인과 임대인 사이의 임대차계약증서를 말한다)상의 확정일자를 갖춘 임차인은 「민사집행법」에 따른 경매 또는 「국세징수법」에 따른 공매를 할 때에 임차주택(대지를 포함한다)의 환가대금에서 후순위권리자나 그 밖의 채권자보다 우선하여 보증금을 변제받을 권리가 있다.
③ 임차인은 임차주택을 양수인에게 인도하지 아니하면 제2항에 따른 보증금을 받을 수 없다.
④ 제2항 또는 제7항에 따른 우선변제의 순위와 보증금에 대하여 이의가 있는 이해관계인은 경매법원이나 체납처분청에 이의를 신청할 수 있다.
⑤ 제4항에 따라 이의신청을 받은 체납처분청은 이해관계인이 이의신청일부터 7일 이내에 임차인 또는 제7항에 따라 우선변제권을 승계한 금융기관 등을 상대로 소를 제기한 것을 증명하면 해당 소송이 끝날 때까지 이의가 신청된 범위에서 임차인 또는 제7항에 따라 우선변제권을 승계한 금융기관 등에 대한 보증금의 변제를 유보하고 남은 금액을 배분하여야 한다. 이 경우 유보된 보증금은 소송의 결과에 따라 배분한다.
⑦ 다음 각 호의 금융기관 등이 제2항, 제3조의3 제5항, 제3조의4 제1항에 따른 우선변제권을 취득한 임차인의 보증금반환채권을 계약으로 양수한 경우에는 양수한 금액의 범위에서 우선변제권을 승계한다.
  1. 「은행법」에 따른 은행
  2. 「중소기업은행법」에 따른 중소기업은행
  3. 「한국산업은행법」에 따른 한국산업은행
  4. 「농업협동조합법」에 따른 농협은행
  5. 「수산업협동조합법」에 따른 수협은행
  6. 「우체국예금·보험에 관한 법률」에 따른 체신관서
  7. 「한국주택금융공사법」에 따른 한국주택금융공사
  8. 「보험업법」 제4조 제1항 제2호 라목의 보증보험을 보험종목으로 허가받은 보험회사
  9. 「주택도시기금법」에 따른 주택도시보증공사
  10. 그 밖에 제1호부터 제9호까지에 준하는 것으로서 대통령령으로 정하는 기관
⑧ 제7항에 따라 우선변제권을 승계한 금융기관 등(이하 "금융기관 등"이라 한다)은 다음 각 호의 어느 하나에 해당하는 경우에는 우선변제권을 행사할 수 없다.
  1. 임차인이 제3조 제1항·제2항 또는 제3항의 대항요건을 상실한 경우
  2. 제3조의3 제5항에 따른 임차권등기가 말소된 경우
  3. 「민법」 제621조에 따른 임대차등기가 말소된 경우
⑨ 금융기관 등은 우선변제권을 행사하기 위하여 임차인을 대리하거나 대위하여 임대차를 해지할 수 없다.

> **판례◆**
>
> 주택임차인이 그 지위를 강화하고자 별도로 전세권설정등기를 마치더라도 주택임대차보호법상 주택임차인으로서의 우선변제를 받을 수 있는 권리와 전세권자로서 우선변제를 받을 수 있는 권리는 근거규정 및 성립요건을 달리하는 별개의 것이라는 점, 주택임대차보호법 제3조의3 제1항에서 규정한 임차권등기명령에 의한 임차권등기와 동법 제3조의4 제2항에서 규정한 주택임대차등기는 공통적으로 주택임대차보호법상의 대항요건인 '주민등록일자', '점유개시일자' 및 '확정일자'를 등기사항으로 기재하여 이를 공시하지만 전세권설정등기에는 이러한 대항요건을 공시하는 기능이 없는 점, 주택임대차보호법 제3조의4 제1항에서 임차권등기명령에 의한 임차권등기의 효력에 관한 동법 제3조의3 제5항의 규정은 민법 제621조에 의한 주택임대차등기의 효력에 관하여 이를 준용한다고 규정하고 있을 뿐 주택임대차보호법 제3조의3 제5항의 규정을 전세권설정등기의 효력에 관하여 준용할 법적 근거가 없는 점 등을 종합하면, 주택임차인이 그 지위를 강화하고자 별도로 전세권설정등기를 마쳤더라도 주택임차인이 주택임대차보호법 제3조 제1항의 대항요건을 상실하면 이미 취득한 주택임대차보호법상의 대항력 및 우선변제권을 상실한다고 봄이 상당하다(대판 2007. 6. 28, 2004다69741).

5. 임차권등기명령 8회 2문

> **제3조의3【임차권등기명령】** ① 임대차가 끝난 후 보증금이 반환되지 아니한 경우 임차인은 임차주택의 소재지를 관할하는 지방법원·지방법원지원 또는 시·군 법원에 임차권등기명령을 신청할 수 있다.
> ④ 임차권등기명령의 신청을 기각하는 결정에 대하여 임차인은 항고할 수 있다.
> ⑤ 임차인은 임차권등기명령의 집행에 따른 임차권등기를 마치면 제3조 제1항·제2항 또는 제3항에 따른 대항력과 제3조의2 제2항에 따른 우선변제권을 취득한다. 다만, 임차인이 임차권등기 이전에 이미 대항력이나 우선변제권을 취득한 경우에는 그 대항력이나 우선변제권은 그대로 유지되며, 임차권등기 이후에는 제3조 제1항·제2항 또는 제3항의 대항요건을 상실하더라도 이미 취득한 대항력이나 우선변제권을 상실하지 아니한다.
> ⑥ 임차권등기명령의 집행에 따른 임차권등기가 끝난 주택(임대차의 목적이 주택의 일부분인 경우에는 해당 부분으로 한정한다)을 그 이후에 임차한 임차인은 제8조에 따른 우선변제를 받을 권리가 없다.
> ⑧ 임차인은 제1항에 따른 임차권등기명령의 신청과 그에 따른 임차권등기와 관련하여 든 비용을 임대인에게 청구할 수 있다.
> ⑨ 금융기관 등은 임차인을 대위하여 제1항의 임차권등기명령을 신청할 수 있다. 이 경우 제3항·제4항 및 제8항의 "임차인"은 "금융기관 등"으로 본다.

판례

1. **임대인의 임대차보증금 반환의무와 임차인의 주택임대차보호법 제3조의3에 의한 임차권등기 말소의무가 동시이행관계에 있는지 여부(소극)**
   주택임대차보호법 제3조의3규정에 의한 임차권등기는 이미 임대차계약이 종료하였음에도 임대인이 그 보증금을 반환하지 않는 상태에서 경료되게 되므로, 이미 사실상 이행지체에 빠진 임대인의 임대차보증금의 반환의무와 그에 대응하는 임차인의 권리를 보전하기 위하여 새로이 경료하는 임차권등기에 대한 임차인의 말소의무를 동시이행관계에 있는 것으로 해석할 것은 아니고, 특히 위 임차권등기는 임차인으로 하여금 기왕의 대항력이나 우선변제권을 유지하도록 해 주는 담보적 기능만을 주목적으로 하는 점 등에 비추어 볼 때, 임대인의 임대차보증금의 반환의무가 임차인의 임차권등기 말소의무보다 먼저 이행되어야 할 의무이다(대판 2005. 6. 9, 2005다4529).

2. **[1] 주택 임차인이 전입신고를 마치고 주택을 인도받아 임차권의 대항력을 취득하였으나 그 후 주택의 점유를 상실한 경우, 대항력이 소멸하는지 여부(적극) / 대항력이 상실된 이후 임차권등기를 마친 경우, 대항력이 소급하여 회복되는지 여부(소극) 및 이 경우 등기가 마쳐진 때부터 그와는 동일성이 없는 새로운 대항력이 발생하는지 여부(적극)**
   주택임대차보호법이 제3조 제1항에서 주택 임차인에게 주택의 인도와 주민등록을 요건으로 명시하여 등기된 물권에 버금가는 강력한 대항력을 부여하고 있는 취지에 비추어 볼 때 달리 공시방법이 없는 주택 임대차에서 주택의 인도 및 주민등록이라는 대항요건은 대항력 취득 시에만 갖추면 충분한 것이 아니라 대항력을 유지하기 위하여서도 계속 존속하고 있어야 한다. 따라서 주택 임차인이 주택 소재지로 전입신고를 마치고 주택을 인도받아 일단 임차권의 대항력을 취득하였으나 그 후 주택의 점유를 상실하였다면 그 대항력은 점유 상실 시에 소멸한다. 한편 주택임대차보호법 제3조의3 제5항은 "임차인은 임차권등기명령의 집행에 따른 임차권등기를 마치면 제3조 제1항·제2항 또는 제3항에 따른 대항력과 제3조의2 제2항에 따른 우선변제권을 취득한다."라고 규정하고 있으므로, 대항력과 우선변제권은 임차권등기가 마쳐진 때부터 발생한다고 보아야 한다. 따라서 대항력이 상실된 이후에 임차권등기가 마쳐졌더라도 이로써 소멸하였던 대항력이 당초에 소급하여 회복되는 것이 아니라 그 등기가 마쳐진 때부터 그와는 동일성이 없는 새로운 대항력이 발생한다.

   [2] 경매 목적 부동산이 매각된 경우, 경매로 인하여 소멸하는 저당권보다 뒤에 등기되었거나 대항력을 갖춘 임차권의 효력을 매수인에 대하여 주장할 수 있는지 여부(소극)
   경매 목적 부동산이 매각된 경우에는 경매로 인하여 소멸하는 저당권보다 뒤에 등기되었거나 대항력을 갖춘 임차권은 선순위 저당권과 함께 소멸하는 이상 경매 목적 부동산의 매수인은 주택임대차보호법 제3조에서 말하는 임차주택의 양수인에 포함되지 않으므로, 임차인은 매수인에 대하여 임차권의 효력을 주장할 수 없다.

   [3] 주택 임차인 갑이 주택을 인도받고 주민등록을 마친 후 위 주택에 관하여 을을 근저당권자로 하는 근저당권설정등기가 마쳐졌는데, 임대차계약 기간이 만료된 후 갑이 임대차보증금 반환에 관한 보험계약을 체결한 병 보험회사에 보험금을 청구하면서 임대차보증금반환채권을 양도하였고, 병 회사가 갑을 대위하여 임차권등기명령을 신청하였으나 갑이 위 주택에서 이사한 후에 임차권등기가 마쳐졌으며, 그 후 위 주택에 대한 강제경매 절차에서 정이 주택을 매수한 사안에서, 갑이 임차권등기 전에 주택에 관한 점유를 상실하였다면 임차권의 대항력도 그때 소멸하고, 그 후 임차권등기명령에 따른 임차권등기가 마쳐진 경우에도 그 이전에 소멸하였던 대항력이 당초에 소급하여 회복되는 것이 아니라 임차권등기가 마쳐진 때부터 그와 동일성이 없는 새로운 대항력이 발생하며, 이 경우 을 명의의 근저당권은 그 이후에 마쳐진 임차권등기로 인하여 그때부터 새로운 대항력을 갖추게 된 갑의 임차권보다 선순위 권리에 해당하므로 주택에 대한 경매절차에서 근저당권이 소멸하면서 임차권도 함께 소멸하게 되어 경매절차에서 주택을 매수한 정은 주택임대차보호법 제3조가 말하는

임차주택의 양수인에 해당하지 않으므로 갑은 정에게 임차권의 효력을 주장할 수 없게 되는데도, 이와 달리 본 원심판단에 법리오해의 잘못이 있다(대판 2025. 4. 15, 2024다326398).

6. 민법의 규정에 의한 주택임대차등기의 효력 등

제3조의4 【「민법」에 따른 주택임대차등기의 효력 등】 ① 「민법」 제621조에 따른 주택임대차등기의 효력에 관하여는 제3조의3 제5항 및 제6항을 준용한다.

7. 경매에 의한 임차권의 소멸

제3조의5 【경매에 의한 임차권의 소멸】 임차권은 임차주택에 대하여 「민사집행법」에 따른 경매가 행하여진 경우에는 그 임차주택의 경락에 따라 소멸한다. 다만, 보증금이 모두 변제되지 아니한, 대항력이 있는 임차권은 그러하지 아니하다

판례

대항력과 우선변제권을 겸유하고 있는 임차인이 임대인을 상대로 보증금반환청구소송을 제기하여 승소판결을 받고 그 확정판결에 기하여 강제경매를 신청하였으나 그 경매절차에서 보증금 전액을 배당받지 못한 경우, 후행 경매절차에서 우선변제권에 의한 배당을 받을 수 있는지 여부(소극)

주택임대차보호법상의 대항력과 우선변제권의 두 가지 권리를 함께 가지고 있는 임차인이 우선변제권을 선택하여 제1경매절차에서 보증금 전액에 대하여 배당요구를 하였으나 보증금 전액을 배당받을 수 없었던 때에는 경락인에게 대항하여 이를 반환받을 때까지 임대차관계의 존속을 주장할 수 있을 뿐이고, 임차인의 우선변제권은 경락으로 인하여 소멸하는 것이므로 제2경매절차에서 우선변제권에 의한 배당을 받을 수 없는바, 이는 근저당권자가 신청한 1차 임의경매절차에서 확정일자 있는 임대차계약서를 첨부하거나 임차권등기명령을 받아 임차권등기를 하였음을 근거로 하여 배당요구를 하는 방법으로 우선변제권을 행사한 것이 아니라, 임대인을 상대로 보증금반환청구 소송을 제기하여 승소판결을 받은 뒤 그 확정판결에 기하여 1차로 강제경매를 신청한 경우에도 마찬가지이다(대판 2006. 2. 10, 2005다21166).

8. 확정일자 부여 및 임대차 정보제공 등

제3조의6 【확정일자 부여 및 임대차 정보제공 등】 ① 제3조의2 제2항의 확정일자는 주택 소재지의 읍·면사무소, 동 주민센터 또는 시(특별시·광역시·특별자치시는 제외하고, 특별자치도는 포함한다.)·군·구(자치구를 말한다.)의 출장소, 지방법원 및 그 지원과 등기소 또는 「공증인법」에 따른 공증인(이하 이 조에서 "확정일자부여기관"이라 한다)이 부여한다.
② 확정일자 부여기관은 해당 주택의 소재지, 확정일자 부여일, 차임 및 보증금 등을 기재한 확정일자부를 작성하여야 한다. 이 경우 전산처리정보조직을 이용할 수 있다.

③ 주택의 임대차에 이해관계가 있는 자는 확정일자 부여기관에 해당 주택의 확정일자 부여일, 차임 및 보증금 등 정보의 제공을 요청할 수 있다. 이 경우 요청을 받은 확정일자 부여기관은 정당한 사유 없이 이를 거부할 수 없다.
④ 임대차계약을 체결하려는 자는 임대인의 동의를 받아 확정일자 부여기관에 제3항에 따른 정보제공을 요청할 수 있다.

9. 임대인의 정보 제시 의무

제3조의7【임대인의 정보 제시 의무】임대차계약을 체결할 때 임대인은 다음 각 호의 사항을 임차인에게 제시하여야 한다.
1. 제3조의6 제3항에 따른 해당 주택의 확정일자 부여일, 차임 및 보증금 등 정보. 다만, 임대인이 임대차계약을 체결하기 전에 제3조의6 제4항에 따라 동의함으로써 이를 갈음할 수 있다.
2. 「국세징수법」제108조에 따른 납세증명서 및 「지방세징수법」제5조 제2항에 따른 납세증명서. 다만, 임대인이 임대차계약을 체결하기 전에 「국세징수법」제109조 제1항에 따른 미납국세와 체납액의 열람 및 「지방세징수법」제6조 제1항에 따른 미납지방세의 열람에 각각 동의함으로써 이를 갈음할 수 있다.

10. 임대차기간 등

제4조【임대차기간 등】① 기간을 정하지 아니하거나 2년 미만으로 정한 임대차는 그 기간을 2년으로 본다. 다만, 임차인은 2년 미만으로 정한 기간이 유효함을 주장할 수 있다.
② 임대차기간이 끝난 경우에도 임차인이 보증금을 반환받을 때까지는 임대차관계가 존속되는 것으로 본다.

11. 계약의 갱신 1회 3문

제6조【계약의 갱신】① 임대인이 임대차기간이 끝나기 6개월 전부터 2개월 전까지의 기간에 임차인에게 갱신거절의 통지를 하지 아니하거나 계약조건을 변경하지 아니하면 갱신하지 아니한다는 뜻의 통지를 하지 아니한 경우에는 그 기간이 끝난 때에 전 임대차와 동일한 조건으로 다시 임대차한 것으로 본다. 임차인이 임대차기간이 끝나기 2개월 전까지 통지하지 아니한 경우에도 또한 같다.
② 제1항의 경우 임대차의 존속기간은 2년으로 본다.
③ 2기의 차임액에 달하도록 연체하거나 그 밖에 임차인으로서의 의무를 현저히 위반한 임차인에 대하여는 제1항을 적용하지 아니한다.

12. 묵시적 갱신의 경우의 계약의 해지

제6조의2 【묵시적 갱신의 경우 계약의 해지】 ① 제6조 제1항에 따라 계약이 갱신된 경우 같은 조 제2항에도 불구하고 임차인은 언제든지 임대인에게 계약해지를 통지할 수 있다.
② 제1항에 따른 해지는 임대인이 그 통지를 받은 날부터 3개월이 지나면 그 효력이 발생한다.

13. 계약갱신요구권

제6조의3 【계약갱신 요구 등】 ① 제6조에도 불구하고 임대인은 임차인이 제6조 제1항 전단의 기간 이내에 계약갱신을 요구할 경우 정당한 사유 없이 거절하지 못한다. 다만, 다음 각 호의 어느 하나에 해당하는 경우에는 그러하지 아니하다.
 1. 임차인이 2기의 차임액에 해당하는 금액에 이르도록 차임을 연체한 사실이 있는 경우
 2. 임차인이 거짓이나 그 밖의 부정한 방법으로 임차한 경우
 3. 서로 합의하여 임대인이 임차인에게 상당한 보상을 제공한 경우
 4. 임차인이 임대인의 동의 없이 목적 주택의 전부 또는 일부를 전대한 경우
 5. 임차인이 임차한 주택의 전부 또는 일부를 고의나 중대한 과실로 파손한 경우
 6. 임차한 주택의 전부 또는 일부가 멸실되어 임대차의 목적을 달성하지 못할 경우
 7. 임대인이 다음 각 목의 어느 하나에 해당하는 사유로 목적 주택의 전부 또는 대부분을 철거하거나 재건축하기 위하여 목적 주택의 점유를 회복할 필요가 있는 경우
  가. 임대차계약 체결 당시 공사시기 및 소요기간 등을 포함한 철거 또는 재건축 계획을 임차인에게 구체적으로 고지하고 그 계획에 따르는 경우
  나. 건물이 노후・훼손 또는 일부 멸실되는 등 안전사고의 우려가 있는 경우
  다. 다른 법령에 따라 철거 또는 재건축이 이루어지는 경우
 8. 임대인(임대인의 직계존속・직계비속을 포함한다)이 목적 주택에 실제 거주하려는 경우
 9. 그 밖에 임차인이 임차인으로서의 의무를 현저히 위반하거나 임대차를 계속하기 어려운 중대한 사유가 있는 경우
② 임차인은 제1항에 따른 계약갱신요구권을 1회에 한하여 행사할 수 있다. 이 경우 갱신되는 임대차의 존속기간은 2년으로 본다.
③ 갱신되는 임대차는 전 임대차와 동일한 조건으로 다시 계약된 것으로 본다. 다만, 차임과 보증금은 제7조의 범위에서 증감할 수 있다.
④ 제1항에 따라 갱신되는 임대차의 해지에 관하여는 제6조의2를 준용한다.
⑤ 임대인이 제1항 제8호의 사유로 갱신을 거절하였음에도 불구하고 갱신요구가 거절되지 아니하였더라면 갱신되었을 기간이 만료되기 전에 정당한 사유 없이 제3자에게 목적 주택을 임대한 경우 임대인은 갱신거절로 인하여 임차인이 입은 손해를 배상하여야 한다.
⑥ 제5항에 따른 손해배상액은 거절 당시 당사자 간에 손해배상액의 예정에 관한 합의가 이루어지지 않는 한 다음 각 호의 금액 중 큰 금액으로 한다.
 1. 갱신거절 당시 월차임(차임 외에 보증금이 있는 경우에는 그 보증금을 제7조의2 각 호 중 낮은 비율에 따라 월 단위의 차임으로 전환한 금액을 포함한다. 이하 "환산월차임"이라 한다)의 3개월 분에 해당하는 금액

2. 임대인이 제3자에게 임대하여 얻은 환산월차임과 갱신거절 당시 환산월차임 간 차액의 2년분에 해당하는 금액
3. 제1항 제8호의 사유로 인한 갱신거절로 인하여 임차인이 입은 손해액

> **판례**
>
> 1. 주택임대차보호법 제6조·제6조의3 등 관련 규정의 내용과 체계·입법 취지 등을 종합하여 보면, 임차인이 같은 법 제6조의3 제1항 본문에 따라 계약갱신을 요구하였더라도, 임대인으로서는 특별한 사정이 없는 한 같은 법 제6조 제1항 전단에서 정한 기간 내라면 제6조의3 제1항 단서 제8호에 따라 임대인이 목적 주택에 실제 거주하려고 한다는 사유를 들어 임차인의 계약갱신 요구를 거절할 수 있고, 같은 법 제3조 제4항에 의하여 임대인의 지위를 승계한 임차주택의 양수인도 그 주택에 실제 거주하려는 경우 위 갱신거절 기간 내에 위 제8호에 따른 갱신거절 사유를 주장할 수 있다고 보아야 한다(대판 2022. 12. 1, 2021다266631).
>
> 2. 임대인이 목적 주택에 실제 거주하려는 경우에 해당한다는 점에 대한 증명책임의 소재(= 임대인) / '실제 거주하려는 의사'의 존재를 인정하기 위한 요건
>   임대인이 목적 주택에 실제 거주하려는 경우에 해당한다는 점에 대한 증명책임은 임대인에게 있다. '실제 거주하려는 의사'의 존재는 임대인이 단순히 그러한 의사를 표명하였다는 사정이 있다고 하여 곧바로 인정될 수는 없지만, 임대인의 내심에 있는 장래에 대한 계획이라는 위 거절사유의 특성을 고려할 때 임대인의 의사가 가공된 것이 아니라 진정하다는 것을 통상적으로 수긍할 수 있을 정도의 사정이 인정된다면 그러한 의사의 존재를 추인할 수 있을 것이다(대판 2023. 12. 7, 2022다279795).
>
> 3. 임차인이 주택임대차보호법 제6조의3 제1항에 따라 임대차계약의 갱신을 요구한 경우, 갱신의 효력이 발생하는 시점(= 임대인에게 갱신요구가 도달한 때) / 임차인이 위 법 제6조의2 제1항에 따라 한 계약해지의 통지가 갱신된 임대차계약 기간이 개시되기 전에 임대인에게 도달한 경우, 그 효력이 발생하는 시점(= 해지통지 후 3개월이 지난 때)
>   임차인이 주택임대차보호법 제6조의3 제1항에 따라 임대차계약의 갱신을 요구하면 임대인에게 갱신거절 사유가 존재하지 않는 한 임대인에게 갱신요구가 도달한 때 갱신의 효력이 발생한다. 갱신요구에 따라 임대차계약에 갱신의 효력이 발생한 경우 임차인은 제6조의2 제1항에 따라 언제든지 계약의 해지통지를 할 수 있고, 해지통지 후 3개월이 지나면 그 효력이 발생하며, 이는 계약해지의 통지가 갱신된 임대차계약 기간이 개시되기 전에 임대인에게 도달하였더라도 마찬가지이다(대판 2024. 1. 11, 2023다258672).

14. 차임 등의 증감청구권

> **제7조 【차임 등의 증감청구권】** ① 당사자는 약정한 차임이나 보증금이 임차주택에 관한 조세, 공과금, 그 밖의 부담의 증감이나 경제사정의 변동으로 인하여 적절하지 아니하게 된 때에는 장래에 대하여 그 증감을 청구할 수 있다. 이 경우 증액청구는 임대차계약 또는 약정한 차임이나 보증금의 증액이 있은 후 1년 이내에는 하지 못한다.
> ② 제1항에 따른 증액청구는 약정한 차임이나 보증금의 20분의 1의 금액을 초과하지 못한다. 다만, 특별시·광역시·특별자치시·도 및 특별자치도는 관할 구역 내의 지역별 임대차 시장 여건 등을 고려하여 본문의 범위에서 증액청구의 상한을 조례로 달리 정할 수 있다.

15. 월차임 전환 시 산정율의 제한

제7조의2【월차임 전환 시 산정률의 제한】 보증금의 전부 또는 일부를 월 단위의 차임으로 전환하는 경우에는 그 전환되는 금액에 다음 각 호 중 낮은 비율을 곱한 월차임의 범위를 초과할 수 없다.
1. 「은행법」에 따른 은행에서 적용하는 대출금리와 해당 지역의 경제 여건 등을 고려하여 대통령령으로 정하는 비율
2. 한국은행에서 공시한 기준금리에 대통령령으로 정하는 이율을 더한 비율

시행령 제9조【월차임 전환 시 산정률】 ① 법 제7조의2 제1호에서 "대통령령으로 정하는 비율"이란 연 1할을 말한다.
② 법 제7조의2 제2호에서 "대통령령으로 정하는 이율"이란 연 2퍼센트를 말한다.

16. 보증금 중 일정액의 보호

제8조【보증금 중 일정액의 보호】 ① 임차인은 보증금 중 일정액을 다른 담보물권자보다 우선하여 변제받을 권리가 있다. 이 경우 임차인은 주택에 대한 경매신청의 등기 전에 제3조 제1항의 요건을 갖추어야 한다.
② 제1항의 경우에는 제3조의2 제4항부터 제6항까지의 규정을 준용한다.
③ 제1항에 따라 우선변제를 받을 임차인 및 보증금 중 일정액의 범위와 기준은 제8조의2에 따른 주택임대차위원회의 심의를 거쳐 대통령령으로 정한다. 다만, 보증금 중 일정액의 범위와 기준은 주택가액(대지의 가액을 포함한다)의 2분의 1을 넘지 못한다.

시행령 제11조【우선변제를 받을 임차인의 범위】 법 제8조에 따라 우선변제를 받을 임차인은 보증금이 다음 각 호의 구분에 의한 금액 이하인 임차인으로 한다.
1. 서울특별시: 1억 6천 500만 원
2. 「수도권정비계획법」에 따른 과밀억제권역(서울특별시는 제외한다), 세종특별자치시, 용인시, 화성시 및 김포시: 1억 4천 500만 원
3. 광역시(「수도권정비계획법」에 따른 과밀억제권역에 포함된 지역과 군지역은 제외한다), 안산시, 광주시, 파주시, 이천시 및 평택시: 8천 500만 원
4. 그 밖의 지역: 7천 500만 원

시행령 제10조【보증금 중 일정액의 범위 등】 ① 법 제8조에 따라 우선변제를 받을 보증금 중 일정액의 범위는 다음 각 호의 구분에 의한 금액 이하로 한다.
1. 서울특별시: 5천 500만 원
2. 「수도권정비계획법」에 따른 과밀억제권역(서울특별시는 제외한다), 세종특별자치시, 용인시, 화성시 및 김포시: 4천 800만 원
3. 광역시(「수도권정비계획법」에 따른 과밀억제권역에 포함된 지역과 군지역은 제외한다), 안산시, 광주시, 파주시, 이천시 및 평택시: 2천 800만 원
4. 그 밖의 지역: 2천 500만 원
② 임차인의 보증금 중 일정액이 주택가액의 2분의 1을 초과하는 경우에는 주택가액의 2분의 1에 해당하는 금액까지만 우선변제권이 있다.

③ 하나의 주택에 임차인이 2명 이상이고, 그 각 보증금 중 일정액을 모두 합한 금액이 주택가액의 2분의 1을 초과하는 경우에는 그 각 보증금 중 일정액을 모두 합한 금액에 대한 각 임차인의 보증금 중 일정액의 비율로 그 주택가액의 2분의 1에 해당하는 금액을 분할한 금액을 각 임차인의 보증금 중 일정액으로 본다.
④ 하나의 주택에 임차인이 2명 이상이고 이들이 그 주택에서 가정공동생활을 하는 경우에는 이들을 1명의 임차인으로 보아 이들의 각 보증금을 합산한다.

17. 주택의 임차권의 승계

제9조【주택 임차권의 승계】① 임차인이 상속인 없이 사망한 경우에는 그 주택에서 가정공동생활을 하던 사실상의 혼인 관계에 있는 자가 임차인의 권리와 의무를 승계한다.
② 임차인이 사망한 때에 사망 당시 상속인이 그 주택에서 가정공동생활을 하고 있지 아니한 경우에는 그 주택에서 가정공동생활을 하던 사실상의 혼인 관계에 있는 자와 2촌 이내의 친족이 공동으로 임차인의 권리와 의무를 승계한다.
③ 제1항과 제2항의 경우에 임차인이 사망한 후 1개월 이내에 임대인에게 제1항과 제2항에 따른 승계대상자가 반대의사를 표시한 경우에는 그러하지 아니하다.
④ 제1항과 제2항의 경우에 임대차 관계에서 생긴 채권·채무는 임차인의 권리의무를 승계한 자에게 귀속된다.

18. 강행규정

제10조【강행규정】이 법에 위반된 약정으로서 임차인에게 불리한 것은 그 효력이 없다.

19. 초과 차임 등의 반환청구

제10조의2【초과 차임 등의 반환청구】임차인이 제7조에 따른 증액비율을 초과하여 차임 또는 보증금을 지급하거나 제7조의2에 따른 월차임 산정률을 초과하여 차임을 지급한 경우에는 초과 지급된 차임 또는 보증금 상당금액의 반환을 청구할 수 있다.

20. 일시사용을 위한 임대차

제11조【일시사용을 위한 임대차】이 법은 일시사용하기 위한 임대차임이 명백한 경우에는 적용하지 아니한다.

21. 미등기 전세에의 준용

> **제12조【미등기 전세에의 준용】** 주택의 등기를 하지 아니한 전세계약에 관하여는 이 법을 준용한다. 이 경우 "전세금"은 "임대차의 보증금"으로 본다.

22. 「소액사건심판법」의 준용

> **제13조【「소액사건심판법」의 준용】** 임차인이 임대인에 대하여 제기하는 보증금반환청구소송에 관하여는 「소액사건심판법」 제6조, 제7조, 제10조 및 제11조의2를 준용한다.

23. 주택임대차표준계약서 사용

> **제30조【주택임대차표준계약서 사용】** 주택임대차계약을 서면으로 체결할 때에는 법무부장관이 국토교통부장관과 협의하여 정하는 주택임대차표준계약서를 우선적으로 사용한다. 다만, 당사자가 다른 서식을 사용하기로 합의한 경우에는 그러하지 아니하다.

03 상가건물 임대차보호법

1. 목적

> **제1조【목적】** 이 법은 상가건물 임대차에 관하여 「민법」에 대한 특례를 규정하여 국민 경제생활의 안정을 보장함을 목적으로 한다.

2. 적용범위

> **제2조【적용범위】** ① 이 법은 상가건물(제3조 제1항에 따른 사업자등록의 대상이 되는 건물을 말한다)의 임대차(임대차 목적물의 주된 부분을 영업용으로 사용하는 경우를 포함한다)에 대하여 적용한다. 다만, 제14조의2에 따른 상가건물임대차위원회의 심의를 거쳐 대통령령으로 정하는 보증금액을 초과하는 임대차에 대하여는 그러하지 아니하다.
> ② 제1항 단서에 따른 보증금액을 정할 때에는 해당 지역의 경제 여건 및 임대차 목적물의 규모 등을 고려하여 지역별로 구분하여 규정하되, 보증금 외에 차임이 있는 경우에는 그 차임액에 「은행법」에 따른 은행의 대출금리 등을 고려하여 대통령령으로 정하는 비율을 곱하여 환산한 금액을 포함하여야 한다.
> ③ 제1항 단서에도 불구하고 제3조, 제10조 제1항, 제2항, 제3항 본문, 제10조의2부터 제10조의9까지의 규정, 제11조의2 및 제19조는 제1항 단서에 따른 보증금액을 초과하는 임대차에 대하여도 적용한다.

시행령 제2조【적용범위】 ① 「상가건물 임대차보호법」(이하 "법"이라 한다) 제2조 제1항 단서에서 "대통령령으로 정하는 보증금액"이라 함은 다음 각 호의 구분에 의한 금액을 말한다.
 1. 서울특별시: 9억 원
 2. 「수도권정비계획법」에 따른 과밀억제권역(서울특별시는 제외한다) 및 부산광역시: 6억 9천만 원
 3. 광역시(「수도권정비계획법」에 따른 과밀억제권역에 포함된 지역과 군지역, 부산광역시는 제외한다), 세종특별자치시, 파주시, 화성시, 안산시, 용인시, 김포시 및 광주시: 5억 4천만 원
 4. 그 밖의 지역: 3억 7천만 원
② 법 제2조 제2항의 규정에 의하여 보증금 외에 차임이 있는 경우의 차임액은 월 단위의 차임액으로 한다.
③ 법 제2조 제2항에서 "대통령령으로 정하는 비율"이라 함은 1분의 100을 말한다.

3. 대항력 등

제3조【대항력 등】 ① 임대차는 그 등기가 없는 경우에도 임차인이 건물의 인도와 「부가가치세법」 제8조, 「소득세법」 제168조 또는 「법인세법」 제111조에 따른 사업자등록을 신청하면 그 다음날부터 제3자에 대하여 효력이 생긴다.
② 임차건물의 양수인(그 밖에 임대할 권리를 승계한 자를 포함한다)은 임대인의 지위를 승계한 것으로 본다.

4. 확정일자 부여 및 임대차정보의 제공 등

제4조【확정일자 부여 및 임대차정보의 제공 등】 ① 제5조 제2항의 확정일자는 상가건물의 소재지 관할 세무서장이 부여한다.
② 관할 세무서장은 해당 상가건물의 소재지, 확정일자 부여일, 차임 및 보증금 등을 기재한 확정일자부를 작성하여야 한다. 이 경우 전산정보처리조직을 이용할 수 있다.
③ 상가건물의 임대차에 이해관계가 있는 자는 관할 세무서장에게 해당 상가건물의 확정일자 부여일, 차임 및 보증금 등 정보의 제공을 요청할 수 있다. 이 경우 요청을 받은 관할 세무서장은 정당한 사유 없이 이를 거부할 수 없다.
④ 임대차계약을 체결하려는 자는 임대인의 동의를 받아 관할 세무서장에게 제3항에 따른 정보제공을 요청할 수 있다.
⑤ 확정일자부에 기재하여야 할 사항, 상가건물의 임대차에 이해관계가 있는 자의 범위, 관할 세무서장에게 요청할 수 있는 정보의 범위 및 그 밖에 확정일자 부여사무와 정보제공 등에 필요한 사항은 대통령령으로 정한다.

5. 보증금의 회수

제5조【보증금의 회수】 ① 임차인이 임차건물에 대하여 보증금반환청구소송의 확정판결, 그 밖에 이에 준하는 집행권원에 의하여 경매를 신청하는 경우에는 「민사집행법」 제41조에도 불구하고 반대의무의 이행이나 이행의 제공을 집행개시의 요건으로 하지 아니한다.
② 제3조 제1항의 대항요건을 갖추고 관할 세무서장으로부터 임대차계약서상의 확정일자를 받은 임차인은 「민사집행법」에 따른 경매 또는 「국세징수법」에 따른 공매 시 임차건물(임대인 소유의 대지를 포함한다)의 환가대금에서 후순위권리자나 그 밖의 채권자보다 우선하여 보증금을 변제받을 권리가 있다.
③ 임차인은 임차건물을 양수인에게 인도하지 아니하면 제2항에 따른 보증금을 받을 수 없다.
④ 제2항 또는 제7항에 따른 우선변제의 순위와 보증금에 대하여 이의가 있는 이해관계인은 경매법원 또는 체납처분청에 이의를 신청할 수 있다.
⑥ 제4항에 따라 이의신청을 받은 체납처분청은 이해관계인이 이의신청일부터 7일 이내에 임차인 또는 제7항에 따라 우선변제권을 승계한 금융기관 등을 상대로 소를 제기한 것을 증명한 때에는 그 소송이 종결될 때까지 이의가 신청된 범위에서 임차인 또는 제7항에 따라 우선변제권을 승계한 금융기관 등에 대한 보증금의 변제를 유보하고 남은 금액을 배분하여야 한다. 이 경우 유보된 보증금은 소송 결과에 따라 배분한다.
⑦ 다음 각 호의 금융기관 등이 제2항, 제6조 제5항 또는 제7조 제1항에 따른 우선변제권을 취득한 임차인의 보증금반환채권을 계약으로 양수한 경우에는 양수한 금액의 범위에서 우선변제권을 승계한다.
  1. 「은행법」에 따른 은행
  2. 「중소기업은행법」에 따른 중소기업은행
  3. 「한국산업은행법」에 따른 한국산업은행
  4. 「농업협동조합법」에 따른 농협은행
  5. 「수산업협동조합법」에 따른 수협은행
  6. 「우체국예금·보험에 관한 법률」에 따른 체신관서
  7. 「보험업법」 제4조 제1항 제2호 라목의 보증보험을 보험종목으로 허가받은 보험회사
  8. 그 밖에 제1호부터 제7호까지에 준하는 것으로서 대통령령으로 정하는 기관
⑧ 제7항에 따라 우선변제권을 승계한 금융기관 등(이하 "금융기관 등"이라 한다)은 다음 각 호의 어느 하나에 해당하는 경우에는 우선변제권을 행사할 수 없다.
  1. 임차인이 제3조 제1항의 대항요건을 상실한 경우
  2. 제6조 제5항에 따른 임차권등기가 말소된 경우
  3. 「민법」 제621조에 따른 임대차등기가 말소된 경우
⑨ 금융기관 등은 우선변제권을 행사하기 위하여 임차인을 대리하거나 대위하여 임대차를 해지할 수 없다.

6. 임차권등기명령

제6조 【임차권등기명령】 ① 임대차가 종료된 후 보증금이 반환되지 아니한 경우 임차인은 임차건물의 소재지를 관할하는 지방법원, 지방법원지원 또는 시·군법원에 임차권등기명령을 신청할 수 있다.
④ 임차권등기명령신청을 기각하는 결정에 대하여 임차인은 항고할 수 있다.
⑤ 임차권등기명령의 집행에 따른 임차권등기를 마치면 임차인은 제3조 제1항에 따른 대항력과 제5조 제2항에 따른 우선변제권을 취득한다. 다만, 임차인이 임차권등기 이전에 이미 대항력 또는 우선변제권을 취득한 경우에는 그 대항력 또는 우선변제권이 그대로 유지되며, 임차권등기 이후에는 제3조 제1항의 대항요건을 상실하더라도 이미 취득한 대항력 또는 우선변제권을 상실하지 아니한다.
⑥ 임차권등기명령의 집행에 따른 임차권등기를 마친 건물(임대차의 목적이 건물의 일부분인 경우에는 그 부분으로 한정한다)을 그 이후에 임차한 임차인은 제14조에 따른 우선변제를 받을 권리가 없다.
⑧ 임차인은 제1항에 따른 임차권등기명령의 신청 및 그에 따른 임차권등기와 관련하여 든 비용을 임대인에게 청구할 수 있다.
⑨ 금융기관 등은 임차인을 대위하여 제1항의 임차권등기명령을 신청할 수 있다. 이 경우 제3항·제4항 및 제8항의 "임차인"은 "금융기관 등"으로 본다.

7. 「민법」의 규정에 의한 임대차등기의 효력 등

제7조 【「민법」에 따른 임대차등기의 효력 등】 ① 「민법」 제621조에 따른 건물임대차등기의 효력에 관하여는 제6조 제5항 및 제6항을 준용한다.

8. 경매에 의한 임차권의 소멸

제8조 【경매에 의한 임차권의 소멸】 임차권은 임차건물에 대하여 「민사집행법」에 따른 경매가 실시된 경우에는 그 임차건물이 매각되면 소멸한다. 다만, 보증금이 전액 변제되지 아니한 대항력이 있는 임차권은 그러하지 아니하다.

9. 임대차기간 등

제9조 【임대차기간 등】 ① 기간을 정하지 아니하거나 기간을 1년 미만으로 정한 임대차는 그 기간을 1년으로 본다. 다만, 임차인은 1년 미만으로 정한 기간이 유효함을 주장할 수 있다.
② 임대차가 종료한 경우에도 임차인이 보증금을 돌려받을 때까지는 임대차 관계는 존속하는 것으로 본다.

10. 계약갱신요구 등 9회 4문, 12회 1-(1)문

제10조【계약갱신요구 등】 ① 임대인은 임차인이 임대차기간이 만료되기 6개월 전부터 1개월 전까지 사이에 계약갱신을 요구할 경우 정당한 사유 없이 거절하지 못한다. 다만, 다음 각 호의 어느 하나의 경우에는 그러하지 아니하다.
  1. 임차인이 3기의 차임액에 해당하는 금액에 이르도록 차임을 연체한 사실이 있는 경우
  2. 임차인이 거짓이나 그 밖의 부정한 방법으로 임차한 경우
  3. 서로 합의하여 임대인이 임차인에게 상당한 보상을 제공한 경우
  4. 임차인이 임대인의 동의 없이 목적 건물의 전부 또는 일부를 전대한 경우
  5. 임차인이 임차한 건물의 전부 또는 일부를 고의나 중대한 과실로 파손한 경우
  6. 임차한 건물의 전부 또는 일부가 멸실되어 임대차의 목적을 달성하지 못할 경우
  7. 임대인이 다음 각 목의 어느 하나에 해당하는 사유로 목적 건물의 전부 또는 대부분을 철거하거나 재건축하기 위하여 목적 건물의 점유를 회복할 필요가 있는 경우
     가. 임대차계약 체결 당시 공사시기 및 소요기간 등을 포함한 철거 또는 재건축 계획을 임차인에게 구체적으로 고지하고 그 계획에 따르는 경우
     나. 건물이 노후·훼손 또는 일부 멸실되는 등 안전사고의 우려가 있는 경우
     다. 다른 법령에 따라 철거 또는 재건축이 이루어지는 경우
  8. 그 밖에 임차인이 임차인으로서의 의무를 현저히 위반하거나 임대차를 계속하기 어려운 중대한 사유가 있는 경우
② 임차인의 계약갱신요구권은 최초의 임대차기간을 포함한 전체 임대차기간이 10년을 초과하지 아니하는 범위에서만 행사할 수 있다.
③ 갱신되는 임대차는 전 임대차와 동일한 조건으로 다시 계약된 것으로 본다. 다만, 차임과 보증금은 제11조에 따른 범위에서 증감할 수 있다.
④ 임대인이 제1항의 기간 이내에 임차인에게 갱신 거절의 통지 또는 조건 변경의 통지를 하지 아니한 경우에는 그 기간이 만료된 때에 전 임대차와 동일한 조건으로 다시 임대차한 것으로 본다. 이 경우에 임대차의 존속기간은 1년으로 본다.
⑤ 제4항의 경우 임차인은 언제든지 임대인에게 계약해지의 통고를 할 수 있고, 임대인이 통고를 받은 날부터 3개월이 지나면 효력이 발생한다.
제10조의2【계약갱신의 특례】 제2조 제1항 단서에 따른 보증금액을 초과하는 임대차의 계약갱신의 경우에는 당사자는 상가건물에 관한 조세, 공과금, 주변 상가건물의 차임 및 보증금, 그 밖의 부담이나 경제 사정의 변동 등을 고려하여 차임과 보증금의 증감을 청구할 수 있다.

> **판례**

1. 개정 상가임대차법 부칙 제2조의 '이 법 시행 후 최초로 체결되거나 갱신되는 임대차'는 개정 상가임대차법이 시행되는 2018. 10. 16. 이후 처음으로 체결된 임대차 또는 2018. 10. 16. 이전에 체결되었지만 2018. 10. 16. 이후 그 이전에 인정되던 계약 갱신 사유에 따라 갱신되는 임대차를 가리킨다고 보아야 한다(대판 2020. 11. 5, 2020다241017).

2. 상가건물 임대차보호법에서 기간을 정하지 않은 임대차는 그 기간을 1년으로 간주하지만(제9조 제1항), 대통령령으로 정한 보증금액을 초과하는 임대차는 위 규정이 적용되지 않으므로(제2조 제1항 단서), 원래의 상태 그대로 기간을 정하지 않은 것이 되어 민법의 적용을 받는다. 민법 제635조 제1항, 제2항 제1호에 따라 이러한 임대차는 임대인이 언제든지 해지를 통고할 수 있고 임차인이 통고를 받은 날로부터 6개월이 지남으로써 효력이 생기므로, 임대차기간이 정해져 있음을 전제로 기간 만료 6개월 전부터 1개월 전까지 사이에 행사하도록 규정된 임차인의 계약갱신요구권(제10조 제1항)은 발생할 여지가 없다(대판 2021. 12. 30, 2021다233730).

3. **상가의 임차인이 임대차기간 만료 1개월 전부터 만료일 사이에 갱신거절의 통지를 한 경우, 임대차계약의 묵시적 갱신이 인정되지 않고 임대차기간의 만료일에 종료하는지 여부(적극)**
   상가의 임차인이 임대차기간 만료 1개월 전부터 만료일 사이에 갱신거절의 통지를 한 경우 해당 임대차계약은 묵시적 갱신이 인정되지 않고 임대차기간의 만료일에 종료한다고 보아야 한다. … 상가임대차법 제10조 제4항은 "임대인이 제1항의 기간 이내에 임차인에게 갱신거절의 통지 또는 조건변경의 통지를 하지 아니한 경우에는 그 기간이 만료된 때에 전 임대차와 동일한 조건으로 다시 임대차한 것으로 본다."라고 정하여 묵시적 갱신을 규정하면서 임대인의 갱신거절 또는 조건변경의 통지기간을 제한하였을 뿐, 주택임대차보호법 제6조 제1항 후문과 달리 상가의 임차인에 대하여는 기간의 제한을 두지 않았다. 상가임대차법에 임차인의 갱신거절 통지기간에 대하여 명시적인 규정이 없는 이상 원칙으로 돌아가 임차인의 갱신거절 통지기간은 제한이 없다고 보아야 한다(대판 2024. 6. 27, 2023다307024).

11. 권리금 회수기회 보호 등 7회 3문, 12회 1-(2)문

> **제10조의3 【권리금의 정의 등】** ① 권리금이란 임대차 목적물인 상가건물에서 영업을 하는 자 또는 영업을 하려는 자가 영업시설·비품, 거래처, 신용, 영업상의 노하우, 상가건물의 위치에 따른 영업상의 이점 등 유형·무형의 재산적 가치의 양도 또는 이용대가로서 임대인, 임차인에게 보증금과 차임 이외에 지급하는 금전 등의 대가를 말한다.
> ② 권리금 계약이란 신규임차인이 되려는 자가 임차인에게 권리금을 지급하기로 하는 계약을 말한다.
>
> **제10조의4 【권리금 회수기회 보호 등】** ① 임대인은 임대차기간이 끝나기 6개월 전부터 임대차 종료 시까지 다음 각 호의 어느 하나에 해당하는 행위를 함으로써 권리금 계약에 따라 임차인이 주선한 신규임차인이 되려는 자로부터 권리금을 지급받는 것을 방해하여서는 아니 된다. 다만, 제10조 제1항 각 호의 어느 하나에 해당하는 사유가 있는 경우에는 그러하지 아니하다.
>   1. 임차인이 주선한 신규임차인이 되려는 자에게 권리금을 요구하거나 임차인이 주선한 신규임차인이 되려는 자로부터 권리금을 수수하는 행위
>   2. 임차인이 주선한 신규임차인이 되려는 자로 하여금 임차인에게 권리금을 지급하지 못하게 하는 행위
>   3. 임차인이 주선한 신규임차인이 되려는 자에게 상가건물에 관한 조세, 공과금, 주변 상가건물의 차임 및 보증금, 그 밖의 부담에 따른 금액에 비추어 현저히 고액의 차임과 보증금을 요구하는 행위
>   4. 그 밖에 정당한 사유 없이 임대인이 임차인이 주선한 신규임차인이 되려는 자와 임대차계약의 체결을 거절하는 행위

② 다음 각 호의 어느 하나에 해당하는 경우에는 제1항 제4호의 정당한 사유가 있는 것으로 본다.
  1. 임차인이 주선한 신규임차인이 되려는 자가 보증금 또는 차임을 지급할 자력이 없는 경우
  2. 임차인이 주선한 신규임차인이 되려는 자가 임차인으로서의 의무를 위반할 우려가 있거나 그 밖에 임대차를 유지하기 어려운 상당한 사유가 있는 경우
  3. 임대차 목적물인 상가건물을 1년 6개월 이상 영리목적으로 사용하지 아니한 경우
  4. 임대인이 선택한 신규임차인이 임차인과 권리금 계약을 체결하고 그 권리금을 지급한 경우

③ 임대인이 제1항을 위반하여 임차인에게 손해를 발생하게 한 때에는 그 손해를 배상할 책임이 있다. 이 경우 그 손해배상액은 신규임차인이 임차인에게 지급하기로 한 권리금과 임대차 종료 당시의 권리금 중 낮은 금액을 넘지 못한다.

④ 제3항에 따라 임대인에게 손해배상을 청구할 권리는 임대차가 종료한 날부터 3년 이내에 행사하지 아니하면 시효의 완성으로 소멸한다.

⑤ 임차인은 임대인에게 임차인이 주선한 신규임차인이 되려는 자의 보증금 및 차임을 지급할 자력 또는 그 밖에 임차인으로서의 의무를 이행할 의사 및 능력에 관하여 자신이 알고 있는 정보를 제공하여야 한다.

제10조의5 【권리금 적용 제외】 제10조의4는 다음 각 호의 어느 하나에 해당하는 상가건물 임대차의 경우에는 적용하지 아니한다.
  1. 임대차 목적물인 상가건물이 「유통산업발전법」 제2조에 따른 대규모점포 또는 준대규모점포의 일부인 경우 (다만, 「전통시장 및 상점가 육성을 위한 특별법」 제2조 제1호에 따른 전통시장은 제외한다)
  2. 임대차 목적물인 상가건물이 「국유재산법」에 따른 국유재산 또는 「공유재산 및 물품 관리법」에 따른 공유재산인 경우

제10조의6 【표준권리금계약서의 작성 등】 국토교통부장관은 법무부장관과 협의를 거쳐 임차인과 신규임차인이 되려는 자의 권리금 계약 체결을 위한 표준권리금계약서를 정하여 그 사용을 권장할 수 있다.

제10조의7 【권리금 평가기준의 고시】 국토교통부장관은 권리금에 대한 감정평가의 절차와 방법 등에 관한 기준을 고시할 수 있다.

> **판례** ◆

1. 상가건물 임대차보호법 제10조의4 제2항 제3호에서 정하는 '임대차 목적물인 상가건물을 1년 6개월 이상 영리목적으로 사용하지 아니한 경우'는 임대인이 임대차 종료 후 임대차 목적물인 상가건물을 1년 6개월 이상 영리목적으로 사용하지 아니하는 경우를 말하고, 위 조항에 따른 정당한 사유가 있다고 하기 위해서는 임대인이 임대차 종료 시 그러한 사유를 들어 임차인이 주선한 자와 신규 임대차계약 체결을 거절하고, 실제로도 1년 6개월 동안 상가건물을 영리목적으로 사용하지 않아야 한다. 이때 종전 소유자인 임대인이 임대차 종료 후 상가건물을 영리목적으로 사용하지 아니한 기간이 1년 6개월에 미치지 못하는 사이에 상가건물의 소유권이 변동되었더라도, 임대인이 상가건물을 영리목적으로 사용하지 않는 상태가 새로운 소유자의 소유기간에도 계속하여 그대로 유지될 것을 전제로 처분하고, 실제 새로운 소유자가 그 기간 중에 상가건물을 영리목적으로 사용하지 않으며, 임대인과 새로운 소유자의 비영리 사용기간을 합쳐서 1년 6개월 이상이 되는 경우라면, 임대인에게 임차인의 권리금을 가로챌 의도가 있었다고 보기 어려우므로, 그러한 임대인에 대하여는 위 조항에 의한 정당한 사유를 인정할 수 있다(대판 2022. 1. 14, 2021다272346).

2. 임대인이 다른 사유로 신규 임대차계약 체결을 거절한 후 사후적으로 1년 6개월 동안 상가건물을 영리 목적으로 사용하지 않았다는 사정만으로는 위 조항에 따른 정당한 사유로 인정할 수 없다(대판 2021. 11. 25, 2019다285257).

3. 구 상가건물 임대차보호법(2018. 10. 16. 개정되기 전의 것) 제10조의4의 문언과 내용・입법 취지에 비추어 보면, 구 상가임대차법 제10조 제2항에 따라 최초의 임대차기간을 포함한 전체 임대차기간이 5년(→ 2018. 10. 16. 개정되어 현재는 10년)을 초과하여 임차인이 계약갱신요구권을 행사할 수 없는 경우에도 임대인은 같은 법 제10조의4 제1항에 따른 권리금 회수기회 보호의무를 부담한다고 보아야 한다(대판 2019. 5. 16, 2017다225312・225329).

4. **구 상가건물 임대차보호법 제10조의4에서 정한 권리금 회수 방해로 인한 손해배상책임이 성립하기 위하여 반드시 임차인과 신규임차인이 되려는 자 사이에 권리금 계약이 미리 체결되어 있어야 하는지 여부(소극)**
   구 상가건물 임대차보호법(2018. 10. 16. 개정되기 전의 것) 제10조의3, 제10조의4의 문언과 내용・입법 취지 등을 종합하면, 임차인이 구체적인 인적사항을 제시하면서 신규임차인이 되려는 자를 임대인에게 주선하였는데, 임대인이 제10조의4 제1항에서 정한 기간에 이러한 신규임차인이 되려는 자에게 권리금을 요구하는 등 제1항 각호의 어느 하나에 해당하는 행위를 함으로써 임차인이 신규임차인으로부터 권리금을 회수하는 것을 방해한 때에는 임대인은 임차인이 입은 손해를 배상할 책임이 있고, 이때 권리금 회수 방해를 인정하기 위하여 반드시 임차인과 신규임차인이 되려는 자 사이에 권리금 계약이 미리 체결되어 있어야 하는 것은 아니다. … 현실적으로 권리금은 임대차계약의 차임, 임차보증금, 기간 등 조건과 맞물려 정해지는 경우가 많다. 신규임차인이 되려는 자가 임대인과의 임대차계약 조건에 따라서 임차인에게 지급하려고 하는 권리금 액수가 달라질 수 있고, 이러한 이유로 권리금 계약과 임대차계약이 동시에 이루어지는 경우도 있다. 임대인이 임대차기간이 종료될 무렵 현저히 높은 금액으로 임차보증금이나 차임을 요구하거나 더 이상 상가건물을 임대하지 않겠다고 하는 등 새로운 임대차계약 체결 자체를 거절하는 태도를 보이는 경우 임차인이 신규임차인이 되려는 자를 찾아 권리금 계약을 체결하는 것은 사실상 불가능하다. 이러한 임대인의 행위는 상가임대차법 제10조의4 제1항 제3호, 제4호에서 정한 방해행위에 해당한다고 볼 수 있고, 임차인과 신규임차인이 되려는 자 사이에 권리금 계약이 체결되지 않았더라도 임대인은 임차인의 권리금 회수 방해를 이유로 손해배상책임을 진다고 보아야 한다(대판 2019. 7. 10, 2018다239608).

5. **[1] 상가건물 임대차보호법 제10조의4에서 정한 권리금 회수 방해로 인한 손해배상책임이 성립하기 위해서는 임차인이 구체적인 인적사항을 제시하면서 신규 임차인이 되려는 자를 임대인에게 주선하였어야 하는지 여부(원칙적 적극) / 임대인이 정당한 사유 없이 임차인이 주선할 신규 임차인이 되려는 자와 임대차계약을 체결할 의사가 없음을 확정적으로 표시한 경우, 임차인이 실제로 신규 임차인을 주선하지 않았더라도 임대인에게 권리금 회수 방해로 인한 손해배상을 청구할 수 있는지 여부(적극)**
   상가건물 임대차보호법 제10조의3・제10조의4의 문언과 내용・입법 취지 등을 종합하면, 임차인이 구체적인 인적사항을 제시하면서 신규 임차인이 되려는 자를 임대인에게 주선하였음에도 임대인이 상가임대차법 제10조의4 제1항에서 정한 기간에 이러한 신규 임차인이 되려는 자에게 권리금을 요구하는 등 위 제1항 각 호의 어느 하나에 해당하는 행위를 함으로써 임차인이 신규 임차인으로부터 권리금을 회수하는 것을 방해한 때에는 임대인은 임차인이 입은 손해를 배상할 책임이 있다. 특히, 임대차계약이 종료될 무렵 신규 임차인의 주선과 관련해서 임대인과 임차인이 보인 언행과 태도, 이를 둘러싼 구체적 사정 등을 종합적으로 살펴볼 때, 임대인이 정당한 사유 없이 임차인이 신규 임차인이 되려는 자를 주선하더라도 그와 임대차계약을 체결하지 않겠다는 의사를 확정적으로 표시한 경우에는 임차인이 실제로 신규 임차인을 주선하지 않았더라도 위와 같은 손해배상책임을 진다.

[2] **임대인이 신규 임차인이 되려는 사람과 임대차계약 체결을 위한 협의 과정에서 철거·재건축 계획 및 그 시점을 고지하였다는 사정만으로 상가건물 임대차보호법 제10조의4 제1항 제4호에서 정한 '권리금 회수 방해행위'에 해당한다고 볼 수 있는지 여부(원칙적 소극)**

건물 내구연한 등에 따른 철거·재건축의 필요성이 객관적으로 인정되지 않거나 그 계획·단계가 구체화되지 않았음에도 임대인이 신규 임차인이 되려는 사람에게 짧은 임대 가능기간만 확정적으로 제시·고수하는 경우 또는 임대인이 신규 임차인이 되려는 사람에게 고지한 내용과 모순되는 정황이 드러나는 등의 특별한 사정이 없는 한, 임대인이 신규 임차인이 되려는 사람과 임대차계약 체결을 위한 협의 과정에서 철거·재건축 계획 및 그 시점을 고지하였다는 사정만으로는 상가건물 임대차보호법 제10조의4 제1항 제4호에서 정한 '권리금 회수 방해행위'에 해당한다고 볼 수 없다. 임대차계약의 갱신에 관한 상가임대차법 제10조 제1항과 권리금의 회수에 관한 상가임대차법 제10조의3, 제10조의4의 각 규정의 내용·취지가 같지 아니한 이상, 후자의 규정이 적용되는 임대인의 고지 내용에 상가임대차법 제10조 제1항 제7호 각 목의 요건이 충족되지 않더라도 마찬가지이다(대판 2022. 8. 11, 2022다204498).

6. 임대인이 스스로 영업할 계획이라는 이유만으로 임차인이 주선한 신규 임차인이 되려는 자와 임대차계약의 체결을 거절한 것에는 구 상가임대차법 제10조의4 제1항 제4호에서 정한 정당한 사유가 있다고 볼 수 없다(대판 2020. 9. 3, 2018다252441·252458).

7. 임대인의 권리금 회수기회 방해로 인한 손해배상책임은 상가임대차법이 그 요건, 배상범위 및 소멸시효를 특별히 규정한 법정책임이고, 그 손해배상채무는 임대차가 종료한 날에 이행기가 도래하여 그 다음 날부터 지체책임이 발생하는 것으로 보아야 한다(대판 2023. 2. 2, 2022다260586).

8. [1] **'동시이행의 항변권' 제도의 취지 및 당사자가 부담하는 각 채무가 쌍무계약에서 고유의 대가관계에 있는 채무가 아니더라도 동시이행의 항변권을 인정할 수 있는 경우**

동시이행의 항변권은 공평의 관념과 신의칙에 입각하여 각 당사자가 부담하는 채무가 서로 대가적 의미를 가지고 관련되어 있을 때 그 이행에 견련관계를 인정하여 당사자 일방은 상대방이 채무를 이행하거나 이행의 제공을 하지 아니한 채 당사자 일방의 채무의 이행을 청구할 때에는 자기의 채무 이행을 거절할 수 있도록 하는 제도이다. 이러한 제도의 취지에서 볼 때 당사자가 부담하는 각 채무가 쌍무계약에서 고유의 대가관계에 있는 채무가 아니더라도, 양 채무가 동일한 법률요건으로부터 생겨서 대가적 의미가 있거나 공평의 관점에서 보아 견련적으로 이행시킴이 마땅한 경우에는 동시이행의 항변권을 인정할 수 있다.

[2] **임대차계약 종료에 따른 임차인의 임차목적물 반환의무와 임대인의 권리금 회수 방해로 인한 손해배상의무가 동시이행관계에 있는지 여부(소극)**

임차인의 임차목적물 반환의무는 임대차계약의 종료에 의하여 발생하나, 임대인의 권리금 회수 방해로 인한 손해배상의무는 상가건물 임대차보호법에서 정한 권리금 회수기회 보호의무 위반을 원인으로 하고 있으므로 양 채무는 동일한 법률요건이 아닌 별개의 원인에 기하여 발생한 것일 뿐 아니라 공평의 관점에서 보더라도 그 사이에 이행상 견련관계를 인정하기 어렵다(대판 2019. 7. 10, 2018다242727).

12. 차임연체와 해지

제10조의8【차임연체와 해지】 임차인의 차임연체액이 3기의 차임액에 달하는 때에는 임대인은 계약을 해지할 수 있다.
제10조의9【계약 갱신요구 등에 관한 임시 특례】 임차인이 이 법(법률 제17490호 상가건물 임대차보호법 일부개정법률을 말한다) 시행일부터 6개월까지의 기간 동안 연체한 차임액은 제10조 제1항 제1호, 제10조의4 제1항 단서 및 제10조의8의 적용에 있어서는 차임연체액으로 보지 아니한다. 이 경우 연체한 차임액에 대한 임대인의 그 밖의 권리는 영향을 받지 아니한다.

13. 차임 등의 증감청구권

제11조【차임 등의 증감청구권】 ① 차임 또는 보증금이 임차건물에 관한 조세, 공과금, 그 밖의 부담의 증감이나 「감염병의 예방 및 관리에 관한 법률」 제2조 제2호에 따른 제1급 감염병 등에 의한 경제 사정의 변동으로 인하여 상당하지 아니하게 된 경우에는 당사자는 장래의 차임 또는 보증금에 대하여 증감을 청구할 수 있다. 그러나 증액의 경우에는 대통령령으로 정하는 기준에 따른 비율을 초과하지 못한다.
② 제1항에 따른 증액 청구는 임대차계약 또는 약정한 차임 등의 증액이 있은 후 1년 이내에는 하지 못한다.
③ 「감염병의 예방 및 관리에 관한 법률」 제2조 제2호에 따른 제1급 감염병에 의한 경제사정의 변동으로 차임 등이 감액된 후 임대인이 제1항에 따라 증액을 청구하는 경우에는 증액된 차임 등이 감액 전 차임 등의 금액에 달할 때까지는 같은 항 단서를 적용하지 아니한다.
시행령 제4조【차임 등 증액청구의 기준】 법 제11조 제1항의 규정에 의한 차임 또는 보증금의 증액청구는 청구당시의 차임 또는 보증금의 100분의 5의 금액을 초과하지 못한다.

13-1. 폐업으로 인한 임차인의 해지권

제11조의2【폐업으로 인한 임차인의 해지권】 ① 임차인은 「감염병의 예방 및 관리에 관한 법률」 제49조 제1항 제2호에 따른 집합 제한 또는 금지 조치(같은 항 제2호의2에 따라 운영시간을 제한한 조치를 포함한다)를 총 3개월 이상 받음으로써 발생한 경제사정의 중대한 변동으로 폐업한 경우에는 임대차계약을 해지할 수 있다.
② 제1항에 따른 해지는 임대인이 계약해지의 통고를 받은 날부터 3개월이 지나면 효력이 발생한다.

14. 월차임 전환 시 산정율의 제한

제12조【월차임 전환 시 산정률의 제한】 보증금의 전부 또는 일부를 월 단위의 차임으로 전환하는 경우에는 그 전환되는 금액에 다음 각 호 중 낮은 비율을 곱한 월차임의 범위를 초과할 수 없다.
 1. 「은행법」에 따른 은행의 대출금리 및 해당 지역의 경제 여건 등을 고려하여 대통령령으로 정하는 비율
 2. 한국은행에서 공시한 기준금리에 대통령령으로 정하는 배수를 곱한 비율

시행령 제5조【월차임 전환 시 산정률】 ① 법 제12조 제1호에서 "대통령령으로 정하는 비율"이란 연 1할 2푼을 말한다.
② 법 제12조 제2호에서 "대통령령으로 정하는 배수"란 4.5배를 말한다.

15. 전대차관계에 대한 적용 등

제13조【전대차관계에 대한 적용 등】 ① 제10조, 제10조의2, 제10조의8, 제10조의9(제10조 및 제10조의8에 관한 부분으로 한정한다), 제11조 및 제12조는 전대인과 전차인의 전대차관계에 적용한다.
② 임대인의 동의를 받고 전대차계약을 체결한 전차인은 임차인의 계약갱신요구권 행사기간 이내에 임차인을 대위하여 임대인에게 계약갱신요구권을 행사할 수 있다.

16. 보증금 중 일정액의 보호

제14조【보증금 중 일정액의 보호】 ① 임차인은 보증금 중 일정액을 다른 담보물권자보다 우선하여 변제받을 권리가 있다. 이 경우 임차인은 건물에 대한 경매신청의 등기 전에 제3조 제1항의 요건을 갖추어야 한다.
③ 제1항에 따라 우선변제를 받을 임차인 및 보증금 중 일정액의 범위와 기준은 임대건물가액(임대인 소유의 대지가액을 포함한다)의 2분의 1 범위에서 해당 지역의 경제 여건, 보증금 및 차임 등을 고려하여 제14조의2에 따른 상가건물임대차위원회의 심의를 거쳐 대통령령으로 정한다.

시행령 제6조【우선변제를 받을 임차인의 범위】 법 제14조의 규정에 의하여 우선변제를 받을 임차인은 보증금과 차임이 있는 경우 법 제2조 제2항의 규정에 의하여 환산한 금액의 합계가 다음 각 호의 구분에 의한 금액 이하인 임차인으로 한다.
  1. 서울특별시 : 6천 500만 원
  2. 「수도권정비계획법」에 따른 과밀억제권역(서울특별시는 제외한다) : 5천 500만 원
  3. 광역시(「수도권정비계획법」에 따른 과밀억제권역에 포함된 지역과 군지역은 제외한다), 안산시, 용인시, 김포시 및 광주시 : 3천 8백만 원
  4. 그 밖의 지역 : 3천만 원

시행령 제7조【우선변제를 받을 보증금의 범위 등】 ① 법 제14조의 규정에 의하여 우선변제를 받을 보증금중 일정액의 범위는 다음 각 호의 구분에 의한 금액 이하로 한다.
  1. 서울특별시 : 2천 200만 원
  2. 「수도권정비계획법」에 따른 과밀억제권역(서울특별시는 제외한다) : 1천 900만 원
  3. 광역시(「수도권정비계획법」에 따른 과밀억제권역에 포함된 지역과 군지역은 제외한다), 안산시, 용인시, 김포시 및 광주시 : 1천 300만 원
  4. 그 밖의 지역 : 1천만 원
② 임차인의 보증금 중 일정액이 상가건물의 가액의 2분의 1을 초과하는 경우에는 상가건물의 가액의 2분의 1에 해당하는 금액에 한하여 우선변제권이 있다.

③ 하나의 상가건물에 임차인이 2인 이상이고, 그 각 보증금 중 일정액의 합산액이 상가건물의 가액의 2분의 1을 초과하는 경우에는 그 각 보증금 중 일정액의 합산액에 대한 각 임차인의 보증금 중 일정액의 비율로 그 상가건물의 가액의 2분의 1에 해당하는 금액을 분할한 금액을 각 임차인의 보증금 중 일정액으로 본다.

17. 강행규정

제15조【강행규정】이 법의 규정에 위반된 약정으로서 임차인에게 불리한 것은 그 효력이 없다.

18. 일시사용을 위한 임대차

제16조【일시사용을 위한 임대차】이 법은 일시사용을 위한 임대차임이 명백한 경우에는 적용하지 아니한다.

19. 미등기전세에의 준용

제17조【미등기전세에의 준용】목적건물을 등기하지 아니한 전세계약에 관하여 이 법을 준용한다. 이 경우 "전세금"은 "임대차의 보증금"으로 본다.

20. 「소액사건심판법」의 준용

제18조【「소액사건심판법」의 준용】임차인이 임대인에게 제기하는 보증금반환청구소송에 관하여는 「소액사건심판법」제6조·제7조·제10조 및 제11조의2를 준용한다.

21. 표준계약서의 작성 등

제19조【표준계약서의 작성 등】법무부장관은 국토교통부장관과 협의를 거쳐 보증금, 차임액, 임대차기간, 수선비 분담 등의 내용이 기재된 상가건물임대차표준계약서를 정하여 그 사용을 권장할 수 있다.

제7절 고용

01 서설

1. 의의

> **제655조 【고용의 의의】** 고용은 당사자 일방이 상대방에 대하여 노무를 제공할 것을 약정하고 상대방이 이에 대하여 보수를 지급할 것을 약정함으로써 그 효력이 생긴다.

당사자 일방(노무자)이 상대방에 대하여 노무 내지 노동력을 제공할 것을 약정하고, 상대방(사용자)이 이에 대하여 보수를 지급할 것을 약정함으로써 성립하는 계약이다(제655조).

2. 법적 성질

고용은 노무제공에 대한 대가로서 사용자의 보수의 지급을 그 요소로 한다. 즉 쌍무·유상계약이며, 낙성·불요식의 계약이다.

02 고용의 효력

1. 노무자의 의무

(1) 노무제공의무

> **제657조 【권리의무의 전속성】** ① 사용자는 노무자의 동의 없이 그 권리를 제3자에게 양도하지 못한다.
> ② 노무자는 사용자의 동의 없이 제3자로 하여금 자기에 갈음하여 노무를 제공하게 하지 못한다.
> ③ 당사자 일방이 전2항의 규정에 위반한 때에는 상대방은 계약을 해지할 수 있다.

① 노무자는 계약에서 약정한 노무를 스스로 제공할 의무를 진다. 따라서 제3자로 하여금 자기에 갈음하여 노무를 제공케 할 때에는 사용자의 동의가 있어야 한다(제657조 제2항). 노무자가 이에 위반한 때에는 사용자는 계약을 해지할 수 있다(제657조 제3항).
② 사용자가 노무자에 대해 갖는 권리도 노무자의 동의 없이는 제3자에게 양도하지 못한다(제657조 제1항). 노무자는 사용자에 대한 신뢰에 기초하여 노무를 제공하고, 또 사용자가 누구냐에 따라 보수의 지급능력에 차이가 있을 수 있기 때문이다. 사용자가 이에 위반한 때에는 노무자는 계약을 해지할 수 있다(제657조 제3항).

2. 사용자의 의무

(1) 보수지급의무

> 제656조 【보수액과 그 지급시기】 ① 보수 또는 보수액의 약정이 없는 때에는 관습에 의하여 지급하여야 한다.
> ② 보수는 약정한 시기에 지급하여야 하며 시기의 약정이 없으면 관습에 의하고 관습이 없으면 약정한 노무를 종료한 후 지체 없이 지급하여야 한다.

사용자는 노무자의 노무제공에 대한 대가로서 보수를 지급하여야 하는데, 민법은 그 지급시기에 관해서만 정할 뿐 그 밖의 사항에 대해서는 관습이나 당사자의 약정에 맡기고 있다. 보수는 약정한 시기에 지급하여야 하며, 시기의 약정이 없으면 관습에 의하고, 관습이 없으면 약정한 노무를 종료한 후 지체 없이 지급하여야 한다(제656조 제2항). 즉, 보수는 특약이 없는 한 후급이 원칙이다.

(2) 보호의무

사용자는 근로계약에 수반되는 신의칙상의 부수적 의무로서 피용자가 노무를 제공하는 과정에서 생명·신체·건강을 해치는 일이 없도록 인적·물적 환경을 정비하는 등 필요한 조치를 강구하여야 할 보호의무를 부담한다(99다47129). 사용자가 안전배려의무를 위반하여 노무자가 피해를 입은 경우에는 고용계약의 위반에 따른 채무불이행으로서 손해배상책임을 진다(제390조).

03 고용의 종료

1. 고용기간의 만료

> 제662조 【묵시의 갱신】 ① 고용기간이 만료한 후 노무자가 계속하여 그 노무를 제공하는 경우에 사용자가 상당한 기간 내에 이의를 하지 아니한 때에는 전 고용과 동일한 조건으로 다시 고용한 것으로 본다. 그러나 당사자는 제660조의 규정에 의하여 해지의 통고를 할 수 있다.
> ② 전항의 경우에는 전 고용에 대하여 제3자가 제공한 담보는 기간의 만료로 인하여 소멸한다.

(1) 당사자가 고용기간을 정한 경우에는 그 기간의 만료로 고용은 종료한다.

(2) 고용기간이 만료하기 전에 또는 만료한 후에도 당사자의 합의로 이를 갱신할 수 있다.

(3) 그런데 고용기간이 만료한 후에 갱신의 합의 없이 노무자가 계속하여 노무를 제공하고 이에 대해 사용자가 상당한 기간 내에 이의를 제기하지 않는 경우, 민법은 당사자의 의사를 추단하여 전 고용과 동일한 조건으로 다시 고용한 것으로 본다(제662조 제1항 본문). 다만 고용기간에 한해서는 기간의 정함이 없는 것으로 보고, 따라서 당사자는 언제든지 계약해지의 통고를 할 수 있고, 그 통고를 받은 때로부터 1개월이 경과하면 해지의 효력이 생긴다(제662조 제1항 단서·제660조).

(4) 묵시의 갱신의 경우에 전 고용과 동일성이 유지되므로, 노무자의 채무의 담보로서 노무자 자신이 제공한 담보는 그대로 존속한다. 그러나 제3자가 담보를 제공한 때에는 기간의 만료로 그 담보는 소멸한다(제662조 제2항).

2. 해지통고

(1) 기간의 약정이 없는 경우

> 제660조 【기간의 약정이 없는 고용의 해지통고】 ① 고용기간의 약정이 없는 때에는 당사자는 언제든지 계약해지의 통고를 할 수 있다.
> ② 전항의 경우에는 상대방이 해지의 통고를 받은 날로부터 1월이 경과하면 해지의 효력이 생긴다.
> ③ 기간으로 보수를 정한 때에는 상대방이 해지의 통고를 받은 당기 후의 1기를 경과함으로써 해지의 효력이 생긴다.

(2) 기간의 약정이 있는 경우

> 제659조 【3년 이상의 경과와 해지통고권】 ① 고용의 약정기간이 3년을 넘거나 당사자의 일방 또는 제3자의 종신까지로 된 때에는 각 당사자는 3년을 경과한 후 언제든지 계약해지의 통고를 할 수 있다.
> ② 전항의 경우에는 상대방이 해지의 통고를 받은 날로부터 3월이 경과하면 해지의 효력이 생긴다.

3. 해지

(1) 제657조와 제658조의 해지

> **제657조【권리의무의 전속성】** ① 사용자는 노무자의 동의 없이 그 권리를 제3자에게 양도하지 못한다.
> ② 노무자는 사용자의 동의 없이 제3자로 하여금 자기에 갈음하여 노무를 제공하게 하지 못한다.
> ③ 당사자 일방이 전2항의 규정에 위반한 때에는 상대방은 계약을 해지할 수 있다.
>
> **제658조【노무의 내용과 해지권】** ① 사용자가 노무자에 대하여 약정하지 아니한 노무의 제공을 요구한 때에는 노무자는 계약을 해지할 수 있다.
> ② 약정한 노무가 특수한 기능을 요하는 경우에 노무자가 그 기능이 없는 때에는 사용자는 계약을 해지할 수 있다.

(2) 부득이한 사유와 해지

> **제661조【부득이한 사유와 해지권】** 고용기간의 약정이 있는 경우에도 부득이한 사유 있는 때에는 각 당사자는 계약을 해지할 수 있다. 그러나 그 사유가 당사자 일방의 과실로 인하여 생긴 때에는 상대방에 대하여 손해를 배상하여야 한다.

(3) 사용자의 파산과 해지

> **제663조【사용자파산과 해지통고】** ① 사용자가 파산선고를 받은 경우에는 고용기간의 약정이 있는 때에도 노무자 또는 파산관재인은 계약을 해지할 수 있다.
> ② 전항의 경우에는 각 당사자는 계약해지로 인한 손해의 배상을 청구하지 못한다.

4. 당사자의 사망

노무제공의무는 일신전속적인 것이므로 노무자의 사망은 고용관계를 종료케 한다. 그러나 사용자의 사망은 고용관계를 종료시키지 않는 것이 원칙이다. 다만, 사용자를 교수하고 간호한다는 것처럼 사용자의 개성에 중점을 두고 있는 노무의 경우에는, 그 사용자의 사망으로 고용은 종료된다고 본다.

제8절 도급

01 서설

1. 의의

> **제664조 【도급의 의의】** 도급은 당사자 일방이 어느 일을 완성할 것을 약정하고 상대방이 그 일의 결과에 대하여 보수를 지급할 것을 약정함으로써 그 효력이 생긴다.

도급은 당사자의 일방(수급인)이 어떤 일을 완성할 것을 약정하고, 상대방(도급인)이 그 일의 결과에 대하여 보수를 지급할 것을 약정함으로써 성립하는 계약이다(제664조). 도급은 고용·위임·임치 등과 같이 타인의 노무를 이용하는 계약에 속하는 것이지만, '일의 완성'이라는 결과에 목적을 두는 점에서 차이가 있다.

2. 법적 성질

도급계약은 유상·쌍무·낙성·불요식계약이다.

3. 제작물공급계약 1회 2문, 8회 1-(1)문, 11회 2문

(1) 의의

당사자의 일방이 상대방의 주문에 따라서 자기의 소유에 속하는 재료를 사용하여 만든 물건을 공급할 것을 약정하고, 이에 대하여 상대방이 대가를 지급하기로 약정하는 계약이다.

(2) 법적 성질

제작물공급계약은, 그 제작의 측면에서는 도급의 성질이 있고 공급의 측면에서는 매매의 성질이 있어 이러한 계약은 대체로 매매와 도급의 성질을 함께 가지고 있는 것으로서, 그 적용 법률은 계약에 의하여 제작 공급하여야 할 물건이 대체물인 경우에는 매매로 보아서 매매에 관한 규정이 적용된다고 할 것이나, 물건이 특정의 주문자의 수요를 만족시키기 위한 부대체물인 경우에는 당해 물건의 공급과 함께 그 제작이 계약의 주목적이 되어 도급의 성질을 띠는 것이다(94다42976).

> **판례**
>
> 1. [1] **제작물공급계약에서 보수의 지급시기 및 보수 지급의 요건인 '목적물의 인도'의 의미**
> 제작물공급계약에서 보수의 지급시기에 관하여 당사자 사이의 특약이나 관습이 없으면 도급인은 완성된 목적물을 인도받음과 동시에 수급인에게 보수를 지급하는 것이 원칙이고, 이때 목적물의 인도는 완성된 목적물에 대한 단순한 점유의 이전만을 의미하는 것이 아니라 도급인이 목적물을 검사한 후 그 목적물이 계약내용대로 완성되었음을 명시적 또는 묵시적으로 시인하는 것까지 포함하는 의미이다.

[2] **제작물공급계약의 당사자들이 보수의 지급시기에 관하여 "수급인이 공급한 목적물을 도급인이 검사하여 합격하면, 도급인은 수급인에게 그 보수를 지급한다."라는 내용으로 약정을 체결한 경우, 그 약정이 조건부 약정 또는 순수수의조건부 약정에 해당하는지 여부(소극)**

제작물공급계약의 당사자들이 보수의 지급시기에 관하여 "수급인이 공급한 목적물을 도급인이 검사하여 합격하면, 도급인은 수급인에게 그 보수를 지급한다."라는 내용으로 한 약정은 도급인의 수급인에 대한 보수지급의무와 동시이행관계에 있는 수급인의 목적물 인도의무를 확인한 것에 불과하므로, 법률행위의 효력 발생을 장래의 불확실한 사실의 성부에 의존하게 하는 법률행위의 부관인 조건에 해당하지 아니할 뿐만 아니라, 조건에 해당한다 하더라도 검사에의 합격 여부는 도급인의 일방적인 의사에만 의존하지 않고 그 목적물이 계약내용대로 제작된 것인지 여부에 따라 객관적으로 결정되므로 순수수의조건에 해당하지 않는다.

[3] **제작물공급계약의 수급인이 보수의 지급을 청구하는 경우에 주장·증명하여야 할 사항**

도급계약에 있어 일의 완성에 관한 주장·입증책임은 일의 결과에 대한 보수의 지급을 청구하는 수급인에게 있고, 제작물공급계약에서 일이 완성되었다고 하려면 당초 예정된 최후의 공정까지 일단 종료하였다는 점만으로는 부족하고 목적물의 주요구조 부분이 약정된 대로 시공되어 사회통념상 일반적으로 요구되는 성능을 갖추고 있어야 하므로, 제작물공급에 대한 보수의 지급을 청구하는 수급인으로서는 그 목적물 제작에 관하여 계약에서 정해진 최후 공정을 일단 종료하였다는 점뿐만 아니라 그 목적물의 주요구조 부분이 약정된 대로 시공되어 사회통념상 일반적으로 요구되는 성능을 갖추고 있다는 점까지 주장·입증하여야 한다(대판 2006. 10. 13, 2004다21862).

2. **도급계약의 당사자들이 '수급인이 공급한 목적물을 도급인이 검사하여 합격하면, 도급인은 수급인에게 보수를 지급한다.'고 정한 경우, '검사 합격'의 법적 성질(= 불확정기한) 및 수급인의 보수지급청구권의 기한이 도래하는 시기**

도급계약의 당사자들이 '수급인이 공급한 목적물을 도급인이 검사하여 합격하면, 도급인은 수급인에게 보수를 지급한다.'고 정한 경우 도급인의 수급인에 대한 보수지급의무와 동시이행관계에 있는 수급인의 목적물 인도의무를 확인한 것에 불과하고 '검사 합격'은 법률행위의 효력 발생을 좌우하는 조건이 아니라 보수지급시기에 관한 불확정기한이다. 따라서 수급인이 도급계약에서 정한 일을 완성한 다음 검사에 합격한 때 또는 검사 합격이 불가능한 것으로 확정된 때 보수지급청구권의 기한이 도래한다(대판 2019. 9. 10, 2017다272486·272493).

02 도급의 성립

1. 도급계약의 목적

(1) 일의 완성

① 도급은 일의 완성을 목적으로 한다. 일이라 함은 노무에 의하여 생기는 결과를 말하며, 건물의 건축·선박의 건조·가구의 제작이나 수선 등과 유형적인 결과뿐만 아니라, 원고의 출판·운송·음악의 연주 등과 같은 무형적인 결과도 포함한다.

② 공사도급계약에 있어서 당사자 사이에 특약이 있거나 일의 성질상 수급인 자신이 하지 않으면 채무의 본지에 따른 이행이 될 수 없다는 등의 특별한 사정이 없는 한 반드시 수급인 자신이 직접 일을 완성하여야 하는 것은 아니고, 이행보조자 또는 이행대행자를 사용하더라도 공사도급계약에서 정한 대로 공사를 이행하는 한 계약을 불이행하였다고 볼 수 없다(2001다82545·82552).

(2) 보수의 지급

도급인은 수급인에게 일의 결과에 대하여 보수를 지급할 의무가 있다(제664조). 이때 보수의 종류에는 제한이 없으며 금전에 한하지 않는다. 또한 일의 완성과 보수의 지급은 대가관계에 있다. 따라서 도급계약에 의하여 수급인이 노무를 제공하더라도 일의 완성이 없으면 도급인은 보수를 지급할 의무를 지지 않는다는 점에 있어서 위임계약과 구별된다.

03 도급의 효력

1. 수급인의 의무

(1) 일을 완성할 의무

① 수급인은 약정된 기한 내에 계약의 내용에 좇아 일을 완성할 의무를 진다(제664조). 도급인은 그 일의 결과에 대하여 보수를 지급할 의무가 있는 것이므로, 수급인이 그 기한 내에 일을 완성하지 못하면 채무불이행책임을 진다.
② 도급계약에서 일의 완성에 관한 주장·입증책임은 일의 결과에 대한 보수의 지급을 청구하는 수급인에게 있다.

> **판례**
>
> 1. **공사도급계약에 있어서 반드시 수급인 자신이 직접 일을 완성하지 않으면 계약불이행이 되는지 여부(한정 소극)**
>   당사자 사이에 특약이 있거나 일의 성질상 수급인 자신이 하지 않으면 채무의 본지에 따른 이행이 될 수 없다는 등의 특별한 사정이 없는 한 반드시 수급인 자신이 직접 일을 완성하여야 하는 것은 아니고, 이행보조자 또는 이행대행자를 사용하더라도 공사도급계약에서 정한 대로 공사를 이행하는 한 계약을 불이행하였다고 볼 수 없다(대판 2002. 4. 12, 2001다82545·82552).
>
> 2. 공사도급계약에 있어서 수급인의 공사중단이나 공사지연으로 인하여 약정된 공사기한 내의 공사완공이 불가능하다는 것이 명백하여진 경우에는 도급인은 그 공사기한이 도래하기 전이라도 계약을 해제할 수 있지만, 그에 앞서 수급인에 대하여 위 공사기한으로부터 상당한 기간 내에 완공할 것을 최고하여야 하고, 다만 예외적으로 수급인이 미리 이행하지 아니할 의사를 표시한 때에는 위와 같은 최고 없이도 계약을 해제할 수 있다(대판 1996. 10. 25, 96다21393·21409).

3. 공사 도급계약상 공사가 '미완성'된 경우와 공사를 완성하였으나 '하자'가 있음에 불과한 경우의 구별 기준

공사가 도중에 중단되어 예정된 최후의 공정을 종료하지 못한 경우에는 공사가 미완성된 것으로 볼 것이지만, 공사가 당초 예정된 최후의 공정까지 일응 종료하고 그 주요 구조 부분이 약정된 대로 시공되어 사회통념상 일이 완성되었고 다만 그것이 불완전하여 보수를 하여야 할 경우에는 공사가 완성되었으나 목적물에 하자가 있는 것에 지나지 아니한다고 해석함이 상당하고, 예정된 최후의 공정을 종료하였는지 여부는 수급인의 주장이나 도급인이 실시하는 준공검사 여부에 구애됨이 없이 당해 공사 도급계약의 구체적 내용과 신의성실의 원칙에 비추어 객관적으로 판단할 수밖에 없고, 이와 같은 기준은 공사 도급계약의 수급인이 공사의 준공이라는 일의 완성을 지체한 데 대한 손해배상액의 예정으로서의 성질을 가지는 지체상금에 관한 약정에 있어서도 그대로 적용된다(대판 2009. 6. 25, 2008다18932·18949).

4. [1] 공사도급계약을 체결하면서 지체상금약정과 별도로 손해배상약정을 한 경우, 부실공사와 같은 불완전급부 등으로 발생한 손해에 대하여 위 손해배상약정에 기하여 별도로 그 배상을 청구할 수 있는지 여부(원칙적 적극)

공사도급계약을 체결하면서 건설교통부 고시 '민간건설공사 표준도급계약 일반조건'을 계약의 일부로 편입하기로 합의하였고, 위 일반조건에서 지체상금에 관한 규정과 별도로 계약의 해제·해지로 인한 손해배상청구에 관한 규정을 두고 있는 경우, 채무불이행에 관한 손해배상액의 예정은 당사자의 합의로 행하여지는 것으로서, 그 내용이 어떠한가, 특히 어떠한 유형의 채무불이행에 관한 손해배상을 예정한 것인가는 무엇보다도 당해 약정의 해석에 의하여 정하여지는 바, 위 일반조건의 지체상금약정은 수급인이 공사완성의 기한 내에 공사를 완성하지 못한 경우에 완공의 지체로 인한 손해배상책임에 관하여 손해배상액을 예정하였다고 해석할 것이고, 수급인이 완공의 지체가 아니라 그 공사를 부실하게 한 것과 같은 불완전급부 등으로 인하여 발생한 손해는 그것이 그 부실공사 등과 상당인과관계가 있는 완공의 지체로 인하여 발생한 것이 아닌 한 위 지체상금약정에 의하여 처리되지 아니하고 도급인은 위 일반조건의 손해배상약정에 기하여 별도로 그 배상을 청구할 수 있다. 이 경우 손해배상의 범위는 민법 제393조 등과 같은 그 범위획정에 관한 일반법리에 의하여 정하여지고, 그것이 위 지체상금약정에 기하여 산정되는 지체상금액에 제한되어 이를 넘지 못한다고 볼 것이 아니다.

[2] 수급인이 완공기한 내에 공사를 완성하지 못한 채 중단하여 계약이 해제된 결과 완공이 지연된 경우, 지체상금의 발생시기 및 종기

수급인이 완공기한 내에 공사를 완성하지 못한 채 공사를 중단하고 계약이 해제된 결과 완공이 지연된 경우에 있어서 지체상금은 약정 준공일 다음날부터 발생하되 그 종기는 수급인이 공사를 중단하거나 기타 해제사유가 있어 도급인이 공사도급계약을 해제할 수 있었을 때(실제로 해제한 때가 아니다)부터 도급인이 다른 업자에게 맡겨서 공사를 완성할 수 있었던 시점까지이고, 수급인이 책임질 수 없는 사유로 인하여 공사가 지연된 경우에는 그 기간만큼 공제되어야 한다(대판 2010. 1. 28, 2009다41137·41144).

5. 수급인이 납품기한 내에 납품을 완료하지 못하면 지연된 일수에 비례하여 계약금액에 일정 비율을 적용하여 산정한 지체상금을 도급인에게 지급하기로 약정한 경우, 수급인이 책임질 수 없는 사유로 의무 이행이 지연되었다면 해당 기간만큼은 지체상금의 발생기간에서 공제되어야 한다. 그리고 도급계약의 보수 일부를 선급하기로 하는 특약이 있는 경우, 수급인은 그 제공이 있을 때까지 일의 착수를 거절할 수 있고 이로 말미암아 일의 완성이 지연되더라도 채무불이행책임을 지지 않으므로, 도급인이 수급인에 대하여 약정한 선급금의 지급을 지체하였다는 사정은 일의 완성이 지연된 데 대하여 수급인이 책임질 수 없는 사유에 해당한다. 따라서 도급인이 선급금 지급을 지체한 기간만큼은 수급인이 지급하여야 하는 지체상금의 발생기간에서 공제되어야 한다(대판 2016. 12. 15, 2014다14429·14436).

(2) 완성물 인도의무

> 제665조 【보수의 지급시기】 ① 보수는 그 완성된 목적물의 인도와 동시에 지급하여야 한다. 그러나 목적물의 인도를 요하지 아니하는 경우에는 그 일을 완성한 후 지체없이 지급하여야 한다.
> ② 전항의 보수에 관하여는 제656조 제2항의 규정을 준용한다.

① 도급에서 완성된 일의 결과가 물건인 때에는 수급인은 그 목적물을 도급인에게 인도하여야 한다. 수급인이 부담하는 일의 완성에는 그 결과인 물건의 인도도 포함된 것으로 본다.

② **완성물의 소유권귀속** 1회 2문, 8회 1-(1)문, 11회 2문

㉠ 도급계약에 기하여 유형물을 완성한 때에 그 완성물의 소유권은 도급인과 수급인 중 누구에게 귀속하느냐가 문제된다.

㉡ 도급인이 재료의 전부 또는 주요부분을 공급한 경우에는 도급인에게, 수급인이 제공한 때에는 수급인에게 각각 소유권이 귀속한다.

㉢ 수급인이 자기의 노력과 재료를 들여 건물을 완성하더라도, 완성된 건물의 소유권을 도급인에게 귀속시키기로 하는 특약이 있는 때에는, 그 건물의 소유권은 원시적으로 도급인에게 귀속한다(91다25505).

> **판례**
>
> 신축건물의 소유권을 원칙상 자기의 노력과 재료를 들여 이를 건축한 사람이 원시취득하는 것임은 물론이나, 건물신축도급계약에 있어서는 수급인이 자기의 노력과 재료를 들여 건물을 완성하더라도 도급인과 수급인 사이에 도급인명의로 건축허가를 받아 소유권보존등기를 하기로 하는 등 완성된 건물의 소유권을 도급인에게 귀속시키기로 합의한 경우에는 그 건물의 소유권은 도급인에게 원시적으로 귀속된다(대판 2005. 11. 25, 2004다36352).

(3) 수급인의 담보책임 8회 1-(2)문

1) 의의

도급은 매매와 같은 유상계약이지만, 매도인의 담보책임에 관한 규정을 준용하지 않고, 수급인의 담보책임에 관해서는 따로 규정한다(제667조~제672조). 수급인의 담보책임도 대가성의 유지를 실현하기 위해 법률이 정한 무과실책임이다.

> **판례**
>
> 1. **수급인의 하자담보책임으로서의 손해배상을 정함에 있어서 도급인의 과실을 참작할 수 있는지 여부(적극)**
> 수급인의 하자담보책임에 관한 민법 제667조는 법이 특별히 인정한 무과실책임으로서 여기에 민법 제396조의 과실상계 규정이 준용될 수는 없다 하더라도 담보책임이 민법의 지도이념인 공평의 원칙에 입각한 것인 이상 하자발생 및 그 확대에 가공한 도급인의 잘못을 참작하여 손해배상의 범위를 정함이 상당하다(대판 1990. 3. 9, 88다카31866).

2. **수급인의 담보책임에 의한 하자보수의무와 채무불이행책임에 의한 손해배상의무의 관계**
   액젓 저장탱크의 제작·설치공사도급계약에 의하여 완성된 저장탱크에 균열이 발생한 경우, 보수비용은 민법 제667조 제2항에 의한 수급인의 하자담보책임 중 하자보수에 갈음하는 손해배상이고, 액젓 변질로 인한 손해배상은 위 하자담보책임을 넘어서 수급인이 도급계약의 내용에 따른 의무를 제대로 이행하지 못함으로 인하여 도급인의 신체·재산에 발생한 손해에 대한 배상으로서 양자는 별개의 권원에 의하여 경합적으로 인정된다(대판 2004. 8. 20, 2001다70337).

2) 책임의 내용

> **제667조【수급인의 담보책임】** ① 완성된 목적물 또는 완성 전의 성취된 부분에 하자가 있는 때에는 도급인은 수급인에 대하여 상당한 기간을 정하여 그 하자의 보수를 청구할 수 있다. 그러나 하자가 중요하지 아니한 경우에 그 보수에 과다한 비용을 요할 때에는 그러하지 아니하다.
> ② 도급인은 하자의 보수에 갈음하여 또는 보수와 함께 손해배상을 청구할 수 있다.
> ③ 전항의 경우에는 제536조의 규정을 준용한다.

① 하자보수청구권

㉠ 요건: 완성된 목적물 또는 완성 전의 성취된 부분에 하자가 있어야 한다(제667조 제1항). 완성 전의 성취된 부분이란 도급계약에 따른 일이 전부 완성되지는 않았지만 하자가 발생한 부분의 작업이 완료된 상태를 말한다(2001다9304).

㉡ 효과: 도급인은 수급인에 대하여 상당한 기간을 정하여 그 하자의 보수를 청구할 수 있다(제667조 제1항 본문). 하자가 중요하지 아니한 경우에 그 보수에 과다한 비용을 요할 때에는 하자의 보수를 청구할 수 없다(제667조 제1항 단서).

판례

1. **도급인의 하자보수청구권 또는 손해배상청구권이 수급인의 보수지급청구권과 동시이행의 관계에 있는지 여부(적극)**
   도급계약에 있어서 완성된 목적물에 하자가 있는 때에는 도급인은 수급인에 대하여 하자의 보수를 청구할 수 있고, 그 하자의 보수에 갈음하여 또는 보수와 함께 손해배상을 청구할 수 있는 바, 이들 청구권은 특별한 사정이 없는 한 수급인의 보수지급청구권과 동시이행의 관계에 있다(대판 1991. 12. 10, 91다33056).

2. **[1] 수급인의 하자보수의무와 동시이행관계에 있는 도급인의 공사대금지급채무는 당해 하자가 발생한 부분의 기성공사대금에 한정되는 것인지 여부(소극)**
   기성고에 따라 공사대금을 분할하여 지급하기로 약정한 경우라도 특별한 사정이 없는 한 하자보수의무와 동시이행관계에 있는 공사대금지급채무는 당해 하자가 발생한 부분의 기성공사대금에 한정되는 것은 아니라고 할 것이다. 왜냐하면, 이와 달리 본다면 도급인이 하자발생사실을 모른 채 하자가 발생한 부분에 해당하는 기성공사의 대금을 지급하고 난 후 뒤늦게 하자를 발견한 경우에는 동시이행의 항변권을 행사하지 못하게 되어 공평에 반하기 때문이다.

[2] **도급인이 하자보수청구권을 행사하여 동시이행의 항변을 할 수 있는 기성공사대금의 범위가 하자 및 손해에 상응하는 액수에 한정된다고 한 사례**

미지급 공사대금에 비해 하자보수비 등이 매우 적은 편이고 하자보수공사가 완성되어도 공사대금이 지급될지 여부가 불확실한 경우, 도급인이 하자보수청구권을 행사하여 동시이행의 항변을 할 수 있는 기성공사대금의 범위는 하자 및 손해에 상응하는 금액으로 한정하는 것이 공평과 신의칙에 부합한다(대판 2001. 9. 18, 2001다9304).

② **손해배상청구권**: 도급인은 하자의 보수에 갈음하여 또는 보수와 함께 손해배상을 청구할 수 있다(제667조 제2항). 도급인의 손해배상청구권과 수급인의 보수청구권은 동시이행의 관계에 선다. 다만, 동시이행관계에 있는 보수청구권은 손해배상의 액에 상응하는 부분에 한한다.

> **판례**

1. **도급계약에 따라 완성된 목적물에 하자가 있는 경우, 수급인의 하자담보책임과 채무불이행책임이 경합적으로 인정되는지 여부(적극)**

   도급계약에 따라 완성된 목적물에 하자가 있는 경우, 수급인의 하자담보책임과 채무불이행책임은 별개의 권원에 의하여 경합적으로 인정된다. 목적물의 하자를 보수하기 위한 비용은 수급인의 하자담보책임과 채무불이행책임에서 말하는 손해에 해당한다. 따라서 도급인은 하자보수비용을 민법 제667조 제2항에 따라 하자담보책임으로 인한 손해배상으로 청구할 수도 있고, 민법 제390조에 따라 채무불이행으로 인한 손해배상으로 청구할 수도 있다. 하자보수를 갈음하는 손해배상에 관해서는 민법 제667조 제2항에 따른 하자담보책임만이 성립하고 민법 제390조에 따른 채무불이행책임이 성립하지 않는다고 볼 이유가 없다(대판 2020. 6. 11, 2020다201156).

2. **도급계약에서 완성된 목적물에 중요한 하자가 있는 경우, 하자의 보수에 갈음한 손해배상의 범위 / 완성된 건물 등에 중대한 하자가 있어 보수가 불가능하고 다시 건축할 수밖에 없는 경우, 건물 등을 철거하고 다시 건축하는 데 드는 비용 상당액을 하자로 인한 손해배상으로 청구할 수 있는지 여부(원칙적 적극)**

   도급계약에서 완성된 목적물에 하자가 있는 경우에 도급인은 수급인에게 하자의 보수나 하자의 보수에 갈음한 손해배상을 청구할 수 있다. 이때 하자가 중요한 경우에는 비록 보수에 과다한 비용이 필요하더라도 보수에 갈음하는 비용, 즉 실제로 보수에 필요한 비용이 모두 손해배상에 포함된다. 나아가 완성된 건물 기타 토지의 공작물(이하 '건물 등'이라 한다)에 중대한 하자가 있고 이로 인하여 건물 등이 무너질 위험성이 있어서 보수가 불가능하고 다시 건축할 수밖에 없는 경우에는, 특별한 사정이 없는 한 건물 등을 철거하고 다시 건축하는 데 드는 비용 상당액을 하자로 인한 손해배상으로 청구할 수 있다(대판 2016. 8. 18, 2014다31691·31707).

3. 도급계약에 있어서 완성된 목적물에 하자가 있을 경우에 도급인은 수급인에게 그 하자의 보수나 하자의 보수에 갈음한 손해배상을 청구할 수 있으나, 다만 하자가 중요하지 아니하면서 동시에 보수에 과다한 비용을 요할 때에는 하자의 보수나 하자의 보수에 갈음하는 손해배상을 청구할 수는 없고 하자로 인하여 입은 손해의 배상만을 청구할 수 있다고 할 것이고, 이러한 경우 하자로 인하여 입은 통상의 손해는 특별한 사정이 없는 한 도급인이 하자 없이 시공하였을 경우의 목적물의 교환가치와 하자가 있는 현재의 상태대로의 교환가치와의 차액이 된다 할 것이므로, 교환가치의 차액을 산출하기가 현실적으로 불가능한 경우의 통상의 손해는 하자 없이 시공하였을 경우의 시공비용과 하자 있는 상태대로의 시공비용의 차액이라고 봄이 상당하다(대판 1998. 3. 13, 97다54376).

③ 계약의 해제권

> 제668조【동전 – 도급인의 해제권】도급인이 완성된 목적물의 하자로 인하여 계약의 목적을 달성할 수 없는 때에는 계약을 해제할 수 있다. 그러나 건물 기타 토지의 공작물에 대하여는 그러하지 아니하다.

㉠ 하자보수청구권의 경우(제667조 제1항)와는 달리, 완성 전의 성취된 부분에 하자가 있는 때에는 해제권은 인정되지 않는다.
㉡ 완성된 목적물이 건물 기타 토지의 공작물인 경우에는 해제할 수 없다(제668조 단서).

판례

1. **완공된 집합건물의 하자로 인하여 계약의 목적을 달성할 수 없는 경우 수분양자는 이를 이유로 분양계약을 해제할 수 있는지 여부(적극)**

   집합건물의 소유 및 관리에 관한 법률 제9조 제1항이 위 법 소정의 건물을 건축하여 분양한 자의 담보책임에 관하여 수급인에 관한 민법 제667조 내지 제668조의 규정을 준용하도록 규정한 취지는 건축업자 내지 분양자로 하여금 견고한 건물을 짓도록 유도하고 부실하게 건축된 집합건물의 소유자를 두텁게 보호하기 위하여 집합건물의 분양자의 담보책임에 관하여 민법상 수급인의 담보책임에 관한 규정을 준용하도록 함으로써 분양자의 담보책임의 내용을 명확히 하는 한편 이를 강행규정화한 것으로서 분양자가 부담하는 책임의 내용이 민법상 수급인의 담보책임이라는 것이지 그 책임이 분양계약에 기한 것이라거나 아니면 분양계약의 법률적 성격이 도급이라는 취지는 아니며, 통상 대단위 집합건물의 경우 분양자는 대규모 건설업체임에 비하여 수분양자는 경제적 약자로서 수분양자를 보호할 필요성이 높다는 점, 집합건물이 완공된 후 개별분양계약이 해제되더라도 분양자가 집합건물의 부지사용권을 보유하고 있으므로 계약해제에 의하여 건물을 철거하여야 하는 문제가 발생하지 않을 뿐 아니라 분양자는 제3자와 새로 분양계약을 체결함으로써 그 집합건물 건축의 목적을 충분히 달성할 수 있는 점 등에 비추어 볼 때 집합건물의 소유 및 관리에 관한 법률 제9조 제1항이 적용되는 집합건물의 분양계약에 있어서는 민법 제668조 단서가 준용되지 않고 따라서 수분양자는 집합건물의 완공 후에도 분양목적물의 하자로 인하여 계약의 목적을 달성할 수 없는 때에는 분양계약을 해제할 수 있다(대판 2003. 11. 14, 2002다2485).

2. **건축공사도급계약이 해제될 당시 공사가 상당한 정도로 진척되어 이를 원상회복하는 것이 중대한 사회적·경제적 손실을 초래하고 완성된 부분이 도급인에게 이익이 되는 경우, 도급계약 해제에 따른 권리의무관계**

   건축공사도급계약이 수급인의 채무불이행을 이유로 해제될 당시 공사가 상당한 정도로 진척되어 이를 원상회복하는 것이 중대한 사회적·경제적 손실을 초래하고 완성된 부분이 도급인에게 이익이 된다면, 해당 도급계약은 미완성 부분에 대하여만 실효되어 수급인은 해제한 상태 그대로 건물을 도급인에게 인도하고 도급인은 특별한 사정이 없는 한 인도받은 미완성 건물에 대한 보수를 지급하여야 하는 권리의무관계가 성립한다. 이와 같은 경우 도급인이 지급하여야 할 미완성 건물에 대한 보수는 특별한 사정이 없는 한 당사자 사이에 약정한 총공사비에 기성고 비율을 적용한 금액이 되는 것이지, 수급인이 실제로 지출한 비용을 기준으로 할 것은 아니다. 이때의 기성고 비율은 공사대금 지급의무가 발생한 시점, 즉 수급인이 공사를 중단할 당시를 기준으로 이미 완성된 부분에 들어간 공사비에다 미시공 부분을 완성하는 데 들어갈 공사비를 합친 전체 공사비 가운데 완성된 부분에 들어간 비용이 차지하는 비율을 산정하여 확정하여야 한다. 다만 당사자 사이에 기성고 비율 산정에 관하여 특약이 있는 등 특별한 사정이 인정되는 경우라면 그와 달리 산정할 수 있다(대판 전합 2019. 12. 19, 2016다24284).

3) 책임의 감면에 관한 특칙

> **제669조 【동전 – 하자가 도급인의 제공한 재료 또는 지시에 기인한 경우의 면책】** 전2조의 규정은 목적물의 하자가 도급인이 제공한 재료의 성질 또는 도급인의 지시에 기인한 때에는 적용하지 아니한다. 그러나 수급인이 그 재료 또는 지시의 부적당함을 알고 도급인에게 고지하지 아니한 때에는 그러하지 아니하다.
>
> **제672조 【담보책임면제의 특약】** 수급인은 제667조, 제668조의 담보책임이 없음을 약정한 경우에도 알고 고지하지 아니한 사실에 대하여는 그 책임을 면하지 못한다.

판례

1. **건축 도급계약의 수급인이 설계도면대로 시공한 경우, 하자담보책임의 성립 여부(소극)**
   건축 도급계약의 수급인이 설계도면의 기재대로 시공한 경우, 이는 도급인의 지시에 따른 것과 같아서 수급인이 그 설계도면이 부적당함을 알고 도급인에게 고지하지 아니한 것이 아닌 이상, 그로 인하여 목적물에 하자가 생겼다 하더라도 수급인에게 하자담보책임을 지울 수는 없다(대판 1996. 5. 14, 95다24975).

2. **도급계약에 따라 완성된 목적물에 하자가 있는 경우, 수급인의 하자담보책임과 채무불이행책임이 경합적으로 인정되는지 여부(적극) 및 민법 제669조 본문의 규정이 채무불이행책임에도 적용되는지 여부(소극)**
   도급계약에 따라 완성된 목적물에 하자가 있는 경우, 수급인의 하자담보책임과 채무불이행책임은 별개의 권원에 의하여 경합적으로 인정된다. 민법 제669조 본문은 완성된 목적물의 하자가 도급인이 제공한 재료의 성질 또는 도급인의 지시에 기인한 때에는 수급인의 하자담보책임에 관한 규정이 적용되지 않는다고 정하고 있다. 그러나 이 규정은 수급인의 하자담보책임이 아니라 민법 제390조에 따른 채무불이행책임에는 적용되지 않는다(대판 2020. 1. 30, 2019다268252).

3. **민법 제672조의 규정은 수급인의 담보책임기간을 단축하는 등 법에 규정된 담보책임을 제한하는 약정을 한 경우에도 유추적용되는지 여부(한정 적극)**
   민법 제672조가 수급인이 담보책임이 없음을 약정한 경우에도 알고 고지하지 아니한 사실에 대하여는 그 책임을 면하지 못한다고 규정한 취지는 그와 같은 경우에도 담보책임을 면하게 하는 것은 신의성실의 원칙에 위배된다는 데 있으므로, 담보책임을 면제하는 약정을 한 경우뿐만 아니라 담보책임기간을 단축하는 등 법에 규정된 담보책임을 제한하는 약정을 한 경우에도, 수급인이 알고 고지하지 아니한 사실에 대하여 그 책임을 제한하는 것이 신의성실의 원칙에 위배된다면 그 규정의 취지를 유추하여 그 사실에 대하여는 담보책임이 제한되지 않는다고 보아야 한다(대판 1999. 9. 21, 99다19032).

4) 책임의 존속기간

> **제670조 【담보책임의 존속기간】** ① 전3조의 규정에 의한 하자의 보수, 손해배상의 청구 및 계약의 해제는 목적물의 인도를 받은 날로부터 1년 내에 하여야 한다.
> ② 목적물의 인도를 요하지 아니하는 경우에는 전항의 기간은 일의 종료한 날로부터 기산한다.
>
> **제671조 【수급인의 담보책임 – 토지, 건물 등에 대한 특칙】** ① 토지, 건물 기타 공작물의 수급인은 목적물 또는 지반공사의 하자에 대하여 인도 후 5년간 담보의 책임이 있다. 그러나 목적물이 석조, 석회조, 연와조, 금속 기타 이와 유사한 재료로 조성된 것인 때에는 그 기간을 10년으로 한다.
> ② 전항의 하자로 인하여 목적물이 멸실 또는 훼손된 때에는 도급인은 그 멸실 또는 훼손된 날로부터 1년 내에 제667조의 권리를 행사하여야 한다.

> **판례**
> 수급인의 담보책임에 기한 하자보수에 갈음하는 손해배상청구권에 대하여는 민법 제670조 또는 제671조의 제척기간이 적용되고, 이는 법률관계의 조속한 안정을 도모하고자 하는 데에 취지가 있다. 그런데 이러한 도급인의 손해배상청구권에 대하여는 권리의 내용·성질 및 취지에 비추어 민법 제162조 제1항의 채권 소멸시효의 규정 또는 도급계약이 상행위에 해당하는 경우에는 상법 제64조의 상사시효의 규정이 적용되고, 민법 제670조 또는 제671조의 제척기간 규정으로 인하여 위 각 소멸시효 규정의 적용이 배제된다고 볼 수 없다(대판 2012. 11. 15, 2011다56491).

2. 도급인의 의무

(1) 보수지급의무

> **제665조 【보수의 지급시기】** ① 보수는 그 완성된 목적물의 인도와 동시에 지급하여야 한다. 그러나 목적물의 인도를 요하지 아니하는 경우에는 그 일을 완성한 후 지체 없이 지급하여야 한다.
> ② 전항의 보수에 관하여는 제656조 제2항의 규정을 준용한다.

보수의 지급시기는 당사자 간에 특약이 있으면 그에 의하고, 특약이 없으면 관습에 의하며, 관습도 없으면 완성된 목적물의 인도와 동시에 지급하여야 한다. 다만 목적물의 인도를 요하지 아니하는 경우에는 그 일을 완성한 후 지체 없이 지급하여야 한다.

(2) 부동산공사 수급인의 저당권설정청구권

> **제666조 【수급인의 목적부동산에 대한 저당권설정청구권】** 부동산공사의 수급인은 전조의 보수에 관한 채권을 담보하기 위하여 그 부동산을 목적으로 한 저당권의 설정을 청구할 수 있다.

3. 도급에서의 위험부담

(1) 의의

도급에서의 위험부담의 문제는 수급인의 일을 완성할 채무가 그 수급인에게 책임 없는 사유로 불가능하게 되어 소멸한 경우에, 도급인의 보수 지급채무가 어떻게 되느냐의 문제이다. 도급계약은 쌍무계약이므로 제537조 및 제538조에서 정하는 위험부담의 법리가 원칙적으로 적용된다. 다만 일의 완성을 목적으로 하는 도급의 성질상, 일의 완성이 가능한 한 원칙적으로 수급인이 여전히 일을 완성할 의무를 가지므로, 이 경우에 위험부담은 문제되지 않는다.

(2) 일의 완성 전에 목적물이 멸실·훼손된 경우

① 당사자 쌍방의 귀책사유 없이 목적물이 멸실·훼손된 경우에는 일을 완성할 수급인의 의무는 소멸하며, 수급인은 지출한 비용과 보수도 청구하지 못한다(제537조).

② 그러나 도급인의 귀책사유로 급부불능이 된 경우에는, 수급인은 보수를 청구할 수 있고, 다만 수급인이 면하게 된 노력이나 비용은 도급인에게 상환하여야 한다(제538조).

(3) 일의 완성 후에 목적물이 멸실·훼손된 경우

판례는 "목적물의 인도는 완성된 목적물에 대한 단순한 점유의 이전만을 의미하는 것이 아니라 도급인이 목적물을 검사한 후 그 목적물이 계약내용대로 완성되었음을 명시적 또는 묵시적으로 시인하는 것까지 포함하는 의미이다(2004다21862)"라고 한다. 이에 따르면 검수가 끝난 때 위험이 이전된다고 보아야 할 것이다. 따라서 일의 완성 후라도 검수 전에는 여전히 위험부담 규정이 적용되므로, 검수 전에 목적물이 쌍방의 귀책사유 없이 멸실·훼손된 경우에는 수급인이 위험을 부담하여 수급인은 보수를 청구할 수 없다(제537조). 그러나 검수 전에 도급인의 귀책사유로 급부불능이 되거나 도급인의 수령지체 중에 쌍방의 귀책사유 없이 급부불능이 된 경우에는 도급인이 위험을 부담하므로, 수급인은 보수를 청구할 수 있다(제538조).

> **판례**
> 수급인이 도급인에게 공사금을 지급하고 기성부분을 인도받아 가라고 최고하였다면 수급인은 이로써 자기 의무의 이행 제공을 하였다고 볼 수 있는데 도급인이 아무런 이유 없이 수령을 거절하던 중 쌍방이 책임질 수 없는 제3자의 행위로 기성부분이 철거되었다면 도급인의 수급인에 대한 공사대금지급채무는 여전히 남아 있다(대판 1993. 3. 26, 91다14116).

04 도급의 종료

1. 완성 전의 도급인의 해제권 2회 1-(2)문

> **제673조 【완성 전의 도급인의 해제권】** 수급인이 일을 완성하기 전에는 도급인은 손해를 배상하고 계약을 해제할 수 있다.

> **판례**
> **[1] 민법 제673조에 의하여 도급계약이 해제된 경우, 도급인이 수급인에 대한 손해배상에 있어서 과실상계나 손해배상예정액 감액을 주장할 수 있는지 여부(소극)**
> 민법 제673조에서 도급인으로 하여금 자유로운 해제권을 행사할 수 있도록 하는 대신 수급인이 입은 손해를 배상하도록 규정하고 있는 것은 도급인의 일방적인 의사에 기한 도급계약 해제를 인정하는 대신, 도급인의 일방적인 계약해제로 인하여 수급인이 입게 될 손해, 즉 수급인이 이미 지출한 비용과 일을 완성하였더라면 얻었을 이익을 합한 금액을 전부 배상하게 하는 것이라 할 것이므로, 위 규정에 의하여 도급계약을 해제한 이상은 특별한 사정이 없는 한 도급인은 수급인에 대한 손해배상에 있어서 과실상계나 손해배상예정액 감액을 주장할 수는 없다.

[2] **민법 제673조에 의하여 도급계약이 해제된 경우, 수급인의 손해액 산정에 있어서 손익상계의 적용 여부(적극)**

채무불이행이나 불법행위 등이 채권자 또는 피해자에게 손해를 생기게 하는 동시에 이익을 가져다 준 경우에는 공평의 관념상 그 이익은 당사자의 주장을 기다리지 아니하고 손해를 산정함에 있어서 공제되어야만 하는 것이므로, 민법 제673조에 의하여 도급계약이 해제된 경우에도, 그 해제로 인하여 수급인이 그 일의 완성을 위하여 들이지 않게 된 자신의 노력을 타에 사용하여 소득을 얻었거나 또는 얻을 수 있었음에도 불구하고, 태만이나 과실로 인하여 얻지 못한 소득 및 일의 완성을 위하여 준비하여 둔 재료를 사용하지 아니하게 되어 타에 사용 또는 처분하여 얻을 수 있는 대가 상당액은 당연히 손해액을 산정함에 있어서 공제되어야 한다(대판 2002. 5. 10, 2000다37296·37302).

2. 도급인의 파산과 수급인 또는 파산관재인의 해제권

제674조【도급인의 파산과 해제권】 ① 도급인이 파산선고를 받은 때에는 수급인 또는 파산관재인은 계약을 해제할 수 있다. 이 경우에는 수급인은 일의 완성된 부분에 대한 보수 및 보수에 포함되지 아니한 비용에 대하여 파산재단의 배당에 가입할 수 있다.
② 전항의 경우에는 각 당사자는 상대방에 대하여 계약해제로 인한 손해의 배상을 청구하지 못한다.

제8절의2 여행계약 7회 2문

01 의의

> 제674조의2 【여행계약의 의의】 여행계약은 당사자 한쪽이 상대방에게 운송, 숙박, 관광 또는 그 밖의 여행 관련 용역을 결합하여 제공하기로 약정하고 상대방이 그 대금을 지급하기로 약정함으로써 효력이 생긴다.

여행계약은 당사자 한쪽이 상대방에게 운송, 숙박, 관광 또는 그 밖의 여행 관련 용역을 결합하여 제공하기로 약정하고 상대방이 그 대금을 지급하기로 약정함으로써 성립하는 계약이다(제674조의2). 여행계약은 낙성·쌍무·유상·불요식계약이다.

02 여행계약의 효력

1. 여행주최자의 담보책임

(1) **시정청구권 및 대금감액청구권**

> 제674조의6 【여행주최자의 담보책임】 ① 여행에 하자가 있는 경우에는 여행자는 여행주최자에게 하자의 시정 또는 대금의 감액을 청구할 수 있다. 다만, 그 시정에 지나치게 많은 비용이 들거나 그 밖에 시정을 합리적으로 기대할 수 없는 경우에는 시정을 청구할 수 없다.
> ② 제1항의 시정 청구는 상당한 기간을 정하여 하여야 한다. 다만, 즉시 시정할 필요가 있는 경우에는 그러하지 아니하다.

(2) **손해배상청구권**

> 제674조의6 【여행주최자의 담보책임】 ③ 여행자는 시정 청구, 감액 청구를 갈음하여 손해배상을 청구하거나 시정 청구, 감액 청구와 함께 손해배상을 청구할 수 있다.

(3) **계약해지권**

> 제674조의7 【여행주최자의 담보책임과 여행자의 해지권】 ① 여행자는 여행에 중대한 하자가 있는 경우에 그 시정이 이루어지지 아니하거나 계약의 내용에 따른 이행을 기대할 수 없는 경우에는 계약을 해지할 수 있다.
> ② 계약이 해지된 경우에는 여행주최자는 대금청구권을 상실한다. 다만, 여행자가 실행된 여행으로 이익을 얻은 경우에는 그 이익을 여행주최자에게 상환하여야 한다.

③ 여행주최자는 계약의 해지로 인하여 필요하게 된 조치를 할 의무를 지며, 계약상 귀환운송 의무가 있으면 여행자를 귀환운송하여야 한다. 이 경우 상당한 이유가 있는 때에는 여행주최자는 여행자에게 그 비용의 일부를 청구할 수 있다.

(4) 담보책임의 존속기간

제674조의8 【담보책임의 존속기간】 제674조의6과 제674조의7에 따른 권리는 여행 기간 중에도 행사할 수 있으며, 계약에서 정한 여행 종료일부터 6개월 내에 행사하여야 한다.

2. 여행자의 의무

제674조의5 【대금의 지급시기】 여행자는 약정한 시기에 대금을 지급하여야 하며, 그 시기의 약정이 없으면 관습에 따르고, 관습이 없으면 여행의 종료 후 지체 없이 지급하여야 한다.

03 여행계약의 종료

1. 여행 개시 전의 계약 해제

제674조의3 【여행 개시 전의 계약 해제】 여행자는 여행을 시작하기 전에는 언제든지 계약을 해제할 수 있다. 다만, 여행자는 상대방에게 발생한 손해를 배상하여야 한다.

2. 부득이한 사유로 인한 계약 해지

제674조의4 【부득이한 사유로 인한 계약 해지】 ① 부득이한 사유가 있는 경우에는 각 당사자는 계약을 해지할 수 있다. 다만, 그 사유가 당사자 한쪽의 과실로 인하여 생긴 경우에는 상대방에게 손해를 배상하여야 한다.
② 제1항에 따라 계약이 해지된 경우에도 계약상 귀환운송 의무가 있는 여행주최자는 여행자를 귀환운송할 의무가 있다.
③ 제1항의 해지로 인하여 발생하는 추가 비용은 그 해지 사유가 어느 당사자의 사정에 속하는 경우에는 그 당사자가 부담하고, 누구의 사정에도 속하지 아니하는 경우에는 각 당사자가 절반씩 부담한다.

제9절 현상광고

01 서설

> **제675조【현상광고의 의의】** 현상광고는 광고자가 어느 행위를 한 자에게 일정한 보수를 지급할 의사를 표시하고 이에 응한 자가 그 광고에 정한 행위를 완료함으로써 그 효력이 생긴다.

1. 의의

광고자가 어떤 행위를 한 자에게 일정한 보수를 지급할 의사를 표시하고, 이에 응한 자가 그 광고에서 정한 지정행위를 완료함으로써 성립하는 계약이다. 이때 현상광고에 정한 지정행위의 완료에 조건이나 기한을 붙일 수도 있다(2000다3675).

2. 법적 성질

지정행위를 완료한 자에게 보수를 지급하기로 하는 광고자의 일방적 의사표시로 보는 단독행위설도 있으나, 광고자의 광고를 불특정 다수인에 대한 '청약'으로, 응모자의 그에 대한 응모 및 지정행위의 완료를 '승낙'으로 보는 계약설이 통설이다. 계약설에 의할 때 현상광고는 유상·편무계약이고, 또한 요물계약이다.

02 현상광고의 성립

1. 광고

(1) 광고란 어떤 지정된 행위를 한 자에게 일정한 보수를 지급한다는 내용을 불특정 다수인에게 하는 의사표시를 말한다.

(2) 광고에서는 상대방이 하여야 할 행위가 무엇인지를 지정하여야 한다. 따라서 어떤 사실상태의 존재에 대하여 일정한 이익을 준다는 뜻의 광고(예 우량아선발대회나 미인대회의 광고)는 현상광고가 아니다.

(3) 광고에서는 일정한 보수를 준다는 의사가 표시되어야 한다. 그 보수는 지정행위를 한 자에게 주어지는 이익을 말하는데, 그 종류에 제한이 없다.

2. 지정행위의 완료

광고에 응한 자가 광고에서 정한 행위를 완료하여야 한다.

3. 현상광고의 철회

> 제679조【현상광고의 철회】① 광고에 그 지정한 행위의 완료기간을 정한 때에는 그 기간 만료 전에 광고를 철회하지 못한다.
> ② 광고에 행위의 완료기간을 정하지 아니한 때에는 그 행위를 완료한 자가 있기 전에는 그 광고와 동일한 방법으로 광고를 철회할 수 있다.
> ③ 전광고와 동일한 방법으로 철회할 수 없는 때에는 그와 유사한 방법으로 철회할 수 있다. 이 철회는 철회한 것을 안 자에 대하여만 그 효력이 있다.

03 현상광고의 효력

1. 광고자의 보수지급의무

> 제677조【광고부지의 행위】전조의 규정은 광고 있음을 알지 못하고 광고에 정한 행위를 완료한 경우에 준용한다.

본조는 광고 후 그 광고 있음을 모르고 지정행위를 완료한 경우에 적용된다. 그러나 본조의 취지상, 광고 전에 이미 지정행위를 완료한 경우에도 유추적용된다.

2. 보수수령권자(지정행위의 완료자가 수인인 경우)

> 제676조【보수수령권자】① 광고에 정한 행위를 완료한 자가 수인인 경우에는 먼저 그 행위를 완료한 자가 보수를 받을 권리가 있다.
> ② 수인이 동시에 완료한 경우에는 각각 균등한 비율로 보수를 받을 권리가 있다. 그러나 보수가 그 성질상 분할할 수 없거나 광고에 1인만이 보수를 받을 것으로 정한 때에는 추첨에 의하여 결정한다.

04 우수현상광고

> 제678조【우수현상광고】① 광고에 정한 행위를 완료한 자가 수인인 경우에 그 우수한 자에 한하여 보수를 지급할 것을 정하는 때에는 그 광고에 응모기간을 정한 때에 한하여 그 효력이 생긴다.

② 전항의 경우에 우수의 판정은 광고 중에 정한 자가 한다. 광고 중에 판정자를 정하지 아니한 때에는 광고자가 판정한다.
③ 우수한 자 없다는 판정은 이를 할 수 없다. 그러나 광고 중에 다른 의사표시가 있거나 광고의 성질상 판정의 표준이 정하여져 있는 때에는 그러하지 아니하다.
④ 응모자는 전2항의 판정에 대하여 이의를 하지 못한다.
⑤ 수인의 행위가 동등으로 판정된 때에는 제676조 제2항의 규정을 준용한다.

1. 의의

(1) 건축설계의 공모처럼 광고에서 정한 행위에 그 우열이 있는 경우에, 응모기간을 정하여 그 기간 내에 응모한 자 중에서 우수한 자로 판정된 자에게만 보수를 지급하기로 하는 내용의 현상광고를 말한다.

(2) 보통의 현상광고는 지정행위의 완료로써 보수청구권을 취득하는 데 비해, 우수현상광고는 응모의 절차와 우수의 판정을 거쳐야 하는 점에서 차이가 있다.

2. 광고와 응모

(1) 우수현상광고의 요건은 여러 사람이 독립하여 완료할 수 있는 것이어야 하고, 또 그에 관해 우열의 비교가 가능한 것이어야 한다.

(2) 우수현상광고에는 반드시 응모기간을 정해야 하고, 그렇지 않은 것은 무효이다(제678조 제1항 후문). 따라서 우수현상광고는 광고자가 이를 철회할 수도 없다(제679조 제1항).

(3) 광고에서 정한 바에 따라 응모기간 내에 응모하여야 한다.

3. 판정

(1) 우수의 판정은 광고에서 정한 자가 하지만, 그 정함이 없는 때에는 광고자가 한다(제678조 제2항).

(2) 우열의 판단은 응모자들 가운데에서 상대적으로 정하는 것이므로, 우수한 자가 없다는 판정은 원칙적으로 할 수 없다(제678조 제3항 본문). 그러나 광고 중에 다른 의사표시가 있거나 광고의 성질상 판정의 표준이 정하여져 있는 때에는 그렇지 않다(제678조 제3항 단서).

(3) 응모자는 판정에 대하여 이의를 하지 못한다(제678조 제4항).

(4) 수인의 행위가 동등으로 판정된 때에는, 보수가 가분이면 균등한 비율로 나누어 가지고 불가분이면 추첨으로 보수를 받을 자를 결정한다(제678조 제5항·제676조 제2항).

제10절 위임

01 서설

1. 의의

> 제680조【위임의 의의】위임은 당사자 일방이 상대방에 대하여 사무의 처리를 위탁하고 상대방이 이를 승낙함으로써 그 효력이 생긴다.

당사자 일방(위임인)이 상대방에 대하여 사무의 처리를 위탁하고, 상대방(수임인)이 이를 승낙함으로써 성립하는 계약이다.

2. 법적 성질

위임은 무상을 원칙으로 하므로, 일반적으로 편무·무상계약이다. 그러나 특약에 의해 유상으로 한 때에는 유상·쌍무계약이 된다. 위임은 유상이든 무상이든 낙성·불요식계약이다.

02 위임의 성립

1. 의사의 합치

위임계약은 증서의 작성 기타의 형식을 필요로 하지 않고서, 당사자 간의 의사의 합치만으로 성립한다. 따라서 현실적으로 위임장이 교부되는 경우에도 이는 하나의 증거방법이 될 뿐이다.

2. 위임의 목적

(1) 위임은 일정한 사무처리의 위탁을 목적으로 한다. 이때 사무는 법률상 또는 사실상 모든 행위를 포함한다.

(2) 타인이 처리할 수 있는 사무이어야 하므로, 혼인·입양·이혼 등의 가족법상 법률행위처럼 성질상 본인 스스로 의사를 결정하여야 하는 행위는 위임의 목적이 될 수 없다.

03 위임의 효력

1. 수임인의 의무 ^{1회 4문}

(1) 위임사무 처리의무

> **제681조【수임인의 선관의무】** 수임인은 위임의 본지에 따라 선량한 관리자의 주의로써 위임사무를 처리하여야 한다.
> **제682조【복임권의 제한】** ① 수임인은 위임인의 승낙이나 부득이한 사유 없이 제3자로 하여금 자기에 갈음하여 위임사무를 처리하게 하지 못한다.
> ② 수임인이 전항의 규정에 의하여 제3자에게 위임사무를 처리하게 한 경우에는 제121조, 제123조의 규정을 준용한다.

① **수임인의 선관의무**: 수임인은 유상·무상을 불문하고 위임의 취지에 따라 선량한 관리자의 주의로써 위임사무를 처리할 의무를 부담한다. 수임인이 선관의무에 위반한 경우에는 채무불이행이 된다. 선량한 관리자의 주의는 자기재산과 동일한 주의(제695조)에 대비되는 개념으로서, 수임인의 개별적 능력에 따른 주의(구체적 과실)가 아니라 위임사무의 처리에 통상 요구되는 주의(추상적 과실)를 말한다.

② **복임권의 제한**: 수임인은 원칙적으로 스스로 위임사무를 처리하여야 하나, 위임인의 승낙이 있는 때 또는 부득이한 사유가 있는 때에 한하여 예외적으로 복위임을 할 수 있다(제682조 제2항).

(2) 부수적 의무

① 보고의무

> **제683조【수임인의 보고의무】** 수임인은 위임인의 청구가 있는 때에는 위임사무의 처리상황을 보고하고 위임이 종료한 때에는 지체 없이 그 전말을 보고하여야 한다.

② 취득물 등의 인도·이전의무

> **제684조【수임인의 취득물 등의 인도, 이전의무】** ① 수임인은 위임사무의 처리로 인하여 받은 금전 기타의 물건 및 그 수취한 과실을 위임인에게 인도하여야 한다.
> ② 수임인이 위임인을 위하여 자기의 명의로 취득한 권리는 위임인에게 이전하여야 한다.

취득물 등의 인도시기는 당사자 간에 특약이 있거나 위임의 본뜻에 반하는 경우 등과 같은 특별한 사정이 있지 않는 한 위임계약이 종료한 때이므로, 수임인이 반환할 금전의 범위도 위임종료 시를 기준으로 정해진다(2004다64432).

> **판례**
>
> [1] **수임인이 위임사무 처리로 인하여 받은 금전 등을 위임인에게 인도하여야 하는 시기 및 반환할 금전의 범위를 정하는 기준 시기(= 위임 종료 시)**
> 민법 제684조 제1항은 "수임인은 위임사무의 처리로 인하여 받은 금전 기타의 물건 및 그 수취한 과실을 위임인에게 인도하여야 한다."라고 규정하고 있다. 이때 인도 시기는 당사자 간에 특약이 있거나 위임의 본뜻에 반하는 경우 등과 같은 특별한 사정이 없는 한 위임계약이 종료된 때이고, 수임인이 반환할 금전의 범위도 위임 종료 시를 기준으로 정해진다.
>
> [2] 갑이 을과 공유하는 상가와 아파트에 관하여 상가의 임대 등 관리와 아파트의 매도를 을에게 위임하였고, 이후 을이 아파트의 매도를 완료하였는데, 갑이 상가의 임대 등 관리에 관한 위임을 해지하고, 을을 상대로 갑의 지분 비율에 따른 상가의 임대수익금과 아파트에 대한 매도대금 및 각각에 관한 위임 종료 시부터 다 갚는 날까지 지연손해금의 지급을 구한 사안에서, 각 위임계약이 종료되었다면 을은 위임사무의 처리로 취득한 임대수익금, 매매대금 중 갑 지분에 해당하는 금액을 갑에게 인도하여야 하므로, 각 위임계약이 종료된 때 임대수익금, 매매대금 인도의무의 이행기가 도래하였다고 볼 수 있는데도, 이와 달리 을이 갑으로부터 이행청구를 받은 때로부터 그에 대한 지체책임을 부담한다고 본 원심판단에 법리오해의 잘못이 있다고 한 사례(대판 2024. 11. 14, 2021다215060).

③ 금전소비의 책임

> **제685조【수임인의 금전소비의 책임】** 수임인이 위임인에게 인도할 금전 또는 위임인의 이익을 위하여 사용할 금전을 자기를 위하여 소비한 때에는 소비한 날 이후의 이자를 지급하여야 하며 그 외에 손해가 있으면 배상하여야 한다.

2. 위임인의 의무(수임인의 권리)

(1) 보수지급의무(보수청구권)

> **제686조【수임인의 보수청구권】** ① 수임인은 특별한 약정이 없으면 위임인에 대하여 보수를 청구하지 못한다.
> ② 수임인이 보수를 받을 경우에는 위임사무를 완료한 후가 아니면 이를 청구하지 못한다. 그러나 기간으로 보수를 정한 때에는 그 기간이 경과한 후에 이를 청구할 수 있다.
> ③ 수임인이 위임사무를 처리하는 중에 수임인의 책임 없는 사유로 인하여 위임이 종료된 때에는 수임인은 이미 처리한 사무의 비율에 따른 보수를 청구할 수 있다.

> **판례**
>
> 변호사는 당사자 기타 관계인의 위임 또는 공무소의 위촉 등에 의하여 소송에 관한 행위 및 행정처분의 청구에 관한 대리행위와 일반 법률사무를 행함을 그 직무로 하고 사회통념에 비추어 현저히 부당한 보수를 받을 수 없을 뿐이므로, 변호사에게 계쟁사건의 처리를 위임함에 있어서 그 보수지급 및 수액에 관하여 명시적인 약정을 아니하였다 하여도, 무보수로 한다는 등 특별한 사정이 없는 한 응분의 보수를 지급할 묵시의 약정이 있는 것으로 봄이 상당하다(대판 1993. 11. 12, 93다36882).

(2) 비용선급의무(비용선급청구권)

> 제687조【수임인의 비용선급청구권】 위임사무의 처리에 비용을 요하는 때에는 위임인은 수임인의 청구에 의하여 이를 선급하여야 한다.

(3) 필요비상환의무(필요비상환청구권)

> 제688조【수임인의 비용상환청구권 등】 ① 수임인이 위임사무의 처리에 관하여 필요비를 지출한 때에는 위임인에 대하여 지출한 날 이후의 이자를 청구할 수 있다.

판례

민법 제688조 제1항에 따라 수임인이 상환을 청구할 수 있는 필요비의 의미(= 선량한 관리자의 주의를 가지고 수임인이 필요하다고 판단하여 지출한 비용) / 수임인이 위임사무를 처리하는 과정에서 선관주의의무를 위반하였더라도 이후 위임사무 처리를 위해 비용을 지출하였고, 해당 비용의 지출 과정에서 수임인이 선량한 관리자로서의 주의를 다한 경우, 위임인에 대하여 필요비의 상환을 청구할 수 있는지 여부(적극)

수임인이 위임사무의 처리에 관하여 필요비를 지출한 때에는 위임인에 대하여 지출한 날 이후의 이자를 청구할 수 있는바(민법 제688조 제1항), 위 규정에 따라 수임인이 상환을 청구할 수 있는 필요비는 선량한 관리자의 주의를 가지고 수임인이 필요하다고 판단하여 지출한 비용으로서 위임인에게 실익이 생기는지 여부 또는 위임인이 소기의 목적을 달성하였는지 여부는 불문한다. 한편 수임인이 위임사무를 처리하는 과정에서 선관주의의무를 위반한 사실이 있다 하더라도, 그 이후 수임인이 위임사무 처리를 위해 비용을 지출하였고, 해당 비용의 지출 과정에서 수임인이 선량한 관리자로서의 주의를 다하였다면, 수임인은 선행 선관주의의무 위반과 상당인과관계 있는 비용 증가에 대하여 손해배상의무를 부담하는 것은 별론으로 하고 위임인에 대하여 필요비의 상환을 청구할 수 있다(대판 2024. 2. 29, 2023다294470·294487).

(4) 채무대변제의무 및 담보제공의무(채무대변제청구권·담보제공청구권)

> 제688조【수임인의 비용상환청구권 등】 ② 수임인이 위임사무의 처리에 필요한 채무를 부담한 때에는 위임인에게 자기에 갈음하여 이를 변제하게 할 수 있고 그 채무가 변제기에 있지 아니한 때에는 상당한 담보를 제공하게 할 수 있다.

(5) 손해배상의무(손해배상청구권)

> 제688조【수임인의 비용상환청구권 등】 ③ 수임인이 위임사무의 처리를 위하여 과실 없이 손해를 받은 때에는 위임인에 대하여 그 배상을 청구할 수 있다.

04 위임의 종료

1. 위임의 종료사유

(1) 해지

> 제689조 【위임의 상호해지의 자유】 ① 위임계약은 각 당사자가 언제든지 해지할 수 있다.
> ② 당사자 일방이 부득이한 사유 없이 상대방의 불리한 시기에 계약을 해지한 때에는 그 손해를 배상하여야 한다.

① 위임은 당사자 쌍방의 특별한 대인적 신뢰관계를 기초로 하기 때문에, 위임인이나 수임인은 언제든지 자유로이 해지할 수 있다(제689조 제1항).

② 당사자가 위임을 해지한 경우에 그로 인해 상대방이 손해를 입는 일이 있어도 배상할 의무를 부담하지 않는 것이 원칙이다. 그러나 상대방이 불리한 시기에 해지한 때에는, 그 해지가 부득이한 사유에 의한 것이 아닌 한 그로 인한 손해를 배상하여야 한다(제689조 제2항).

판례

1. **민법 제689조 제2항에 기하여 부득이한 사유 없이 상대방의 불리한 시기에 위임계약을 해지한 때 배상하여야 할 손해의 범위**
    민법 제689조 제1항은 위임계약은 각 당사자가 언제든지 해지할 수 있다고 하면서 제2항에는 당사자 일방이 부득이한 사유 없이 상대방의 불리한 시기에 계약을 해지한 때에는 그 손해를 배상하여야 한다고 규정하고 있는데, 민법상의 위임계약은 그것이 유상계약이든 무상계약이든 당사자 쌍방의 특별한 대인적 신뢰관계를 기초로 하는 위임계약의 본질상 각 당사자는 언제든지 이를 해지할 수 있고 그로 말미암아 상대방이 손해를 입는 일이 있어도 그것을 배상할 의무를 부담하지 않는 것이 원칙이며, 다만 상대방이 불리한 시기에 해지한 때에는 그 해지가 부득이한 사유에 의한 것이 아닌 한 그로 인한 손해를 배상하여야 하나, 그 배상의 범위는 위임이 해지되었다는 사실로부터 생기는 손해가 아니라 적당한 시기에 해지되었더라면 입지 아니하였을 손해에 한한다(대판 2000. 6. 9, 98다64202).

2. [1] **등기권리자와 등기의무자 쌍방으로부터 등기절차 위임을 받은 법무사와의 위임계약을 등기의무자의 일방적 의사표시로 해제할 수 있는지 여부(소극)**
    등기권리자와 등기의무자 쌍방으로부터 등기절차의 위임을 받고 그 절차에 필요한 서류를 교부받은 법무사는 절차가 끝나기 전에 등기의무자로부터 등기신청을 보류해 달라는 요청이 있었다 해도 등기권리자에 대한 관계에 있어서는 그 사람의 동의가 있는 등 특별한 사정이 없는 한 그 요청을 거부해야 할 위임계약상의 의무가 있는 것이므로 이와 같은 경우에는 등기의무자와 법무사 사이의 위임계약은 계약의 성질상 민법 제689조 제1항의 규정에 관계없이 등기권리자의 동의 등 특별한 사정이 없는 한 해제할 수 없다고 할 것이다.

[2] 등기권리자와 등기의무자 쌍방으로부터 위임받은 등기절차가 마쳐지기 전에 등기의무자로부터 동일한 등기목적 부동산에 관하여 제3자에게로 등기절차를 경료하여 달라는 요청을 받은 경우, 법무사가 등기권리자의 수임자로서 요청을 거부하거나 최소한 그 사실을 등기권리자에게 알려줄 위임계약상 의무를 부담하는지 여부(적극)

법무사의 성실의무 등에 비추어 위와 같이 등기권리자와 등기의무자 쌍방으로부터 위임받은 등기절차가 마쳐지기 전에 등기의무자로부터 동일한 등기목적 부동산에 관하여 기존의 등기권리자가 아닌 제3자에게로의 등기절차를 경료하여 달라는 요청을 받은 경우, 법무사는 등기권리자의 수임자로서 그 요청을 거부하거나 최소한 그 사실을 위임인인 등기권리자에게 알려주어 등기권리자가 권리보호를 위하여 적당한 조치를 취할 기회를 가지게 할 위임계약상의 의무가 있다고 할 것이다(대판 2011. 4. 28, 2010다98771).

3. 민법 제689조 제1항, 제2항은 임의규정에 불과하므로 당사자의 약정에 의하여 위 규정의 적용을 배제하거나 내용을 달리 정할 수 있다. 그리고 당사자가 위임계약의 해지사유 및 절차, 손해배상책임 등에 관하여 민법 제689조 제1항, 제2항과 다른 내용으로 약정을 체결한 경우, 이러한 약정은 당사자에게 효력을 미치면서 당사자 간의 법률관계를 명확히 함과 동시에 거래의 안전과 이에 대한 각자의 신뢰를 보호하기 위한 취지라고 볼 수 있으므로, 이를 단순히 주의적인 성격의 것이라고 쉽게 단정해서는 아니 된다. 따라서 당사자가 위임계약을 체결하면서 민법 제689조 제1항, 제2항에 규정된 바와 다른 내용으로 해지사유 및 절차, 손해배상책임 등을 정하였다면, 민법 제689조 제1항, 제2항이 이러한 약정과는 별개 독립적으로 적용된다고 볼 만한 특별한 사정이 없는 한, 약정에서 정한 해지사유 및 절차에 의하지 않고는 계약을 해지할 수 없고, 손해배상책임에 관한 당사자 간 법률관계도 약정이 정한 바에 의하여 규율된다고 봄이 타당하다(대판 2019. 5. 30, 2017다53265).

(2) 당사자의 사망·파산 및 수임인의 성년후견개시

> 제690조 【사망·파산 등과 위임의 종료】 위임은 당사자 한쪽의 사망이나 파산으로 종료된다. 수임인이 성년후견개시의 심판을 받은 경우에도 이와 같다.

2. 위임종료 시의 특칙

(1) 수임인측의 긴급처리의무

> 제691조 【위임종료 시의 긴급처리】 위임종료의 경우에 급박한 사정이 있는 때에는 수임인, 그 상속인이나 법정대리인은 위임인, 그 상속인이나 법정대리인이 위임사무를 처리할 수 있을 때까지 그 사무의 처리를 계속하여야 한다. 이 경우에는 위임의 존속과 동일한 효력이 있다.

(2) 위임종료의 대항요건

> 제692조 【위임종료의 대항요건】 위임종료의 사유는 이를 상대방에게 통지하거나 상대방이 이를 안 때가 아니면 이로써 상대방에게 대항하지 못한다.

제11절 임치

01 서설

1. 의의

> 제693조 【임치의 의의】 임치는 당사자 일방이 상대방에 대하여 금전이나 유가증권 기타 물건의 보관을 위탁하고 상대방이 이를 승낙함으로써 효력이 생긴다.

임치는 당사자 일방(임치인)이 상대방에 대하여 금전이나 유가증권 기타 물건의 보관을 위탁하고 상대방(수치인)이 이를 승낙함으로써 성립하는 계약이다(제693조).

2. 법적 성질

임치는 보관의 대가로서 보수의 지급을 요소로 하지 않기 때문에(제693조), 원칙적으로 무상·편무계약이다. 다만 당사자의 약정으로 보수를 지급하는 것으로 정할 수 있고(제701조·제686조), 이때에는 유상·쌍무계약이 된다. 즉, 임치는 무상·편무계약이 원칙이나, 유상특약이 있으면 유상·쌍무계약이 된다. 또한 임치는 낙성·불요식계약이다.

02 임치의 성립

1. 의사의 합치

임치계약은 당사자의 의사의 합치만으로 성립한다. 따라서 현실적인 임치물의 교부는 그 요건이 아니다.

2. 임치의 목적

임치의 목적물은 금전이나 유가증권 기타의 물건이며, 동산이든 부동산이든 상관없다. 임치에 있어서 소유권의 귀속은 문제가 되지 않는다. 따라서 임치인은 자기의 소유물이 아닌 물건을 임치할 수 있다. 임치에서 보관은 수치인이 임치물을 자기의 지배하에 두고 멸실·훼손을 방지하여 원상을 유지하는 것을 말한다. 따라서 단순히 보관장소만을 제공하는 경우는 임치가 아니며 임대차 내지 사용대차이다.

03 임치의 효력

1. 수치인의 의무

(1) 임치물 보관의무

> 제695조【무상수치인의 주의의무】보수 없이 임치를 받은 자는 임치물을 자기재산과 동일한 주의로 보관하여야 한다.
> 제694조【수치인의 임치물사용금지】수치인은 임치인의 동의 없이 임치물을 사용하지 못한다.

① 유상임치의 경우에는 수치인은 선량한 관리자의 주의로 보관하여야 한다(제374조). 반면에 무상임치의 경우에는 자기재산과 동일한 주의로 보관하면 된다(제695조).
② **임치물의 사용금지**: 수치인은 임치인의 동의 없이 임치물을 사용하지 못한다(제694조).

(2) 보관에 따른 부수적 의무

① 통지의무

> 제696조【수치인의 통지의무】임치물에 대한 권리를 주장하는 제3자가 수치인에 대하여 소를 제기하거나 압류한 때에는 수치인은 지체 없이 임치인에게 이를 통지하여야 한다.

② 수임인에 준하는 의무

> 제701조【준용규정】제682조, 제684조, 제685조의 규정은 임치에 준용한다.

㉠ 복임치의 제한: 복임치에 관해서는 복위임의 제한에 관한 제682조가 준용된다(제701조). 따라서 수치인은 임치인의 승낙이나 부득이한 사유 없이는 제3자로 하여금 자기에 갈음하여 보관하게 할 수 없다(제682조 제1항·제701조).
㉡ 취득물 등의 인도·이전의무와 금전소비의 책임: 위임의 제684조(수임인의 취득물 등의 인도·이전의무)와 제685조(수임인의 금전소비의 책임)의 규정이 준용되는 결과(제701조), 수치인은 취득물 등의 인도·이전의무와 금전소비의 책임을 진다.

(3) 임치물반환의무

> 제700조【임치물의 반환장소】임치물은 그 보관한 장소에서 반환하여야 한다. 그러나 수치인이 정당한 사유로 인하여 그 물건을 전치한 때에는 현존하는 장소에서 반환할 수 있다.

임치계약상 수치인이 반환할 목적물은 당사자 사이에 특약이 없는 한 수치한 물건 그 자체이고 그 물건이 전부 멸실된 때에는 임치물 반환채무는 이행불능이 되는 것이고 임치한 물건이 대체물인 경우라도 그와 동종·동량의 물건을 인도할 의무가 없다(76다1932).

2. 임치인의 의무

(1) 위임인에 준하는 의무

> 제701조【준용규정】제686조, 제687조 및 제688조 제1항, 제2항의 규정은 임치에 준용한다.

① **보수지급의무**: 위임의 제686조(수임인의 보수청구권) 규정이 준용되어, 유상임치의 경우에는 임치인은 보수를 지급하여야 한다.
② **비용선급의무 · 필요비상환의무 · 채무대변제의무 및 담보제공의무**: 위임의 제687조(수임인의 비용선급청구권) 및 제688조 제1항(수임인의 비용상환청구권), 제2항(수임인의 채무대변제청구권 · 담보제공청구권)의 규정은 임치에 준용한다(제701조). 따라서 임치인은 비용선급의무 · 필요비상환의무 · 채무대변제 및 담보제공의 의무를 진다.

(2) 손해배상의무

> 제697조【임치물의 성질, 하자로 인한 임치인의 손해배상의무】임치인은 임치물의 성질 또는 하자로 인하여 생긴 손해를 수치인에게 배상하여야 한다. 그러나 수치인이 그 성질 또는 하자를 안 때에는 그러하지 아니하다.

04 임치의 종료

1. 임치의 종료사유

임치는 기간만료 · 목적물의 멸실 등과 같은 계약종료의 일반원인에 의하여 종료한다. 임치에는 위임에 관한 다수의 규정을 준용하고 있지만(제701조), 위임종료사유인 당사자의 사망 · 파산 · 성년후견개시심판(제690조)은 임치의 종료원인으로서 준용되지 않는다.

2. 임치의 해지

> 제698조【기간의 약정 있는 임치의 해지】임치기간의 약정이 있는 때에는 수치인은 부득이한 사유 없이 그 기간 만료 전에 계약을 해지하지 못한다. 그러나 임치인은 언제든지 계약을 해지할 수 있다.
> 제699조【기간의 약정 없는 임치의 해지】임치기간의 약정이 없는 때에는 각 당사자는 언제든지 계약을 해지할 수 있다.

05 특수한 임치

1. 혼장임치

혼장임치란 수치인이 수인의 임치인으로부터 물건을 수취하여 동종·동질의 다른 임치물과 혼합하여 보관하고, 반환할 때에는 임치된 것과 동량을 반환하기로 하는 특약이 있는 임치이다. 대체물을 반환한다는 점에서 임치한 물건 그 자체를 반환하여야 하는 일반적 임치와 다르다.

2. 소비임치

> **제702조【소비임치】** 수치인이 계약에 의하여 임치물을 소비할 수 있는 경우에는 소비대차에 관한 규정을 준용한다. 그러나 반환시기의 약정이 없는 때에는 임치인은 언제든지 그 반환을 청구할 수 있다.

(1) 의의

소비임치란 임치한 물건 자체를 반환하는 보통의 임치와 달리, 예컨대 예금계약처럼 당사자 간의 계약으로 수치인이 임치물을 소비하고 그와 같은 종류의 것으로 반환하는 것을 말한다. 임치물의 소유권이 수치인에게 이전되는 점도 보통의 임치와 다르다.

(2) 법적 성질

소비임치에서 목적물을 수치인에게 주는 것은 바로 보관을 위한 것이며, 수치인의 소비는 보관의 수단에 불과하므로, 임치의 일종으로 본다(통설).

(3) 성립

목적물은 대체물이어야 한다. 대표적인 소비임치계약에 해당하는 예금계약은 예금자가 예금의 의사를 표시하면서 금융기관에 돈을 제공하고 금융기관이 그 의사에 따라 그 돈을 받아 확인을 하면 그로써 성립한다(2003다30159).

(4) 효력

수치인이 목적물의 소유권을 취득하고 동종·동량의 것을 반환한다는 점에서 소비대차와 같으므로, 소비대차의 규정이 준용된다(제702조 본문). 그러나 반환시기의 약정이 없는 때에는, 소비대차에서는 대주는 상당한 기간을 정하여 반환을 최고하여야 하지만(제603조 제2항 본문), 소비임치에서는 임치인은 언제든지 그 반환을 청구할 수 있는 것으로 따로 규정한다(제702조 단서).

제12절 조합

01 서설

1. 의의

> 제703조 【조합의 의의】 ① 조합은 2인 이상이 상호 출자하여 공동사업을 경영할 것을 약정함으로써 그 효력이 생긴다.

조합이란 2인 이상의 특정인이 서로 출자하여 공동사업을 경영할 목적으로 결합한 단체를 말한다. 조합계약이란 2인 이상이 서로 출자하여 공동사업을 경영할 것을 약정함으로써 성립하는 계약이다.

2. 법적 성질 13회 3문

(1) 계약인지 여부
조합은 공동목적을 위한 제약이 따르는 계약이다(통설).

(2) 쌍무계약규정의 적용 여부
① **동시이행의 항변권**: 출자청구를 하는 조합원이 이행을 하지 않은 경우 청구를 받은 자는 동시이행의 항변이 가능하나, 다른 조합원의 출자의무불이행을 이유로 항변하는 것은 허용되지 않는다.
② **위험부담**: 조합원 일인의 출자의무가 귀책사유 없는 후발적 불능으로 된 경우에, 출자가 불능인 조합원은 조합원이 되지 못할 뿐이며 다른 조합원의 출자의무도 당연히 소멸하는 것은 아니라고 본다.

(3) 조합계약의 해제·해지 여부
조합계약에 관해서는 임의탈퇴·제명·해산청구 등의 규정이 있고, 이들 규정은 해제·해지에 대한 특칙으로서의 성격을 가지므로, 조합에는 계약의 해제·해지의 규정이 적용되지 않는다.

> **판례**
> **조합계약 당사자 사이에 조합계약을 해제하고 그로 인한 원상회복을 주장할 수 있는지 여부** 13회 3문
> 동업계약과 같은 조합계약에 있어서는 조합의 해산청구를 하거나 조합으로부터 탈퇴를 하거나 또는 다른 조합원을 제명할 수 있을 뿐이지 일반계약에 있어서처럼 조합계약을 해제하고 상대방에게 그로 인한 원상회복의 의무를 부담지울 수는 없다(대판 1994. 5. 13, 94다7157).

02 조합의 성립

1. 계약에 의한 성립 13회 3문

(1) **단체성**

조합계약은 일종의 단체의 결성을 목적으로 하는 것이므로, 그 성립에는 2인 이상의 당사자를 필요로 한다.

(2) **공동사업경영의 목적**

① 공동으로 할 사업의 종류나 성질에는 제한이 없다. 공익이든 사익이든, 영리적이든 비영리적이든 불문한다. 계원들이 곗돈을 내고 일정한 순번에 따라 곗돈을 타는 것을 목적으로 하는 계도 조합에 속한다.

② 사업은 공동의 것이어야 한다. 즉, 조합원 전원이 사업의 성공에 대해 이해관계를 가져야 하고, 따라서 이익은 조합원 모두에게 분배되어야 한다. 일부의 조합원만이 이익분배를 받는 경우는 민법상의 조합이 아니다. 반면 어느 조합원만이 손실을 부담하기로 하는 것은 조합의 성질에 반하는 것은 아니다.

(3) **출자의무의 부담**

> 제703조 【조합의 의의】 ② 전항의 출자는 금전 기타 재산 또는 노무로 할 수 있다.

2. 법률의 규정에 의한 성립

공동광업출원인은 조합계약을 한 것으로 본다(광업법 제17조 제5항).

03 조합의 법률관계

1. 조합의 대내관계(업무집행)

> 제706조 【사무집행의 방법】 ① 조합계약으로 업무집행자를 정하지 아니한 경우에는 조합원의 3분의 2 이상의 찬성으로써 이를 선임한다.
> ② 조합의 업무집행은 조합원의 과반수로써 결정한다. 업무집행자 수인인 때에는 그 과반수로써 결정한다.
> ③ 조합의 통상사무는 전항의 규정에 불구하고 각 조합원 또는 각 업무집행자가 전행할 수 있다. 그러나 그 사무의 완료 전에 다른 조합원 또는 다른 업무집행자의 이의가 있는 때에는 즉시 중지하여야 한다.
> 제707조 【준용규정】 조합업무를 집행하는 조합원에는 제681조 내지 제688조의 규정을 준용한다.
> 제710조 【조합원의 업무, 재산상태검사권】 각 조합원은 언제든지 조합의 업무 및 재산상태를 검사할 수 있다.

(1) 의의
  ① 대내적 업무집행은 조합의 본래의 목적 달성을 위하여 무엇을 어떻게 할 것인가를 결정하고(의사의 결정), 그 결정에 따라서 일을 처리하는 것(사실적 집행)을 말한다. 각 조합원은 조합의 업무집행에 참여할 권리, 즉 업무집행권을 가지는 것이 원칙이다.
  ② 구체적으로 조합업무를 집행하는 데에는, 모든 조합원이 그 업무집행을 담당하는 경우와 일부의 조합원이나 또는 외부의 제3자에게 업무집행을 맡기는 경우가 있게 된다.

(2) **업무집행자를 정하지 아니한 경우**
  ① **원칙**: 업무집행은 조합원의 과반수로써 결정한다(제706조 제2항).
  ② **예외**: 그러나 조합의 통상사무만은 각 조합원이 전행할 수 있다(제706조 제3항). 다만 그 사무의 완료 전에 다른 조합원의 이의가 있으면 중지하여야 한다(제706조 제3항 단서).
  ③ **업무집행기준**: 조합업무를 집행하는 조합원과 다른 조합원 간에는 위임에 관한 규정(제681조~제688조)을 준용한다(제707조). 그리고 각 조합원은 언제든지 조합의 업무 및 재산상태를 검사할 수 있다(제710조).

(3) **업무집행자를 정한 경우**

1) **일부의 조합원을 업무집행자로 한 경우**

> 제708조【업무집행자의 사임, 해임】업무집행자인 조합원은 정당한 사유 없이 사임하지 못하며 다른 조합원의 일치가 아니면 해임하지 못한다.

  ① **업무집행자의 선임**: 조합원 3분의 2 이상의 찬성으로 업무집행자를 선임할 수 있다(제706조).

  판례

  조합의 업무집행자 선임 등의 의결정족수를 정한 민법 제706조에 규정된 '조합원'의 의미(= 조합원의 인원수) 및 위 규정이 임의규정인지 여부(적극)
  민법 제706조에서는 조합원 3분의 2 이상의 찬성으로 조합의 업무집행자를 선임하고 조합원 과반수의 찬성으로 조합의 업무집행방법을 결정하도록 규정하고 있는바, 여기서 말하는 조합원은 조합원의 출자가액이나 지분이 아닌 조합원의 인원수를 뜻한다. 다만, 위와 같은 민법의 규정은 임의규정이므로, 당사자 사이의 약정으로 업무집행자의 선임이나 업무집행방법의 결정을 조합원의 인원수가 아닌 그 출자가액 내지 지분의 비율에 의하도록 하는 등 그 내용을 달리 정할 수 있고, 그와 같은 약정이 있는 경우에는 그 정한 바에 따라 업무집행자를 선임하거나 업무집행방법을 결정하여야만 유효하다(대판 2009. 4. 23, 2008다4247).

  ② **업무집행의 방법**: 업무집행자가 수인인 때에 그 업무집행은 과반수로 결정한다(제706조 제2항 단서). 그러나 조합의 통상사무는 각자가 단독으로 전행할 수 있다(제706조 제3항 본문). 역시 다른 업무집행자가 그 사무의 완료 전에 이의를 한 때에는 곧 중지하여야 한다(제706조 제3항 단서).

> **판례**
>
> **조합재산의 처분·변경행위에 대하여 민법 제706조 제2항이 민법 제272조에 우선하여 적용되는지 여부(적극) 및 조합재산의 처분·변경에 관한 의사결정 방법**
>
> 민법 제272조에 따르면 합유물을 처분 또는 변경함에는 합유자 전원의 동의가 있어야 하나, 합유물 가운데서도 조합재산의 경우 그 처분·변경에 관한 행위는 조합의 특별사무에 해당하는 업무집행으로서, 이에 대하여는 특별한 사정이 없는 한 민법 제706조 제2항이 민법 제272조에 우선하여 적용되므로, 조합재산의 처분·변경은 업무집행자가 없는 경우에는 조합원의 과반수로 결정하고, 업무집행자가 수인 있는 경우에는 그 업무집행자의 과반수로써 결정하며, 업무집행자가 1인만 있는 경우에는 그 업무집행자가 단독으로 결정한다(대판 2010. 4. 29, 2007다18911).

③ **업무집행자의 지위**: 업무집행자와 다른 조합원 간에는 위임에 관한 규정(제681조~제688조)이 준용된다(제707조). 다만 업무집행자의 사임·해임에 관해서는 위임에 관한 제689조를 준용하지 않고 따로 정한다. 즉, 업무집행자인 조합원은 정당한 사유 없이 사임하지 못하며, 또 다른 조합원의 일치가 아니면 업무집행자를 해임하지 못한다(제708조). 한편 각 조합원은 언제든지 조합의 업무 및 재산상태를 검사할 수 있다(제710조).

2) 제3자에게 업무집행을 위임한 경우

조합원이 아닌 제3자에게 업무집행을 위임한 경우에는 조합과 업무집행자는 순수한 위임관계로 된다. 따라서 업무집행의 관계는 위임의 규정에 의해 규율된다. 다만 제3자인 업무집행자가 수인인 경우에 학설은 제706조 제2항과 제3항을 유추적용한다.

2. 조합의 대외관계(조합대리)

(1) 의의

조합은 법인격이 없어 독립한 권리의무의 주체가 되지 못하므로, 조합이 대외적인 법률행위를 하려면 조합원 전원의 이름으로 하여야 함이 원칙이다. 그러나 거래의 편의를 위해 대리제도가 활용된다. 조합의 대외관계는 이처럼 대리의 형식에 의하고 있기 때문에 이를 조합대리라고 한다.

(2) 조합대리

> **제709조【업무집행자의 대리권추정】** 조합의 업무를 집행하는 조합원은 그 업무집행의 대리권 있는 것으로 추정한다.

① 조합의 업무를 집행하는 조합원은 그 업무집행의 대리권 있는 것으로 추정한다(제709조). 따라서 업무집행자가 정해지지 않은 때에는 각 조합원이, 업무집행자가 정해진 때에는 그가 대리권이 있는 것으로 추정된다.

> **판례**
>
> **업무집행조합원의 조합원 대리권에 관하여 제한약정이 있는 경우, 그 약정의 존재 및 이행에 대한 주장·입증책임의 소재**
>
> 민법 제709조에 의하면 조합계약으로 업무집행자를 정하였거나 또는 선임한 때에는 그 업무집행조합원은 조합의 목적을 달성하는 데 필요한 범위에서 조합을 위하여 모든 행위를 할 대리권이 있는 것으로 추정되지만, 위 규정은 임의규정이라고 할 것이므로 당사자 사이의 약정에 의하여 조합의 업무집행에 관하여 조합원 전원의 동의를 요하도록 하는 등 그 내용을 달리 정할 수 있고, 그와 같은 약정이 있는 경우에는 조합의 업무집행은 조합원 전원의 동의가 있는 때에만 유효하다 할 것이어서, 조합의 구성원이 위와 같은 약정의 존재를 주장·입증하면 조합의 업무집행자가 조합원을 대리할 권한이 있다는 추정은 깨어지고 업무집행자와 사이에 법률행위를 한 상대방이 나머지 조합원에게 그 법률행위의 효력을 주장하기 위하여는 그와 같은 약정에 따른 조합원 전원의 동의가 있었다는 점을 주장·입증할 필요가 있다(대판 2002. 1. 25, 99다62838).

② 원칙적으로 대리행위는 본인을 위한 것임을 표시하여야 직접 본인에 대하여 효력이 생기는 것이고, 한편 민법상 조합의 경우 법인격이 없어 조합 자체가 본인이 될 수 없으므로, 이른바 조합대리에 있어서는 본인에 해당하는 모든 조합원을 위한 것임을 표시하여야 하나, 반드시 조합원 전원의 성명을 제시할 필요는 없고, 상대방이 알 수 있을 정도로 조합을 표시하는 것으로 충분하다(2008다79340).

(3) 조합의 소송업무

민사소송법은 법인 아닌 사단이나 재단에 당사자능력을 인정하지만(민사소송법 제52조), 조합에는 그 적용이 없고 조합의 당사자능력은 인정되지 않는다. 따라서 조합원 전원의 공동명의로만 원고가 되고 피고가 될 수 있다.

04 조합의 재산관계

1. 조합재산

(1) 의의

조합재산의 가장 기본적인 것은 조합원이 출자한 재산이며, 그 밖에 출자가 이행되기 전에 존재하는 출자청구권, 조합의 업무집행으로 취득한 재산, 조합재산에서 생긴 재산(조합재산의 과실·수용의 대가·제3자에 대한 손해배상채권 등) 그리고 조합의 채무(소극적으로 조합재산을 구성) 등으로 구성된다.

(2) 출자의무의 지체 ^{13회 3문}

> 제705조【금전출자지체의 책임】금전을 출자의 목적으로 한 조합원이 출자시기를 지체한 때에는 연체이자를 지급하는 외에 손해를 배상하여야 한다.

(3) 합유관계

> 제704조【조합재산의 합유】조합원의 출자 기타 조합재산은 조합원의 합유로 한다.

(4) 조합재산과 조합원의 개인재산의 분리

① 지분에 대한 압류의 효력

> 제714조【지분에 대한 압류의 효력】조합원의 지분에 대한 압류는 그 조합원의 장래의 이익배당 및 지분의 반환을 받을 권리에 대하여 효력이 있다.

판례

[1] **민법상 조합원의 조합탈퇴권이 채권자대위권의 목적이 될 수 있는지 여부(적극)**
민법상 조합원은 조합의 존속기간이 정해져 있는 경우 등을 제외하고는 원칙적으로 언제든지 조합에서 탈퇴할 수 있고(민법 제716조 참조), 조합원이 탈퇴하면 그 당시의 조합재산상태에 따라 다른 조합원과 사이에 지분의 계산을 하여 지분환급청구권을 가지게 되는바(민법 제719조 참조), 조합원이 조합을 탈퇴할 권리는 그 성질상 조합계약의 해지권으로서 그의 일반재산을 구성하는 재산권의 일종이라 할 것이고 채권자대위가 허용되지 않는 일신전속적 권리라고는 할 수 없다. 따라서 채무자의 재산인 조합원 지분을 압류한 채권자는, 당해 채무자가 속한 조합에 존속기간이 정하여져 있다거나 기타 채무자 본인의 조합탈퇴가 허용되지 아니하는 것과 같은 특별한 사유가 있지 않은 한, 채권자대위권에 의하여 채무자의 조합 탈퇴의 의사표시를 대위행사할 수 있다 할 것이고, 일반적으로 조합원이 조합을 탈퇴하면 조합목적의 수행에 지장을 초래할 것이라는 사정만으로는 이를 불허할 사유가 되지 아니한다.

[2] **조합재산을 구성하는 개개의 재산에 대한 합유지분에 관하여 압류 기타 강제집행이 가능한지 여부(소극)**
민법 제714조는 "조합원의 지분에 대한 압류는 그 조합원의 장래의 이익배당 및 지분의 반환을 받을 권리에 대하여 효력이 있다."라고 규정하여 조합원의 지분에 대한 압류를 허용하고 있으나, 여기에서의 조합원의 지분이란 전체로서의 조합재산에 대한 조합원 지분을 의미하는 것이고, 이와 달리 조합재산을 구성하는 개개의 재산에 대한 합유지분에 대하여는 압류 기타 강제집행의 대상으로 삼을 수 없다 (대결 2007. 11. 30, 2005마1130).

② 조합채무자의 상계금지

> 제715조【조합채무자의 상계의 금지】조합의 채무자는 그 채무와 조합원에 대한 채권으로 상계하지 못한다.

> **판례**
>
> **조합채무자가 그 채무를 조합원 중 1인에 대한 개인 채권과 상계할 수 있는지 여부(소극)**
> 조합에 대한 채무자는 그 채무와 조합원에 대한 채권으로 상계할 수는 없는 것이므로(민법 제715조), 조합으로부터 부동산을 매수하여 잔대금 채무를 지고 있는 자가 조합원 중의 1인에 대하여 개인 채권을 가지고 있다고 하더라도 그 채권과 조합과의 매매계약으로 인한 잔대금 채무를 서로 대등액에서 상계할 수는 없다(대판 1998. 3. 13, 97다6919).

2. 조합채무에 대한 책임 2회 4문, 12회 4문

(1) 책임의 성질

조합이 권리의무의 주체가 되지 못하므로 조합채무는 각 조합원의 채무가 된다. 따라서 조합채무에 관해서는 조합재산을 가지고 조합원 전원이 공동으로 책임을 짐과 동시에, 각 조합원이 그의 개인재산을 가지고도 책임을 진다. 즉, 양 책임은 병존적이므로, 조합의 채권자는 조합재산으로부터 변제를 받지 못한 한도에서 각 조합원에게 청구하여야 하는 것이 아니라, 바로 각 조합원에게 청구할 수도 있는 것이다.

(2) 조합재산에 의한 조합원 모두의 공동책임

① 조합의 채권자는 채권 전액에 관해 조합재산으로부터 변제를 청구할 수 있다.
② 조합의 채권자는 조합원 모두를 상대로 하여 채권액 전부에 관한 이행의 소를 제기하고, 그 판결에 기해 조합재산에 대해 강제집행하게 된다.

(3) 각 조합원의 개인재산에 의한 개별책임

> **제712조 【조합원에 대한 채권자의 권리행사】** 조합채권자는 그 채권발생 당시에 조합원의 손실부담의 비율을 알지 못한 때에는 각 조합원에게 균분하여 그 권리를 행사할 수 있다.
>
> **제713조 【무자력조합원의 채무와 타 조합원의 변제책임】** 조합원 중에 변제할 자력 없는 자가 있는 때에는 그 변제할 수 없는 부분은 다른 조합원이 균분하여 변제할 책임이 있다.

① 조합의 채권자가 조합원에 대하여 조합재산에 의한 공동책임을 묻는 것이 아니라 각 조합원의 개인적 책임에 기하여 당해 채권을 행사하는 경우에는 조합원 각자를 상대로 하여 그 이행의 소를 제기할 수 있다(91다30705).
② 각 조합원은 손실부담의 비율에 따라 조합채무를 나눈 것에 대해 채무를 부담하지만, 조합채권자가 그 채권발생 당시에 그 비율을 알지 못한 때에는 각 조합원에게 균등한 비율로 그 권리를 행사할 수 있다(제712조).

3. 손익분배 13회 3문

> 제711조【손익분배의 비율】① 당사자가 손익분배의 비율을 정하지 아니한 때에는 각 조합원의 출자가액에 비례하여 이를 정한다.
> ② 이익 또는 손실에 대하여 분배의 비율을 정한 때에는 그 비율은 이익과 손실에 공통된 것으로 추정한다.

손익분배의 비율은 조합계약에서 정할 수 있다. 이익 및 손실의 분배비율이 같아야 하는 것은 아니며, 다르게 할 수 있다. 조합의 본질상 이익은 모든 조합원에게 분배되어야 하지만 손실의 공동부담은 반드시 필요한 것이 아니기 때문에, 손실을 부담하지 않는 조합원을 정하는 것도 무방하다. 손익분배의 비율을 조합계약에서 정하지 않은 경우에는 제711조가 보충적으로 적용된다.

판례

[1] 공동이행방식의 공동수급체를 구성하여 공사를 수급받는 경우, 공동수급체의 법적 성격(= 민법상 조합) / 공동수급체의 구성원이 출자의무를 이행하지 않은 경우, 공동수급체가 출자의무 불이행을 이유로 이익분배 자체를 거부하거나 이익분배금에서 출자금이나 지연이자를 공제할 수 있는지 여부(원칙적 소극) 및 이 경우 공동수급체의 출자금 채권과 구성원의 이익분배청구권이 상계적상에 있으면 두 채권을 상계할 수 있는지 여부(적극) 13회 3문

당사자들이 공동이행방식의 공동수급체를 구성하여 도급인으로부터 공사를 수급받는 경우 공동수급체는 원칙적으로 민법상 조합에 해당한다. 건설공동수급체 구성원은 공동수급체에 출자의무를 지는 반면 공동수급체에 대한 이익분배청구권을 가지는데, 이익분배청구권과 출자의무는 별개의 권리·의무이다. 따라서 공동수급체의 구성원이 출자의무를 이행하지 않더라도, 공동수급체가 출자의무의 불이행을 이유로 이익분배 자체를 거부할 수도 없고, 그 구성원에게 지급할 이익분배금에서 출자금이나 그 연체이자를 당연히 공제할 수도 없다. 다만 구성원에 대한 공동수급체의 출자금 채권과 공동수급체에 대한 구성원의 이익분배청구권이 상계적상에 있으면 상계에 관한 민법 규정에 따라 두 채권을 대등액에서 상계할 수 있을 따름이다.

[2] 공동수급체 구성원들 사이에 '출자의무와 이익분배를 직접 연계시키는 특약'을 하는 것이 허용되는지 여부(적극) / 공동수급체 구성원들이 출자의무를 먼저 이행한 경우에 한하여 이익분배를 받을 수 있다고 약정하거나 출자의무의 불이행 정도에 따라 이익분배금을 삭감하기로 약정한 경우 또는 금전을 출자하기로 한 구성원이 출자를 지연하는 경우 이익분배금에서 출자금과 지연이자를 공제하기로 약정한 경우, 공동수급체가 이익분배를 거부하거나 이익분배금에서 출자금 등을 공제할 수 있는지 여부(적극) / 이러한 '공제'와 민법상 상계의 구별

공동수급체의 구성원들 사이에 '출자의무와 이익분배를 직접 연계시키는 특약'을 하는 것도 계약자유의 원칙상 허용된다. 따라서 구성원들이 출자의무를 먼저 이행한 경우에 한하여 이익분배를 받을 수 있다고 약정하거나 출자의무의 불이행 정도에 따라 이익분배금을 전부 또는 일부 삭감하기로 약정할 수도 있다. 나아가 금전을 출자하기로 한 구성원이 출자를 지연하는 경우 그 구성원이 지급받을 이익분배금에서 출자금과 그 연체이자를 '공제'하기로 하는 약정을 할 수도 있다. 이러한 약정이 있으면 공동수급체는 그 특약에 따라 출자의무를 불이행한 구성원에 대한 이익분배를 거부하거나 구성원에게 지급할 이익분배금에서 출자금과 그 연체이자를 공제할 수 있다. 이러한 '공제'는 특별한 약정이 없는 한 당사자 쌍방의 채권이 서로 상계적상에 있는지 여부와 관계없이 가능하고 별도의 의사표시도 필요하지

않다. 이 점에서 상계적상에 있는 채권을 가진 채권자가 별도로 의사표시를 하여야 하는 상계(민법 제493조 제1항)와는 구별된다. 물론 상계의 경우에도 쌍방의 채무가 상계적상에 이르면 별도의 의사표시 없이도 상계된 것으로 한다는 특약을 할 수 있다. 그러나 공제 약정이 있으면 별도의 의사표시 없이도 당연히 공제되는 것이 원칙이다(대판 2018. 1. 24, 2015다69990).

05 조합원의 변동

1. 조합원의 탈퇴

(1) 탈퇴의 유형

1) 임의탈퇴

> **제716조 【임의탈퇴】** ① 조합계약으로 조합의 존속기간을 정하지 아니하거나 조합원의 종신까지 존속할 것을 정한 때에는 각 조합원은 언제든지 탈퇴할 수 있다. 그러나 부득이한 사유 없이 조합의 불리한 시기에 탈퇴하지 못한다.
> ② 조합의 존속기간을 정한 때에도 조합원은 부득이한 사유가 있으면 탈퇴할 수 있다.

일정한 경우에는 조합원은 임의로 탈퇴할 수 있다(제716조). 이 임의탈퇴는 다른 조합원 전원에 대한 의사표시로 하여야 하며(4291민상668), 업무집행자가 따로 있더라도 조합원 전원에 대하여 탈퇴의 의사표시를 하여야 한다.

판례

1. **2인으로 된 조합관계에서 1인이 탈퇴한 경우의 조합재산에 대한 법률관계** 9회 2문, 10회 2문
두 사람으로 된 동업관계 즉, 조합관계에 있어 그중 1인이 탈퇴하면 조합관계는 해산됨이 없이 종료되어 청산이 뒤따르지 아니하며 조합원의 합유에 속한 조합재산은 남은 조합원의 단독소유에 속하고, 탈퇴자와 남은 자 사이에 탈퇴로 인한 계산을 하여야 한다(대판 1999. 3. 12, 98다54458).

2. **2인으로 구성된 조합에서 1인이 탈퇴한 경우, 조합채권자가 잔존 조합원에 대하여 조합채무 전부의 이행을 청구할 수 있는지 여부(적극)** 9회 2문, 10회 2문
조합채무는 조합원들이 조합재산에 의하여 합유적으로 부담하는 채무이고, 두 사람으로 이루어진 조합관계에 있어 그중 1인이 탈퇴하면 탈퇴자와의 사이에 조합관계는 종료된다 할 것이나 특별한 사정이 없는 한 조합은 해산되지 아니하고, 조합원들의 합유에 속한 조합재산은 남은 조합원에게 귀속하게 되므로, 이 경우 조합채권자는 잔존 조합원에게 여전히 그 조합채무 전부에 대한 이행을 청구할 수 있다(대판 1999. 5. 11, 99다1284).

3. **[1] 2인 조합에서 조합원 1인이 탈퇴하는 경우, 조합재산에 대한 법률관계**
2인 조합에서 조합원 1인이 탈퇴하면 조합관계는 종료되지만 특별한 사정이 없는 한 조합이 해산되지 아니하고, 조합원의 합유에 속하였던 재산은 남은 조합원의 단독소유에 속하게 되어 기존의 공동사업은 청산절차를 거치지 않고 잔존자가 계속 유지할 수 있다.

[2] **2인 조합에서 조합원 1인이 탈퇴하는 경우, 탈퇴자와 잔존자 사이의 탈퇴로 인한 계산의 방법**
2인 조합에서 조합원 1인이 탈퇴하는 경우, 탈퇴자와 잔존자 사이에 탈퇴로 인한 계산을 함에 있어서는 특단의 사정이 없는 한 민법 제719조 제1항, 제2항의 규정에 따라 '탈퇴 당시의 조합재산상태'를 기준으로 평가한 조합재산 중 탈퇴자의 지분에 해당하는 금액을 금전으로 반환하여야 할 것이고, 이러한 계산은 사업의 계속을 전제로 하는 것이므로 조합재산의 가액은 단순한 매매가격이 아닌 '영업권의 가치를 포함하는 영업가격'에 의하여 평가하되, 당해 조합원의 지분비율은 조합청산의 경우에 실제 출자한 자산가액의 비율에 의하는 것과는 달리 '조합내부의 손익분배 비율'을 기준으로 계산하여야 하는 것이 원칙이다.

[3] 2인 조합에서 조합원 1인이 탈퇴하는 경우, 조합의 탈퇴자에 대한 채권은 잔존자에게 귀속되므로 잔존자는 이를 자동채권으로 하여 탈퇴자에 대한 지분 상당의 조합재산 반환채무와 상계할 수 있다(대판 2006. 3. 9, 2004다49693·49709).

2) 비임의탈퇴

> **제717조【비임의탈퇴】** 제716조의 경우 외에 조합원은 다음 각 호의 어느 하나에 해당하는 사유가 있으면 탈퇴된다.
> 1. 사망
> 2. 파산
> 3. 성년후견의 개시
> 4. 제명

① 조합원의 사망

판례

조합원의 지위가 상속인에게 승계되는지 여부
조합에 있어서 조합원의 1인이 사망한 때에는 민법 제717조에 의하여 그 조합관계로부터 당연히 탈퇴하고 특히 조합계약에서 사망한 조합원의 지위를 그 상속인이 승계하기로 약정한 바 없다면 사망한 조합원의 지위는 상속인에게 승계되지 아니한다(대판 1987. 6. 23, 86다카2951).

② 조합원의 파산

판례

[1] **조합원이 파산하더라도 조합에서 탈퇴하지 않기로 한 약정의 효력(=무효) 및 파산관재인이 파산한 조합원에 대한 채권자의 동의를 얻어 조합에 잔류할 것을 선택한 경우에도 탈퇴금지의 약정이 무효인지 여부(소극)**
조합원들이 조합계약 당시 민법 제717조의 규정과 달리 차후 조합원 중에 파산하는 자가 발생하더라도 조합에서 탈퇴하지 않기로 약정한다면 이는 장래의 불특정 다수의 파산채권자의 이해에 관련된 것을 임의로 위 법 규정과 달리 정하는 것이어서 원칙적으로는 허용되지 않는다 할 것이지만, 파산한 조합원이 제3자와의 공동사업을 계속하기 위하여 그 조합에 잔류하는 것이 파산한 조합원의 채권자들에게 불리하지 아니하여 파산한 조합원의 채권자들의 동의를 얻어 파산관재인이 조합에 잔류할 것을 선택한 경우까지 조합원이 파산하여도 조합으로부터 탈퇴하지 않는다고 하는 조합원들 사이의 탈퇴금지의 약정이 무효라고 할 것은 아니다.

[2] 공동수급체의 구성원 중 1인이 파산하였으나 파산관재인이 법원의 허가와 파산채권자의 동의를 얻어 파산 이후에도 계속적으로 공동사업을 수행하여 왔다면, 입찰참가자격제한조치를 받기 전까지는 탈퇴할 수 없다고 한 탈퇴금지의 약정은 파산한 조합원의 채권자의 이익을 해하지 아니하므로 유효하다(대판 2004. 9. 13, 2003다26020).

③ 조합원의 성년후견의 개시
④ 조합원의 제명

> 제718조【제명】① 조합원의 제명은 정당한 사유 있는 때에 한하여 다른 조합원의 일치로써 이를 결정한다.
> ② 전항의 제명결정은 제명된 조합원에게 통지하지 아니하면 그 조합원에게 대항하지 못한다.

판례

1. **민법 제718조 제1항에서 조합원의 제명 요건으로 정한 '정당한 사유가 있는 때'의 의미**
   민법상 조합에서 조합원의 제명은 정당한 사유가 있는 때에 한하여 다른 조합원의 일치로써 결정한다(제718조 제1항). 여기에서 '정당한 사유가 있는 때'란 특정 조합원이 동업계약에서 정한 의무를 이행하지 않거나 조합업무를 집행하면서 부정행위를 한 경우와 같이 특정 조합원에게 명백한 귀책사유가 있는 경우는 물론이고, 이에 이르지 않더라도 특정 조합원으로 말미암아 조합원들 사이에 반목·불화로 대립이 발생하고 신뢰관계가 근본적으로 훼손되어 특정 조합원이 계속 조합원의 지위를 유지하도록 한다면 조합의 원만한 공동운영을 기대할 수 없는 경우도 포함한다(대판 2021. 10. 28, 2017다200702).

2. **출자의무 불이행을 이유로 조합원을 제명하는 경우, 상당한 기간을 정하여 그 이행을 최고해야 하는지 여부(소극)**
   조합원이 출자의무를 이행하지 않는 것은 민법 제718조 제1항에서 정한 조합원을 제명할 정당한 사유에 해당한다고 할 것인바, 그와 같은 출자의무의 불이행을 이유로 조합원을 제명함에 있어 출자의무의 이행을 지체하고 있는 당해 조합원에게 다시 상당한 기간을 정하여 출자의무의 이행을 최고하여야 하는 것은 아니다(대판 1997. 7. 25, 96다29816).

(2) 탈퇴의 효과

1) 조합원지위의 상실

탈퇴조합원은 장래에 향하여 조합원으로서의 지위를 상실한다. 그러나 조합 자체는 나머지 조합원들 사이에서 그 동일성을 유지하면서 존속한다.

2) 지분의 계산

> 제719조【탈퇴조합원의 지분의 계산】① 탈퇴한 조합원과 다른 조합원 간의 계산은 탈퇴 당시의 조합 재산상태에 의하여 한다.
> ② 탈퇴한 조합원의 지분은 그 출자의 종류 여하에 불구하고 금전으로 반환할 수 있다.
> ③ 탈퇴 당시에 완결되지 아니한 사항에 대하여는 완결 후에 계산할 수 있다.

> **판례** ◆
>
> **조합에서 조합원이 탈퇴하는 경우, 탈퇴자와 잔존자 사이의 탈퇴로 인한 계산 방법 및 이 경우 조합원의 지분비율은 조합 내부의 손익분배 비율을 기준으로 계산하는 것이 원칙인지 여부(적극)**
> 조합에서 조합원이 탈퇴하는 경우, 탈퇴자와 잔존자 사이의 탈퇴로 인한 계산은 특별한 사정이 없는 한 민법 제719조 제1항, 제2항에 따라 '탈퇴 당시의 조합재산상태'를 기준으로 평가한 조합재산 중 탈퇴자의 지분에 해당하는 금액을 금전으로 반환하여야 하고, 조합원의 지분비율은 조합청산의 경우에 실제 출자한 자산가액의 비율에 의하는 것과는 달리 조합 내부의 손익분배 비율을 기준으로 계산하여야 하는 것이 원칙이다(대판 2023. 10. 12, 2022다285523 · 285530).

2. 조합원 지위의 양도

다른 조합원 전원의 동의가 있거나, 조합원 지위의 양도에 관한 별도의 특약이 있는 경우에 한하여 조합원 지위의 양도가 가능하다.

> **판례** ◆
>
> **조합원이 조합지분의 양도로 조합원의 지위를 상실하는 시기(= 양도양수 약정 시)**
> 조합원은 다른 조합원 전원의 동의가 있으면 그 지분을 처분할 수 있으나 조합의 목적과 단체성에 비추어 조합원으로서의 자격과 분리하여 그 지분권만을 처분할 수는 없으므로, 조합원이 지분을 양도하면 그로써 조합원의 지위를 상실하게 되며, 이와 같은 조합원 지위의 변동은 조합지분의 양도양수에 관한 약정으로써 바로 효력이 생긴다(대판 2009. 3. 12, 2006다28454).

06 조합의 해산 및 청산

1. 조합의 해산

> **제720조 【부득이한 사유로 인한 해산청구】** 부득이한 사유가 있는 때에는 각 조합원은 조합의 해산을 청구할 수 있다.

(1) 의의

조합이 소멸하기 위해 그 목적인 사업을 중지하고, 조합재산을 정리하는 단계에 들어가는 것이 조합의 해산이다. 그러나 조합은 해산으로 곧 소멸하는 것이 아니고 청산이 끝난 때에 비로소 소멸한다.

> **판례** ◆
>
> 조합의 해산사유와 청산에 관한 규정은 그와 내용을 달리하는 당사자의 특약까지 배제하는 강행규정이 아니므로 당사자가 민법의 조합의 해산사유와 청산에 관한 규정과 다른 내용의 특약을 한 경우, 그 특약은 유효한 것으로 보아야 한다(대판 1985. 2. 26, 84다카1921).

(2) 해산사유

1) 일반적 해산사유

민법에서 특별히 정하고 있지는 않으나, 일반적으로 존속기간의 만료 기타 조합계약에서 정한 사유의 발생, 조합원 전원의 합의, 조합의 목적인 사업의 성공 또는 성공불능 등의 경우에 조합은 해산하게 된다.

2) 해산청구

① 조합관계를 유지하지 못할 부득이한 사유가 있는 때에 한해 각 조합원은 일방적 의사표시로 조합의 해산을 청구할 수 있고, 그에 따라 조합은 해산된다.
② 해산청구는 조합의 해지의 성질을 가지는 것이어서, 그 의사표시는 조합원 전원에 대해 하여야 한다.

> **판례**
>
> 1. 민법 제720조에 규정된 조합의 해산사유인 부득이한 사유에는 경제계의 사정변경이나 조합의 재산상태의 악화 또는 영업부진 등으로 조합의 목적달성이 현저히 곤란하게 된 경우 외에 조합원 사이의 반목·불화로 인한 대립으로 신뢰관계가 파괴되어 조합의 원만한 공동운영을 기대할 수 없게 된 경우도 포함되며, 위와 같이 공동사업의 계속이 현저히 곤란하게 된 이상 신뢰관계의 파괴에 책임이 있는 당사자도 조합의 해산청구권이 있다(대판 1993. 2. 9, 92다21098).
>
> 2. **조합계약의 당사자가 조합계약을 해제 또는 해지하고 상대방에게 원상회복의 부담을 지울 수 있는지 여부(소극) 및 조합의 탈퇴와 해산청구의 차이 / 조합 당사자 간의 불화·대립으로 인하여 신뢰관계가 깨어지고 특정 조합원의 탈퇴나 제명으로도 조합업무의 원활한 운영을 기대할 수 없게 된 상황에서 특정 조합원이 다른 조합원에게 해지통고를 한 경우, 이를 조합의 해산청구로 볼 수 있는지 여부(적극)** 동업계약과 같은 조합계약에서는 조합의 해산청구를 하거나 조합으로부터 탈퇴를 하거나 또는 다른 조합원을 제명할 수 있을 뿐이지 일반계약에서처럼 조합계약을 해제 또는 해지하고 상대방에게 그로 인한 원상회복의 의무를 부담지울 수는 없다. 그리고 민법 제716조에 의한 조합의 탈퇴라 함은 특정 조합원이 장래에 향하여 조합원으로서의 지위를 벗어나는 것으로서, 이 경우 조합 자체는 나머지 조합원에 의해 동일성을 유지하며 존속하는 것이므로 결국 탈퇴는 잔존 조합원이 동업사업을 계속 유지·존속함을 전제로 하는 것인 반면, 민법 제720조에 의한 조합의 해산청구는 조합이 소멸하기 위하여 그의 목적인 사업을 수행하기 위한 적극적인 활동을 중지하고, 조합재산을 정리하는 단계에 들어가는 것이다. 따라서 조합 당사자 간의 불화·대립으로 인하여 신뢰관계가 깨어지고 특정 조합원의 탈퇴나 제명으로도 조합업무의 원활한 운영을 기대할 수 없게 된 상황에서 특정 조합원이 다른 조합원에게 해지통고를 한 것이라면 이는 조합의 소멸을 동반하는 조합의 해산청구로 볼 수 있다(대판 2024. 9. 27, 2024다224645).

(3) 해산의 효과

해산의 효과는 장래에 향하여서만 발생하며, 해산으로 인하여 청산절차가 개시된다.

2. 조합의 청산

(1) 청산인

> 제721조【청산인】① 조합이 해산한 때에는 청산은 총조합원 공동으로 또는 그들이 선임한 자가 그 사무를 집행한다.
> ② 전항의 청산인의 선임은 조합원의 과반수로써 결정한다.
> 제722조【청산인의 업무집행방법】청산인이 수인인 때에는 제706조 제2항 후단의 규정을 준용한다.
> 제723조【조합원인 청산인의 사임, 해임】조합원 중에서 청산인을 정한 때에는 제708조의 규정을 준용한다.

① 조합이 해산한 때에는 청산은 총조합원 공동으로 또는 그들이 선임한 자가 그 사무를 집행한다. 청산인의 선임은 조합원의 과반수로써 결정한다(제721조).
② 청산인이 수인인 때에는 업무집행은 그 과반수로써 결정한다(제722조).
③ 조합원 중에서 청산인을 정한 때에는 정당한 사유 없이 사임하지 못하며, 다른 조합원의 일치가 아니면 해임하지 못한다(제723조).

(2) 청산인의 직무·권한

> 제724조【청산인의 직무, 권한과 잔여재산의 분배】① 청산인의 직무 및 권한에 관하여는 제87조의 규정을 준용한다.
> ② 잔여재산은 각 조합원의 출자가액에 비례하여 이를 분배한다.

① 청산인의 직무 및 권한에 관하여는 제87조를 준용한다(제724조 제1항). 따라서 청산인의 직무는 '현존사무의 종결, 채권의 추심 및 채무의 변제, 잔여재산의 인도'이며(제87조 제1항), 이 직무를 행하기 위해 필요한 모든 행위를 할 수 있다(제87조 제2항).
② 잔여재산은 각 조합원의 출자가액에 비례하여 이를 분배한다(제724조 제2항).

> **판례**
>
> **조합이 해산된 때에 처리하여야 할 잔무가 있는 경우, 청산절차가 종료되지 아니한 상태에서 잔여재산의 분배를 청구할 수 있는지 여부(소극)**
>
> 조합이 해산된 때에 처리하여야 할 잔무가 없고 잔여재산의 분배만이 남아 있을 경우에는 따로 청산절차를 밟을 필요가 없지만, 그렇지 않은 경우에는 조합원들에게 분배할 잔여재산과 그 가액은 청산절차가 종료된 때에 확정되므로 조합원들 사이에 별도의 약정이 없는 이상 청산절차가 종료되지 아니한 상태에서 잔여재산의 분배를 청구할 수는 없다(대판 2024. 9. 13, 2024다234239).

제13절 종신정기금

01 서설

1. 의의

> 제725조 【종신정기금계약의 의의】 종신정기금계약은 당사자 일방이 자기, 상대방 또는 제3자의 종신까지 정기로 금전 기타의 물건을 상대방 또는 제3자에게 지급할 것을 약정함으로써 그 효력이 생긴다.

당사자의 일방(정기금채무자)이 자기나 상대방 또는 제3자의 종신(사망할 때)까지 정기로 금전 기타의 물건을 상대방 또는 제3자에게 지급할 것을 약정함으로써 성립하는 계약이다.

2. 법적 성질

종신정기금계약은 증여·매매·소비대차 등의 원인행위의 효력에 직접 영향을 받는 유인계약이다. 또한 대가의 유무에 따라 유상·쌍무계약 또는 무상·편무계약일 수도 있다. 즉, 원인행위가 무상인 때에는 무상·편무계약이 되고(예 증여에 기초한 종신정기금), 유상인 때에는 유상·쌍무계약이 된다(예 매매에 기초한 종신정기금).

02 종신정기금계약의 성립

1. 계약에 의한 성립

종신정기금은 당사자의 합의에 의해 성립한다. 정기금채무자가 되는 것은 언제나 계약의 일방당사자이지만, 정기금채권자는 계약의 상대방에 한하지 않으며 제3자일 수도 있다(제725조). 종신정기금의 목적물은 금전 기타의 대체물이다.

2. 유증에 의한 성립

> 제730조 【유증에 의한 종신정기금】 본절의 규정은 유증에 의한 종신정기금채권에 준용한다.

종신정기금채권은 계약이 아닌 유언에 의해서도 발생할 수 있다. 이 경우 유언의 방식(제1065조 이하)과 효력(제1073조 이하)이 적용되는 것 외에, 종신정기금에 관한 규정이 준용된다(제730조).

03 종신정기금계약의 효력

1. 종신정기금채권의 발생

> 제726조【종신정기금의 계산】종신정기금은 일수로 계산한다.

종신정기금은 특정인의 사망으로 소멸한다. 그런데 매달 정기적으로 급부를 하기로 하였는데 특정인이 월중에 사망한 경우에 그때의 마지막 지분적 급부를 어떻게 계산할 것인지가 문제된다. 이때 종신정기금은 일수로 계산한다(제726조).

2. 종신정기금계약의 해제

> 제727조【종신정기금계약의 해제】① 정기금채무자가 정기금채무의 원본을 받은 경우에 그 정기금채무의 지급을 해태하거나 기타 의무를 이행하지 아니한 때에는 정기금채권자는 원본의 반환을 청구할 수 있다. 그러나 이미 지급을 받은 채무액에서 그 원본의 이자를 공제한 잔액을 정기금채무자에게 반환하여야 한다.
> ② 전항의 규정은 손해배상의 청구에 영향을 미치지 아니한다.
> 제728조【해제와 동시이행】제536조의 규정은 전조의 경우에 준용한다.

3. 채무자의 귀책사유로 인한 사망과 채권존속선고

> 제729조【채무자 귀책사유로 인한 사망과 채권존속선고】① 사망이 정기금채무자의 책임 있는 사유로 인한 때에는 법원은 정기금채권자 또는 그 상속인의 청구에 의하여 상당한 기간 채권의 존속을 선고할 수 있다.
> ② 전항의 경우에도 제727조의 권리를 행사할 수 있다.

제14절 화해

01 서설

1. 의의

> 제731조 【화해의 의의】 화해는 당사자가 상호 양보하여 당사자 간의 분쟁을 종지할 것을 약정함으로써 그 효력이 생긴다.

당사자가 서로 양보하여 그들 사이의 분쟁을 종지할 것을 약정함으로써 성립하는 계약이다.

2. 법적 성질

유상·쌍무·낙성·불요식계약이다.

02 화해의 성립

1. 분쟁의 존재

분쟁이란 법률관계의 존부·범위·태양 등에 관하여 당사자가 서로 다르게 주장하는 것을 의미한다(통설). 화해의 목적이 되는 분쟁사항은 자유로이 처분할 수 있는 법률관계이어야 하므로, 친족관계의 존부에 관한 분쟁 등 가족법상 법률관계는 원칙적으로 화해의 대상이 되지 못한다.

2. 당사자의 상호양보

상호양보란 당사자 쌍방이 서로 불이익을 부담한다는 것을 의미한다. 여기서 양보는 진실한 권리관계를 기준으로 하는 것이 아니라 당사자의 주장을 기준으로 한다.

3. 당사자의 자격

화해는 처분행위의 성질을 갖기 때문에 화해의 당사자는 처분능력 또는 처분권한을 가지고 있어야 한다.

4. 분쟁을 끝내는 합의

이는 나중에 사실과 다르다는 것이 드러나도 구속된다는 뜻이다.

03 화해의 효력

1. 창설적 효력

> 제732조 【화해의 창설적 효력】 화해계약은 당사자 일방이 양보한 권리가 소멸되고 상대방이 화해로 인하여 그 권리를 취득하는 효력이 있다.

화해계약이 성립하면 당사자 사이에 다툼이 있던 법률관계는 화해계약의 내용에 따라서 확정된다. 이러한 효력은 창설적이다. 즉, 종래 법률관계가 어떠했는가를 묻지 않고 화해에 의하여 새로운 권리의 취득·상실이 있게 된다.

2. 화해와 착오취소의 관계 4회 3문, 13회 4문

> 제733조 【화해의 효력과 착오】 화해계약은 착오를 이유로 하여 취소하지 못한다. 그러나 화해당사자의 자격 또는 화해의 목적인 분쟁 이외의 사항에 착오가 있는 때에는 그러하지 아니하다.

화해계약이 성립되면 특별한 사정이 없는 한, 그 창설적 효력에 의하여 종전의 법률관계를 바탕으로 한 권리의무관계는 소멸되고 계약당사자 간에는 종전의 법률관계가 어떠하였느냐를 묻지 않고 화해계약에 의하여 새로운 법률관계가 생기는 것이므로, 화해계약의 의사표시에 착오가 있더라도 이것이 당사자의 자격이나 화해의 목적인 분쟁 이외의 사항에 관한 것이 아니고 분쟁의 대상인 법률관계 자체에 관한 것일 때에는 이를 취소할 수 없다(2002다20353). 여기서 화해의 목적인 분쟁 이외의 사항이라 함은 분쟁의 대상이 아니라 분쟁의 전제 또는 기초가 된 사항으로서 쌍방 당사자가 예정한 것이어서 상호 양보의 내용으로 되지 않고 다툼이 없는 사실로 양해된 사항을 말한다(2004다53173).

> **판례** ◆
>
> 1. **화해의 전제 내지 기초에 착오가 있다고 본 사례**
>   환자가 의료과실로 사망한 것으로 전제하고 의사가 유족들에게 손해배상금을 지급하기로 하는 합의가 이루어졌으나 그 사인이 진료와는 관련이 없는 것으로 판명되었다면, 위 합의는 그 목적이 아닌 망인의 사인에 관한 착오로 이루어진 화해이므로 착오를 이유로 취소할 수 있다(대판 1991. 1. 25, 90다12526).
>
> 2. 교통사고에 가해자의 과실이 경합되어 있는데도 오로지 피해자의 과실로 인하여 발생한 것으로 착각하고 치료비를 포함한 합의금으로 실제 입은 손해액보다 훨씬 적은 금액인 금 700만 원만을 받고 일체의 손해배상청구권을 포기하기로 합의한 경우, 그 사고가 피해자의 전적인 과실로 인하여 발생하였다는 사실은 쌍방 당사자 사이에 다툼이 없어 양보의 대상이 되지 않았던 사실로서 화해의 목적인 분쟁의 대상이 아니라 그 분쟁의 전제가 되는 사항에 해당하는 것이므로 피해자 측은 착오를 이유로 화해계약을 취소할 수 있다(대판 1997. 4. 11, 95다48414). 13회 4문

3. **화해계약이 사기로 인하여 이루어진 경우에는 화해의 목적인 분쟁에 관한 사항에 착오가 있더라도 민법 제110조에 따라 이를 취소할 수 있는지 여부(적극)**
   민법 제733조의 규정에 의하면, 화해계약은 화해당사자의 자격 또는 화해의 목적인 분쟁 이외의 사항에 착오가 있는 경우를 제외하고는 착오를 이유로 취소하지 못하지만, 화해계약이 사기로 인하여 이루어진 경우에는 화해의 목적인 분쟁에 관한 사항에 착오가 있는 때에도 민법 제110조에 따라 이를 취소할 수 있다(대판 2008. 9. 11, 2008다15278).

3. 화해와 후발손해의 관계

> **판례**

1. **불법행위로 인한 손해배상에 관하여 피해자가 일정금액을 지급받고 나머지 청구를 포기하기로 한 약정의 해석**
   불법행위로 인한 손해배상에 관하여 가해자와 피해자 사이에 피해자가 일정한 금액을 받고 그 나머지 청구를 포기하기로 약정한 때에는 그 이상의 손해가 사후에 발생했다는 이유로 합의금액을 넘는 손해배상청구를 인용해 줄 수는 없지만 모든 손해가 확실하게 파악되지 않는 상황 아래에서 조급하게 적은 금액을 받고 그와 같은 합의가 이루어진 경우에는 피해자가 포기한 손해배상청구권은 그 당시에 예측이 가능한 손해에 대한 것뿐이지 예상할 수 없었던 적극적 치료비나 후유증이 그 후에 생긴 경우의 그 손해에 대하여서까지 배상청구권을 포기했다고 해석할 것은 아니다(대판 1989. 7. 25, 89다카968).

2. 불법행위로 인한 손해배상에 관하여 가해자와 피해자 사이에 피해자가 일정한 금액을 지급받고 그 나머지 청구를 포기하기로 합의가 이루어진 때에는 그 후 그 이상의 손해가 발생하였다 하여 다시 그 배상을 청구할 수 없는 것이지만, 그 합의가 손해발생의 원인인 사고 후 얼마 지나지 아니하여 손해의 범위를 정확히 확인하기 어려운 상황에서 이루어진 것이고, 후발손해가 합의 당시의 사정으로 보아 예상이 불가능한 것으로서, 당사자가 후발손해를 예상하였더라면 사회통념상 그 합의금액으로는 화해하지 않았을 것이라고 보는 것이 상당할 만큼 그 손해가 중대한 것일 때에는 당사자의 의사가 이러한 손해에 대해서까지 그 배상청구권을 포기한 것이라고 볼 수 없으므로 다시 그 배상을 청구할 수 있다고 보아야 한다(대판 2000. 3. 23, 99다63176).

MEMO

행정사
조민기 민법(계약)

부록

기출문제 모범답안·
관련 법령

2013년 제1회 행정사 2차 기출문제
민법(계약) 모범답안

‖논술형 1‖ 甲은 자신이 소유하는 X부동산을 乙에게 팔면서, 乙의 편의를 위하여 매매대금을 지급받지도 않은 상태에서 X부동산의 소유권등기를 乙에게 이전하였다. 그럼에도 불구하고 乙이 약속한 날짜에 매매대금을 지급하지 않자 甲은 수차례에 걸쳐 상당한 기간을 정하여 乙에게 대금지급을 촉구하였으나 여전히 乙은 甲에게 대금을 지급하지 않고 있다. 이에 甲이 乙과의 매매계약을 해제한다는 통지를 한 경우, 그 '효과'에 관하여 논술하시오. (40점)

◆ 모범답안 ◆

1. 문제의 소재

본 문제는 매도인 甲이 매수인 乙의 매매대금채무의 이행지체를 이유로 매매계약을 해제한 경우이다. 이행지체를 원인으로 계약이 해제되기 위해서는 ① 채무자의 이행지체가 있을 것, ② 채권자가 상당한 기간을 정하여 이행을 최고할 것, ③ 채무자가 최고기간 내에 이행 또는 이행의 제공이 없을 것, ④ 채권자의 해제의 의사표시가 필요하다(제544조). 채권자 甲의 해제는 이러한 요건을 모두 충족하였으므로 적법하고, 이하에서는 甲의 해제의 효과에 대해서 살펴본다.

2. 법정해제의 효과

(I) 계약의 구속으로부터 해방

1) 계약의 소급적 실효

계약을 해제하면 계약은 소급하여 소멸한다. 따라서 당사자는 계약의 구속으로부터 해방되며, 아직 이행하지 않은 채무는 이행할 필요가 없고, 이미 이행된 급부는 서로 원상회복을 하여야 한다.

2) 해제와 물권의 복귀

① 문제는 계약의 이행으로써 등기 또는 인도를 갖추어 물권이 이전되었을 때, 그 물권이 등기 또는 인도 없이도 당연히 복귀하는가이다.

② 채권적 효과설은 계약이 해제되더라도 채권행위가 해소될 뿐이며 물권변동의 효과는 그대로 유지되고, 따라서 이전된 권리를 회복하기 위해서는 다시 이행행위와 등기 또는 인도가 필요하다는 견해이다.

③ 물권적 효과설은 채권계약이 해제되면 이전하였던 물권은 등기 또는 인도 없이도 당연히 복귀한다는 견해로서 판례의 입장이다.

3) 해제와 제3자의 보호

① 의의: 계약의 해제는 제3자의 권리를 해하지 못한다(제548조 제1항 단서). 여기서 제3자는 원칙적으로 해제의 의사표시가 있기 이전에 그 해제된 계약으로부터 생긴 법률적 효과를 기초로 하여 새로운 이해관계를 가졌을 뿐 아니라 등기·인도 등으로 완전한 권리를 취득한 자를 말한다.

② 제3자 범위의 확대: 판례는 거래의 안전을 위하여 보호되는 제3자에 해제의 의사표시가 있은 후 그 해제에 기한 말소등기가 이루어지기 이전에 새로운 이해관계를 갖게 된 선의의 제3자도 포함시킨다.

(2) 원상회복의무
　1) 의의
　　당사자 일방이 계약을 해제한 때에는 각 당사자는 그 상대방에 대하여 원상회복의 의무가 있다(제548조 제1항 본문).
　2) 원상회복의 범위
　　이익의 현존 여부나 상대방의 선의·악의를 불문하고 받은 급부 전부를 반환하여야 한다. 이때 반환할 금전에는 그 받은 날부터 이자를 가산하여야 하고(제548조 제2항), 이와 균형상 반환할 물건에는 그 받은 날부터 사용이익을 가산하여 반환하여야 한다.
(3) 손해배상의무
　1) 손해배상의 성질
　　계약의 해제는 손해배상의 청구에 영향을 미치지 아니한다(제551조). 이는 채무불이행을 원인으로 한 손해배상책임으로 본다.
　2) 손해배상의 범위
　　① 제551조의 손해배상은 채무불이행에 기초하는 것이므로, 그 범위는 채무가 이행되었더라면 채권자가 얻었을 이익, 즉 이행이익의 배상을 원칙으로 한다.
　　② 판례는 이행이익의 배상이 원칙이지만, 그에 갈음하여 신뢰이익의 배상을 구할 수도 있다고 하며, 다만 그 신뢰이익은 이행이익의 범위를 초과할 수 없다고 한다.
(4) 해제의 효과와 동시이행
　　계약이 해제되면 계약당사자는 서로 원상회복의무와 손해배상의무를 부담하는데, 이러한 의무는 동시이행의 관계에 있다고 본다.

3. 문제의 해결
(1) 甲의 해제로 인해 甲·乙 간의 계약은 소급하여 소멸한다. 따라서 아직 이행하지 않은 채무는 이행할 필요가 없고, 이미 이행된 급부는 서로 원상회복을 하여야 한다.
(2) 매매목적물인 X부동산의 소유권등기가 乙에게 이전된 상태에서 계약이 해제되면, 이전되었던 X부동산의 소유권은 말소등기 없이도 甲에게 당연히 복귀한다(물권적 효과설).
(3) 계약이 해제되면 각 당사자는 상대방에 대하여 원상회복의 의무가 있으므로, 만약 乙이 X부동산을 점유하고 있다면 받은 날부터 사용이익을 가산하여 반환하여야 한다.
(4) 계약의 해제는 손해배상의 청구에 영향을 미치지 아니하므로, 甲은 乙의 이행지체를 이유로 손해배상을 청구할 수 있다.

‖약술형 2‖ 수급인이 재료의 전부를 조달하여 '완성한 물건의 소유권귀속'에 관하여 약술하시오. (20점)

◆ 모범답안 ◆

1. 문제의 소재

    도급은 당사자 일방이 어느 일을 완성할 것을 약정하고 상대방이 그 일의 결과에 대하여 보수를 지급할 것을 약정함으로써 성립하는 계약이다. 수급인은 약정된 기한 내에 계약의 내용에 좇아 일을 완성할 의무를 진다. 만약 완성된 일의 결과가 물건인 때에는 수급인은 그 목적물을 도급인에게 인도하여야 한다.

2. 완성한 물건의 소유권귀속

    (1) 도급인이 재료의 전부 또는 주요부분을 공급한 경우

    도급인이 재료의 전부 또는 주요부분을 공급한 경우에는, 완성물의 소유권은 동산이든 부동산이든 모두 원시적으로 도급인에게 속한다는 것이 통설·판례이다.

    (2) 수급인이 재료의 전부 또는 주요부분을 공급한 경우

      1) 특약이 없는 경우

        ① 학설

          ㉠ **수급인귀속설**: 동산이든 부동산이든 수급인이 원시취득한다는 견해이다.

          ㉡ **도급인귀속설**: 동산인 때에는 원시적으로 수급인에게 속하나, 부동산은 도급인이 원시취득한다는 견해이다.

        ② **판례**: 특약이 없는 한 수급인귀속설을 따른다. 즉, 수급인이 자기의 재료와 노력으로 건물을 건축한 경우에 특별한 의사표시가 없는 한 도급인이 도급대금을 지급하고 건물의 인도를 받기까지는 그 소유권은 수급인에게 있다고 한다.

      2) 특약이 있는 경우

        ① 소유권귀속에 관한 특약은 유효하므로, 그 특약에 따라 소유권자가 정해진다.

        ② 판례도 완성된 건물의 소유권을 도급인에게 귀속시키기로 하는 특약이 있는 때에는, 그 건물의 소유권은 원시적으로 도급인에게 귀속한다(91다25505)고 본다.

약술형 3 | 주택임대차보호법상 '묵시적 갱신'에 관하여 약술하시오. (20점)

◆ 모범답안 ◆

1. 의의
임대차 기간은 당사자 간의 합의에 의하여 이를 갱신할 수 있다. 그런데 당사자 간에 갱신의 합의가 이루어지지 않은 경우에도 일정한 요건을 갖추면 당연히 갱신된 것으로 보는 묵시적 갱신을 인정하고 있다.

2. 요건
(1) 임대인이 임대차기간이 끝나기 6개월 전부터 1개월(→ 2개월, 개정 2020. 6. 9, 시행 2020. 12. 10) 전까지의 기간에 임차인에게 갱신거절의 통지를 하지 아니하거나 계약조건을 변경하지 아니하면 갱신하지 아니한다는 뜻의 통지를 하지 아니한 경우에는, 그 기간이 끝난 때에 전 임대차와 동일한 조건으로 다시 임대차한 것으로 본다.

(2) 임차인이 임대차기간이 끝나기 1개월(→ 2개월, 개정 2020. 6. 9, 시행 2020. 12. 10) 전까지 통지하지 아니한 경우에도 또한 같다.

(3) 이러한 묵시적 갱신은 임차인이 2기의 차임액에 달하도록 연체하거나 그 밖에 임차인으로서의 의무를 현저히 위반한 때에는 적용하지 아니한다.

3. 효과
(1) 묵시적 갱신이 인정되면 그 기간이 끝난 때에 전 임대차와 동일한 조건으로 다시 임대차한 것으로 본다. 다만 존속기간은 2년으로 본다.

(2) 묵시적 갱신이 된 경우에 임차인은 언제든지 임대인에게 계약해지를 통지할 수 있다. 이에 따른 해지는 임대인이 그 통지를 받은 날부터 3개월이 지나면 그 효력이 발생한다.

∥약술형 4∥ 위임계약에서 '수임인의 의무'에 관하여 약술하시오. (20점)

◆ 모범답안 ◆

1. 위임의 의의

   위임은 당사자 일방이 상대방에 대하여 사무의 처리를 위탁하고 상대방이 이를 승낙함으로써 성립하는 계약이다.

2. 수임인의 의무

   (1) 위임사무 처리의무

   1) 선관의무

   수임인은 위임의 본지에 따라 선량한 관리자의 주의로써 위임사무를 처리하여야 한다(제681조).

   2) 복임권의 제한

   수임인은 위임인의 승낙이나 부득이한 사유 없이 제3자로 하여금 자기에 갈음하여 위임사무를 처리하게 하지 못한다(제682조 제1항).

   (2) 부수적 의무

   1) 보고의무

   수임인은 위임인의 청구가 있는 때에는 위임사무의 처리상황을 보고하고 위임이 종료한 때에는 지체 없이 그 전말을 보고하여야 한다(제683조).

   2) 취득물 등의 인도·이전의무

   수임인은 위임사무의 처리로 인하여 받은 금전 기타의 물건 및 그 수취한 과실을 위임인에게 인도하여야 한다. 수임인이 위임인을 위하여 자기의 명의로 취득한 권리는 위임인에게 이전하여야 한다(제684조).

   3) 금전소비의 책임

   수임인이 위임인에게 인도할 금전 또는 위임인의 이익을 위하여 사용할 금전을 자기를 위하여 소비한 때에는 소비한 날 이후의 이자를 지급하여야 하며 그 외의 손해가 있으면 배상하여야 한다(제685조).

2014년 제2회 행정사 2차 기출문제
민법(계약) 모범답안

‖ 논술형 1 ‖ 甲은 자신의 토지 위에 5층짜리 상가건물을 신축하기 위하여 乙과 공사기간 1년, 공사대금 30억 원으로 하는 도급계약을 체결하였다. 각각의 독립된 질문에 대하여 답하시오. (40점)

(1) 건축에 필요한 재료의 전부를 제공한 乙이 완공기한 내에 약정한 내용대로 상가건물을 완공하였으나 그 인도기일 전에 강진(强震)으로 인하여 상가건물이 붕괴된 경우, 甲과 乙의 법률관계를 논하시오. (20점)

(2) 乙이 공사일정에 맞춰 기초공사를 마쳤으나 일부 경미한 하자가 발견된 상태에서 甲이 같은 토지 위에 10층짜리 주상복합건물을 대체 신축할 목적으로 위 도급계약을 해제한 경우, 甲과 乙의 법률관계를 논하시오. (20점)

◆ 모범답안 ◆

📘 문제 1 – (1)

1. 문제의 소재

본 문제는 도급인 甲과 수급인 乙의 건물도급계약에 있어서 수급인 乙이 건물을 완공하였으나 인도기일 전에 강진으로 건물이 붕괴된 경우이므로 위험부담이 문제된다.

2. 도급에서의 위험부담

(1) 의의

도급계약은 쌍무계약이므로 제537조 및 제538조에서 정하는 위험부담의 법리가 원칙적으로 적용된다.

(2) 일의 완성 전에 목적물이 멸실·훼손된 경우

① 당사자 쌍방의 귀책사유 없이 목적물이 멸실·훼손된 경우에는 일을 완성할 수급인의 의무는 소멸하며, 수급인은 지출한 비용과 보수도 청구하지 못한다(제537조).
② 그러나 도급인의 귀책사유로 급부불능이 된 경우에는, 수급인은 보수를 청구할 수 있고, 다만 수급인이 면하게 된 노력이나 비용은 도급인에게 상환하여야 한다(제538조).

(3) 일의 완성 후에 목적물이 멸실·훼손된 경우

일의 완성 후라도 검수 전에는 여전히 위험부담 규정이 적용되므로 검수 전에 목적물이 쌍방의 귀책사유 없이 멸실·훼손된 경우에는 수급인이 위험을 부담한다(제537조). 그러나 검수 전에 도급인의 귀책사유로 급부불능이 되거나 도급인의 수령지체 중에 쌍방의 귀책사유 없이 급부불능이 된 경우에는, 수급인은 보수를 청구할 수 있다(제538조).

3. 사안의 해결

사안의 경우는 일이 완성된 후 인도기일 전에 쌍방의 귀책사유 없이 목적물이 멸실·훼손된 경우이다. 따라서 수급인이 여전히 위험을 부담하므로 수급인 乙은 도급인 甲에게 공사대금을 청구할 수 없다.

Ⅱ 문제 1 – (2)

1. 문제의 소재
본 사안은 도급계약체결 후 공사도중에 도급인에 사정변경이 생겨서 그 일의 완성이 필요 없게 되어 도급인이 계약을 해제한 경우이다. 이러한 해제의 경우에 도급인 甲과 수급인 乙의 관계를 검토하기로 한다.

2. 일의 완성 전의 도급인의 임의해제
(1) 의의
　수급인이 일을 완성하기 전에는 도급인은 손해를 배상하고 도급계약을 해제할 수 있다(제673조). 이는 담보책임이나 채무불이행과는 관계없는 도급의 특유한 법정해제권이다.

(2) 요건
　① 수급인이 일을 완성하기 전에 한해 해제할 수 있다.
　② 완성할 일이 물건인 경우, 일을 완성한 때에는 아직 인도를 하지 않았더라도 제673조에 의한 해제는 인정되지 않는다.

(3) 효과
　① 도급인이 본조에 의해 계약을 해제하는 때에는 수급인에게 그 손해를 배상하여야 한다.
　② 손해배상은 수급인이 이미 지출한 비용과 일을 완성하였더라면 얻었을 이익을 합한 금액을 전부 배상하게 하는 것이므로, 이때 과실상계나 손해배상예정액 감액을 주장할 수는 없고, 다만 손익상계만 인정된다(판례).

3. 사안의 해결
본 사안은 일의 완성 전에 도급인이 임의해제를 한 경우로서, 도급인 甲은 수급인 乙에게 손해를 배상해 주어야 한다. 이때 도급인 甲은 과실상계나 손해배상예정액 감액을 주장할 수는 없고, 손익상계를 주장할 수는 있다.

약술형 2 | 법정해제와 합의해제의 의의 및 효과상의 차이점에 대해서 약술하시오. (20점)

◆ 모범답안 ◆

1. 의의
(1) 계약의 해제란 유효하게 성립하고 있는 계약의 효력을 당사자 일방의 의사표시에 의하여, 그 계약이 처음부터 있지 않았던 것과 같은 상태에 복귀시키는 단독행위이다. 이때 해제권은 당사자 간의 약정이나 법률의 규정에 의해 발생한다. 법정해제란 법정해제권에 의한 해제를 말하는데, 주로 채무불이행을 그 원인으로 한다.

(2) 합의해제란 계약당사자 쌍방이 합의에 의하여 기존의 계약의 효력을 소멸시켜 당초부터 계약이 체결되지 않았던 것과 같은 상태로 복귀시킬 것을 내용으로 하는 새로운 계약을 말한다.

2. 효과상의 차이점
(1) 원칙
① 일시적 계약 모두에 공통되는 법정해제권의 발생원인과 그 효과에 대해서는 제543조 이하에서 규정하고 있다.
② 그러나 합의해제의 효과는 그 합의의 내용에 의하여 결정되므로 해제에 관한 민법 규정은 원칙적으로 적용되지 아니한다.

(2) 이자지급의무 유무
① 당사자 일방이 계약을 해제한 때에는 각 당사자는 그 상대방에 대하여 원상회복의 의무가 있다. 이때 반환할 금전에는 그 받은 날로부터 이자를 가산하여야 한다(제548조 제2항).
② 그러나 제548조 제2항의 규정은 합의해제에는 적용되지 아니하므로, 당사자 사이에 특약이 없는 이상 합의해제로 인하여 반환할 금전에 그 받은 날로부터의 이자를 지급하여야 할 의무는 없다.

(3) 손해배상의무 유무
① 계약의 해제는 손해배상의 청구에 영향을 미치지 아니한다(제551조). 즉, 법정해제와 손해배상의 청구는 양립 가능하다.
② 그러나 합의해제의 경우에는 합의해제 시에 손해배상에 관한 특약이 없는 한 채무불이행으로 인한 손해배상을 청구할 수 없다.

3. 효과상의 공통점
(1) 물권변동의 문제
판례에 의하면, 채권계약이 해제되면 이전하였던 물권은 등기 또는 인도 없이도 당연히 복귀한다. 또한 합의해제된 경우에도 매수인에게 이전되었던 물권은 당연히 매도인에게 복귀하는 것으로 본다.

(2) 제3자의 보호
해제는 제3자의 권리를 해하지 못한다는 제548조 제1항 단서 규정은 합의해제의 경우에도 유추적용된다.

‖약술형 3‖ 임차인의 유익비상환청구권에 대하여 약술하시오. (20점)

◆ 모범답안 ◆

1. 의의

   유익비는 임차인이 임차물의 객관적 가치를 증가시키기 위하여 투입한 비용을 말한다. 이러한 유익비는 가치 증가에 따른 이익을 결국 임대인이 얻는다는 점에서 임차인은 임대인에게 상환을 청구할 수 있다.

2. 요건

   (1) 임차물의 객관적 가치를 증가시키기 위하여 비용을 지출할 것

   (2) 임차인이 지출한 결과가 독립성이 없고 임차목적물의 구성부분으로 될 것

   (3) 임대차 종료 시에 가액의 증가가 현존할 것

3. 효과

   (1) 행사기간

   유익비상환청구권은 임대인이 목적물을 반환받은 때에는 그날로부터 6개월 내에 행사하여야 한다.

   (2) 유치권

   유익비상환청구권은 목적물에 관하여 생긴 채권이므로, 임차인은 임차물에 대해 유치권을 취득한다. 다만 유익비의 상환에 관하여 법원이 임대인에게 상당한 상환기간을 허여한 때에는 그 기간에는 유치권이 인정되지 않는다.

   (3) 포기특약의 유효성

   강행규정이 아니므로 유익비상환청구권의 포기특약도 유효하다.

   (4) 유익비상환청구권의 상대방

   임차권이 대항력이 있는 경우에는 새로운 소유자가 임대인의 지위를 승계하기 때문에 임차인은 새로운 소유자에게 비용상환을 청구할 수 있으나, 대항력이 없는 경우에는 종전의 소유자에게 비용상환을 청구할 수 있을 뿐이다.

약술형 4 조합채무에 대한 조합원의 책임 범위에 대하여 약술하시오. (20점)

◆ 모범답안 ◆

1. 조합채무의 의의
조합이란 2인 이상이 서로 출자하여 공동사업을 경영할 것을 약정함으로써 성립하는 계약이다. 조합채무는 전 조합원에게 합유적으로 귀속하며 조합재산으로 책임을 진다. 동시에 조합채무는 각 조합원의 채무이기도 하므로 각 조합원은 개인재산으로도 책임을 져야 한다.

2. 조합채무에 대한 책임

(1) **조합재산에 의한 조합원 모두의 공동책임**
① 조합의 채권자는 채권 전액에 관해 조합재산으로부터 변제를 청구할 수 있다.
② 조합의 채권자는 조합원 모두를 상대로 하여 채권액 전부에 관한 이행의 소를 제기하고, 그 판결에 기해 조합재산에 대해 강제집행하게 된다.

(2) **각 조합원의 개인재산에 의한 개별책임**
① 각 조합원은 손실부담의 비율에 따라 조합채무를 나눈 것에 대해 채무를 부담하지만, 조합채권자가 그 채권발생 당시에 조합원의 손실부담의 비율을 알지 못한 때에는 각 조합원에게 균분하여 그 권리를 행사할 수 있다(제712조).
② 조합원 중에 변제할 자력 없는 자가 있는 때에는 그 변제할 수 없는 부분은 다른 조합원이 균분하여 변제할 책임이 있다(제713조).

(3) **공동책임과 개별책임의 관계**
양 책임의 관계는 공동책임을 통해 완제를 받지 못한 때에 개별책임을 묻는 보충적인 것이 아니라 병존적이므로, 조합의 채권자는 처음부터 개별책임을 물을 수도 있다.

2015년 제3회 행정사 2차 기출문제
민법(계약) 모범답안

┃논술형 1┃ 甲은 자기 소유의 X토지에 대하여 乙과 매매계약을 체결하였다. 그 계약에 의하면 乙은 甲에게 계약 당일 계약금을 지급하고, 계약일부터 1개월 후에 중도금을 지급하며, 잔금은 계약일부터 2개월 후에 등기에 필요한 서류와 목적물을 인도받음과 동시에 지급하기로 되어 있었다. 甲은 계약 당일 乙로부터 계약금을 지급받았다. 다음 각각 독립된 물음에 답하시오. (40점)

(1) 잔금지급기일이 지났으나 乙은 잔금은 물론 중도금도 지급하지 않았고, 甲도 그때까지 등기에 필요한 서류와 목적물의 인도의무를 이행하지 않았다. 甲이 乙에게 중도금과 잔금의 지급을 청구하자 乙은 등기에 필요한 서류와 목적물을 인도받을 때까지 중도금과 잔금을 둘 다 지급하지 않겠다고 주장하였다. 甲과 乙 사이의 동시이행관계에 관하여 설명하고, 乙의 주장이 타당한지에 관하여 논하시오. (20점)

(2) 乙은 甲에게 중도금과 잔금을 약정한 기일에 지급하였으나, 甲은 등기에 필요한 서류와 목적물의 인도를 미루다가 잔금을 수령한 날부터 3개월 후에 그 의무를 이행하였다. 乙은 甲에 대하여 매매대금 전액에 대한 3개월간의 이자 및 X토지에 대한 3개월간의 차임 상당 손해배상금을 청구하였다. 乙의 청구가 타당한지에 관하여 논하시오. (20점)

━━◆ 모범답안 ◆━━━━━━━━━━━━━━━━━━━━━━━━━━━━━━

Ⅰ 문제 1 - (1)

1. 문제의 소재

사안의 경우 잔금지급기일이 지났으나 매수인 乙은 잔금은 물론 중도금도 지급하지 않았고, 매도인 甲도 그때까지 등기에 필요한 서류와 목적물의 인도의무를 이행하지 않고 있는 상태이다. 이 경우에도 양자 간에 여전히 동시이행관계가 유지되는지에 대해 검토한다.

2. 동시이행의 항변권의 성립요건

(1) 동일한 쌍무계약에 기하여 발생한 대가적 채무의 존재

(2) 상대방의 채무가 변제기에 있을 것

   1) 원칙

     하나의 쌍무계약에서 발생하는 각 채무가 그 성질상 이행상의 견련성이 인정되더라도, 당사자 사이의 특약에 의하여 선이행의무를 지는 경우에는 동시이행의 항변권이 인정되지 않는다.

   2) 예외

     ① **선이행의무의 불이행 중 상대방 채무의 변제기가 도래한 경우** : 선이행의무자가 이행하지 않고 있는 동안에 상대방의 채무의 변제기가 도래하면 상대방의 청구에 대하여 이제부터는 선이행의무자도 동시이행의 항변권을 행사할 수 있다.

     ② **불안의 항변권** : 상대방의 이행이 곤란할 현저한 사유가 있을 때에는 선이행의무자라도 상대방이 채무이행을 제공할 때까지 자기의 채무이행을 거절할 수 있다.

(3) 상대방이 자기 채무의 이행 또는 이행의 제공을 하지 않고서 청구하였을 것

3. 문제의 해결

매수인 乙이 선이행하여야 할 중도금지급을 하지 아니한 채 잔대금지급일을 경과한 경우에는 매수인 乙의 중도금 및 이에 대한 지급일 다음날부터 잔대금지급일까지의 지연손해금과 잔대금의 지급채무는 매도인 甲의 등기에 필요한 서류와 목적물의 인도의무와 특별한 사정이 없는 한 동시이행관계에 있다. 따라서 동시이행을 요구하는 乙의 주장은 타당하다.

Ⅱ 문제 1 - (2)

1. 문제의 소재

사안은 매수인 乙은 중도금과 잔금을 약정기일에 지급하였으나, 매도인 甲이 등기에 필요한 서류와 목적물의 인도를 잔금수령일부터 3개월 후에 이행한 경우이다. 이러한 매도인 甲의 이행지체에 대한 매수인 乙의 3개월간의 이자 및 3개월간의 차임 상당 손해배상금 청구의 타당성을 검토한다.

2. 매매와 과실의 귀속

(1) **의의**

매매계약 있은 후에도 아직 목적물을 인도하기 전에는 매도인이 과실을 수취한다. 반대로 인도한 후에는 매수인이 과실을 수취한다.

(2) **매도인이 목적물을 인도하기 전인 경우**

1) **대금완납 전**

이 경우 매도인의 이행지체가 있더라도 과실은 매도인에게 귀속되는 것이므로, 매수인은 인도의무의 지체로 인한 손해배상금의 지급을 구할 수 없다.

2) **대금완납 후**

매매목적물의 인도 전이라도 매수인이 매매대금을 완납한 때에는 그 이후의 과실수취권은 매수인에게 귀속된다.

(3) **매도인이 목적물을 인도한 경우**

이 경우는 매수인이 과실을 수취한다. 만약 매수인이 대금을 지급하지 않았다면 목적물의 인도를 받은 날로부터 대금의 이자를 지급하여야 한다.

3. 문제의 해결

본 사안은 매매목적물의 인도 전이지만 매수인 乙이 매매대금을 완납한 경우이므로, 그 이후의 과실수취권은 매수인 乙에게 귀속된다. 따라서 매수인 乙은 인도의무의 지체로 인한 손해배상금의 지급을 구할 수 있다. 이 경우 목적물의 임료 상당액이 통상의 손해가 되므로, 3개월간의 이자는 이에 포함되지 않고 3개월간의 차임 상당액을 청구할 수 있다.

약술형 2 매매예약완결권에 관하여 설명하고, 그 가등기에 관하여 약술하시오. (20점)

◆ 모범답안 ◆

1. 의의
매매의 예약이란 당사자 간에 장차 매매계약을 체결할 것을 약정하는 계약을 말한다. 이때 예약완결권이란 일방예약·쌍방예약에 의하여 일방 또는 쌍방의 당사자(즉, 예약권리자)가 상대방에 대하여 갖는 매매완결의 의사표시를 할 수 있는 권리를 말한다. 이러한 예약완결권은 형성권이고 양도성이 있다.

2. 매매예약완결권의 가등기
부동산물권의 소유권이전의무를 발생케 하는 예약완결권은 이를 가등기할 수 있다. 예약완결권을 가등기하였는데 제3자가 그 목적물을 양수한 때에는 가등기권리자(예약권리자)가 가등기의무자(당초의 예약의무자)를 상대로 가등기에 기한 본등기를 청구하면 제3자의 소유권이전등기는 직권말소된다.

3. 매매예약완결권의 존속기간
행사기간을 약정한 경우에는 그 기간 내에, 약정하지 않은 경우에는 예약이 성립한 때로부터 10년의 제척기간에 걸린다. 이 경우 예약자는 상당한 기간을 정하여 매매완결 여부의 확답을 상대방에게 최고할 수 있고, 만일에 예약자가 그 기간 내에 확답을 받지 못한 때에 예약은 그 효력을 잃는다.

4. 매매예약완결권의 제척기간의 기산점
기산점은 원칙적으로 권리가 발생한 때이고, 매매예약완결권을 행사할 수 있는 시기를 특별히 약정한 경우에도 그 제척기간은 당초 권리의 발생일로부터 10년간의 기간이 경과되면 만료되는 것이지 그 기간을 넘어서 그 약정에 따라 권리를 행사할 수 있는 때로부터 10년이 되는 날까지로 연장된다고 볼 수 없다.

약술형 3 | 준소비대차의 의의, 성립요건 및 효과에 관하여 설명하시오. (20점)

◆ 모범답안 ◆

1. 의의
소비대차에 의하지 아니하고 금전 기타의 대체물을 지급할 의무가 있는 경우에 당사자가 그 목적물을 소비대차의 목적으로 할 것을 약정한 경우를 말한다.

2. 성립요건

(1) 기존 채무의 존재
준소비대차가 성립하려면 우선 당사자 사이에 금전 기타 대체물의 급부를 목적으로 하는 기존의 채무가 존재하여야 한다. 기존의 채무에는 특별한 제한이 없다.

(2) 당사자 간의 합의
기존 채무의 당사자가 그 채무의 목적물을 소비대차의 목적으로 한다는 합의를 하여야 한다.

3. 효과

(1) 소비대차의 효력
준소비대차가 성립하면 소비대차의 효력이 생긴다.

(2) 기존 채무의 소멸과 신채무의 성립
기존의 채무가 소멸하면서 소비대차에 따른 새로운 채무가 발생하며, 후자는 전자를 토대로 하는 점에서 서로 조건관계를 이룬다. 따라서 기존 채무가 존재하지 않거나 무효인 경우에는 신채무는 성립하지 않고, 신채무가 무효이거나 취소된 때에는 기존 채무는 소멸하지 않는다.

(3) 기존 채무와 신채무의 동일성
① 소멸하는 기존 채무와 준소비대차에 의해 성립하는 신채무 사이에 원칙적으로 동일성이 유지되므로, 기존 채무에 존재하던 항변권·담보·보증은 신채무를 위해서 존속한다.
② 다만 시효는 채무 자체의 성질에 의하여 결정되므로, 신채무를 기준으로 한다.

∥**약술형 4**∥ 토지임차인의 지상물매수청구권의 의의와 법적 성질, 그 권리의 행사로 발생하는 법률관계를 설명하고, 임대차 종료 전에 임차인이 그 지상물매수청구권을 포기하기로 임대인과 약정한 경우 그 약정의 효력에 관하여 약술하시오. (20점)

◆ 모범답안 ◆

1. 의의

   일정한 목적의 토지임대차에서 존속기간이 만료한 경우, 그 지상시설이 현존한 때에 토지임차인은 임대인을 상대로 계약의 갱신을 청구할 수 있고, 임대인이 이를 거절한 때에는 상당한 가액으로 지상시설의 매수를 청구할 수 있다.

2. 법적 성질

   지상물매수청구권은 형성권이므로, 행사만으로 지상물에 관해 시가에 의한 매매계약이 성립한다.

3. 요건

   (1) 건물 기타 공작물의 소유 또는 식목, 채염, 목축을 목적으로 한 토지임대차일 것
   (2) 임대차기간의 만료로 임차권이 소멸하고 임대인의 갱신거절이 있을 것
   (3) 임대차기간의 만료 시 임차인 소유의 지상시설이 현존할 것

4. 효과

   (1) **매매계약의 성립**
   지상물매수청구권을 행사하면 지상물에 관해 시가에 의한 매매계약이 성립한다.
   (2) **동시이행의 항변권**
   임차인의 지상물 이전의무와 임대인의 지상물 대금지급의무는 동시이행관계이다.
   (3) **유치권의 인정 여부**
   지상물 매매대금채권은 토지에 관하여 생긴 채권이 아니므로 토지에 대해서 유치권을 행사할 수 없다.

5. 포기특약의 유효성

   지상물매수청구권은 강행규정이며, 이에 위반하는 것으로서 임차인에게 불리한 약정은 그 효력이 없다.

2016년 제4회 행정사 2차 기출문제
민법(계약) 모범답안

┃논술형 1┃ 2016. 9. 1. 甲(매도인)은 별장으로 사용하는 X건물에 대하여 乙(매수인)과 매매계약을 체결하였다. 이 계약에 따라 乙은 계약체결 당일에 계약금을 지급하였고, 2016. 9. 30. 乙의 잔금지급과 동시에 甲은 乙에게 소유권이전에 필요한 서류를 교부해주기로 하였다. 다음 각 독립된 물음에 답하시오. (40점)

(1) 2016. 9. 1. 계약체결 당시 위 X건물이 甲의 소유가 아니라 제3자 丙의 소유인 경우에, 위 매매계약의 효력 및 甲과 乙 사이의 법률관계에 관하여 논하시오. (20점)

(2) 만약 甲의 소유인 X건물이 계약체결 전날인 2016. 8. 31. 인접한 야산에서 발생한 원인불명의 화재로 인하여 전부 멸실되었을 경우에, 위 매매계약의 효력 및 甲과 乙 사이의 법률관계에 관하여 논하시오. (20점)

◆ 모범답안 ◆

📘 문제 1 - (1)

1. 문제의 소재

사안은 甲과 乙의 매매계약에 있어 매매 목적물인 X건물의 소유권이 매도인 甲이 아니라 제3자 丙에게 속하는 경우이다. 이 경우 매매계약의 효력 및 甲과 乙 사이의 법률관계에 관하여 검토한다.

2. 권리의 전부가 타인에게 속하는 경우의 매매계약의 효력

사안처럼 매매의 목적인 권리가 전부 타인에게 속한 경우에도 원시적·객관적 불능은 아니므로 그 계약 자체는 유효하다. 따라서 매도인 甲은 제3자 丙으로부터 소유권을 취득하여 매수인 乙에게 이전할 의무가 있다. 만약 그 의무를 이행하지 못한다면 매도인 甲은 매수인 乙에게 담보책임을 지게 된다.

3. 권리의 전부가 타인에게 속하는 경우의 담보책임

(1) 담보책임의 성립요건

1) 전부 타인권리의 매매
매매의 목적물은 현존하나 그 목적물이 타인의 권리에 속하기 때문에 이전할 수 없는 경우이어야 한다.

2) 이전불능
① 권리의 이전불능은 사회통념상 매수인에게 해제권을 행사시키거나 손해배상을 구하게 하는 것이 형평에 타당하다고 인정되는 정도의 이행장애가 있으면 족하고 반드시 객관적 불능에 한하는 엄격한 개념은 아니다.
② 다만 매도인의 이전불능이 오직 매수인의 귀책사유에 기인한 경우에는 매도인은 담보책임을 지지 않는다.

(2) 담보책임의 내용

1) 계약해제권
매수인은 자신의 선의·악의를 불문하고 계약을 해제할 수 있다.

2) 손해배상청구권
① 매수인이 계약 당시 그 권리가 매도인에게 속하지 아니함을 안 때에는 손해배상은 청구하지 못한다. 즉, 선의의 매수인만 손해배상을 청구할 수 있다.
② 이 경우의 손해배상은 원칙적으로 타인의 권리를 이전하는 것이 불능으로 된 때의 목적물의 시가, 즉 이행이익 상당액이다.

3) 권리행사기간
매수인의 해제권과 손해배상청구권의 행사기간에 관해 따로 규정하고 있지 않다.
4) 선의의 매도인의 해제권
선의의 매도인은, 매수인이 선의인 경우에는 그 손해를 배상하고, 매수인이 악의인 경우에는 손해배상 없이 계약을 해제할 수 있다.

4. 채무불이행책임과의 경합
판례는 담보책임과 채무불이행책임의 경합을 인정한다. 만약 사안에서 매도인의 의무가 매도인의 귀책사유로 인하여 이행불능이 된 경우라면 매수인은 채무불이행 일반의 규정에 좇아서 계약해제 및 손해배상을 청구할 수도 있다.

5. 문제의 해결
(1) 사안은 매매 목적물인 X건물이 현존하고 있으나 소유권이 매도인 甲이 아니라 제3자 丙에게 속하는 경우이다.
(2) 이때 매도인 甲은 丙으로부터 소유권을 취득하여 매수인 乙에게 이전할 의무가 있다. 만약 그 의무를 이행하지 못한다면 매수인 乙은 매도인 甲에게 담보책임을 주장할 수 있다.
(3) 즉, 매수인 乙은 자신의 선의·악의를 불문하고 계약을 해제할 수 있다. 다만 손해배상은 매수인이 선의인 경우에만 청구할 수 있다.
(4) 만약 매도인 甲의 의무가 매도인의 귀책사유로 인하여 이행불능이 된 경우라면 매수인 乙은 채무불이행책임을 주장할 수도 있다.

문제 1-(2)

1. 문제의 소재
사안은 X건물이 계약 성립 전에 전부 멸실된 경우이다.

2. 원시적 불능과 매매계약의 효력
법률행위가 유효하게 성립하기 위해서는 법률행위의 목적의 확정·가능·적법·사회적 타당성이 요구된다. 원시적·객관적 불능인 甲·乙 간의 계약은 무효이고, 이미 이행한 계약금은 부당이득의 법리에 따라 반환청구할 수 있다. 또한 제535조의 요건을 갖춘 경우에 매도인 甲은 매수인 乙에 대하여 계약체결상의 과실책임을 부담한다.

3. 제535조의 계약체결상의 과실책임의 성립요건
(1) 목적이 원시적·객관적·전부 불능이어야 한다.
(2) 불능인 급부를 이행하여야 할 甲은 불능을 알았거나 알 수 있었어야 한다.
(3) 상대방 乙은 선의·무과실이어야 한다.

4. 문제의 해결
제535조의 성립요건을 모두 충족한 경우라면, 甲은 상대방 乙이 그 계약의 유효를 믿었음으로 인하여 받은 손해(신뢰이익)를 배상하여야 한다. 다만 이는 계약이 유효함으로 인하여 생길 이익액(이행이익)을 넘지 못한다.

‖약술형 2‖ 甲(임대인)의 동의 없이 乙(임차인)이 임대목적물을 제3자 丙에게 전대(轉貸)한 경우에 甲, 乙, 丙 사이의 법률관계에 관하여 설명하시오. (20점)

◆ 모범답안 ◆

1. 문제의 소재

임차물의 전대란 임차인이 다시 임대인이 되어 임차목적물을 제3자로 하여금 사용·수익하게 하는 계약이다. 임차인은 임대인의 동의 없이 임차물을 전대하지 못한다. 만약 임차인 乙이 임대인 甲의 동의 없이 전대한 경우에는 甲은 乙과의 임대차계약을 해지할 수 있다.

2. 임대인의 동의 없는 전대

(1) **임차인(전대인) 乙과 전차인 丙의 관계**

전대차계약은 하나의 임대차계약으로서 유효하게 성립하며, 임차인 乙은 임대인의 동의를 얻을 의무를 전차인 丙에 대하여 부담한다.

(2) **임대인 甲과 전차인 丙의 관계**

① 전차인 丙은 임차인 乙으로부터 취득한 임차권을 가지고 임대인 甲에게 대항하지 못한다. 그러나 임대인 甲은 임차인과의 임대차를 해지하지 않는 한, 직접 자기에게 반환할 것을 청구하지는 못하고, 임차인에게 반환할 것을 청구할 수 있을 뿐이다.

② 전대차되었다는 사실만으로 임대인에게 손해가 생겼다고 볼 수 없다. 따라서 임대인은 전차인에 대하여 차임 상당 손해배상청구나 부당이득반환청구를 할 수 없다.

(3) **임대인 甲과 임차인 乙의 관계**

① 임대인 甲은 무단전대를 이유로 임차인 乙과의 임대차계약을 해지할 수 있다.

② 그러나 임차인의 무단전대가 임대인에 대한 배신행위가 아니라고 인정되는 특별한 사정이 있는 때에는 임대인은 해지할 수 없다.

‖**약술형 3**‖ 가해자 甲과 피해자 乙 쌍방의 과실로 교통사고가 발생하였음에도, 甲은 자신의 과실만으로 인해 그 교통사고가 발생한 것으로 잘못 알고 치료비 명목의 합의금에 관하여 乙과 화해계약을 체결하였다. 이러한 경우에 甲은 위 화해계약을 취소할 수 있는지 설명하시오. (20점)

◆ 모범답안 ◆

1. 문제의 소재

   사안에서 甲과 乙은 교통사고로 인해 乙에게 발생한 손해를 배상함에 있어 치료비 명목의 합의금에 관하여 화해계약을 체결하였다. 그런데 가해자 甲은 실제로는 쌍방과실의 교통사고를 자신의 전적인 과실로 인한 것으로 잘못 알고 화해계약을 체결한 경우이다. 이때 그 화해계약을 분쟁의 목적 이외의 사항에 관하여 착오가 있음을 이유로 취소할 수 있는가가 문제된다.

2. 화해의 성립요건

   (1) 분쟁의 존재
   (2) 당사자의 상호양보 : 여기서 양보는 당사자의 주장을 기준으로 한다.
   (3) 당사자의 자격 : 화해는 처분행위이므로, 화해의 당사자는 처분권한을 가지고 있어야 한다.
   (4) 분쟁을 끝내는 합의 : 이는 나중에 사실과 다르다는 것이 드러나도 구속된다는 뜻의 합의이다.

3. 화해의 효력

   (1) 법률관계를 확정하는 효력

   화해계약이 성립하면 다툼이 있던 법률관계는 화해계약의 내용에 따라서 확정된다.

   (2) 창설적 효력

   화해계약은 당사자 일방이 양보한 권리가 소멸되고 상대방이 화해로 인하여 그 권리를 취득하는 창설적 효력이 있다.

4. 화해와 착오취소의 관계

   (1) 화해계약은 착오를 이유로 하여 취소하지 못한다. 그러나 화해당사자의 자격 또는 화해의 목적인 분쟁 이외의 사항에 착오가 있는 때에는 취소할 수 있다.
   (2) 여기서 화해의 목적인 분쟁 이외의 사항이라 함은 분쟁의 대상이 아니라 분쟁의 전제 또는 기초가 된 사항으로서 쌍방 당사자가 예정한 것이어서 상호 양보의 내용으로 되지 않고 다툼이 없는 사실로 양해된 사항을 말한다.

5. 문제의 해결

   사안에서 교통사고가 가해자 甲의 전적인 과실로 발생하였다는 사실은 분쟁 이외의 사항이고, 실제로 쌍방과실이라는 것은 여기에 착오가 있는 경우이므로, 甲은 乙과의 화해계약을 착오를 이유로 취소할 수 있다.

약술형 4 | 청약과 승낙의 결합에 의하지 아니하고 계약이 성립될 수 있는 경우를 약술하시오. (20점)

◆ 모범답안 ◆

1. 의의
계약은 원칙적으로 청약과 승낙의 합치에 의하여 성립한다. 그런데 우리 민법은 그 외에도 의사실현과 교차청약에 의하여 계약이 성립할 수 있음을 인정한다.

2. 의사실현에 의한 계약의 성립
(1) 의의
  청약자의 의사표시 또는 관습에 의하여 승낙의 통지를 필요로 하지 않는 경우에는 승낙의 의사표시로 인정되는 사실이 있는 때에 계약이 성립한다.

(2) 계약의 성립시기
  의사실현에 의하여 계약이 성립하는 시기는 승낙의 의사표시로 인정되는 사실이 있는 때이며, 청약자가 그 사실을 안 때가 아니다.

3. 교차청약에 의한 계약의 성립
(1) 의의
  교차청약이란 당사자 간에 동일한 내용의 청약을 서로 행한 경우, 즉 각 당사자가 우연히 서로 교차해서 청약을 하였는데 그 청약의 내용이 일치하고 있는 경우이다.

(2) 계약의 성립시기
  양 청약이 상대방에게 도달한 때에 계약이 성립한다. 따라서 양 청약이 동시에 도달하지 않을 때에는, 후에 상대방에게 도달한 청약이 도달하는 때에 계약은 성립한다.

2017년 제5회 행정사 2차 기출문제
민법(계약) 모범답안

∥논술형 1∥ 乙 소유의 X건물은 5층 건물로서 1층과 2층의 공부상 용도는 음식점이었다. 甲은 乙로부터 X건물의 1층과 2층을 5년간 임차하여 대중음식점을 경영하면서 음식점영업의 편익을 위하여 乙의 동의를 얻어 건물과는 별개인 차양과 유리 출입문 등 영업에 필요한 시설을 1층에 부속시켰다. 한편 甲은 임차한 지 얼마 되지 않아 음식점영업이 부진하자 丙에게 그 건물의 2층에 대한 임차권을 양도하였다. 다음 각 독립된 물음에 답하시오. (40점)

(1) 甲은 임대차 종료 시 위 차양과 유리 출입문 등 영업에 필요한 시설에 대하여 부속물매수청구권을 행사할 수 있는지 여부를 설명하시오. (20점)
(2) 丙에게 위 건물의 2층에 대한 임차권을 양도한 경우의 법률관계를 乙의 동의가 있는 경우와 乙의 동의가 없는 경우로 나누어 설명하시오. (20점)

◆ 모범답안 ◆

Ⅰ 문제 1 - (1)

1. 문제의 소재
본 사인에서 차양과 유리 출입문 등 영업에 필요한 시설은 건물과 별개로 독립성이 있으므로 임차인 甲이 부속물매수청구권을 행사할 수 있는지 여부가 문제된다.

2. 임차인 甲의 부속물매수청구권의 성립 여부

(1) 의의
건물 기타 공작물의 임차인이 임대차 종료 시에 임대인에 대하여 그 사용의 편익을 위하여 임대인의 동의를 얻어 이에 부속한 물건과 임대인으로부터 매수한 부속물의 매수를 청구할 수 있는 권리를 말한다(제646조).

(2) 성립요건
  1) 건물 기타 공작물의 임대차일 것
  2) 임차인이 임차목적물 사용의 편익을 위하여 부속시킨 것일 것
     매수청구의 대상이 되는 부속물이란 임차인의 소유에 속하고 건물의 구성부분으로는 되지 아니한 것으로서 건물의 사용에 객관적인 편익을 가져오게 하는 물건이라고 할 것이므로, 오로지 임차인의 특수목적에 사용하기 위하여 부속된 것일 때에는 이에 해당하지 않는다.
  3) 임대인의 동의를 얻어 부속시킨 것이거나 임대인으로부터 매수한 부속물일 것
  4) 임대차가 종료하였을 것
     판례는 임대차계약이 임차인의 채무불이행으로 인하여 해지된 경우 임차인이 부속물매수청구권을 행사할 수 없다고 한다.

(3) 효과
  1) 매매계약의 성립
     부속물매수청구권은 형성권이므로, 임차인의 매수청구의 의사표시만으로 그 부속물에 대해 매매계약이 성립한다.
  2) 포기특약의 유효성
     부속물매수청구권은 강행규정이므로, 이에 위반하는 약정으로 임차인에게 불리한 것은 무효이다.

3. 문제의 해결

차양과 유리 출입문 등 영업에 필요한 시설은 일단 건물과 별개의 물건이며, 음식점 건물의 사용에 객관적인 편익을 가져오는 부속물로서 임대인 乙의 동의하에 부속시킨 것이므로, 판례에 따르면 임차인의 채무불이행으로 인하여 해지된 경우가 아니라면 임대차 종료 시에 임차인 甲은 부속물매수청구권을 행사할 수 있다.

Ⅱ 문제 1 - (2)

1. 문제의 소재

임차권의 양도란 임차권을 동일성을 유지하면서 이전하는 것이다. 임차인은 임대인의 동의 없이 임차권을 양도하지 못한다.

2. 임대인 乙의 동의 있는 양도

(1) **임차권의 이전**

임차권은 그 동일성을 유지하면서 양수인 丙에게 확정적으로 이전하며, 양도인(임차인) 甲은 임대차관계에서 벗어나게 된다. 다만 양도인의 연체차임채무 등은 별도의 특약이 없는 한 양수인에게 이전하지 않는다.

(2) **임대차보증금반환채권의 이전 여부**

판례는 보증금반환채권을 임차권과는 별개의 지명채권으로 보고, 따라서 임대인의 동의를 얻은 임차권의 양도가 있더라도 특약이 없는 한 보증금반환채권이 당연히 임차권의 양수인에게 이전되는 것은 아니라고 본다.

3. 임대인 乙의 동의 없는 양도

(1) **임차인 甲과 양수인 丙의 관계**

임대인의 동의를 받지 아니하고 임차권을 양도한 계약도 이로써 임대인에게 대항할 수 없을 뿐 임차인과 양수인 사이에는 유효한 것이고 이 경우 임차인은 양수인을 위하여 임대인의 동의를 받아 줄 의무가 있다.

(2) **임대인 乙과 양수인 丙의 관계**

① 양수인은 임대인에게는 대항할 수 없으므로, 양수인의 점유는 불법점유가 된다. 그러나 임대인은 임차인과의 임대차를 해지하지 않는 한, 직접 자기에게 인도할 것을 양수인에게 청구하지는 못하며, 임차인에게 반환할 것을 청구할 수 있을 뿐이다.

② 다만 임차인과의 임대차를 해지하지 않는 한 임대인은 임차인에 대하여 여전히 차임청구권을 가지므로, 양수인에게 불법점유를 이유로 한 차임상당 손해배상청구나 부당이득반환청구를 할 수 없다.

(3) **임대인 乙과 임차인 甲의 관계**

① 임대인은 임차인의 무단양도를 이유로 임대차계약을 해지할 수 있다.

② 그러나 임차인의 무단양도가 임대인에 대한 배신행위가 아니라고 인정되는 특별한 사정이 있는 때에는 임대인은 해지할 수 없다.

약술형 2 ‖ 민법상 증여계약의 특유한 해제원인 3가지를 설명하고, 이행완료 부분에 대한 효력에 관하여 약술하시오. (20점)

◆ 모범답안 ◆

1. 증여의 의의
증여는 당사자 일방이 무상으로 재산을 상대방에 수여하는 의사를 표시하고 상대방이 승낙함으로써 성립하는 계약이다. 증여는 낙성·무상·편무·불요식의 계약이다.

2. 증여계약의 특유한 해제원인

(1) 서면에 의하지 않은 증여의 해제
① 증여의 의사가 서면으로 표시되지 아니한 경우에는 각 당사자는 이를 해제할 수 있다(제555조).
② 이러한 제555조의 해제는 일종의 특수한 철회일 뿐 본래 의미의 해제와는 다르므로 형성권 제척기간의 적용을 받지 않는다.

(2) 수증자의 망은행위로 인한 해제
수증자가 증여자 또는 그 배우자나 직계혈족에 대하여 범죄행위를 한 때나 수증자가 증여자에 대하여 부양의무가 있는 경우에 이를 이행하지 아니하는 때에는 증여자는 그 증여를 해제할 수 있다(제556조).

(3) 증여자의 재산상태변경으로 인한 해제
증여계약 후에 증여자의 재산상태가 현저히 변경되고 그 이행으로 인하여 생계에 중대한 영향을 미칠 경우에는 증여자는 증여를 해제할 수 있다(제557조).

3. 해제와 이행완료 부분에 대한 효력
위 세 가지 경우의 증여의 해제는 이미 이행한 부분에 대하여는 영향을 미치지 아니한다(제558조).

‖**약술형 3**‖ 매매계약 체결 시 교부되는 계약금의 종류를 약술하고, 해약금의 효력에 관하여 설명하시오. (20점)

◆ 모범답안 ◆

1. 계약금의 의의

   계약금은 계약을 체결함에 있어서 그 계약에 부수하여 일방이 상대방에게 교부하는 금전 기타 유가물을 말한다.

2. 계약금의 종류

   (1) 증약금

   계약체결의 증거로서의 의미를 갖는 계약금이다.

   (2) 위약금

   위약금이란 계약위반, 즉 채무불이행이 있을 때에 의미를 갖는 계약금이다. 계약금이 위약금의 성질을 갖기 위해서는 반드시 위약금 특약이 있어야 한다.

   (3) 해약금

   해제권을 보류하는 작용을 하는 계약금이다. 민법은 계약금이 교부된 때에는 약정해제권을 보류한 것으로 추정한다.

3. 해약금의 효력

   (1) 해약금에 의한 해제의 의의

   계약금이 교부된 때에는 일방이 이행에 착수할 때까지, 교부자는 이를 포기하고 수령자는 그 배액을 상환하여 매매계약을 해제할 수 있다.

   (2) 해약금에 의한 해제의 요건

   ① 당사자 일방이 이행에 착수할 때까지만 가능하다.
   ② 교부자는 포기하고 수령자는 배액을 상환하여야 한다.

   (3) 해약금에 의한 해제의 효과

   ① 계약을 소급적으로 소멸시키지만, 이행의 착수 전에만 가능하므로 원상회복의무는 발생하지 않는다.
   ② 채무불이행을 이유로 한 해제가 아니므로 손해배상청구권도 인정되지 않는다.

‖약술형 4‖ 甲과 乙은 甲 소유의 건물을 乙에게 매도하면서 甲의 요청으로 乙은 丙에 대하여 직접 대금지급채무를 부담하는 내용의 제3자를 위한 계약을 체결하였다. 이 경우 丙의 법적 지위를 수익의 의사표시 이전과 이후로 구분하여 설명하시오. (20점)

▪ 모범답안 ▪

1. 문제의 소재

  본 사안은 건물매매계약의 매도인 甲과 매수인 乙이 제3자 丙을 위해서 乙이 丙에게 직접 대금지급채무를 부담하는 내용의 제3자를 위한 계약이다. 이때 甲을 요약자, 乙을 낙약자, 丙을 제3자라고 한다. 제3자 丙의 지위를 수익의 의사표시 이전과 이후로 나누어 검토한다.

2. 제3자 丙의 지위

  (1) 제3자의 수익의 의사표시

   ① 제3자의 권리는 그 제3자가 낙약자에 대하여 계약의 이익을 받을 의사를 표시한 때에 생긴다(제539조 제2항).
   ② 제3자의 수익의 의사표시는 제3자를 위한 계약의 성립요건이 아니라 제3자를 위한 계약에 있어서 제3자의 권리의 발생요건이다.

  (2) 수익의 의사표시 전의 제3자 丙의 지위

   ① **형성권** : 제3자는 일방적 의사표시에 의하여 권리취득의 효과를 발생케 하는 일종의 형성권을 가지고 있다.
   ② **일신비전속권** : 이러한 형성권은 재산적 색채가 강하므로 일신전속권이라 할 수 없다. 따라서 상속·양도는 물론이고, 채권자대위권의 목적이 된다.
   ③ **행사기간** : 제3자가 수익의 의사표시를 할 수 있는 기간은 계약에서 특별히 정한 바가 없으면 10년의 제척기간에 걸린다. 그러나 낙약자는 상당한 기간을 정하여 이익의 향수 여부의 확답을 제3자에게 최고할 수 있고, 낙약자가 그 기간 내에 확답을 받지 못한 때에는 제3자가 수익을 거절한 것으로 본다(제540조).

  (3) 수익의 의사표시 후의 제3자 丙의 지위

   ① **제3자의 지위 확정** : 제3자가 수익의 의사표시를 함으로써 제3자에게 권리가 확정적으로 귀속된 경우에는, 요약자와 낙약자의 합의에 의하여 제3자의 권리를 변경·소멸시킬 수 있음을 미리 유보하였거나, 제3자의 동의가 있는 경우가 아니면 계약의 당사자인 요약자와 낙약자는 제3자의 권리를 변경·소멸시키지 못한다(제541조).
   ② 제3자는 계약당사자가 아니므로 취소권이나 해제권이나 해제를 원인으로 한 원상회복청구권을 행사할 수는 없고, 다만 요약자가 계약을 해제한 경우에 낙약자에게 자기가 입은 손해의 배상을 청구할 수는 있다.
   ③ 제3자가 취득하는 권리는 계약으로부터 직접 생기는 것이므로, 민법상 제3자 보호규정의 적용에 있어서는 원칙적으로 제3자가 아니다. 그런데 최근 판례는 기본관계를 기초로 대가관계를 맺음으로써 해제 전에 새로운 이해관계를 갖고 등기·인도 등을 마쳐 권리를 취득하였다면, 수익자는 제548조 제1항 단서의 제3자에 해당한다고 판시하였다(2018다244976).

2018년 제6회 행정사 2차 기출문제
민법(계약) 모범답안

∥논술형 1∥ 甲은 2018. 2. 1. 자신의 소유인 X주택을 매매대금 10억 원에 乙에게 매각하는 매매계약을 체결하면서, 계약금은 1억 원으로 약정하였다. 乙은 甲에게 계약금 1억 원 중 3,000만 원은 계약 당일에 지급하였고, 나머지 7,000만 원은 2018. 2. 15. 지급하기로 약정하였다. 다음 각 독립된 물음에 답하시오. (40점)

(1) 甲이 2018. 2. 10. 계약금에 기하여 매매계약을 해제하고자 할 때, 계약금의 법적 의미와 甲은 얼마의 금액을 乙에게 지급하고 매매계약을 해제할 수 있는지에 관하여 설명하시오. (20점)

(2) 乙은 甲에게 2018. 2. 15. 지급하기로 한 나머지 계약금 7,000만 원을 지급하였다. 한편, 위 매매계약에서 중도금 3억 원은 2018. 6. 1. 지급하기로 약정하였다. 乙은 X주택의 시가 상승을 예상하면서 2018. 5. 1. 甲을 만나 중도금 3억 원의 지급을 위하여 자기앞수표를 교부하였으나, 甲은 이의 수령을 거절하였다. 그 후, 甲은 2018. 5. 5. 수령한 계약금의 2배인 2억 원의 자기앞수표를 乙에게 교부하면서 매매계약 해제의 의사표시를 하였다. 乙은 이의 수령을 거절하였으며, 甲은 2억 원을 공탁하였다. 이러한 경우, 매매계약이 해제되었는지 여부에 관하여 설명하시오. (20점)

◆ 모범답안 ◆

Ⅰ 문제 1 - (1)

1. 문제의 소재
사안은 계약금의 일부만 지급된 상황에서 매도인이 해약금에 의한 해제를 하기 위해 얼마의 금액을 상환해야 하는지가 문제된다.

2. 계약금의 법적 의미
매매의 당사자 일방이 계약금을 상대방에게 교부한 때에는 다른 약정이 없는 한 일방이 이행에 착수할 때까지 교부자는 이를 포기하고 수령자는 그 배액을 상환하여 매매계약을 해제할 수 있다.

3. 계약금의 일부를 받은 매도인이 얼마의 금액을 상환해야 해약금에 의한 해제를 할 수 있는지 여부
계약금 일부만 지급된 경우 수령자가 매매계약을 해제할 수 있다고 하더라도 해약금의 기준이 되는 금원은 '실제 교부받은 계약금'이 아니라 '약정 계약금'이라고 봄이 타당하므로, 매도인이 계약금의 일부로서 지급받은 금원의 배액을 상환하는 것으로는 매매계약을 해제할 수 없다(대판 2015. 04. 23, 2014다231378). 따라서 매도인은 약정 계약금의 배액을 상환해야 계약을 해제할 수 있다.
※ 이 경우에 실제로 교부받은 계약금과 약정 계약금을 합한 금액을 상환하여야 계약을 해제할 수 있다는 견해도 있다.

4. 문제의 해결
계약금 1억 원 중 일부인 3,000만 원만 매도인에게 교부된 상태에서 매도인 甲이 해약금에 의한 해제를 하기 위해서 매수인에게 상환할 금액은 약정 계약금의 배액인 2억 원이다.
※ 실제로 교부받은 계약금 3,000만 원과 약정 계약금 1억 원을 합한 1억 3,000만 원이라는 견해도 있다.

Ⅲ 문제 1 - ⑵

1. 문제의 소재

사안에서 2018. 5. 5. 매도인 甲의 해제가 해약금에 의한 해제로서의 요건을 갖추었는지가 문제된다. 특히 매수인 乙이 2018. 5. 1. 甲을 만나 중도금 3억 원의 지급을 위하여 자기앞수표를 교부한 행위를 이행의 착수로 볼 수 있는지가 쟁점이다.

2. 해약금에 의한 해제의 요건

매매의 당사자 일방이 계약금을 상대방에게 교부한 때에는 다른 약정이 없는 한 일방이 이행에 착수할 때까지 교부자는 이를 포기하고 수령자는 그 배액을 상환하여 매매계약을 해제할 수 있다.

3. 이행기 전의 이행의 착수

⑴ 이행기 전에는 착수하지 아니하기로 하는 특약을 하는 등 특별한 사정이 없는 한 이행기 전에 이행에 착수할 수도 있다.

⑵ 사안에서 이행기 전의 이행의 착수가 허용되어서는 안 되는 특별한 사정은 없으므로 2018. 5. 1. 매수인 乙의 행위는 이행의 착수로 인정된다.

4. 문제의 해결

해약금에 의한 해제는 당사자 일방이 이행에 착수할 때까지만 할 수 있는데, 乙이 이행기 이전인 2018. 5. 1. 甲을 만나 중도금 3억 원의 지급을 위하여 자기앞수표를 교부한 행위도 이행의 착수에 해당하므로, 그 이후에는 甲과 乙 모두 해약금에 의한 해제를 할 수 없다. 따라서 2018. 5. 5. 매도인 甲의 해제는 부적법하고 甲과 乙의 매매계약은 해제되지 않았다.

약술형 2 | 물건의 하자에 대한 매도인의 담보책임의 성립요건과 책임의 내용을 설명하시오. (20점)

◆ 모범답안 ◆

1. 의의
물건의 하자에 대한 담보책임은 매매에 의하여 매수인이 취득하는 물건에 하자가 있는 경우에 물건을 인도한 매도인이 매수인에게 부담하는 담보책임이다.

2. 성립요건

(1) 매매의 목적물에 하자가 있을 것

  1) 하자의 개념
  판례는 매매목적물이 거래통념상 기대되는 객관적 성질·성능을 결여하거나, 당사자가 예정 또는 보증한 성질을 결여한 경우에 하자가 있다고 한다.

  2) 하자의 존재시기
  특정물의 경우는 계약체결 시, 종류물의 경우는 특정 시에 하자가 존재하여야 한다.

  3) 법률적 장애
  ① 공장 부지를 매수하였으나 법령상 공장을 지을 수 없는 경우와 같이 매매목적물에 법률상 장애가 있는 경우에, 이를 물건의 하자(제580조)로 볼 것인지, 권리의 하자(제575조)로 볼 것인지가 문제된다.
  ② 판례는 건축을 목적으로 매매된 토지에 대하여 건축허가를 받을 수 없어 건축이 불가능한 경우, 위와 같은 법률적 제한 내지 장애 역시 물건의 하자에 해당한다고 본다.

(2) 매수인의 선의·무과실
매수인이 하자 있는 것을 알았거나 과실로 인하여 알지 못한 때에는 매도인은 담보책임을 부담하지 않는다. 매수인의 악의 또는 과실은 매도인이 입증하여야 한다.

3. 책임의 내용

(1) 계약해제권과 손해배상청구권
  ① 매수인은 그 하자로 인해 계약의 목적을 달성할 수 없는 경우에는 계약을 해제하고 아울러 손해배상을 청구할 수 있다.
  ② 목적물의 하자가 계약의 목적을 달성할 수 없을 정도로 중대한 것이 아닌 경우에는 매수인은 손해배상만 청구할 수 있다.

(2) 종류물 매매와 완전물급부청구권
종류물 매매의 매수인은 계약의 해제 또는 손해배상의 청구를 하지 아니하고 하자 없는 물건을 청구할 수 있다(제581조 제2항).

(3) 권리행사기간
매수인이 그 사실을 안 날로부터 6월 내에 행사하여야 한다(제582조).

‖ **약술형 3** ‖ 甲은 乙이 소유한 X토지상에 건물을 지어 음식점을 경영할 목적으로, 乙과 X토지에 대한 임대차계약을 체결하였다. 그 후 甲은 건물을 신축하여 음식점을 경영하고 있다. 한편, 임대차 계약서에는 '임대차기간 만료 시 甲은 X토지상의 건물을 철거하고 원상회복하여 X토지를 반환한다'라는 특약이 기재되어 있다. 이러한 경우 임대차기간이 만료된 때에, 甲이 신축한 건물과 관련하여 乙에게 주장할 수 있는 지상물매수청구권에 관하여 설명하시오. (20점)

◆ 모범답안 ◆

1. 문제의 소재

    일정한 목적의 토지임대차에서 그 존속기간이 만료한 경우에 그 지상시설이 현존한 때에, 토지임차인은 임대인을 상대로 계약의 갱신을 청구할 수 있고, 임대인이 이를 거절한 때에는 상당한 가액으로 지상시설의 매수를 청구할 수 있다(제643조). 사안에서는 지상물매수청구권 포기특약의 유효성이 문제된다.

2. 성립요건

    (1) 건물 기타 공작물의 소유 또는 식목, 채염, 목축을 목적으로 한 토지임대차일 것

    (2) 임대차기간의 만료로 임차권이 소멸하고 임대인의 갱신거절이 있을 것

    임차인의 차임연체 등 채무불이행으로 인해 임대인이 임대차계약을 해지한 때에는 임차인은 지상물의 매수청구를 할 수 없다.

    (3) 임대차기간의 만료 시 임차인 소유의 지상시설이 현존할 것

3. 효과

    (1) 매매계약의 성립

    지상물매수청구권은 형성권이므로, 행사만으로 지상물에 관해 시가에 의한 매매계약이 성립한다.

    (2) 동시이행의 항변권

    임차인의 지상물 이전의무와 임대인의 지상물 대금지급의무는 동시이행관계이다.

    (3) 유치권의 인정 여부

    지상물매매대금채권은 토지에 관하여 생긴 채권이 아니므로 토지에 대해서 유치권을 행사할 수 없다.

    (4) 포기특약의 유효성

    지상물매수청구권 규정은 강행규정이며, 이에 위반하는 것으로서 임차인에게 불리한 약정은 효력이 없다.

4. 문제의 해결

    지상물매수청구권 규정은 강행규정이므로 그 포기특약으로서 임차인에게 불리한 약정은 무효이다. 따라서 지상물매수청구권의 성립요건을 모두 갖추었다면 임차인 甲은 지상물매수청구권을 행사할 수 있다.

‖**약술형 4**‖ 甲은 2018. 7. 25. 자신의 X도자기를 乙에게 50만 원에 매각하였다. 매매계약에서 X도자기의 인도일은 2018. 8. 5.로 하면서, X도자기의 인도 시에 甲이 50만 원의 매매대금을 받기로 하였다. 2018. 8. 4. 甲의 친구 丙이 X도자기를 구경하던 중 丙의 과실로 X도자기가 완전히 파손되었다. 이러한 경우 甲은 乙에게 X도자기 매매대금 50만 원의 지급을 청구할 수 있는지 여부를 설명하시오. (20점)

◆ 모범답안 ◆

1. 문제의 소재

사안은 쌍무계약의 일방의 채무가 쌍방의 책임 없는 사유로 후발적 불능이 되어 소멸하는 경우에 그에 대응하는 상대방의 채무는 어떻게 되는지에 관한 위험부담의 문제이다.

2. 채무자위험부담주의(제537조)

(1) 요건

쌍무계약의 당사자 일방의 채무가 당사자 쌍방의 책임 없는 사유로 이행할 수 없게 된 때에는 채무자는 상대방의 이행을 청구하지 못한다.

(2) 효과

채무자는 급부의무를 면함과 더불어 반대급부도 청구하지 못하므로, 쌍방 급부가 없었던 경우에는 계약관계는 소멸하고 이미 이행한 급부는 법률상 원인 없는 급부가 되어 부당이득의 법리에 따라 반환청구할 수 있다.

3. 문제의 해결

甲과 乙 사이에 매매계약을 체결한 후 매도인 甲의 X도자기 인도의무가 쌍방의 책임 없는 사유인 제3자 丙의 과실로 이행할 수 없게 되었으므로 제537조의 채무자위험부담주의가 적용된다. 따라서 甲은 상대방 乙에게 X도자기 매매대금 50만 원의 지급을 청구할 수 없다.

민법(계약) 모범답안

‖논술형 1‖ 乙은 교육관을 건립하기로 하고 그 건립방법에 관하여 5인가량의 설계사를 선정하여 건물에 대한 설계시안 작성을 의뢰한 후 그중에서 최종적으로 1개의 시안을 선정한 다음 그 선정된 설계사와 교육관에 대한 설계계약을 체결하기로 하였다. 甲설계사는 이 제안에 응모하기 위하여 제안서와 견적서 작성비용 300만 원을 지출하였다. 乙은 甲의 시안을 당선작으로 선정하였으나, 그후 乙은 여러 가지 사정으로 甲과 설계기간, 설계대금 및 그에 따른 제반사항을 정한 구체적인 계약을 체결하지 않고 있다가 당선사실 통지 시로부터 약 2년이 경과한 시점에 甲에게 교육관 건립을 취소하기로 하였다고 통보하였다. 甲은 당선사실 통지 후 설계계약이 체결될 것이라고 기대하고 교육관 설계를 위한 준비비용 500만 원을 지출하였다. 다음 물음에 답하시오. (40점)

(1) 甲은 乙에게 계약체결상의 과실책임을 물을 수 있는지를 논하시오. (30점)
(2) 甲이 乙에게 청구할 수 있는 손해배상책임의 범위에 관하여 설명하시오. (10점)

◆ 모범답안 ◆

문제 1 - (1)

1. 문제의 소재

본 사안에서 乙은 甲의 시안을 당선작으로 선정하였으나, 그 후 여러 가지 사정으로 甲과 계약을 체결하지 않고 있다가 약 2년이 경과한 시점에 교육관 건립을 취소하기로 하였다고 통보한 것이므로, 이는 계약교섭의 부당한 중도파기에 해당한다. 이 문제를 계약체결상의 과실로 다룰 것인가 아니면 단순히 불법행위로 볼 것인가에 대해 견해가 대립한다.

2. 계약교섭의 부당한 중도파기의 법적 취급

(1) 학설

계약체결을 위한 접촉이 계속되는 동안에 당사자 일방의 과실로 상대방에게 손해를 준 경우에는 접촉의 결렬로 계약이 불성립으로 끝났다 하더라도 책임 있는 당사자는 계약체결상의 과실책임을 져야 한다고 보는 학설이 있다.

(2) 판례

판례는 계약체결상 과실책임을 제535조의 원시적 불능의 경우 외에는 인정하지 않고 있으며 계약교섭의 부당한 중도파기를 계약자유원칙의 한계를 넘는 위법한 행위로서 불법행위를 구성한다고 본다.

3. 문제의 해결

판례에 따르면 乙의 행위는 계약교섭을 부당하게 중도 파기한 불법행위에 해당하므로 피해자 甲은 가해자 乙에게 제750조에 따라 손해배상책임을 추궁할 수 있다.

Ⅱ 문제 1 - ⑵

1. 문제의 소재
판례에 따라 계약교섭의 부당한 중도파기를 불법행위로 구성하는 경우에 甲이 乙에게 청구할 수 있는 구체적 손해배상책임의 범위가 문제된다.

2. 판례에 따른 손해배상책임의 범위
⑴ 계약교섭의 부당한 중도파기가 불법행위를 구성하는 경우 그러한 불법행위로 인한 손해는 일방이 신의에 반하여 상당한 이유 없이 계약교섭을 파기함으로써 계약체결을 신뢰한 상대방이 입게 된 상당인과관계 있는 손해로서 계약이 유효하게 체결된다고 믿었던 것에 의하여 입었던 손해, 즉 신뢰손해에 한정된다.
⑵ 이때 아직 계약체결에 관한 확고한 신뢰가 부여되기 이전 상태에서 계약교섭의 당사자가 계약체결이 좌절되더라도 어쩔 수 없다고 생각하고 지출한 비용, 예컨대 경쟁입찰에 참가하기 위하여 지출한 제안서, 견적서 작성비용 등은 여기에 포함되지 아니한다.
⑶ 또한 계약교섭의 파기로 인한 불법행위가 인격적 법익을 침해함으로써 상대방에게 정신적 고통을 초래하였다고 인정되는 경우라면 그러한 정신적 고통에 대한 손해에 대하여는 별도로 배상을 구할 수 있다.

3. 문제의 해결
⑴ 제안서와 견적서 작성비용 300만 원은 신뢰이익의 손해에 포함되지 않으므로 청구할 수 없다.
⑵ 당선사실 통지 후 설계계약이 체결될 것이라고 기대하고 교육관 설계를 위한 준비비용 500만 원은 계약의 성립을 기대하고 지출한 계약준비비용이므로 신뢰이익의 손해로서 청구할 수 있다.
⑶ 사안에 구체적인 언급은 없지만 계약교섭의 파기로 인한 불법행위가 상대방에게 정신적 고통을 초래하였다고 인정되는 경우라면 그러한 정신적 고통에 대한 손해에 대하여는 별도로 배상을 구할 수 있다.

‖약술형 2‖ 甲은 2019년 8월 중순경 乙여행사와 여행기간 5박 6일, 여행지 동남아 X국으로 정하여 기획여행계약을 체결하였다. 이 계약에서 여행주최자 乙의 의무와 담보책임을 설명하시오. (20점)

◆ 모범답안 ◆

1. 여행계약의 의의
여행계약은 당사자 한쪽이 상대방에게 운송·숙박·관광 또는 그 밖의 여행 관련 용역을 결합하여 제공하기로 약정하고 상대방이 그 대금을 지급하기로 약정함으로써 성립하는 계약이다.

2. 여행주최자의 의무
(1) **여행 관련 급부의무**
여행주최자는 여행자에게 여행계약에 따른 급부를 이행할 의무가 있다. 즉, 계약상 운송·숙박·관광 또는 그 밖의 여행 관련 용역을 제공하여야 한다.

(2) **부득이한 사유로 인한 계약 해지와 귀환운송의무**
부득이한 사유가 있는 경우에는 각 당사자는 계약을 해지할 수 있다. 계약이 해지된 경우에도 계약상 귀환운송 의무가 있는 여행주최자는 여행자를 귀환운송할 의무가 있다.

3. 여행주최자의 담보책임
(1) **시정청구권 및 대금감액청구권**
① 여행에 하자가 있는 경우 여행자는 여행주최자에게 하자의 시정 또는 대금의 감액을 청구할 수 있다. 다만, 그 시정에 지나치게 많은 비용이 들거나 그 밖에 시정을 합리적으로 기대할 수 없는 경우에는 시정을 청구할 수 없다.
② 시정 청구는 상당한 기간을 정하여 하여야 한다. 다만, 즉시 시정할 필요가 있는 경우에는 그러하지 아니하다.

(2) **손해배상청구권**
여행자는 시정 청구, 감액 청구를 갈음하여 손해배상을 청구하거나 시정 청구, 감액 청구와 함께 손해배상을 청구할 수 있다.

(3) **계약해지권**
① 여행자는 여행에 중대한 하자가 있는 경우에 그 시정이 이루어지지 아니하거나 계약의 내용에 따른 이행을 기대할 수 없는 때에는 계약을 해지할 수 있다.
② 계약이 해지된 경우에는 여행주최자는 대금청구권을 상실한다. 다만, 여행자가 실행된 여행으로 이익을 얻은 경우에는 그 이익을 여행주최자에게 상환하여야 한다.
③ 여행주최자는 계약의 해지로 인하여 필요하게 된 조치를 할 의무를 지며, 계약상 귀환운송 의무가 있으면 여행자를 귀환운송하여야 한다. 이 경우 상당한 이유가 있는 때에는 여행주최자는 여행자에게 그 비용의 일부를 청구할 수 있다.

(4) **담보책임의 존속기간**
여행자의 시정청구권·대금감액청구권·손해배상청구권·계약해지권은 여행 기간 중에도 행사할 수 있으며, 계약에서 정한 여행 종료일부터 6개월 내에 행사하여야 한다.

약술형 3 │ 상가건물 임대차보호법상 권리금의 의의와 임차인의 권리금 회수기회 보호규정에 관하여 설명하시오. (20점)

◆ 모범답안 ◆

1. 권리금의 의의
권리금이란 임대차 목적물인 상가건물에서 영업을 하는 자 또는 영업을 하려는 자가 영업시설·비품, 거래처, 신용, 영업상의 노하우, 상가건물의 위치에 따른 영업상의 이점 등 유형·무형의 재산적 가치의 양도 또는 이용대가로서 임대인, 임차인에게 보증금과 차임 이외에 지급하는 금전 등의 대가를 말한다.

2. 적용 범위
권리금회수 보호규정은 제2조 제1항 단서에 따른 보증금액을 초과하는 임대차에 대하여도 적용한다. 그러나 대규모점포 또는 준대규모점포의 일부인 경우(다만, 전통시장은 제외)나 국·공유재산인 경우에는 적용하지 아니한다.

3. 임대인의 방해행위 금지
(1) 임대인은 임대차기간이 끝나기 6개월 전부터 임대차 종료 시까지 다음 각 호의 어느 하나에 해당하는 행위를 함으로써 권리금 계약에 따라 임차인이 주선한 신규임차인이 되려는 자로부터 권리금을 지급받는 것을 방해하여서는 아니 된다. 다만, 제10조 제1항 각 호의 어느 하나에 해당하는 사유(계약갱신요구권이 배제되는 사유)가 있는 경우에는 그러하지 아니하다.
  ① 임차인이 주선한 신규임차인이 되려는 자에게 권리금을 요구하거나 임차인이 주선한 신규임차인이 되려는 자로부터 권리금을 수수하는 행위
  ② 임차인이 주선한 신규임차인이 되려는 자로 하여금 임차인에게 권리금을 지급하지 못하게 하는 행위
  ③ 임차인이 주선한 신규임차인이 되려는 자에게 상가건물에 관한 조세, 공과금, 주변 상가건물의 차임 및 보증금, 그 밖의 부담에 따른 금액에 비추어 현저히 고액의 차임과 보증금을 요구하는 행위
  ④ 그 밖에 정당한 사유 없이 임대인이 임차인이 주선한 신규임차인이 되려는 자와 임대차계약의 체결을 거절하는 행위

(2) 다음 각 호의 어느 하나에 해당하는 경우에는 제1항 제4호의 정당한 사유가 있는 것으로 본다.
  ① 임차인이 주선한 신규임차인이 되려는 자가 보증금 또는 차임을 지급할 자력이 없는 경우
  ② 임차인이 주선한 신규임차인이 되려는 자가 임차인으로서의 의무를 위반할 우려가 있거나 그 밖에 임대차를 유지하기 어려운 상당한 사유가 있는 경우
  ③ 임대차 목적물인 상가건물을 1년 6개월 이상 영리목적으로 사용하지 아니한 경우
  ④ 임대인이 선택한 신규임차인이 임차인과 권리금 계약을 체결하고 그 권리금을 지급한 경우

4. 위반의 효과
(1) 임대인이 방해행위 금지규정을 위반하여 임차인에게 손해를 발생하게 한 때에는 그 손해를 배상할 책임이 있다. 이 경우 그 손해배상액은 신규임차인이 임차인에게 지급하기로 한 권리금과 임대차 종료 당시의 권리금 중 낮은 금액을 넘지 못한다.
(2) 이러한 손해배상청구권은 임대차가 종료한 날부터 3년 이내에 행사하지 아니하면 시효의 완성으로 소멸한다.

‖**약술형 4**‖ 甲은 乙에게 금전을 차용하기 위하여 2016년 5월 2일 자신의 1억 상당의 X토지를 乙에게 8천만 원에 매도하는 계약을 체결한 후 등기도 이전해 주었다. 그 후 2016년 5월 12일에 甲과 乙은 X토지를 3년 후에 甲에게 다시 매도할 것을 약정하는 계약을 체결하고, 이 청구권을 보전하기 위하여 甲은 가등기를 하였다. 甲은 2019년 5월 13일에 乙에게 8천만 원을 제시하면서 X토지를 자신에게 매도할 것을 요구하고 있다. 이에 대하여 甲은 본 약정은 환매계약이라고 주장하고, 乙은 재매매의 예약이라고 주장하고 있다. 환매와 재매매의 예약과의 차이점에 관하여 설명하고 甲의 주장이 타당한지 검토하시오. (20점)

◆ 모범답안 ◆

1. 환매와 재매매의 예약의 의의

    환매란 매도인이 매매계약과 동시에 특약으로 환매권을 보류한 경우에, 그 환매권을 일정한 기간 내에 행사함으로써 매매의 목적물을 다시 사 오는 것을 말한다(제590조). 이에 반해 재매매의 예약은 매도인과 매수인 사이에 장래 매수인이 다시 그 매매목적물을 매도인에게 매각할 것을 예약하는 것이다.

2. 환매와 재매매의 예약의 관계

    환매에 관해서는 제590조 내지 제595조에서 이를 정하는데, 재매매의 예약에 관해 따로 규정하는 것은 없다. 만약 환매의 성질을 재매매의 예약으로 보는 경우에는 양자의 관계가 문제되는데, 제590조 내지 제595조가 적용되는 경우는 재매매의 예약 중에서도 특히 환매라 하고, 그 요건에 해당하지 않는 그 밖의 경우는 재매매의 예약으로 본다.

3. 환매와 재매매의 예약의 구체적 차이점

    (1) 특약의 시기

    환매의 특약은 매매계약과 동시에 하여야 하나, 재매매의 예약은 그러한 제한이 없다.

    (2) 대금

    특별한 약정이 없으면 환매권자는 최초의 매매대금과 매수인이 부담한 매매비용을 반환하고 환매할 수 있으나, 재매매의 예약은 그러한 제한이 없다.

    (3) 기간

    환매기간은 부동산은 5년, 동산은 3년을 넘지 못하나, 재매매의 예약은 그러한 제한이 없다.

    (4) 등기

    환매의 경우에는 환매권의 보류를 등기할 수 있으나, 재매매의 예약은 청구권 보전의 가등기를 할 수 있을 뿐이다.

4. 문제의 해결

    (1) 甲과 乙 사이의 X토지를 3년 후에 甲에게 다시 매도할 것을 약정하는 계약은 원 매매계약이 성립된 2016년 5월 2일 이후인 2016년 5월 12일에 체결된 것이므로 이는 재매매의 예약에 해당한다. 따라서 환매계약이라는 甲의 주장은 타당하지 않다.

    (2) X토지를 3년 후에 甲에게 다시 매도할 것을 약정하는 계약을 재매매의 예약으로 본다면, 甲이 2019년 5월 13일에 乙에게 8천만 원을 제시하면서 X토지를 자신에게 매도할 것을 요구하는 것은 재매매의 예약에 따른 예약완결권의 행사로 볼 수 있다. 결국 이러한 예약완결권의 행사로 두 번째 매매계약이 성립하게 되고 서로 간에 매매계약상 의무를 이행하여야 한다. 따라서 甲은 乙에게 X토지의 소유권 이전을 청구할 수 있다.

2020년 제8회 행정사 2차 기출문제
민법(계약) 모범답안

‖논술형 1‖ 2018. 10. 10. 甲은 그 소유의 X토지 위에 특수한 기능과 외관을 가진 Y단독주택을 신축하기로 건축업자 乙과 약정하면서(총 공사대금은 10억 원, 공사기간은 계약체결일부터 6개월), 같은 날 계약금의 명목으로 총 공사대금의 10%만 지급하였고, 나머지 공사대금은 완공 이후에 甲의 검수를 거친 뒤 지급하기로 하였다. 그런데 Y단독주택에 관한 건축허가와 소유권보존등기는 甲 명의로 하기로 乙과 약정하였다. 다음 물음에 답하시오. (40점)

(1) Y단독주택을 신축하기 위하여 甲과 乙 사이에 체결된 계약의 법적 성질을 설명하고, Y단독주택이 완성된 경우 그 소유권이 누구에게 귀속하는지에 관하여 설명하시오. (20점)

(2) Y단독주택이 약정한 공사기간 내에 완성되어 甲에게 인도되었으나 2020. 5. 6. 그 주택의 붕괴가 우려되는 정도의 하자가 발견된 경우, 甲은 乙을 상대로 계약을 해제할 수 있는지 여부와 Y단독주택의 철거 및 신축에 필요한 비용에 상응하는 금액을 손해배상으로 청구할 수 있는지 여부에 관하여 설명하시오. (20점)

▶ 모범답안 ◀

Ⅰ 문제 1 – (1)

1. 문제의 소재

甲은 자신 소유의 X토지 위에 주택을 신축하기로 건축업자 乙과 약정하였다. 이러한 계약의 법적 성질과 완성된 주택의 소유권 귀속이 문제된다.

2. 甲과 乙 사이에 체결된 계약의 법적 성질

(1) 제작물공급계약은 당사자의 일방이 상대방의 주문에 따라서 자기의 소유에 속하는 재료를 사용하여 만든 물건을 공급할 것을 약정하고, 이에 대하여 상대방이 대가를 지급하기로 약정하는 계약이다.

(2) 판례에 따르면 제작물공급계약에 있어 제작 공급하여야 할 물건이 대체물인 경우에는 매매로 보아서 매매에 관한 규정이 적용된다고 할 것이나, 물건이 특정의 주문자의 수요를 만족시키기 위한 부대체물인 경우에는 당해 물건의 공급과 함께 그 제작이 계약의 주목적이 되어 도급의 성질을 띠는 것이다(94다42976).

(3) 사안에서 Y단독주택은 부대체물이므로 토지 소유자 甲과 건축업자 乙 사이의 계약은 도급에 해당한다.

3. 도급에 있어서 완성물의 소유권 귀속

(1) 판례에 따르면 도급인이 재료의 전부 또는 주요부분을 공급한 경우에는 도급인에게, 수급인이 제공한 때에는 수급인에게 각각 소유권이 귀속한다. 다만 수급인이 자기의 노력과 재료를 들여 건물을 완성하더라도, 완성된 건물의 소유권을 도급인에게 귀속시키기로 하는 특약이 있는 때에는, 그 건물의 소유권은 원시적으로 도급인에게 귀속한다(91다25505).

(2) 문제의 사안은 수급인 乙이 자기의 노력과 재료를 들여 건물을 완성하였지만 도급인 甲 명의로 건축허가를 받아 소유권보존등기를 하기로 하는 등 완성된 건물의 소유권을 도급인 甲에게 귀속시키기로 합의한 경우이므로, 그 건물의 소유권은 도급인 甲에게 원시적으로 귀속된다.

문제 1 - ⑵

1. 문제의 소재
도급계약에 따라 완공된 Y단독주택에 붕괴가 우려되는 정도의 하자가 발견된 경우에 도급인 甲이 수급인 乙에게 추궁할 수 있는 담보책임의 내용이 문제된다.

2. 도급인 甲의 계약해제권 여부
⑴ 도급인이 완성된 목적물의 하자로 인하여 계약의 목적을 달성할 수 없는 때에는 계약을 해제할 수 있다. 그러나 완성된 목적물이 건물 기타 토지의 공작물인 경우에는 아무리 중대한 하자가 있더라도 해제할 수 없다(제668조 참조).

⑵ 사안은 건물신축 도급계약이므로 제668조 단서에 해당하여 도급인 甲은 계약을 해제할 수 없다.

3. 도급인 甲의 손해배상청구권 행사범위
⑴ 도급인은 하자의 보수에 갈음하여 또는 보수와 함께 손해배상을 청구할 수 있다(제667조 제2항). 이때 하자의 보수에 갈음하는 손해배상은 '실제로 보수에 필요한 비용'이다.

⑵ 판례에 따르면 완성된 건물 기타 토지의 공작물에 중대한 하자가 있고 이로 인하여 건물 등이 무너질 위험성이 있어서 보수가 불가능하고 다시 건축할 수밖에 없는 경우에는, 특별한 사정이 없는 한 건물 등을 철거하고 다시 건축하는 데 드는 비용 상당액을 하자로 인한 손해배상으로 청구할 수 있다(2014다31691·31707).

⑶ 사안에서 도급인 甲은 수급인 乙을 상대로 Y단독주택의 철거 및 신축에 필요한 비용에 상응하는 금액을 손해배상으로 청구할 수 있다.

⑷ **담보책임의 존속기간**
건물의 수급인은 목적물의 하자에 대하여 인도 후 5년 또는 10년간 담보의 책임이 있다(제671조 참조). 사안은 약정한 공사기간 내(계약체결일인 2018. 10. 10.부터 6개월)에 완성되어 인도되었으나 2020. 5. 6. 하자가 발견된 경우이므로, 제671조의 제척기간 경과문제는 없는 것으로 보인다.

‖ 약술형 2 ‖ X주택의 임대인 甲이 임대차 종료 후 정당한 사유 없이 보증금을 반환하지 아니하자 임차인 乙이 임차권등기명령을 신청하여 임차권등기가 이루어진 경우, 그 효과에 관하여 설명하시오. (20점)

◆ 모범답안 ◆

1. 의의
주거를 이전하더라도 대항력과 우선변제권을 그대로 유지케 하자는 취지에서 주택임대차보호법은, 임대차가 종료된 후 보증금을 반환받지 못한 임차인이 법원에 임차권등기명령을 신청할 수 있는 것으로 규정한다.

2. 신청
(1) 임대차가 끝난 후 보증금이 반환되지 아니한 경우 임차인 乙은 임차주택의 소재지를 관할하는 법원에 임차권등기명령을 신청할 수 있다.

(2) 임차인 乙은 임차권등기명령의 신청과 그에 따른 임차권등기와 관련하여 든 비용을 임대인 甲에게 청구할 수 있다.

3. 효과
(1) 대항력과 우선변제권의 취득 및 유지

임차인 乙이 임차권등기명령의 집행에 따른 임차권등기를 마치면 대항력과 우선변제권을 취득한다. 다만, 임차인 乙이 임차권등기 이전에 이미 대항력이나 우선변제권을 취득한 경우에는 그 대항력이나 우선변제권은 그대로 유지되며, 임차권등기 이후에는 대항요건을 상실하더라도 이미 취득한 대항력이나 우선변제권을 상실하지 아니한다.

(2) 소액임차인의 최우선변제권 배제

임차권등기명령의 집행에 따른 임차권등기가 끝난 주택을 그 이후에 임차한 임차인은 제8조에 따른 우선변제를 받을 권리가 없다.

(3) 동시이행관계에 있는지 여부

임차권등기는 기왕의 대항력이나 우선변제권을 유지하는 담보적 기능만을 주목적으로 하는 점 등에 비추어 볼 때, 임대인 甲의 임대차보증금의 반환의무가 임차인 乙의 임차권등기 말소의무보다 먼저 이행되어야 할 의무이다(2005다4529).

‖**약술형 3**‖ 甲은 그 소유의 X토지를 乙에게 매도하면서 약정기일에 중도금과 잔금이 모두 지급되면 그와 동시에 X토지의 소유권이전등기에 필요한 서류 일체를 乙에게 교부하기로 하였으나 乙이 중도금지급기일에 중도금을 지급하지 않은 상태에서 잔금지급기일이 도래하였다. 이 경우, 甲이 소유권이전등기에 필요한 서류의 제공 없이 乙에게 중도금지급을 청구하였다면 乙은 동시이행의 항변권을 행사할 수 있는지에 관하여 설명하시오. (20점)

◆ 모범답안 ◆

1. 문제의 소재

   동시이행의 항변권이란 쌍무계약에 있어서 상대방의 채무이행의 제공이 있을 때까지 일방이 자기채무의 이행을 거절할 수 있는 권리를 말한다. 사안에서는 매수인 乙이 자신의 선이행의무인 중도금지급을 지체하다가 잔금지급기일이 도래한 경우에 매도인 甲의 중도금지급청구에 대해 매수인 乙이 동시이행항변권을 행사할 수 있는지가 문제된다.

2. 동시이행항변권의 성립요건

   (1) 동일한 쌍무계약에 기하여 발생한 대가적 채무의 존재
   (2) 상대방의 채무가 변제기에 있을 것
       1) 원칙
          하나의 쌍무계약에서 발생하는 각 채무가 그 성질상 이행상의 견련성이 인정되더라도, 당사자 사이의 특약에 의하여 선이행의무를 지는 경우에는 동시이행의 항변권이 인정되지 않는다.
       2) 예외
          ① **선이행의무의 불이행 중 상대방 채무의 변제기가 도래한 경우**: 이 경우에는 선이행의무자도 동시이행의 항변권을 행사할 수 있다.
          ② **불안의 항변권**: 상대방의 이행이 곤란할 현저한 사유가 있는 때에는 선이행의무자라도 상대방이 채무이행을 제공할 때까지 자기의 채무이행을 거절할 수 있다.
   (3) 상대방이 자기 채무의 이행 또는 이행의 제공을 하지 않고서 청구하였을 것

3. 문제의 해결

   (1) 문제된 사안은 '선이행의무의 불이행 중 상대방 채무의 변제기가 도래한 경우'이다.
   (2) 판례에 따르면 매수인 乙이 선이행하여야 할 중도금지급을 하지 아니한 채 잔대금지급일을 경과한 경우에는 매수인 乙의 중도금 및 이에 대한 지급일 다음날부터 잔대금지급일까지의 지연손해금과 잔대금의 지급채무는 매도인 甲의 소유권이전등기의무와 특별한 사정이 없는 한 동시이행관계에 있다(90다19930).
   (3) 따라서 매도인 甲이 소유권이전등기에 필요한 서류의 제공 없이 매수인 乙에게 중도금지급을 청구하였다면 매수인 乙은 동시이행의 항변권을 행사할 수 있다.

‖약술형 4‖ 임차인의 부속물매수청구권의 의의와 요건 및 효과에 관하여 설명하시오. (20점)

◆ 모범답안 ◆

1. 의의

건물 기타 공작물의 임차인이 임대차 종료 시에 임대인에 대하여 그 사용의 편익을 위하여 임대인의 동의를 얻어 이에 부속한 물건과 임대인으로부터 매수한 부속물의 매수를 청구할 수 있는 권리를 말한다(제646조).

2. 요건

(1) 건물 기타 공작물의 임대차일 것

(2) 임차인이 임차목적물의 사용의 편익을 위하여 부속시킨 것일 것

매수청구의 대상이 되는 부속물이란 임차인의 소유에 속하고 건물의 구성부분으로는 되지 아니한 것으로서 건물의 사용에 객관적인 편익을 가져오게 하는 물건이라고 할 것이므로, 오로지 임차인의 특수목적에 사용하기 위하여 부속된 것일 때에는 이에 해당하지 않는다.

(3) 임대인의 동의를 얻어 부속시킨 것이거나 임대인으로부터 매수한 부속물일 것

(4) 임대차가 종료하였을 것

3. 효과

(1) **매매계약의 성립**

부속물매수청구권은 형성권이므로, 임차인의 매수청구의 의사표시만으로 그 부속물에 대해 매매계약이 성립한다.

(2) **동시이행의 항변권**

부속물매매대금의 지급과 부속물의 인도는 동시이행의 관계에 있다.

(3) **유치권의 인정 여부**

부속물은 임차물과는 독립한 물건이고 매매대금채권은 임차물에 관하여 생긴 채권이 아니므로 유치권은 부정된다(통설).

(4) **포기특약의 유효성**

부속물매수청구권은 강행규정이므로, 이에 위반하는 약정으로 임차인에게 불리한 것은 무효이다.

2021년 제9회 행정사 2차 기출문제
민법(계약) 모범답안

∥논술형 1∥ 甲은 2000. 3.경 늦은 나이에 홀로 탈북하여 현재까지 대한민국에서 거주하고 있다. 甲은 탈북 이후 10여 년간 다양한 일을 하며 모은 돈으로 2010. 5.경 북한음식점을 개업하여 운영하고 있다. 甲은 탈북 이후 어려운 생활 등을 이유로 일에만 전념하다 보니 어느덧 80세를 바라보는 고령이 되었음에도 가족이 없이 홀로 생활하고 있다. 최근 들어서는 더 나이가 든 후에는 어떻게 살아가야 할지에 대한 고민이 많아졌고, 이제는 누군가에게 의지를 하며 여생을 보내고 싶어졌다. 이에 甲은 음식점 개업 초기부터 자신을 도와 성실히 일하던 종업원인 乙에게 자신이 가지고 있는 X토지(시가 10억 원 상당)를 줄테니 앞으로 자신을 부양해 줄 수 있겠냐고 제안을 하였고 乙은 여러 고민 끝에 甲의 제안을 받아들였다. 甲은 2019. 5. 10. 乙에게 토지의 소유권이전등기를 마쳐 주었다. 다음 물음에 답하시오. (40점)

(1) X토지의 소유권을 이전하기 위하여 甲과 乙 사이에 이루어진 합의의 법적 성질은 무엇인지 설명하시오. (10점)

(2) X토지의 소유권을 이전받은 乙은 2019. 12.경 甲이 운영하는 식당을 그만두고 2021. 5. 현재까지 甲과 약속한 부양도 하지 않고 있다. 이에 억울해 하던 甲은 X토지를 다시 되찾아 오고 싶어 한다. 甲이 X토지를 되찾아 오기 위해 검토해 볼 수 있는 방법들을 제시하고 그 방법들의 당부를 검토하시오. (20점)

(3) 甲이 乙에게 지속적으로 부양의무의 이행을 요구하자, 2021. 6. 7. 乙은 견디다 못해 甲에게 甲과 乙 사이의 기존의 합의를 없던 것으로 하자고 제안하였다. 이에 2021. 6. 10. 甲도 乙의 제안을 받아들여 乙 명의로 되어 있는 X토지의 소유권을 다시 甲에게 원상회복하기로 합의하였다. 한편 乙은 X토지의 소유권을 甲에게 원상회복해 주지 않고 2021. 7. 10. X토지를 丙에게 매도하기로 하고 2021. 8. 10. 丙 앞으로 X토지의 소유권이전등기를 마쳐 주었다. 뒤늦게 이러한 사실을 알게 된 甲은 丙에게 X토지 소유권의 원상회복을 청구하였다. 甲의 이러한 청구는 받아들여질 수 있는지 검토하시오. (10점)

────◆ **모범답안** ◆────────────────────────────

📘 문제 1 – (1)

1. 甲과 乙 사이 합의의 법적 성질

사안처럼 수증자도 일정한 급부를 하여야 할 채무를 부담하는 증여를 부담부 증여라고 한다. 부담부 증여의 부담은 증여에 대하여 대가관계에 서는 것이 아니므로, 부담부 증여도 여전히 편무·무상계약이다.

2. 부담부 증여에 관한 특칙

(1) **매도인과 같은 담보책임**

상대부담 있는 증여에 대하여는 증여자는 그 부담의 한도에서 매도인과 같은 담보의 책임이 있다(제559조 제2항).

(2) **쌍무계약에 관한 규정의 적용**

부담부 증여에 대하여는 증여의 규정 외에, 쌍무계약에 관한 규정을 적용한다(제561조).

Ⅱ 문제 1-⑵

1. 문제의 소재
이 경우 甲이 제556조에 근거하여 수증자 乙의 망은행위를 이유로 증여를 해제할 수 있는지 여부와, 부담부 증여에 있어 부담을 불이행한 때에 해당하여 채무불이행을 이유로 해제할 수 있는지를 검토한다.

2. 수증자의 망은행위로 인한 증여의 해제 여부

⑴ 의의
수증자가 증여자 또는 그 배우자나 직계혈족에 대하여 범죄행위를 한 때(제1호)나 수증자가 증여자에 대하여 부양의무 있는 경우에 이를 이행하지 아니하는 때(제2호)에는 증여자는 그 증여를 해제할 수 있다(제556조 제1항).

⑵ 부양의무
제556조 제1항 제2호의 '부양의무'는 제974조의 직계혈족 및 그 배우자 또는 생계를 같이하는 친족 간의 부양의무를 말한다.

⑶ 사안의 경우
본 사안처럼 당사자 사이의 약정에 의한 부양의무는 이에 해당하지 아니하므로, 甲은 제556조에 근거하여 乙의 망은행위를 이유로 증여를 해제할 수는 없다.

3. 부담부 증여에 있어 부담의 불이행

⑴ 의의
본 사안은 수증자도 일정한 의무를 부담하는 부담부 증여로서, 수증자가 부담을 불이행하고 있는 경우이다.

⑵ 부담의 불이행과 해제
부담의무 있는 상대방이 자신의 의무를 이행하지 아니할 때에는 비록 증여계약이 이미 이행되어 있다 하더라도 증여자는 계약을 해제할 수 있다(97다2177).

⑶ 사안의 해결
甲은 乙에게 상당기간을 정하여 약속한 부양의 이행을 최고하고, 그 기간 내에 乙이 이를 이행하지 않으면 부담의무의 이행지체를 이유로 증여를 해제하고 이미 이행한 X토지의 반환 및 소유권이전등기의 말소를 청구할 수 있다.

Ⅲ 문제 1-⑶

1. 문제의 소재
해제와 제3자 보호에 관한 제548조 제1항 단서가 甲과 乙의 합의해제에도 유추적용되는지 여부와, 丙이 X토지에 대해 보호되는 제3자인지 여부가 문제된다.

2. 합의해제와 제3자 보호

⑴ 계약의 해제는 제3자의 권리를 해하지 못한다(제548조 제1항 단서). 이 규정은 합의해제에도 유추적용된다. 즉, 합의해제도 제3자의 권리를 해하지 못한다.

⑵ 제548조 제1항 단서의 제3자의 의미
① 원칙적으로 해제의 의사표시가 있기 이전에 해제된 계약에서 생긴 법률적 효과를 기초로 하여 새로운 이해관계를 가졌을 뿐 아니라 등기·인도 등으로 완전한 권리를 취득한 자를 말한다.
② 통설·판례는 제3자의 범위에 해제의 의사표시가 있은 후 그 해제에 기한 말소등기가 있기 이전에 이해관계를 갖게 된 선의의 제3자도 포함시킨다.

3. 문제의 해결
丙은 합의해제 후 말소등기 전에 이해관계를 갖게 된 제3자이므로 선의인 경우에 한하여 제548조 제1항 단서의 제3자에 해당하게 된다. 따라서 만약 丙이 선의라면 甲은 丙을 상대로 X토지 소유권의 원상회복을 청구할 수 없다.

‖**약술형 2**‖ 甲과 乙은 음식점 동업계약을 체결하면서 각각 현금 1억 원씩 투자하였고 음식점 운영으로 발생된 수익금은 50:50으로 나누어 분배하기로 하였다. 乙은 음식점의 운영방식 등에서 甲과 대립하던 중 위 동업계약에서 탈퇴하였다. 乙의 탈퇴로 인한 甲과 乙의 법률관계와 위 음식점에 식자재를 납품해 온 丙이 甲에 대하여 대금채무의 이행을 청구할 수 있는지에 관하여 검토하시오. (20점)

◆ 모범답안 ◆

1. 乙의 탈퇴로 인한 甲과 乙의 법률관계
    (1) 甲과 乙의 동업계약은 2인 이상이 서로 출자하여 공동사업을 경영할 것을 약정함으로써 성립하는 조합계약이다. 2인 조합에서 조합원 1인이 탈퇴하면 조합관계는 종료되지만 조합이 해산되지 아니하고, 조합원의 합유에 속하였던 재산은 남은 조합원의 단독소유에 속하게 되어 기존의 공동사업은 청산절차를 거치지 않고 잔존자가 계속 유지할 수 있다(2004다49693·49709). 이때 탈퇴자와 남은 자 사이에서 탈퇴로 인한 계산을 하여야 한다(98다54458).
    (2) 乙의 탈퇴로 인해 조합재산은 남은 조합원 甲의 단독소유에 속하고, 탈퇴자 乙과 남은 자 甲 사이에 탈퇴로 인한 계산을 하여야 한다.

2. 丙이 甲에 대하여 대금채무의 이행을 청구할 수 있는지 여부
    (1) 두 사람으로 이루어진 조합관계에 있어 그중 1인이 탈퇴하면 조합원들의 합유에 속한 조합재산은 남은 조합원에게 귀속하게 되므로, 이 경우 조합채권자는 잔존 조합원에게 여전히 조합채무 전부에 대한 이행을 청구할 수 있다(99다1284).
    (2) 조합채권자 丙은 잔존 조합원 甲에게 식자재 대금채무 전부에 대한 이행을 청구할 수 있다.

∥약술형 3∥ 2021. 5. 11. 甲은 비어 있는 자신의 X주택을 乙에게 매도하기로 하는 계약을 체결하였는데, 이행기 전에 甲의 승낙을 받고 X주택 내부를 수리하던 乙의 과실로 인해 X주택이 전소되었다. 甲은 乙에게 매매대금의 지급을 청구할 수 있는지에 관하여 검토하시오. (20점)

◆ 모범답안 ◆

1. 문제의 소재

사안은 매도인 甲이 매수인 乙에 대하여 부담하는 X주택에 대한 소유권이전의무가 매수인 乙의 과실로 후발적 불능이 된 경우이다. 이때는 제538조의 위험부담이 문제된다.

2. 제538조의 위험부담

쌍무계약의 당사자 일방의 채무가 채권자의 책임 있는 사유로 이행할 수 없게 된 때에는 채무자는 상대방의 이행을 청구할 수 있다(제538조 제1항 전문).

3. 문제의 해결

매수인 乙의 책임 있는 사유로 매도인 甲의 X주택 소유권이전의무가 불능이 되었으므로, 제538조에 따라서 甲은 乙에게 매매대금의 지급을 청구할 수 있다.

약술형 4 | 상가건물 임대차보호법상 임차인의 계약갱신요구권에 관하여 설명하시오. (20점)

◆ 모범답안 ◆

1. 의의
상가건물 임대차보호법상 임대인은 임차인이 임대차기간이 만료되기 6개월 전부터 1개월 전까지 사이에 계약갱신을 요구할 경우 정당한 사유 없이 거절하지 못한다.

2. 임대인의 계약갱신거절사유
(1) 임차인이 계약갱신을 요구할 경우에 임대인은 정당한 사유가 있으면 계약갱신을 거절할 수 있다(제10조 제1항).

(2) 임대인이 임차인의 계약갱신요구를 거절할 수 있는 사유
① 임차인이 3기의 차임액에 해당하는 금액에 이르도록 차임을 연체한 사실이 있는 경우
② 임차인이 거짓이나 그 밖의 부정한 방법으로 임차한 경우
③ 서로 합의하여 임대인이 임차인에게 상당한 보상을 제공한 경우
④ 임차인이 임대인의 동의 없이 목적 건물의 전부 또는 일부를 전대한 경우
⑤ 임차인이 임차한 건물의 전부 또는 일부를 고의나 중대한 과실로 파손한 경우
⑥ 임차한 건물의 전부 또는 일부가 멸실되어 임대차의 목적을 달성하지 못할 경우
⑦ 임대인이 다음 각 목의 어느 하나에 해당하는 사유로 목적 건물의 전부 또는 대부분을 철거하거나 재건축하기 위하여 목적 건물의 점유를 회복할 필요가 있는 경우
⑧ 그 밖에 임차인이 임차인으로서의 의무를 현저히 위반하거나 임대차를 계속하기 어려운 중대한 사유가 있는 경우

3. 효력
(1) 갱신기간
임차인의 계약갱신요구권은 최초의 임대차기간을 포함한 전체 임대차기간이 10년을 초과하지 아니하는 범위에서만 행사할 수 있다(제10조 제2항).

(2) 갱신내용
갱신되는 임대차는 전 임대차와 동일한 조건으로 다시 계약된 것으로 본다. 다만, 차임과 보증금은 100분의 5 범위에서 증감할 수 있다(제10조 제3항).

4. 계약갱신의 특례
제2조 제1항 단서에 따른 보증금액을 초과하는 임대차의 계약갱신의 경우에는 당사자는 상가건물에 관한 조세, 공과금, 주변 상가건물의 차임 및 보증금, 그 밖의 부담이나 경제사정의 변동 등을 고려하여 차임과 보증금의 증감을 청구할 수 있다(제10조의2).

2022년 제10회 행정사 2차 기출문제
민법(계약) 모범답안

논술형 1 X주택의 소유자 甲과 Y토지의 소유자 乙은 서로 X주택과 Y토지를 교환하기로 하는 계약을 체결하였다. 이에 따라 甲은 乙에게 X주택의 소유권을 이전해 주었다. 乙은 X주택에 관하여 丙과 임대차계약을 체결하여, 丙은 乙에게 보증금을 지급함과 동시에 X주택을 인도받고 전입신고를 마쳤다. 다음의 독립된 질문에 답하시오. (단, X주택에 관하여 다른 이해관계인은 없음을 전제로 함) (40점)

(1) 2010. 10. 1. 乙과 丙 사이의 임대차계약이 종료되었으나, 2022. 10. 1. 현재 丙은 乙로부터 보증금을 반환받지 못하였음을 이유로 X주택에 계속 거주하여 이를 사용하고 있다. 乙이 X주택의 반환을 청구하자 丙은 보증금의 반환을 요구하였고, 이에 대해 乙은 丙의 보증금반환청구권은 시효로 소멸하였다고 주장한다. 이러한 경우에 丙은 乙로부터 보증금을 반환받을 수 있는지에 관하여 설명하시오. (20점)

(2) 甲은 교환계약에 따라 X주택의 소유권을 乙에게 이전하였음에도 불구하고 乙이 계약을 위반하여 Y토지의 소유권을 이전해주지 않자, 甲은 위 교환계약을 적법하게 해제하였다. 이러한 경우에 丙은 乙과 맺은 임대차계약상의 임차권을 甲에게 주장할 수 있는지에 관하여 설명하시오. (20점)

••• **모범답안** •••

📘 문제 1 - (1)

1. 임대차종료 시 임차물반환의무와 보증금반환의무의 관계

임대차계약의 기간이 만료된 경우에 임차인이 임차목적물을 명도할 의무와 임대인이 보증금 중 연체차임 등 당해 임대차에 관하여 명도 시까지 생긴 모든 채무를 청산한 나머지를 반환할 의무는 동시이행의 관계이다(77다1241·1242).

2. 임차인의 부당이득반환의무

임대차계약 종료 후에도 임차인이 동시이행의 항변권을 행사하여 임차건물을 계속 점유하여 온 것이라면, 임차인의 점유는 불법점유라고 할 수는 없으나, 그로 인하여 이득이 있다면 이는 부당이득으로서 반환하여야 한다(91다45202·45219).

3. 보증금반환청구권의 소멸시효 진행 여부

임대차 종료 후 임차인이 보증금을 반환받기 위해 목적물을 점유하는 경우 보증금반환청구권에 대한 권리를 행사하는 것으로 보아야 하므로, 보증금반환청구권에 대한 소멸시효는 진행하지 않는다(2016다244224·244231).

4. 丙이 乙로부터 보증금을 반환받을 수 있는지 여부

사안에서 임차인 丙의 목적물반환의무와 임대인 乙의 연체차임을 공제한 나머지 보증금의 반환의무는 동시이행의 관계에 있고, 丙의 보증금반환청구권의 소멸시효는 진행하지 않으므로 丙은 乙로부터 연체차임 등 당해 임대차에 관하여 명도 시까지 생긴 모든 채무를 청산한 나머지 보증금을 반환받을 수 있다.

문제 1 – (2)

1. 해제와 제3자 보호

(1) 해제는 제3자의 권리를 해하지 못한다(제548조 제1항 단서).

(2) 여기서 제3자는 원칙적으로 해제의 의사표시가 있기 이전에 해제된 계약에서 생긴 법률적 효과를 기초로 하여 새로운 이해관계를 가졌을 뿐 아니라 등기·인도 등으로 완전한 권리를 취득한 자를 말한다.

(3) 또한 판례는 해제의 의사표시가 있은 후 그 해제에 기한 말소등기가 있기 이전에 이해관계를 갖게 된 선의의 제3자도 포함한다.

2. 대항력 있는 임차권을 취득한 丙이 제3자에 해당하는지 여부

소유권을 취득하였다가 계약해제로 인하여 소유권을 상실하게 된 임대인 乙로부터 그 계약이 해제되기 전에 주택을 임차받아 주택의 인도와 주민등록을 마침으로써 주택임대차보호법 제3조 제1항에 의한 대항요건을 갖춘 임차인 丙은 민법 제548조 제1항 단서의 규정에 따라 계약해제로 인하여 권리를 침해받지 않는 제3자에 해당하므로 임대인의 임대권원의 바탕이 되는 계약의 해제에도 불구하고 자신의 임차권을 새로운 소유자 甲에게 대항할 수 있다. 이 경우 계약해제로 소유권을 회복한 甲은 주택임대차보호법 제3조 제2항에 따라 임대인의 지위를 승계한다(2003다12717).

‖약술형 2‖ 甲과 乙은 공동사업을 경영할 목적으로 각각 5천만 원씩을 출자하기로 하는 민법상 조합계약을 체결하면서 A조합을 설립하였다. 이후 乙은 A조합의 업무집행조합원으로서 丙으로부터 1억 원의 조합운영자금을 차용하였는데, 그 후 乙은 교통사고로 사망하였다. 이러한 경우에 A조합의 존속 여부 및 甲이 丙에게 부담하는 조합채무의 범위에 관하여 설명하시오. (단, 乙에게는 상속인이 없음을 전제로 함) (20점)

◆ 모범답안 ◆

1. A조합의 존속 여부

사안은 2인으로 구성된 조합에서 1인이 탈퇴한 경우이다. 조합원이 사망하면 조합관계에서 당연히 탈퇴된다(제717조 제1호). 甲과 乙 2인으로 구성된 조합에서 乙이 탈퇴되면 조합관계는 해산됨이 없이 종료되어 청산이 뒤따르지 아니하며, 조합원의 합유에 속한 조합재산은 남은 조합원 甲의 단독소유에 속한다(98다54458).

2. 甲이 丙에게 부담하는 조합채무의 범위

이 경우 조합채권자 丙은 잔존 조합원 甲에게 그 조합채무 전부에 대한 이행을 청구할 수 있다(99다1284).

｜약술형 3｜ X토지가 甲 소유임을 알고 있는 乙은 자신의 명의로 X토지를 丙에게 매도하기로 하는 계약을 체결하였다. 乙과 丙 사이에 체결된 X토지에 대한 매매계약의 효력 및 乙이 X토지의 소유권을 丙에게 넘겨주지 못하는 경우에 丙이 乙에게 물을 수 있는 담보책임의 내용에 관하여 설명하시오. (20점)

◆ 모범답안 ◆

1. X토지에 대한 매매계약의 효력

사안은 乙과 丙의 매매계약에 있어 매매목적물인 X토지의 소유권이 매도인 乙이 아니라 타인 甲에게 속하는 경우이다. 이 경우에도 원시적(객관적·전부) 불능은 아니므로 그 매매계약 자체는 유효하다.

2. 丙이 乙에게 물을 수 있는 담보책임의 내용

(1) 계약해제권

매수인 丙은 그의 선의·악의를 묻지 않고 계약을 해제할 수 있다(제570조 본문).

(2) 손해배상청구권

① 매수인 丙이 선의라면 손해배상을 청구할 수 있다(제570조 단서).
② 이 경우의 손해배상은 원칙적으로 타인의 권리를 이전하는 것이 불능으로 된 때의 목적물의 시가, 즉 이행이익 상당액이다.

(3) 권리행사기간

매수인의 해제권과 손해배상청구권의 행사기간에 관해 따로 규정하고 있지 않다.

(4) 선의의 매도인의 해제권

선의의 매도인은, 매수인이 선의인 경우에는 그 손해를 배상하고, 매수인이 악의인 경우에는 손해배상 없이, 계약을 해제할 수 있다(제571조). 사안에서 매도인 乙은 악의이므로 이러한 권리를 행사할 수 없다.

약술형 4 화가 甲은 미술품 수집상 乙에게 자신의 "A그림을 100만 원에 사달라"는 청약의 편지를 2022. 9. 1. 발송하여 그 편지가 동년 9. 5. 乙에게 도달하였다. 한편 그러한 사실을 모르는 乙은 甲에게 "A그림을 100만 원에 팔라"는 청약의 편지를 2022. 9. 3. 발송하여 그 편지가 동년 9. 7. 甲에게 도달하였다. 이러한 경우에 甲과 乙 사이에서 A그림에 대한 매매계약의 성립 여부에 관하여 설명하시오. (20점)

◆ 모범답안 ◆

1. 교차청약의 의의

  사안처럼 계약 당사자 甲과 乙이 같은 내용을 가진 계약의 청약을 서로 행한 경우, 즉 각 당사자가 우연히 서로 교차해서 청약을 하였는데 그 청약의 내용이 완전히 일치하고 있는 경우를 교차청약이라 한다.

2. A그림에 대한 매매계약의 성립 여부

  당사자 간에 동일한 내용의 청약이 상호 교차된 경우에는 양 청약이 상대방에게 도달한 때에 계약이 성립한다(제533조). 따라서 A그림 매매계약은 2022. 9. 7.에 성립한다.

2023년 제11회 행정사 2차 기출문제
민법(계약) 모범답안

‖ 논술형 1 ‖ 甲과 乙은 A시에 건설될 아파트에 대한 분양계약을 체결하였는데, 그 계약서에는 다음과 같은 내용이 포함되어 있었다. 다음 독립된 물음에 답하시오. (40점)

> 제2조 […] ② 계약금은 공급대금의 5%로 하며, 계약체결과 동시에 지불한다. 중도금은 공급대금의 45%로 하며, 계약체결일로부터 1년이 되는 날에 지불한다.
> ③ 수분양자 乙은 분양자 甲의 귀책사유로 인해 입주예정일로부터 3월 이내에 입주할 수 없게 되는 경우 이 계약을 해제할 수 있다. […]
>
> 제3조 […] ② 제2조 제3항에 해당하는 사유로 이 계약이 해제된 때에는 甲은 수분양자 乙에게 공급대금 총액의 10%를 위약금으로 지급한다.
> ③ 제1항과 제2항의 경우 甲은 수분양자 乙에게 이미 납부한 대금에 대하여는 각각 그 받은 날로부터 반환일까지 연리 3%에 해당하는 이자를 가산하여 수분양자 乙에게 환급한다. […]

(1) 2006년 4월 1일 乙은 甲과 분양계약을 체결함과 동시에 계약금 전부를 지불하였다. 2006년 5월 1일 발표된 정부정책으로 인하여 A시에 개발 호재가 발생하여, 주변 아파트 시세가 상승하였다. 이에 甲은 乙에게 분양대금의 증액을 요구하였다. 그러나 乙은 이를 거절하고, 2006년 5월 10일 甲의 계좌로 중도금을 송금하였다. 이 경우 甲은 乙에게 계약금의 배액을 지급하고 乙과의 계약을 해제할 수 있는지 설명하시오. (20점)

(2) 乙은 甲의 자금난 등으로 인한 공사 지연으로 그 분양계약상 입주예정일로부터 3월 이내에 입주할 수 없게 되었다. 이에 수분양자 乙은 분양계약의 규정에 따라 甲의 귀책사유로 인한 입주지연을 이유로 그 분양계약을 해제하였으나, 甲은 乙이 납부한 대금을 반환하고 있지 않다. 乙의 해제권 행사가 적법함을 전제로 하여, 그 법률효과에 관하여 설명하시오. (20점)

◆ 모범답안 ◆

📘 문제 1-(1)

1. 해약금에 의한 해제의 의의

매매의 당사자 일방이 계약 당시에 계약금을 상대방에게 교부한 때에는 다른 약정이 없는 한 일방이 이행에 착수할 때까지 교부자는 이를 포기하고 수령자는 그 배액을 상환하여 매매계약을 해제할 수 있다.

2. 이행기 전의 이행착수

(1) 이행기 전에는 착수하지 아니하기로 하는 특약을 하는 등 특별한 사정이 없는 한 이행기 전에 이행에 착수할 수도 있다.

(2) 중도금 지급기일은 계약체결일로부터 1년이 되는 날인 2007년 4월 1일이다. 따라서 매수인 乙이 2006년 5월 10일 甲의 계좌로 중도금을 송금한 것은 이행기 전의 이행착수이다.

(3) 판례에 따르면 매매계약의 체결 이후 시가 상승이 예상되자 매도인이 구체적인 금액의 제시 없이 매매대금의 증액요청을 한 것은 이행기 전의 이행의 착수가 금지될 만한 특별한 사정으로 보지 않는다. 따라서 매수인 乙의 2006년 5월 10일 중도금 송금은 유효한 이행착수이다.

3. 甲은 乙에게 계약금의 배액을 지급하고 乙과의 계약을 해제할 수 있는지 여부

甲은 이미 乙로부터 유효하게 중도금을 수령하였고, 이는 당사자 일방이 이행에 착수한 것이므로, 매도인 甲은 계약금의 배액을 상환하여 乙과의 계약을 해제할 수 없다.

Ⅱ 문제 1 - (2)

1. 계약의 소급적 소멸

계약을 해제하면 계약은 소급하여 소멸한다. 따라서 당사자는 계약의 구속으로부터 해방되며, 아직 이행하지 않은 채무는 이행할 필요가 없고, 이미 이행된 급부는 서로 원상회복을 하여야 한다.

2. 원상회복의무

(1) 원상회복의무와 관련하여 반환할 금전에는 그 받은 날부터 이자를 가산하여야 한다. 이때 이자에 관하여 특별한 약정이 있으면 그 약정이율이 우선 적용되고 약정이율이 없으면 법정이율이 적용된다. 사안은 3% 약정이율이 우선 적용된다.

(2) 반환채무의 이행지체로 인한 지연손해금
① 수분양자 乙은 분양자 甲의 귀책사유로 인한 입주지연을 이유로 분양계약을 해제하였으나, 분양자 甲이 乙이 납부한 대금을 반환하고 있지 않은 상황이다.
② 원상회복의무는 그 반환청구를 받은 다음날부터 이행지체가 성립한다. 원상회복의무가 이행지체에 빠진 이후의 기간에 대해서는 지연손해금이 발생하게 되므로 거기에는 지연손해금률이 적용되어야 한다.
③ 판례에 따르면 지연손해금률에 관하여 별도의 약정이 있으면 그에 따른다. 만약 약정지연손해금률이 없는 경우라면 지연손해금도 약정이율에 의하여 계산한다. 다만 그 약정이율이 법정이율보다 낮은 경우에는 약정이율에 의하지 아니하고 법정이율에 의한다. 사안은 3% 약정이율이 5% 민사 법정이율보다 낮은 경우이므로 5% 법정이율에 따라 지연손해금을 산정한다.

3. 손해배상의무

위약금 특약은 손해배상액의 예정으로 추정되므로, 이에 의하여 손해배상액이 정해진다. 따라서 수분양자 乙은 그 특약에 의하여 공급대금 총액의 10%를 손해배상으로 청구할 수 있다.

‖약술형 2‖ 승강기 제조업자인 甲은 乙 소유의 X신축건물에 특유한 승강기를 제작·설치하는 계약을 乙과 체결하였다. 이 계약의 법적 성질은 무엇이며, 만일 승강기가 완성되어 설치되었다면 그 승강기의 소유권은 누구에게 귀속하는지에 관하여 설명하시오. (20점)

◆ 모범답안 ◆

1. 승강기 제작·설치계약의 법적 성질
   (1) 제작물공급계약은 당사자의 일방이 상대방의 주문에 따라서 자기의 소유에 속하는 재료를 사용하여 만든 물건을 공급할 것을 약정하고, 이에 대하여 상대방이 대가를 지급하기로 약정하는 계약이다.
   (2) 제작물공급계약은 제작의 측면에서는 도급의 성질이 있고 공급의 측면에서는 매매의 성질이 있어, 그 적용 법률은 제작 공급하여야 할 물건이 대체물인 경우에는 매매로 보아서 매매에 관한 규정이 적용된다고 할 것이나, 물건이 부대체물인 경우에는 도급의 성질을 띠는 것이다(94다42976).
   (3) 甲은 乙 소유의 X신축건물에 특유한 승강기를 제작·설치하려는 것이므로, 이는 부대체물에 해당하여 사안의 승강기 제작·설치계약은 도급계약이다.

2. 승강기의 소유권 귀속
   (1) 도급에 있어 완성물의 소유권 귀속
      판례에 따르면 도급인이 재료의 전부 또는 주요부분을 공급한 경우에는 도급인에게, 수급인이 제공한 때에는 수급인에게 각각 소유권이 귀속한다. 다만 수급인이 자기의 노력과 재료를 들여 완성하더라도 소유권을 도급인에게 귀속시키기로 하는 특약이 있는 때에는 특약에 따라 그 소유권은 도급인에게 귀속한다.
   (2) 제작물공급계약은 수급인이 자기의 소유에 속하는 재료를 사용하여 만든 물건을 공급하는 것이므로, 특약이 없는 한 승강기의 소유권은 수급인 甲에게 귀속한다.

‖**약술형 3**‖ 甲에게 3억 원의 금전채무를 부담하고 있는 乙은 그 채무의 변제를 위하여 2023. 3. 3. 자신이 소유하는 X부동산을 丙에게 5억 원에 매도하면서, 계약금 1억 원 및 중도금 2억 원은 甲에게 직접 지급하도록 하는 제3자를 위한 계약을 체결하였다. 甲의 법적 지위를 丙에 대한 수익의 의사표시가 있기 이전과 이후로 나누어 설명하시오. (20점)

◆ 모범답안 ◆

1. 제3자를 위한 계약과 수익의 의사표시

제3자를 위한 계약은 계약당사자가 아닌 제3자로 하여금 직접 계약당사자의 일방에 대하여 권리를 취득케 하는 것을 목적으로 하는 계약을 말한다. 수익의 의사표시는 제3자를 위한 계약의 성립요건이 아니라 제3자의 권리의 발생요건이다.

2. 수익의 의사표시 전의 제3자 甲의 지위

(1) 형성권

이는 일방적 의사표시에 의하여 권리취득의 효과를 발생케 하는 일종의 형성권이다.

(2) 일신비전속권

따라서 상속·양도는 물론이고, 채권자대위권의 목적이 된다.

(3) 행사기간

계약에서 특별히 정한 바가 없으면 10년의 제척기간에 걸린다. 그러나 낙약자는 상당한 기간을 정하여 이익의 향수 여부의 확답을 제3자 甲에게 최고할 수 있고, 낙약자가 그 기간 내에 확답을 받지 못한 때에는 제3자가 수익을 거절한 것으로 본다.

3. 수익의 의사표시 후의 제3자 甲의 지위

(1) 제3자의 권리를 변경·소멸시킬 수 있음을 미리 유보하였거나 제3자의 동의가 있는 경우가 아니면, 계약의 당사자는 제3자의 권리를 변경 또는 소멸시키지 못한다.

(2) 제3자 甲은 계약당사자가 아니므로 취소권이나 해제권이나 해제를 원인으로 한 원상회복청구권을 행사할 수 없고, 다만 요약자가 계약을 해제한 경우에 낙약자에게 자기가 입은 손해의 배상을 청구할 수는 있다.

||약술형 4|| 건물의 소유를 목적으로 한 토지임차인의 지상물매수청구권에 관하여 설명하시오. (20점)

◆ 모범답안 ◆

1. 의의

일정한 목적의 토지임대차에서 그 존속기간이 만료한 경우에 그 지상시설이 현존한 때에, 토지임차인은 임대인을 상대로 계약의 갱신을 청구할 수 있고, 임대인이 이를 거절한 때에는 상당한 가액으로 지상시설의 매수를 청구할 수 있다(제643조).

2. 요건

(1) 건물 기타 공작물의 소유 또는 식목, 채염, 목축을 목적으로 한 토지임대차일 것

(2) 임대차기간의 만료로 임차권이 소멸하고 임대인의 갱신거절이 있을 것

임차인의 차임연체 등 채무불이행으로 인해 임대인이 계약을 해지한 때에는 임차인은 지상물의 매수청구를 할 수 없다.

(3) 임대차기간의 만료 시 임차인 소유의 지상시설이 현존할 것

3. 효과

(1) 매매계약의 성립

지상물매수청구권은 형성권이므로, 행사만으로 지상물에 관해 시가에 의한 매매계약이 성립한다.

(2) 동시이행의 항변권

임차인의 지상물 이전의무와 임대인의 지상물 대금지급의무는 동시이행관계이다.

(3) 유치권의 인정 여부

지상물매매대금채권은 토지에 관하여 생긴 채권이 아니므로 토지에 대해서 유치권을 행사할 수 없다.

(4) 포기특약의 유효성

지상물매수청구권은 강행규정이며, 이에 위반하는 것으로서 임차인에게 불리한 약정으로 효력이 없다.

2024년 제12회 행정사 2차 기출문제
민법(계약) 모범답안

∥논술형 1∥ 甲은 자신 소유의 X상가건물에서 음식점을 운영해 오다가 2008. 5. 6. 丙에게 X건물을 매도하면서, 丙으로부터 X건물을 보증금 3000만 원, 월 차임 200만 원, 계약기간 2008. 6. 5.부터 1년으로 정하여 임대차계약을 체결하였다. 이후 甲과 丙의 임대차계약은 묵시적으로 갱신되어 왔다. 乙은 2023. 5. 11. 丙으로부터 X건물을 매수하고 소유권이전등기를 마친 후, 2024. 1. 24. 甲에게 2024. 6. 4.자로 X건물에 대한 임대차가 종료됨을 통지하였다. 다음 물음에 답하시오. (40점)

(1) 乙의 임대차 종료 통지에 대하여 甲은 임대차계약의 갱신을 요구하였다. 이와 관련하여 상가건물 임대차보호법상 계약갱신요구권을 약술하고, 甲의 계약갱신요구의 인정 여부, 甲과 乙의 임대차계약의 존속 여부에 관하여 검토하시오. (20점)

(2) 甲은 2024. 3. 9. 丁과 X건물에 관하여 5000만 원의 권리금계약을 체결한 다음, 2024. 3. 22. 乙에게 신규 임차인으로 丁을 주선하며 임대차계약 체결을 요구하였다. 그러나 乙은 자신이 X건물에서 직접 샌드위치 가게를 운영할 계획이라는 이유로 甲의 요구를 거절하였다. 임대인의 권리금 회수기회 보호제도에 관하여 약술하고, 甲의 권리금회수방안에 관하여 검토하시오. (20점)

||||◆ **모범답안** ◆ ||||||||||||||||||||||||||||||||||||||||||||||||||||||||||||||||||||||||||||||||||||||||||||

📘 문제 1 – (1)

1. 의의
상가건물 임대차보호법상 임대인은 임차인이 임대차기간이 만료되기 6개월 전부터 1개월 전까지 사이에 계약갱신을 요구할 경우 정당한 사유 없이 거절하지 못한다.

2. 갱신거절사유
임대인은 임차인이 3기의 차임액을 연체한 사실이 있는 경우, 합의하여 임차인에게 상당한 보상을 제공한 경우, 임대인의 동의 없이 전대한 경우, 임차 건물을 고의나 중과실로 파손한 경우, 일정 사유로 철거나 재건축하기 위한 경우 등 정당한 사유가 있으면 계약갱신을 거절할 수 있다.

3. 갱신내용
갱신되는 임대차는 전 임대차와 동일한 조건으로 다시 계약된 것으로 본다. 다만, 차임과 보증금은 제11조의 범위에서 증감할 수 있다. 이때 증액청구는 5%를 초과하지 못한다.

4. 甲의 계약갱신요구의 인정 여부

(1) 2018. 10. 16. 갱신요구권 행사기간이 5년에서 10년으로 개정되었다. 이 개정규정은 이 법 시행 후 최초로 체결되거나 갱신되는 임대차부터 적용한다(부칙 제2조). 이는 2018. 10. 16. 이후 처음으로 체결된 임대차 또는 2018. 10. 16. 이전에 체결되었지만 2018. 10. 16. 이후 그 이전에 인정되던 계약 갱신 사유에 따라 갱신되는 임대차를 가리킨다. 따라서 임차인 甲처럼 2018. 10. 16. 이전에 체결되었지만 2018. 10. 16. 이후 묵시적 갱신되는 경우에도 개정법이 적용된다.

(2) 임차인의 계약갱신요구권은 최초의 임대차기간을 포함한 전체 임대차기간이 10년을 초과하지 아니하는 범위에서만 행사할 수 있다.

(3) 임대인, 즉 상가건물 소유자가 변동된 경우에도 해당 상가건물에 최초로 체결된 임대차계약의 기산일부터 10년 동안만 행사할 수 있다.

(4) 임차인 甲의 최초 임대차계약의 기산일은 2008. 6. 5.이고 2024. 현재 10년이 경과하였으므로 甲의 계약갱신요구는 인정되지 않는다.

5. 甲과 乙의 임대차계약의 존속 여부

임대인 乙이 임대차기간이 만료되기 6개월 전부터 1개월 전까지의 기간 내인 2024. 1. 24. 갱신거절을 통지하였으므로, 묵시적 갱신은 더 이상 인정되지 않고 甲과 乙의 임대차계약은 2024. 6. 4.에 종료된다.

Ⅱ 문제 1-(2)

1. 임차인의 권리금 회수기회 보호제도

(1) 임대인은 임대차기간이 끝나기 6개월 전부터 임대차 종료 시까지 다음 각 호의 행위를 함으로써 임차인이 주선한 신규임차인이 되려는 자로부터 권리금을 지급받는 것을 방해하여서는 아니 된다. 다만, 계약갱신요구권이 배제되는 사유가 있는 경우에는 그러하지 아니하다.
① 신규임차인이 되려는 자에게 권리금을 요구하거나 권리금을 수수하는 행위
② 신규임차인이 되려는 자로 하여금 권리금을 지급하지 못하게 하는 행위
③ 현저히 고액의 차임과 보증금을 요구하는 행위
④ 정당한 사유 없이 임대차계약의 체결을 거절하는 행위

(2) 다음 각 호에 해당하는 경우에는 정당한 사유가 있는 것으로 본다.
① 신규임차인이 되려는 자가 보증금 또는 차임을 지급할 자력이 없는 경우
② 신규임차인이 되려는 자가 임차인으로서의 의무를 위반할 우려가 있거나 그 밖에 임대차를 유지하기 어려운 상당한 이유가 있는 경우
③ 상가건물을 1년 6개월 이상 영리목적으로 사용하지 아니한 경우
④ 임대인이 선택한 신규임차인이 권리금을 지급한 경우

(3) 임대인이 스스로 영업할 계획이라는 이유만으로 임차인이 주선한 신규 임차인이 되려는 자와 임대차계약의 체결을 거절한 것에는 제10조의4 제1항 제4호에서 정한 정당한 사유가 있다고 볼 수 없다(2018다261124·261131).

2. 임대인의 방해행위 금지규정 위반의 효과

(1) 임대인이 방해행위 금지규정을 위반한 때에는 그 손해를 배상할 책임이 있다. 손해배상액은 신규임차인이 임차인에게 지급하기로 한 권리금과 임대차 종료 당시의 권리금 중 낮은 금액을 넘지 못한다.

(2) 손해배상청구권은 임대차가 종료한 날부터 3년 이내에 행사하지 아니하면 시효의 완성으로 소멸한다.

3. 계약갱신요구권과 권리금 회수기회 보호제도의 관계

사안처럼 전체 임대차기간이 10년을 초과하여 임차인이 계약갱신요구권을 행사할 수 없는 경우에도 임대인은 권리금 회수기회 보호의무를 부담한다(2017다225312·225329).

4. 甲의 권리금 회수방안

(1) 임차인 甲이 임대차기간이 끝나기 6개월 전부터 임대차 종료시까지의 기간 내인 2024. 3. 22. 신규 임차인으로 丁을 주선하며 임대차계약 체결을 요구한 데 대하여 임대인 乙이 정당한 사유 없이 甲의 요구를 거절한 사안이다.

(2) 임대인 乙이 방해행위 금지규정을 위반한 경우이므로, 임차인 甲은 손해배상을 청구할 수 있다. 손해배상액은 신규임차인이 임차인에게 지급하기로 한 권리금과 임대차 종료 당시의 권리금 중 낮은 금액을 넘지 못한다.

약술형 2. 계약체결상의 과실책임(민법 제535조)의 요건 및 효과에 관하여 설명하시오. (20점)

◆ 모범답안 ◆

1. 의의
법률행위가 유효하게 성립하기 위해서는 법률행위의 목적의 확정·가능·적법·사회적 타당성이 요구된다. 원시적·객관적 불능인 계약은 무효이고, 이미 이행한 계약금은 부당이득의 법리에 따라 반환청구할 수 있다. 또한 제535조의 요건을 갖춘 경우에는 상대방에 대하여 계약체결상의 과실책임을 부담한다.

2. 요건
(1) 목적이 원시적·객관적·전부 불능이어야 한다.
(2) 불능인 급부를 이행하여야 할 당사자는 불능을 알았거나 알 수 있었어야 한다.
(3) 상대방은 선의·무과실이어야 한다.

3. 효과
제535조의 요건을 모두 충족한 경우라면, 불능인 급부를 이행하여야 할 당사자는 상대방이 그 계약의 유효를 믿었음으로 인하여 받은 손해(신뢰이익)를 배상하여야 한다. 다만 이는 계약이 유효함으로 인하여 생길 이익(이행이익)을 넘지 못한다.

‖약술형 3‖ 甲(매도인)은 乙(매수인)과 丙 소유의 건물에 대한 매매계약을 체결하였으나, 그 후 丙 명의의 소유권이전등기가 원인무효로 밝혀져 진정 소유자가 제기한 소유권이전등기 말소등기청구소송에서 丙이 패소함으로써 위 매매계약에 기한 건물의 소유권이전이 불능으로 되었다. 이 경우 乙이 甲에게 주장할 수 있는 권리에 관하여 설명하시오. (20점)

◆ 모범답안 ◆

1. 문제의 소재

   甲과 乙의 매매계약에서 목적물인 건물의 소유권이 甲이 아니라 제3자 丙에게 속하는 경우이다. 甲은 丙으로부터 소유권을 취득하여 乙에게 이전할 의무가 있는데 그 의무를 이행하지 못하였다. 따라서 乙은 甲에게 담보책임을 추궁할 수 있다.

2. 권리의 전부가 타인에게 속하는 경우의 매도인의 담보책임

   (1) 성립요건

   1) 전부 타인권리의 매매

      매매의 목적물은 현존하나 그 목적이 된 권리가 타인에 속하기 때문에 이전할 수 없는 경우이어야 한다.

   2) 이전불능

      ① 권리의 이전불능은 사회통념상 매수인에게 해제권을 행사시키거나 손해배상을 구하게 하는 것이 형평에 타당하다고 인정되는 정도의 이행장애가 있으면 족하고, 반드시 객관적 불능에 한하는 엄격한 개념은 아니다.

      ② 다만 매도인의 이전불능이 오직 매수인의 귀책사유에 기인한 경우에는 매도인은 담보책임을 지지 않는다(79다564).

   (2) 담보책임의 내용

   1) 계약해제권

      매수인 乙은 그의 선의·악의를 묻지 않고 계약을 해제할 수 있다.

   2) 손해배상청구권

      ① 매수인 乙이 선의라면 손해배상을 청구할 수 있다.

      ② 이 경우의 손해배상은 불능 당시의 시가를 표준으로 그 계약이 완전히 이행된 것과 동일한 경제적 이익, 즉 이행이익 상당액이다.

   3) 권리행사기간

      해제권과 손해배상청구권의 행사기간에 관해 따로 규정하고 있지 않다.

   4) 선의의 매도인의 해제권

      매도인 甲이 선의라면, 매수인도 선의인 경우에는 그 손해를 배상하고, 매수인이 악의인 경우에는 손해배상 없이 계약을 해제할 수 있다.

〖약술형 4〗 甲·乙·丙은 공동이행방식의 공동수급체를 결성하여 丁과 건축공사도급계약을 체결하였으며, 업무집행자인 甲은 조합운영자금을 마련하기 위하여 A은행으로부터 1억 원을 차용하였다. 위 공사를 완공하여 공사대금채권을 취득한 甲·乙·丙은 위 대여금채무에 대하여 어떤 책임을 지는지 설명하시오. (20점)

◆ 모범답안 ◆

1. 문제의 소재
   (1) 甲·乙·丙이 공동이행방식의 공동수급체를 결성하여 도급인 丁으로부터 공사를 수급받는 경우에 공동수급체는 원칙적으로 민법상 조합에 해당한다.
   (2) 업무집행자인 甲이 A은행으로부터 조합운영자금 1억 원을 차용하였는 바, 위 대여금채무가 조합채무인지 여부와 만일 조합채무라면 甲·乙·丙은 채권자 A은행에 어떠한 책임을 지는지 검토한다.

2. 사안의 채무가 조합채무에 해당하는지 여부
   (1) 업무집행자를 정한 경우에, 조합의 업무집행은 업무집행자의 과반수로써 결정한다. 다만 조합의 통상사무는 각 업무집행자가 전행할 수 있다.
   (2) 업무집행자가 1인만 있는 경우에는 단독으로 업무집행을 결정할 수 있으므로, 甲의 1억 원의 차용행위는 유효하다. 따라서 1억 원의 대여금채무는 조합채무이다.

3. 조합채무에 대한 책임
   (1) **조합재산에 의한 조합원 모두의 공동책임**
       ① 조합의 채권자는 채권 전액에 관해 조합재산으로부터 변제를 청구할 수 있다.
       ② A은행은 甲·乙·丙 모두를 상대로 하여 채권액 전부에 관한 이행의 소를 제기하고, 그 판결에 기해 조합재산에 대해 강제집행하게 된다.
   (2) **각 조합원의 개인재산에 의한 개별책임**
       ① 각 조합원은 손실부담의 비율에 따라 개별책임을 진다. 다만 채권자 A은행이 그 채권발생 당시에 조합원의 손실부담의 비율을 알지 못한 때에는 각 조합원에게 균분하여 그 권리를 행사할 수 있다.
       ② 조합원 중에 변제할 자력 없는 자가 있는 때에는 그 변제할 수 없는 부분은 다른 조합원이 균분하여 변제할 책임이 있다.
   (3) **공동책임과 개별책임의 관계**
       조합채무는 조합재산에 의한 조합원 모두의 공동책임과 각 조합원의 개인재산에 의한 개별책임이 병존한다. 따라서 조합채권자 A은행은 조합재산에 대해 먼저 청구해야 하는 것은 아니며, 바로 조합원 개인재산에 대하여 청구할 수도 있다.

2025년 제13회 행정사 2차 기출문제

민법(계약) 모범답안

∥논술형 1∥ 甲은 丙에게 금전소비대차계약에 기한 3억 원의 금전지급채무를 부담하고 있다. 甲은 丙에 대한 금전지급채무를 이행하기 위해서, 자신의 부동산 X를 乙에게 3억 원에 매도하기로 하고 매매대금 3억 원은 乙이 직접 丙에게 지급하여 주기로 乙과 약정하였다. 이에 丙은 乙에게 그 매매대금 3억 원을 지급받겠다는 의사를 표시하였다. 다음의 독립된 물음에 답하시오. (단, X부동산에 관하여 다른 이해관계인은 없고, 소비대차계약상 이자 등은 별도로 고려하지 않음) (40점)

(1) 乙은 甲과의 약정에 따라 丙에게 매매대금 3억 원을 지급하였다. 그 후 甲과 乙은 매매계약을 합의해제하였고, 乙은 이를 이유로 丙에게 지급한 3억 원의 반환을 丙에게 청구하고 있다. 이 경우 乙과 丙의 법률관계에 관하여 설명하시오. (20점)

(2) 乙이 귀책사유로 丙에 대한 매매대금 지급채무를 불이행하였고, 이에 甲은 乙의 채무불이행을 이유로 丙의 동의 없이 乙과의 매매계약을 해제하였다. 乙의 채무불이행으로 인해 손해를 입은 丙은 乙에게 그로 인한 손해배상을 청구하는 한편, 丙이 계약해제의 소급효가 제한되는 제3자(민법 제548조 제1항 단서)임을 주장하고 있다. 甲의 매매계약 해제의 적법성을 검토하고, 丙의 손해배상청구 및 주장의 타당성에 관하여 설명하시오. (20점)

◆ 모범답안 ◆

I 문제 1-(1)

1. 제3자를 위한 계약

(1) 제3자를 위한 계약은 계약당사자가 아닌 제3자로 하여금 직접 계약당사자의 일방에 대하여 권리를 취득케 하는 것을 목적으로 하는 계약이다.

(2) 사안은 X부동산 매매계약의 매도인 甲과 매수인 乙이 제3자 丙을 위해서 乙이 丙에게 직접 대금지급채무를 부담하는 제3자를 위한 계약이다. 이 경우 甲을 요약자, 乙을 낙약자, 丙을 제3자라고 한다.

2. 수익의 의사표시 후의 제3자 丙의 지위

(1) 제3자의 권리는 제3자가 낙약자에 대하여 수익의 의사를 표시한 때에 생긴다.

(2) 제3자가 수익의 의사표시를 함으로써 제3자에게 권리가 확정적으로 귀속된 경우에는, 요약자와 낙약자의 합의에 의하여 제3자의 권리를 변경·소멸시킬 수 있음을 미리 유보하였거나, 제3자의 동의가 있는 경우가 아니면 요약자와 낙약자는 제3자의 권리를 변경·소멸시키지 못한다(2001다30285). 즉, 제3자의 권리가 발생한 후에는 합의해제를 할 수 없고, 설사 합의해제를 하더라도 이미 제3자가 취득한 권리에는 아무런 영향을 미치지 못한다(97다28698).

3. 문제의 해결

甲과 乙의 합의해제는 이미 제3자 丙이 취득한 권리에는 아무런 영향을 미치지 못한다. 따라서 乙은 丙에게 3억 원의 반환을 청구할 수 없다.

문제 1 - (2)

1. 甲의 매매계약 해제의 적법성

제3자가 수익의 의사표시를 한 후라 하더라도 요약자 甲은 계약당사자로서 낙약자 乙의 채무불이행을 이유로 제3자 丙의 동의 없이 낙약자 乙에 대하여 계약을 해제할 수 있다(69다1410·1411). 따라서 甲의 매매계약 해제는 적법하다.

2. 丙의 손해배상청구의 타당성

제3자를 위한 계약에 있어서 수익의 의사표시를 한 제3자 丙은 낙약자 乙에게 직접 그 이행을 청구할 수 있을 뿐만 아니라, 요약자 甲이 계약을 해제한 경우에는 낙약자 乙에게 자기가 입은 손해의 배상을 청구할 수 있다(92다41559). 따라서 丙의 손해배상청구는 타당하다.

3. 丙이 해제의 소급효가 제한되는 제3자인지 여부

(1) 계약의 해제는 제3자의 권리를 해하지 못한다(제548조 제1항 단서). 여기서 제3자는 원칙적으로 해제의 의사표시가 있기 이전에 그 해제된 계약으로부터 생긴 법률적 효과를 기초로 하여 새로운 이해관계를 가졌을 뿐 아니라 등기·인도 등으로 완전한 권리를 취득한 자를 말한다.

(2) 제3자를 위한 계약에서도 낙약자와 요약자 사이의 법률관계(기본관계)에 기초하여 수익자가 요약자와 원인관계(대가관계)를 맺음으로써 해제 전에 새로운 이해관계를 갖고 그에 따라 등기·인도 등을 마쳐 권리를 취득하였다면, 수익자는 민법 제548조 제1항 단서에서 말하는 계약해제의 소급효가 제한되는 제3자에 해당한다(2018다244976).

(3) 사안은 기본관계에 기초하여 제3자가 요약자와 대가관계를 맺은 경우가 아니므로, 제3자 丙은 계약해제의 소급효가 제한되는 제3자에 해당하지 않는다. 따라서 丙의 주장은 타당하지 않다.

‖약술형 2‖ 甲은 그 소유 X토지와 Y건물을 자신의 친구 乙에게 증여하는 계약을 구두로 체결한 후, 우선 X토지의 소유권이전등기에 필요한 서면을 乙에게 스스로 교부하여 그 등기는 甲의 사망 후에 완료되었다. 甲의 상속인들이 乙에 대한 증여계약을 해제하고자 하는 경우, 그 근거와 요건 및 해제의 범위에 관하여 설명하시오. (20점)

◆ 모범답안 ◆

1. 해제의 근거

甲은 X토지와 Y건물을 乙에게 증여하는 계약을 구두로 체결하였다. 증여의 의사가 서면으로 표시되지 아니한 경우에는 각 당사자는 이를 해제할 수 있다(제555조).

2. 해제의 요건

(1) 서면에 의한 증여란 증여자의 증여의사가 문서를 통하여 확실히 알 수 있는 정도로 서면에 나타난 증여를 말한다.

(2) 당사자가 해제하지 않고 사망하면 해제권은 상속인에게 승계된다.

(3) 서면에 의하지 않은 증여의 해제는 일종의 특수한 철회일 뿐 본래 의미의 해제와는 다르다. 따라서 형성권의 제척기간의 적용을 받지 않는다(2003다1755).

3. 해제의 범위

(1) 서면에 의하지 아니한 증여의 해제는 이미 이행한 부분에 대하여는 영향을 미치지 아니한다(제558조).

(2) 동산의 경우에는 인도시에 이행이 있게 되나, 부동산의 경우에는 그 소유권을 수증자에게 이전하는 등기를 한 때에 이행을 한 것이 되며 증여부동산의 인도까지 하여야 하는 것은 아니다(81다649).

(3) 증여의 의사가 서면으로 표시되지 아니한 경우라도 증여자가 생전에 부동산을 증여하고 그의 뜻에 따라 소유권이전등기에 필요한 서류를 제공하였다면 증여자가 사망한 후에 등기가 경료되었다고 하더라도 증여자의 의사에 따른 증여의 이행으로서의 소유권이전등기가 경료되었다 할 것이므로 증여는 이미 이행되었다고 본다(2001다29643).

(4) X토지는 수증자 乙에게 소유권이전등기가 완료되어 증여가 이미 이행되었으므로, 증여자 甲의 상속인들이 서면에 의하지 아니한 증여라는 이유로 해제하더라도 아무런 영향이 없다. 반면에 Y건물은 아직 이행되지 않았으므로, 甲의 상속인들은 증여를 해제하고 재산권이전의무를 면할 수 있다.

약술형 3 甲·乙·丙은 공동으로 법인을 설립하지 않고 각각 1억 원을 투자하여 목공예 공방 사업의 공동경영을 위한 민법상 조합을 결성하기로 하였으나, 丙이 출자의무를 이행하지 않고 있다. 민법상 조합계약을 쌍무계약으로 보는 경우, 丙의 출자의무 불이행을 이유로 생길 수 있는 문제와 조합계약의 성립요건에 관하여 설명하고, 목공예 공방 사업의 결과 수익이 발생한 경우 이익분배는 어떻게 하여야 하는지에 관하여 설명하시오. (20점)

◆ 모범답안 ◆

1. 조합원 丙의 출자의무 불이행
   (1) 조합재산의 합유
       조합원의 출자 기타 조합재산은 조합원의 합유로 한다(제704조).
   (2) 금전출자지체의 책임
       금전을 출자의 목적으로 한 조합원 丙이 출자시기를 지체한 때에는 연체이자를 지급하는 외에 손해를 배상하여야 한다(제705조).
   (3) 동시이행의 항변권
       출자청구를 하는 조합원이 이행을 하지 않은 경우 청구를 받은 丙은 동시이행의 항변이 가능하나, 다른 조합원의 출자의무불이행을 이유로 항변하는 것은 허용되지 않는다.
   (4) 위험부담
       조합원 丙의 출자의무가 그의 책임없는 사유로 후발적 불능이 된 경우에, 출자가 불능인 조합원은 조합원이 되지 못할 뿐이며 다른 조합원의 출자의무가 당연히 소멸하는 것은 아니라고 본다.
   (5) 조합계약의 해제
       조합계약에 있어서는 조합의 해산청구를 하거나 조합으로부터 탈퇴를 하거나 또는 다른 조합원을 제명할 수 있을 뿐이지 조합계약을 해제하고 상대방에게 원상회복의 의무를 부담지울 수 없다(94다7157).

2. 조합계약의 성립요건
   (1) 단체성
       조합계약은 2인 이상이 상호 출자하여 공동사업을 경영할 것을 약정함으로써 성립하는 계약이다. 따라서 그 성립에는 2인 이상의 당사자를 필요로 한다.
   (2) 공동사업경영의 목적
       조합의 사업은 공동의 것이어야 한다. 즉, 조합원 전원이 사업의 성공에 대해 이해관계를 가져야 하고, 이익은 조합원 모두에게 분배되어야 한다. 반면 어느 조합원만이 손실을 부담하는 것은 조합의 성질에 반하지 않는다.
   (3) 출자의무의 부담
       모든 조합원이 출자의무를 부담하여야 한다. 출자의 종류에는 제한이 없다. 따라서 출자는 금전 기타 재산 또는 노무로 할 수 있다(제703조 제2항).

3. 조합원의 이익분배
   (1) 손익분배의 비율은 조합계약에서 정할 수 있다. 조합계약에서 정하지 않은 경우에는 각 조합원의 출자가액에 비례하여 이를 정한다(제711조 제1항).
   (2) 이익 또는 손실에 대하여 분배의 비율을 정한 때에는 그 비율은 이익과 손실에 공통된 것으로 추정한다(제711조 제2항).
   (3) 조합원이 출자의무를 이행하지 않더라도, 조합은 출자의무의 불이행을 이유로 이익분배 자체를 거부할 수 없고, 그 조합원에게 지급할 이익분배금에서 출자금이나 연체이자를 당연히 공제할 수도 없다(2015다69990).
   (4) 목공예 공방 사업의 결과 수익이 발생한 경우에, 사안은 조합계약에서 손익분배의 비율을 정하지 않았으므로, 甲·乙·丙은 출자가액에 비례하여 1/3씩 이익을 분배하여야 한다.

‖**약술형 4**‖ 甲이 운전하던 오토바이와 乙의 차량이 충돌하여 甲이 의식불명 상태로 입원하였다. 甲의 법정대리인인 부모는 사고가 오로지 甲의 과실에 의해 발생한 것으로 오해하여 乙로부터 소액의 합의금을 받고 일체의 손해배상청구권을 포기하기로 하는 화해계약을 체결하였다. 이 경우 그 화해계약의 성립요건 및 효력에 대하여 설명하고, 만약 사고에 乙의 과실이 경합한 경우 甲이 화해계약을 취소할 수 있는지 여부에 관하여 설명하시오. (20점)

######◆ 모범답안 ◆

1. 문제의 소재

    화해계약은 당사자가 상호 양보하여 당사자 간의 분쟁을 종지할 것을 약정함으로써 성립하는 계약이다. 甲의 부모는 쌍방 과실의 교통사고를 오로지 甲의 과실로 인한 것으로 잘못 알고 화해계약을 체결하였다. 이때 화해계약을 분쟁 이외의 사항에 관하여 착오가 있음을 이유로 취소할 수 있는가가 문제된다.

2. 화해계약의 성립요건

    (1) 분쟁의 존재

    분쟁이란 법률관계의 존부·범위·태양 등에 관하여 서로 다르게 주장하는 것이다.

    (2) 당사자의 상호양보

    양보는 진실한 권리관계가 아니라 당사자의 주장을 기준으로 한다.

    (3) 당사자의 자격

    화해는 처분행위이므로, 화해당사자는 처분권한을 가지고 있어야 한다.

    (4) 분쟁을 끝내는 합의

    나중에 사실과 다르다는 것이 드러나도 구속된다는 뜻의 합의이다.

3. 화해계약의 효력

    (1) 법률관계를 확정하는 효력

    화해계약이 성립하면 다툼이 있던 법률관계는 화해계약의 내용에 따라서 확정된다.

    (2) 창설적 효력

    화해계약은 당사자 일방이 양보한 권리가 소멸되고 상대방이 화해로 인하여 그 권리를 취득하는 효력이 있다(제732조).

4. 甲이 화해계약을 취소할 수 있는지 여부

    (1) 화해계약과 착오취소

    화해계약은 착오를 이유로 하여 취소하지 못한다. 그러나 화해당사자의 자격 또는 화해의 목적인 분쟁 이외의 사항에 착오가 있는 때에는 취소할 수 있다(제733조).

    (2) 화해의 목적인 분쟁 이외의 사항이라 함은 분쟁의 대상이 아니라 분쟁의 전제 또는 기초가 된 사항으로서, 쌍방 당사자가 예정한 것이어서 상호 양보의 내용으로 되지 않고 다툼이 없는 사실로 양해된 사항을 말한다.

    (3) 교통사고가 오로지 甲의 과실로 발생하였다는 것은 분쟁 이외의 사항이고, 실제로는 쌍방 과실이었다. 이는 분쟁 이외의 사항에 착오가 있는 것이다. 따라서 甲은 乙과의 화해계약을 착오를 이유로 취소할 수 있다.

민법

[시행 2026. 1. 1.]
[법률 제20432호, 2024. 9. 20, 일부개정]

제3편 채권

제2장 계약

제1절 총칙

제1관 계약의 성립

제527조【계약의 청약의 구속력】계약의 청약은 이를 철회하지 못한다.

제528조【승낙기간을 정한 계약의 청약】① 승낙의 기간을 정한 계약의 청약은 청약자가 그 기간 내에 승낙의 통지를 받지 못한 때에는 그 효력을 잃는다.
② 승낙의 통지가 전항의 기간 후에 도달한 경우에 보통 그 기간 내에 도달할 수 있는 발송인 때에는 청약자는 지체없이 상대방에게 그 연착의 통지를 하여야 한다. 그러나 그 도달 전에 지연의 통지를 발송한 때에는 그러하지 아니하다.
③ 청약자가 전항의 통지를 하지 아니한 때에는 승낙의 통지는 연착되지 아니한 것으로 본다.

제529조【승낙기간을 정하지 아니한 계약의 청약】승낙의 기간을 정하지 아니한 계약의 청약은 청약자가 상당한 기간 내에 승낙의 통지를 받지 못한 때에는 그 효력을 잃는다.

제530조【연착된 승낙의 효력】전2조의 경우에 연착된 승낙은 청약자가 이를 새 청약으로 볼 수 있다.

제531조【격지자간의 계약성립시기】격지자간의 계약은 승낙의 통지를 발송한 때에 성립한다.

제532조【의사실현에 의한 계약성립】청약자의 의사표시나 관습에 의하여 승낙의 통지가 필요하지 아니한 경우에는 계약은 승낙의 의사표시로 인정되는 사실이 있는 때에 성립한다.

제533조【교차청약】당사자간에 동일한 내용의 청약이 상호교차된 경우에는 양청약이 상대방에게 도달한 때에 계약이 성립한다.

제534조【변경을 가한 승낙】승낙자가 청약에 대하여 조건을 붙이거나 변경을 가하여 승낙한 때에는 그 청약의 거절과 동시에 새로 청약한 것으로 본다.

제535조【계약체결상의 과실】① 목적이 불능한 계약을 체결할 때에 그 불능을 알았거나 알 수 있었을 자는 상대방이 그 계약의 유효를 믿었음으로 인하여 받은 손해를 배상하여야 한다. 그러나 그 배상액은 계약이 유효함으로 인하여 생길 이익액을 넘지 못한다.
② 전항의 규정은 상대방이 그 불능을 알았거나 알 수 있었을 경우에는 적용하지 아니한다.

제2관 계약의 효력

제536조【동시이행의 항변권】① 쌍무계약의 당사자 일방은 상대방이 그 채무이행을 제공할 때까지 자기의 채무이행을 거절할 수 있다. 그러나 상대방의 채무가 변제기에 있지 아니하는 때에는 그러하지 아니하다.
② 당사자 일방이 상대방에게 먼저 이행하여야 할 경우에 상대방의 이행이 곤란할 현저한 사유가 있는 때에는 전항 본문과 같다.

제537조【채무자위험부담주의】쌍무계약의 당사자 일방의 채무가 당사자쌍방의 책임없는 사유로 이행할 수 없게 된 때에는 채무자는 상대방의 이행을 청구하지 못한다.

제538조【채권자귀책사유로 인한 이행불능】① 쌍무계약의 당사자 일방의 채무가 채권자의 책임있는 사유로 이행할 수 없게 된 때에는 채무자는 상대방의 이행을 청구할 수 있다. 채권자의 수령지체 중에 당사자쌍방의 책임없는 사유로 이행할 수 없게 된 때에도 같다.
② 전항의 경우에 채무자는 자기의 채무를 면함으로써 이익을 얻은 때에는 이를 채권자에게 상환하여야 한다.

제539조【제삼자를 위한 계약】① 계약에 의하여 당사자 일방이 제삼자에게 이행할 것을 약정한 때에는 그 제삼자는 채무자에게 직접 그 이행을 청구할 수 있다.
② 전항의 경우에 제삼자의 권리는 그 제삼자가 채무자에 대하여 계약의 이익을 받을 의사를 표시한 때에 생긴다.

제540조【채무자의 제삼자에 대한 최고권】전조의 경우에 채무자는 상당한 기간을 정하여 계약의 이익의 향수여부의 확답을 제삼자에게 최고할 수 있다. 채무자가 그 기간 내에 확답을 받지 못한 때에는 제삼자가 계약의 이익을 받을 것을 거절한 것으로 본다.

제541조【제삼자의 권리의 확정】제539조의 규정에 의하여 제삼자의 권리가 생긴 후에는 당사자는 이를 변경 또는 소멸시키지 못한다.

제542조【채무자의 항변권】채무자는 제539조의 계약에 기한 항변으로 그 계약의 이익을 받을 제삼자에게 대항할 수 있다.

제3관 계약의 해지, 해제

제543조【해지, 해제권】① 계약 또는 법률의 규정에 의하여 당사자의 일방이나 쌍방이 해지 또는 해제의 권리가 있는 때에는 그 해지 또는 해제는 상대방에 대한 의사표시로 한다.
② 전항의 의사표시는 철회하지 못한다.

제544조【이행지체와 해제】당사자 일방이 그 채무를 이행하지 아니하는 때에는 상대방은 상당한 기간을 정하여 그 이행을 최고하고 그 기간 내에 이행하지 아니한 때에는 계약을 해제할 수 있다. 그러나 채무자가 미리 이행하지 아니할 의사를 표시한 경우에는 최고를 요하지 아니한다.

제545조【정기행위와 해제】계약의 성질 또는 당사자의 의사표시에 의하여 일정한 시일 또는 일정한 기간 내에 이행하지 아니하면 계약의 목적을 달성할 수 없을 경우에 당사자 일방이 그 시기에 이행하지 아니한 때에는 상대방은 전조의 최고를 하지 아니하고 계약을 해제할 수 있다.

제546조【이행불능과 해제】채무자의 책임있는 사유로 이행이 불능하게 된 때에는 채권자는 계약을 해제할 수 있다.

제547조【해지, 해제권의 불가분성】① 당사자의 일방 또는 쌍방이 수인인 경우에는 계약의 해지나 해제는 그 전원으로부터 또는 전원에 대하여 하여야 한다.
② 전항의 경우에 해지나 해제의 권리가 당사자 1인에 대하여 소멸한 때에는 다른 당사자에 대하여도 소멸한다.

제548조【해제의 효과, 원상회복의무】① 당사자 일방이 계약을 해제한 때에는 각 당사자는 그 상대방에 대하여 원상회복의 의무가 있다. 그러나 제삼자의 권리를 해하지 못한다.
② 전항의 경우에 반환할 금전에는 그 받은 날로부터 이자를 가하여야 한다.

제549조【원상회복의무와 동시이행】제536조의 규정은 전조의 경우에 준용한다.

제550조【해지의 효과】당사자 일방이 계약을 해지한 때에는 계약은 장래에 대하여 그 효력을 잃는다.

제551조【해지, 해제와 손해배상】계약의 해지 또는 해제는 손해배상의 청구에 영향을 미치지 아니한다.

제552조【해제권행사여부의 최고권】① 해제권의 행사의 기간을 정하지 아니한 때에는 상대방은 상당한 기간을 정하여 해제권행사여부의 확답을 해제권자에게 최고할 수 있다.
② 전항의 기간 내에 해제의 통지를 받지 못한 때에는 해제권은 소멸한다.

제553조【훼손 등으로 인한 해제권의 소멸】해제권자의 고의나 과실로 인하여 계약의 목적물이 현저히 훼손되거나 이를 반환할 수 없게 된 때 또는 가공이나 개조로 인하여 다른 종류의 물건으로 변경된 때에는 해제권은 소멸한다.

제2절 증여

제554조【증여의 의의】증여는 당사자 일방이 무상으로 재산을 상대방에 수여하는 의사를 표시하고 상대방이 이를 승낙함으로써 그 효력이 생긴다.

제555조 【서면에 의하지 아니한 증여와 해제】 증여의 의사가 서면으로 표시되지 아니한 경우에는 각 당사자는 이를 해제할 수 있다.

제556조 【수증자의 행위와 증여의 해제】 ① 수증자가 증여자에 대하여 다음 각호의 사유가 있는 때에는 증여자는 그 증여를 해제할 수 있다.
1. 증여자 또는 그 배우자나 직계혈족에 대한 범죄행위가 있는 때
2. 증여자에 대하여 부양의무있는 경우에 이를 이행하지 아니하는 때

② 전항의 해제권은 해제원인있음을 안 날로부터 6월을 경과하거나 증여자가 수증자에 대하여 용서의 의사를 표시한 때에는 소멸한다.

제557조 【증여자의 재산상태변경과 증여의 해제】 증여계약 후에 증여자의 재산상태가 현저히 변경되고 그 이행으로 인하여 생계에 중대한 영향을 미칠 경우에는 증여자는 증여를 해제할 수 있다.

제558조 【해제와 이행완료부분】 전3조의 규정에 의한 계약의 해제는 이미 이행한 부분에 대하여는 영향을 미치지 아니한다.

제559조 【증여자의 담보책임】 ① 증여자는 증여의 목적인 물건 또는 권리의 하자나 흠결에 대하여 책임을 지지 아니한다. 그러나 증여자가 그 하자나 흠결을 알고 수증자에게 고지하지 아니한 때에는 그러하지 아니하다.

② 상대부담있는 증여에 대하여는 증여자는 그 부담의 한도에서 매도인과 같은 담보의 책임이 있다.

제560조 【정기증여와 사망으로 인한 실효】 정기의 급여를 목적으로 한 증여는 증여자 또는 수증자의 사망으로 인하여 그 효력을 잃는다.

제561조 【부담부증여】 상대부담있는 증여에 대하여는 본절의 규정외에 쌍무계약에 관한 규정을 적용한다.

제562조 【사인증여】 증여자의 사망으로 인하여 효력이 생길 증여에는 유증에 관한 규정을 준용한다.

제3절 매매

제1관 총칙

제563조 【매매의 의의】 매매는 당사자 일방이 재산권을 상대방에게 이전할 것을 약정하고 상대방이 그 대금을 지급할 것을 약정함으로써 그 효력이 생긴다.

제564조 【매매의 일방예약】 ① 매매의 일방예약은 상대방이 매매를 완결할 의사를 표시하는 때에 매매의 효력이 생긴다.

② 전항의 의사표시의 기간을 정하지 아니한 때에는 예약자는 상당한 기간을 정하여 매매완결여부의 확답을 상대방에게 최고할 수 있다.

③ 예약자가 전항의 기간 내에 확답을 받지 못한 때에는 예약은 그 효력을 잃는다.

제565조 【해약금】 ① 매매의 당사자 일방이 계약당시에 금전 기타 물건을 계약금, 보증금등의 명목으로 상대방에게 교부한 때에는 당사자간에 다른 약정이 없는 한 당사자의 일방이 이행에 착수할 때까지 교부자는 이를 포기하고 수령자는 그 배액을 상환하여 매매계약을 해제할 수 있다.

② 제551조의 규정은 전항의 경우에 이를 적용하지 아니한다.

제566조 【매매계약의 비용의 부담】 매매계약에 관한 비용은 당사자 쌍방이 균분하여 부담한다.

제567조 【유상계약에의 준용】 본절의 규정은 매매 이외의 유상계약에 준용한다. 그러나 그 계약의 성질이 이를 허용하지 아니하는 때에는 그러하지 아니하다.

제2관 매매의 효력

제568조 【매매의 효력】 ① 매도인은 매수인에 대하여 매매의 목적이 된 권리를 이전하여야 하며 매수인은 매도인에게 그 대금을 지급하여야 한다.

② 전항의 쌍방의무는 특별한 약정이나 관습이 없으면 동시에 이행하여야 한다.

제569조 【타인의 권리의 매매】 매매의 목적이 된 권리가 타인에게 속한 경우에는 매도인은 그 권리를 취득하여 매수인에게 이전하여야 한다.

제570조【동전-매도인의 담보책임】 전조의 경우에 매도인이 그 권리를 취득하여 매수인에게 이전할 수 없는 때에는 매수인은 계약을 해제할 수 있다. 그러나 매수인이 계약당시 그 권리가 매도인에게 속하지 아니함을 안 때에는 손해배상을 청구하지 못한다.

제571조【동전-선의의 매도인의 담보책임】 ① 매도인이 계약당시에 매매의 목적이 된 권리가 자기에게 속하지 아니함을 알지 못한 경우에 그 권리를 취득하여 매수인에게 이전할 수 없는 때에는 매도인은 손해를 배상하고 계약을 해제할 수 있다.
② 전항의 경우에 매수인이 계약당시 그 권리가 매도인에게 속하지 아니함을 안 때에는 매도인은 매수인에 대하여 그 권리를 이전할 수 없음을 통지하고 계약을 해제할 수 있다.

제572조【권리의 일부가 타인에게 속한 경우와 매도인의 담보책임】 ① 매매의 목적이 된 권리의 일부가 타인에게 속함으로 인하여 매도인이 그 권리를 취득하여 매수인에게 이전할 수 없는 때에는 매수인은 그 부분의 비율로 대금의 감액을 청구할 수 있다.
② 전항의 경우에 잔존한 부분만이면 매수인이 이를 매수하지 아니하였을 때에는 선의의 매수인은 계약전부를 해제할 수 있다.
③ 선의의 매수인은 감액청구 또는 계약해제외에 손해배상을 청구할 수 있다.

제573조【전조의 권리행사의 기간】 전조의 권리는 매수인이 선의인 경우에는 사실을 안 날로부터, 악의인 경우에는 계약한 날로부터 1년내에 행사하여야 한다.

제574조【수량부족, 일부멸실의 경우와 매도인의 담보책임】 전2조의 규정은 수량을 지정한 매매의 목적물이 부족되는 경우와 매매목적물의 일부가 계약당시에 이미 멸실된 경우에 매수인이 그 부족 또는 멸실을 알지 못한 때에 준용한다.

제575조【제한물권있는 경우와 매도인의 담보책임】 ① 매매의 목적물이 지상권, 지역권, 전세권, 질권 또는 유치권의 목적이 된 경우에 매수인이 이를 알지 못한 때에는 이로 인하여 계약의 목적을 달성할 수 없는 경우에 한하여 매수인은 계약을 해제할 수 있다. 기타의 경우에는 손해배상만을 청구할 수 있다.

② 전항의 규정은 매매의 목적이 된 부동산을 위하여 존재할 지역권이 없거나 그 부동산에 등기된 임대차계약이 있는 경우에 준용한다.
③ 전2항의 권리는 매수인이 그 사실을 안 날로부터 1년 내에 행사하여야 한다.

제576조【저당권, 전세권의 행사와 매도인의 담보책임】 ① 매매의 목적이 된 부동산에 설정된 저당권 또는 전세권의 행사로 인하여 매수인이 그 소유권을 취득할 수 없거나 취득한 소유권을 잃은 때에는 매수인은 계약을 해제할 수 있다.
② 전항의 경우에 매수인의 출재로 그 소유권을 보존한 때에는 매도인에 대하여 그 상환을 청구할 수 있다.
③ 전2항의 경우에 매수인이 손해를 받은 때에는 그 배상을 청구할 수 있다.

제577조【저당권의 목적이 된 지상권, 전세권의 매매와 매도인의 담보책임】 전조의 규정은 저당권의 목적이 된 지상권 또는 전세권이 매매의 목적이 된 경우에 준용한다.

제578조【경매와 매도인의 담보책임】 ① 경매의 경우에는 경락인은 전8조의 규정에 의하여 채무자에게 계약의 해제 또는 대금감액의 청구를 할 수 있다.
② 전항의 경우에 채무자가 자력이 없는 때에는 경락인은 대금의 배당을 받은 채권자에 대하여 그 대금전부나 일부의 반환을 청구할 수 있다.
③ 전2항의 경우에 채무자가 물건 또는 권리의 흠결을 알고 고지하지 아니하거나 채권자가 이를 알고 경매를 청구한 때에는 경락인은 그 흠결을 안 채무자나 채권자에 대하여 손해배상을 청구할 수 있다.

제579조【채권매매와 매도인의 담보책임】 ① 채권의 매도인이 채무자의 자력을 담보한 때에는 매매계약당시의 자력을 담보한 것으로 추정한다.
② 변제기에 도달하지 아니한 채권의 매도인이 채무자의 자력을 담보한 때에는 변제기의 자력을 담보한 것으로 추정한다.

제580조【매도인의 하자담보책임】 ① 매매의 목적물에 하자가 있는 때에는 제575조 제1항의 규정을 준용한다. 그러나 매수인이 하자있는 것을 알았거나

과실로 인하여 이를 알지 못한 때에는 그러하지 아니하다.
② 전항의 규정은 경매의 경우에 적용하지 아니한다.

제581조【종류매매와 매도인의 담보책임】① 매매의 목적물을 종류로 지정한 경우에도 그 후 특정된 목적물에 하자가 있는 때에는 전조의 규정을 준용한다.
② 전항의 경우에 매수인은 계약의 해제 또는 손해배상의 청구를 하지 아니하고 하자없는 물건을 청구할 수 있다.

제582조【전2조의 권리행사기간】전2조에 의한 권리는 매수인이 그 사실을 안 날로부터 6월 내에 행사하여야 한다.

제583조【담보책임과 동시이행】제536조의 규정은 제572조 내지 제575조, 제580조 및 제581조의 경우에 준용한다.

제584조【담보책임면제의 특약】매도인은 전15조에 의한 담보책임을 면하는 특약을 한 경우에도 매도인이 알고 고지하지 아니한 사실 및 제삼자에게 권리를 설정 또는 양도한 행위에 대하여는 책임을 면하지 못한다.

제585조【동일기한의 추정】매매의 당사자 일방에 대한 의무이행의 기한이 있는 때에는 상대방의 의무이행에 대하여도 동일한 기한이 있는 것으로 추정한다.

제586조【대금지급장소】매매의 목적물의 인도와 동시에 대금을 지급할 경우에는 그 인도장소에서 이를 지급하여야 한다.

제587조【과실의 귀속, 대금의 이자】매매계약있은 후에도 인도하지 아니한 목적물로부터 생긴 과실은 매도인에게 속한다. 매수인은 목적물의 인도를 받은 날로부터 대금의 이자를 지급하여야 한다. 그러나 대금의 지급에 대하여 기한이 있는 때에는 그러하지 아니하다.

제588조【권리주장자가 있는 경우와 대금지급거절권】매매의 목적물에 대하여 권리를 주장하는 자가 있는 경우에 매수인이 매수한 권리의 전부나 일부를 잃을 염려가 있는 때에는 매수인은 그 위험의 한도에서 대금의 전부나 일부의 지급을 거절할 수 있다. 그러나 매도인이 상당한 담보를 제공한 때에는 그러하지 아니하다.

제589조【대금공탁청구권】전조의 경우에 매도인은 매수인에 대하여 대금의 공탁을 청구할 수 있다.

제3관 환매

제590조【환매의 의의】① 매도인이 매매계약과 동시에 환매할 권리를 보류한 때에는 그 영수한 대금 및 매수인이 부담한 매매비용을 반환하고 그 목적물을 환매할 수 있다.
② 전항의 환매대금에 관하여 특별한 약정이 있으면 그 약정에 의한다.
③ 전2항의 경우에 목적물의 과실과 대금의 이자는 특별한 약정이 없으면 이를 상계한 것으로 본다.

제591조【환매기간】① 환매기간은 부동산은 5년, 동산은 3년을 넘지 못한다. 약정기간이 이를 넘는 때에는 부동산은 5년, 동산은 3년으로 단축한다.
② 환매기간을 정한 때에는 다시 이를 연장하지 못한다.
③ 환매기간을 정하지 아니한 때에는 그 기간은 부동산은 5년, 동산은 3년으로 한다.

제592조【환매등기】매매의 목적물이 부동산인 경우에 매매등기와 동시에 환매권의 보류를 등기한 때에는 제삼자에 대하여 그 효력이 있다.

제593조【환매권의 대위행사와 매수인의 권리】매도인의 채권자가 매도인을 대위하여 환매하고자 하는 때에는 매수인은 법원이 선정한 감정인의 평가액에서 매도인이 반환할 금액을 공제한 잔액으로 매도인의 채무를 변제하고 잉여액이 있으면 이를 매도인에게 지급하여 환매권을 소멸시킬 수 있다.

제594조【환매의 실행】① 매도인은 기간 내에 대금과 매매비용을 매수인에게 제공하지 아니하면 환매할 권리를 잃는다.
② 매수인이나 전득자가 목적물에 대하여 비용을 지출한 때에는 매도인은 제203조의 규정에 의하여 이를 상환하여야 한다. 그러나 유익비에 대하여는 법원은 매도인의 청구에 의하여 상당한 상환기간을 허여할 수 있다.

제595조【공유지분의 환매】공유자의 1인이 환매할 권리를 보류하고 그 지분을 매도한 후 그 목적물의 분할이나 경매가 있는 때에는 매도인은 매수인이 받은 또는 받을 부분이나 대금에 대하여 환매권을 행사할 수 있다. 그러나 매도인에게 통지하지 아니한 매수인은 그 분할이나 경매로써 매도인에게 대항하지 못한다.

제4절 교환

제596조【교환의 의의】교환은 당사자 쌍방이 금전 이외의 재산권을 상호이전할 것을 약정함으로써 그 효력이 생긴다.

제597조【금전의 보충지급의 경우】당사자 일방이 전조의 재산권이전과 금전의 보충지급을 약정한 때에는 그 금전에 대하여는 매매대금에 관한 규정을 준용한다.

제5절 소비대차

제598조【소비대차의 의의】소비대차는 당사자 일방이 금전 기타 대체물의 소유권을 상대방에게 이전할 것을 약정하고 상대방은 그와 같은 종류, 품질 및 수량으로 반환할 것을 약정함으로써 그 효력이 생긴다.

제599조【파산과 소비대차의 실효】대주가 목적물을 차주에게 인도하기 전에 당사자 일방이 파산선고를 받은 때에는 소비대차는 그 효력을 잃는다.

제600조【이자계산의 시기】이자있는 소비대차는 차주가 목적물의 인도를 받은 때로부터 이자를 계산하여야 하며 차주가 그 책임있는 사유로 수령을 지체할 때에는 대주가 이행을 제공한 때로부터 이자를 계산하여야 한다.

제601조【무이자소비대차와 해제권】이자없는 소비대차의 당사자는 목적물의 인도전에는 언제든지 계약을 해제할 수 있다. 그러나 상대방에게 생긴 손해가 있는 때에는 이를 배상하여야 한다.

제602조【대주의 담보책임】① 이자있는 소비대차의 목적물에 하자가 있는 경우에는 제580조 내지 제582조의 규정을 준용한다.

② 이자없는 소비대차의 경우에는 차주는 하자있는 물건의 가액으로 반환할 수 있다. 그러나 대주가 그 하자를 알고 차주에게 고지하지 아니한 때에는 전항과 같다.

제603조【반환시기】① 차주는 약정시기에 차용물과 같은 종류, 품질 및 수량의 물건을 반환하여야 한다.
② 반환시기의 약정이 없는 때에는 대주는 상당한 기간을 정하여 반환을 최고하여야 한다. 그러나 차주는 언제든지 반환할 수 있다.

제604조【반환불능으로 인한 시가상환】차주가 차용물과 같은 종류, 품질 및 수량의 물건을 반환할 수 없는 때에는 그때의 시가로 상환하여야 한다. 그러나 제376조 및 제377조 제2항의 경우에는 그러하지 아니하다.

제605조【준소비대차】당사자 쌍방이 소비대차에 의하지 아니하고 금전 기타의 대체물을 지급할 의무가 있는 경우에 당사자가 그 목적물을 소비대차의 목적으로 할 것을 약정한 때에는 소비대차의 효력이 생긴다.

제606조【대물대차】금전대차의 경우에 차주가 금전에 갈음하여 유가증권 기타 물건의 인도를 받은 때에는 그 인도시의 가액으로써 차용액으로 한다. <개정 2014. 12. 30.>

제607조【대물반환의 예약】차용물의 반환에 관하여 차주가 차용물에 갈음하여 다른 재산권을 이전할 것을 예약한 경우에는 그 재산의 예약당시의 가액이 차용액 및 이에 붙인 이자의 합산액을 넘지 못한다. <개정 2014. 12. 30.>

제608조【차주에 불이익한 약정의 금지】전2조의 규정에 위반한 당사자의 약정으로서 차주에 불리한 것은 환매 기타 여하한 명목이라도 그 효력이 없다.

제6절 사용대차

제609조【사용대차의 의의】사용대차는 당사자 일방이 상대방에게 무상으로 사용, 수익하게 하기 위하여 목적물을 인도할 것을 약정하고 상대방은 이를 사용, 수익한 후 그 물건을 반환할 것을 약정함으로써 그 효력이 생긴다.

제610조【차주의 사용, 수익권】① 차주는 계약 또는 그 목적물의 성질에 의하여 정하여진 용법으로 이를 사용, 수익하여야 한다.
② 차주는 대주의 승낙이 없으면 제삼자에게 차용물을 사용, 수익하게 하지 못한다.
③ 차주가 전2항의 규정에 위반한 때에는 대주는 계약을 해지할 수 있다.

제611조【비용의 부담】① 차주는 차용물의 통상의 필요비를 부담한다.
② 기타의 비용에 대하여는 제594조 제2항의 규정을 준용한다.

제612조【준용규정】제559조, 제601조의 규정은 사용대차에 준용한다.

제613조【차용물의 반환시기】① 차주는 약정시기에 차용물을 반환하여야 한다.
② 시기의 약정이 없는 경우에는 차주는 계약 또는 목적물의 성질에 의한 사용, 수익이 종료한 때에 반환하여야 한다. 그러나 사용, 수익에 족한 기간이 경과한 때에는 대주는 언제든지 계약을 해지할 수 있다.

제614조【차주의 사망, 파산과 해지】차주가 사망하거나 파산선고를 받은 때에는 대주는 계약을 해지할 수 있다.

제615조【차주의 원상회복의무와 철거권】차주가 차용물을 반환하는 때에는 이를 원상에 회복하여야 한다. 이에 부속시킨 물건은 철거할 수 있다.

제616조【공동차주의 연대의무】수인이 공동하여 물건을 차용한 때에는 연대하여 그 의무를 부담한다.

제617조【손해배상, 비용상환청구의 기간】계약 또는 목적물의 성질에 위반한 사용, 수익으로 인하여 생긴 손해배상의 청구와 차주가 지출한 비용의 상환청구는 대주가 물건의 반환을 받은 날로부터 6월 내에 하여야 한다.

제7절 임대차

제618조【임대차의 의의】임대차는 당사자 일방이 상대방에게 목적물을 사용, 수익하게 할 것을 약정하고 상대방이 이에 대하여 차임을 지급할 것을 약정함으로써 그 효력이 생긴다.

제619조【처분능력, 권한없는 자의 할 수 있는 단기임대차】처분의 능력 또는 권한없는 자가 임대차를 하는 경우에는 그 임대차는 다음 각호의 기간을 넘지 못한다.
1. 식목, 채염 또는 석조, 석회조, 연와조 및 이와 유사한 건축을 목적으로 한 토지의 임대차는 10년
2. 기타 토지의 임대차는 5년
3. 건물 기타 공작물의 임대차는 3년
4. 동산의 임대차는 6월

제620조【단기임대차의 갱신】전조의 기간은 갱신할 수 있다. 그러나 그 기간만료 전 토지에 대하여는 1년, 건물 기타 공작물에 대하여는 3월, 동산에 대하여는 1월 내에 갱신하여야 한다.

제621조【임대차의 등기】① 부동산임차인은 당사자 간에 반대약정이 없으면 임대인에 대하여 그 임대차등기절차에 협력할 것을 청구할 수 있다.
② 부동산임대차를 등기한 때에는 그때부터 제삼자에 대하여 효력이 생긴다.

제622조【건물등기있는 차지권의 대항력】① 건물의 소유를 목적으로 한 토지임대차는 이를 등기하지 아니한 경우에도 임차인이 그 지상건물을 등기한 때에는 제삼자에 대하여 임대차의 효력이 생긴다.
② 건물이 임대차기간만료 전에 멸실 또는 후폐한 때에는 전항의 효력을 잃는다.

제623조【임대인의 의무】임대인은 목적물을 임차인에게 인도하고 계약존속중 그 사용, 수익에 필요한 상태를 유지하게 할 의무를 부담한다.

제624조【임대인의 보존행위, 인용의무】임대인이 임대물의 보존에 필요한 행위를 하는 때에는 임차인은 이를 거절하지 못한다.

제625조【임차인의 의사에 반하는 보존행위와 해지권】임대인이 임차인의 의사에 반하여 보존행위를 하는 경우에 임차인이 이로 인하여 임차의 목적을 달성할 수 없는 때에는 계약을 해지할 수 있다.

제626조【임차인의 상환청구권】① 임차인이 임차물의 보존에 관한 필요비를 지출한 때에는 임대인에 대하여 그 상환을 청구할 수 있다.

② 임차인이 유익비를 지출한 경우에는 임대인은 임대차종료 시에 그 가액의 증가가 현존한 때에 한하여 임차인의 지출한 금액이나 그 증가액을 상환하여야 한다. 이 경우에 법원은 임대인의 청구에 의하여 상당한 상환기간을 허여할 수 있다.

제627조【일부멸실 등과 감액청구, 해지권】 ① 임차물의 일부가 임차인의 과실없이 멸실 기타 사유로 인하여 사용, 수익할 수 없는 때에는 임차인은 그 부분의 비율에 의한 차임의 감액을 청구할 수 있다.
② 전항의 경우에 그 잔존부분으로 임차의 목적을 달성할 수 없는 때에는 임차인은 계약을 해지할 수 있다.

제628조【차임증감청구권】 임대물에 대한 공과부담의 증감 기타 경제사정의 변동으로 인하여 약정한 차임이 상당하지 아니하게 된 때에는 당사자는 장래에 대한 차임의 증감을 청구할 수 있다.

제629조【임차권의 양도, 전대의 제한】 ① 임차인은 임대인의 동의없이 그 권리를 양도하거나 임차물을 전대하지 못한다.
② 임차인이 전항의 규정에 위반한 때에는 임대인은 계약을 해지할 수 있다.

제630조【전대의 효과】 ① 임차인이 임대인의 동의를 얻어 임차물을 전대한 때에는 전차인은 직접 임대인에 대하여 의무를 부담한다. 이 경우에 전차인은 전대인에 대한 차임의 지급으로써 임대인에게 대항하지 못한다.
② 전항의 규정은 임대인의 임차인에 대한 권리행사에 영향을 미치지 아니한다.

제631조【전차인의 권리의 확정】 임차인이 임대인의 동의를 얻어 임차물을 전대한 경우에는 임대인과 임차인의 합의로 계약을 종료한 때에도 전차인의 권리는 소멸하지 아니한다.

제632조【임차건물의 소부분을 타인에게 사용케 하는 경우】 전3조의 규정은 건물의 임차인이 그 건물의 소부분을 타인에게 사용하게 하는 경우에 적용하지 아니한다.

제633조【차임지급의 시기】 차임은 동산, 건물이나 대지에 대하여는 매월 말에, 기타 토지에 대하여는 매년 말에 지급하여야 한다. 그러나 수확기있는 것에 대하여는 그 수확후 지체없이 지급하여야 한다.

제634조【임차인의 통지의무】 임차물의 수리를 요하거나 임차물에 대하여 권리를 주장하는 자가 있는 때에는 임차인은 지체없이 임대인에게 이를 통지하여야 한다. 그러나 임대인이 이미 이를 안 때에는 그러하지 아니하다.

제635조【기간의 약정없는 임대차의 해지통고】 ① 임대차기간의 약정이 없는 때에는 당사자는 언제든지 계약해지의 통고를 할 수 있다.
② 상대방이 전항의 통고를 받은 날로부터 다음 각호의 기간이 경과하면 해지의 효력이 생긴다.
1. 토지, 건물 기타 공작물에 대하여는 임대인이 해지를 통고한 경우에는 6월, 임차인이 해지를 통고한 경우에는 1월
2. 동산에 대하여는 5일

제636조【기간의 약정있는 임대차의 해지통고】 임대차기간의 약정이 있는 경우에도 당사자일방 또는 쌍방이 그 기간내에 해지할 권리를 보류한 때에는 전조의 규정을 준용한다.

제637조【임차인의 파산과 해지통고】 ① 임차인이 파산선고를 받은 경우에는 임대차기간의 약정이 있는 때에도 임대인 또는 파산관재인은 제635조의 규정에 의하여 계약해지의 통고를 할 수 있다.
② 전항의 경우에 각 당사자는 상대방에 대하여 계약해지로 인하여 생긴 손해의 배상을 청구하지 못한다.

제638조【해지통고의 전차인에 대한 통지】 ① 임대차계약이 해지의 통고로 인하여 종료된 경우에 그 임대물이 적법하게 전대되었을 때에는 임대인은 전차인에 대하여 그 사유를 통지하지 아니하면 해지로써 전차인에게 대항하지 못한다.
② 전차인이 전항의 통지를 받은 때에는 제635조 제2항의 규정을 준용한다.

제639조【묵시의 갱신】 ① 임대차기간이 만료한 후 임차인이 임차물의 사용, 수익을 계속하는 경우에 임대인이 상당한 기간 내에 이의를 하지 아니한 때에는 전임대차와 동일한 조건으로 다시 임대차한 것으로 본다. 그러나 당사자는 제635조의 규정에 의하여 해지의 통고를 할 수 있다.
② 전항의 경우에 전임대차에 대하여 제삼자가 제공한 담보는 기간의 만료로 인하여 소멸한다.

제640조【차임연체와 해지】건물 기타 공작물의 임대차에는 임차인의 차임연체액이 2기의 차임액에 달하는 때에는 임대인은 계약을 해지할 수 있다.

제641조【동전】건물 기타 공작물의 소유 또는 식목, 채염, 목축을 목적으로 한 토지임대차의 경우에도 전조의 규정을 준용한다.

제642조【토지임대차의 해지와 지상건물 등에 대한 담보물권자에의 통지】전조의 경우에 그 지상에 있는 건물 기타 공작물이 담보물권의 목적이 된 때에는 제288조의 규정을 준용한다.

제643조【임차인의 갱신청구권, 매수청구권】건물 기타 공작물의 소유 또는 식목, 채염, 목축을 목적으로 한 토지임대차의 기간이 만료한 경우에 건물, 수목 기타 지상시설이 현존한 때에는 제283조의 규정을 준용한다.

제644조【전차인의 임대청구권, 매수청구권】① 건물 기타 공작물의 소유 또는 식목, 채염, 목축을 목적으로 한 토지임차인이 적법하게 그 토지를 전대한 경우에 임대차 및 전대차의 기간이 동시에 만료되고 건물, 수목 기타 지상시설이 현존한 때에는 전차인은 임대인에 대하여 전전대차와 동일한 조건으로 임대할 것을 청구할 수 있다.
② 전항의 경우에 임대인이 임대할 것을 원하지 아니하는 때에는 제283조 제2항의 규정을 준용한다.

제645조【지상권목적토지의 임차인의 임대청구권, 매수청구권】전조의 규정은 지상권자가 그 토지를 임대한 경우에 준용한다.

제646조【임차인의 부속물매수청구권】① 건물 기타 공작물의 임차인이 그 사용의 편익을 위하여 임대인의 동의를 얻어 이에 부속한 물건이 있는 때에는 임대차의 종료 시에 임대인에 대하여 그 부속물의 매수를 청구할 수 있다.
② 임대인으로부터 매수한 부속물에 대하여도 전항과 같다.

제647조【전차인의 부속물매수청구권】① 건물 기타 공작물의 임차인이 적법하게 전대한 경우에 전차인이 그 사용의 편익을 위하여 임대인의 동의를 얻어 이에 부속한 물건이 있는 때에는 전대차의 종료 시에 임대인에 대하여 그 부속물의 매수를 청구할 수 있다.
② 임대인으로부터 매수하였거나 그 동의를 얻어 임차인으로부터 매수한 부속물에 대하여도 전항과 같다.

제648조【임차지의 부속물, 과실 등에 대한 법정질권】토지임대인이 임대차에 관한 채권에 의하여 임차지에 부속 또는 그 사용의 편익에 공용한 임차인의 소유동산 및 그 토지의 과실을 압류한 때에는 질권과 동일한 효력이 있다.

제649조【임차지상의 건물에 대한 법정저당권】토지임대인이 변제기를 경과한 최후 2년의 차임채권에 의하여 그 지상에 있는 임차인소유의 건물을 압류한 때에는 저당권과 동일한 효력이 있다.

제650조【임차건물등의 부속물에 대한 법정질권】건물 기타 공작물의 임대인이 임대차에 관한 채권에 의하여 그 건물 기타 공작물에 부속한 임차인소유의 동산을 압류한 때에는 질권과 동일한 효력이 있다.

제651조 삭제 <2016. 1. 6.>
[2016. 1. 6. 법률 제13710호에 의하여 2013. 12. 26. 헌법재판소에서 위헌결정 된 이 조를 삭제함.]

제652조【강행규정】제627조, 제628조, 제631조, 제635조, 제638조, 제640조, 제641조, 제643조 내지 제647조의 규정에 위반하는 약정으로 임차인이나 전차인에게 불리한 것은 그 효력이 없다.

제653조【일시사용을 위한 임대차의 특례】제628조, 제638조, 제640조, 제646조 내지 제648조, 제650조 및 전조의 규정은 일시사용하기 위한 임대차 또는 전대차인 것이 명백한 경우에는 적용하지 아니한다.

제654조【준용규정】제610조 제1항, 제615조 내지 제617조의 규정은 임대차에 이를 준용한다.

제8절 고용

제655조【고용의 의의】고용은 당사자 일방이 상대방에 대하여 노무를 제공할 것을 약정하고 상대방이 이에 대하여 보수를 지급할 것을 약정함으로써 그 효력이 생긴다.

제656조【보수액과 그 지급시기】① 보수 또는 보수액의 약정이 없는 때에는 관습에 의하여 지급하여야 한다.

② 보수는 약정한 시기에 지급하여야 하며 시기의 약정이 없으면 관습에 의하고 관습이 없으면 약정한 노무를 종료한 후 지체없이 지급하여야 한다.

제657조 【권리의무의 전속성】 ① 사용자는 노무자의 동의없이 그 권리를 제삼자에게 양도하지 못한다.
② 노무자는 사용자의 동의없이 제삼자로 하여금 자기에 갈음하여 노무를 제공하게 하지 못한다. <개정 2014. 12. 30.>
③ 당사자 일방이 전2항의 규정에 위반한 때에는 상대방은 계약을 해지할 수 있다.

제658조 【노무의 내용과 해지권】 ① 사용자가 노무자에 대하여 약정하지 아니한 노무의 제공을 요구한 때에는 노무자는 계약을 해지할 수 있다.
② 약정한 노무가 특수한 기능을 요하는 경우에 노무자가 그 기능이 없는 때에는 사용자는 계약을 해지할 수 있다.

제659조 【3년 이상의 경과와 해지통고권】 ① 고용의 약정기간이 3년을 넘거나 당사자의 일방 또는 제삼자의 종신까지로 된 때에는 각 당사자는 3년을 경과한 후 언제든지 계약해지의 통고를 할 수 있다.
② 전항의 경우에는 상대방이 해지의 통고를 받은 날로부터 3월이 경과하면 해지의 효력이 생긴다.

제660조 【기간의 약정이 없는 고용의 해지통고】 ① 고용기간의 약정이 없는 때에는 당사자는 언제든지 계약해지의 통고를 할 수 있다.
② 전항의 경우에는 상대방이 해지의 통고를 받은 날로부터 1월이 경과하면 해지의 효력이 생긴다.
③ 기간으로 보수를 정한 때에는 상대방이 해지의 통고를 받은 당기후의 일기를 경과함으로써 해지의 효력이 생긴다.

제661조 【부득이한 사유와 해지권】 고용기간의 약정이 있는 경우에도 부득이한 사유있는 때에는 각 당사자는 계약을 해지할 수 있다. 그러나 그 사유가 당사자 일방의 과실로 인하여 생긴 때에는 상대방에 대하여 손해를 배상하여야 한다.

제662조 【묵시의 갱신】 ① 고용기간이 만료한 후 노무자가 계속하여 그 노무를 제공하는 경우에 사용자가 상당한 기간 내에 이의를 하지 아니한 때에는 전고용과 동일한 조건으로 다시 고용한 것으로 본다. 그러나 당사자는 제660조의 규정에 의하여 해지의 통고를 할 수 있다.
② 전항의 경우에는 전고용에 대하여 제삼자가 제공한 담보는 기간의 만료로 인하여 소멸한다.

제663조 【사용자파산과 해지통고】 ① 사용자가 파산선고를 받은 경우에는 고용기간의 약정이 있는 때에도 노무자 또는 파산관재인은 계약을 해지할 수 있다.
② 전항의 경우에는 각 당사자는 계약해지로 인한 손해의 배상을 청구하지 못한다.

제9절 도급

제664조 【도급의 의의】 도급은 당사자 일방이 어느 일을 완성할 것을 약정하고 상대방이 그 일의 결과에 대하여 보수를 지급할 것을 약정함으로써 그 효력이 생긴다.

제665조 【보수의 지급시기】 ① 보수는 그 완성된 목적물의 인도와 동시에 지급하여야 한다. 그러나 목적물의 인도를 요하지 아니하는 경우에는 그 일을 완성한 후 지체없이 지급하여야 한다.
② 전항의 보수에 관하여는 제656조 제2항의 규정을 준용한다.

제666조 【수급인의 목적부동산에 대한 저당권설정청구권】 부동산공사의 수급인은 전조의 보수에 관한 채권을 담보하기 위하여 그 부동산을 목적으로 한 저당권의 설정을 청구할 수 있다.

제667조 【수급인의 담보책임】 ① 완성된 목적물 또는 완성전의 성취된 부분에 하자가 있는 때에는 도급인은 수급인에 대하여 상당한 기간을 정하여 그 하자의 보수를 청구할 수 있다. 그러나 하자가 중요하지 아니한 경우에 그 보수에 과다한 비용을 요할 때에는 그러하지 아니하다.
② 도급인은 하자의 보수에 갈음하여 또는 보수와 함께 손해배상을 청구할 수 있다. <개정 2014. 12. 30.>
③ 전항의 경우에는 제536조의 규정을 준용한다.

제668조 【동전-도급인의 해제권】 도급인이 완성된 목적물의 하자로 인하여 계약의 목적을 달성할 수 없는 때에는 계약을 해제할 수 있다. 그러나 건물 기타 토지의 공작물에 대하여는 그러하지 아니하다.

제669조【동전-하자가 도급인의 제공한 재료 또는 지시에 기인한 경우의 면책】 전2조의 규정은 목적물의 하자가 도급인이 제공한 재료의 성질 또는 도급인의 지시에 기인한 때에는 적용하지 아니한다. 그러나 수급인이 그 재료 또는 지시의 부적당함을 알고 도급인에게 고지하지 아니한 때에는 그러하지 아니하다.

제670조【담보책임의 존속기간】 ① 전3조의 규정에 의한 하자의 보수, 손해배상의 청구 및 계약의 해제는 목적물의 인도를 받은 날로부터 1년 내에 하여야 한다.
② 목적물의 인도를 요하지 아니하는 경우에는 전항의 기간은 일의 종료한 날로부터 기산한다.

제671조【수급인의 담보책임-토지, 건물 등에 대한 특칙】 ① 토지, 건물 기타 공작물의 수급인은 목적물 또는 지반공사의 하자에 대하여 인도 후 5년간 담보의 책임이 있다. 그러나 목적물이 석조, 석회조, 연와조, 금속 기타 이와 유사한 재료로 조성된 것인 때에는 그 기간을 10년으로 한다.
② 전항의 하자로 인하여 목적물이 멸실 또는 훼손된 때에는 도급인은 그 멸실 또는 훼손된 날로부터 1년내에 제667조의 권리를 행사하여야 한다.

제672조【담보책임면제의 특약】 수급인은 제667조, 제668조의 담보책임이 없음을 약정한 경우에도 알고 고지하지 아니한 사실에 대하여는 그 책임을 면하지 못한다.

제673조【완성전의 도급인의 해제권】 수급인이 일을 완성하기 전에는 도급인은 손해를 배상하고 계약을 해제할 수 있다.

제674조【도급인의 파산과 해제권】 ① 도급인이 파산선고를 받은 때에는 수급인 또는 파산관재인은 계약을 해제할 수 있다. 이 경우에는 수급인은 일의 완성된 부분에 대한 보수 및 보수에 포함되지 아니한 비용에 대하여 파산재단의 배당에 가입할 수 있다.
② 전항의 경우에는 각 당사자는 상대방에 대하여 계약해제로 인한 손해의 배상을 청구하지 못한다.

제9절의2 여행계약 〈신설 2015. 2. 3.〉

제674조의2【여행계약의 의의】 여행계약은 당사자 한쪽이 상대방에게 운송, 숙박, 관광 또는 그 밖의 여행 관련 용역을 결합하여 제공하기로 약정하고 상대방이 그 대금을 지급하기로 약정함으로써 효력이 생긴다.
[본조신설 2015. 2. 3.]

제674조의3【여행 개시 전의 계약 해제】 여행자는 여행을 시작하기 전에는 언제든지 계약을 해제할 수 있다. 다만, 여행자는 상대방에게 발생한 손해를 배상하여야 한다.
[본조신설 2015. 2. 3.]

제674조의4【부득이한 사유로 인한 계약 해지】 ① 부득이한 사유가 있는 경우에는 각 당사자는 계약을 해지할 수 있다. 다만, 그 사유가 당사자 한쪽의 과실로 인하여 생긴 경우에는 상대방에게 손해를 배상하여야 한다.
② 제1항에 따라 계약이 해지된 경우에도 계약상 귀환운송(歸還運送) 의무가 있는 여행주최자는 여행자를 귀환운송할 의무가 있다.
③ 제1항의 해지로 인하여 발생하는 추가 비용은 그 해지 사유가 어느 당사자의 사정에 속하는 경우에는 그 당사자가 부담하고, 누구의 사정에도 속하지 아니하는 경우에는 각 당사자가 절반씩 부담한다.
[본조신설 2015. 2. 3.]

제674조의5【대금의 지급시기】 여행자는 약정한 시기에 대금을 지급하여야 하며, 그 시기의 약정이 없으면 관습에 따르고, 관습이 없으면 여행의 종료 후 지체 없이 지급하여야 한다.
[본조신설 2015. 2. 3.]

제674조의6【여행주최자의 담보책임】 ① 여행에 하자가 있는 경우에는 여행자는 여행주최자에게 하자의 시정 또는 대금의 감액을 청구할 수 있다. 다만, 그 시정에 지나치게 많은 비용이 들거나 그 밖에 시정을 합리적으로 기대할 수 없는 경우에는 시정을 청구할 수 없다.
② 제1항의 시정 청구는 상당한 기간을 정하여 하여야 한다. 다만, 즉시 시정할 필요가 있는 경우에는 그러하지 아니하다.

③ 여행자는 시정 청구, 감액 청구를 갈음하여 손해배상을 청구하거나 시정 청구, 감액 청구와 함께 손해배상을 청구할 수 있다.
[본조신설 2015. 2. 3.]

제674조의7 【여행주최자의 담보책임과 여행자의 해지권】 ① 여행자는 여행에 중대한 하자가 있는 경우에 그 시정이 이루어지지 아니하거나 계약의 내용에 따른 이행을 기대할 수 없는 경우에는 계약을 해지할 수 있다.
② 계약이 해지된 경우에는 여행주최자는 대금청구권을 상실한다. 다만, 여행자가 실행된 여행으로 이익을 얻은 경우에는 그 이익을 여행주최자에게 상환하여야 한다.
③ 여행주최자는 계약의 해지로 인하여 필요하게 된 조치를 할 의무를 지며, 계약상 귀환운송 의무가 있으면 여행자를 귀환운송하여야 한다. 이 경우 상당한 이유가 있는 때에는 여행주최자는 여행자에게 그 비용의 일부를 청구할 수 있다.
[본조신설 2015. 2. 3.]

제674조의8 【담보책임의 존속기간】 제674조의6과 제674조의7에 따른 권리는 여행 기간 중에도 행사할 수 있으며, 계약에서 정한 여행 종료일부터 6개월 내에 행사하여야 한다.
[본조신설 2015. 2. 3.]

제674조의9 【강행규정】 제674조의3, 제674조의4 또는 제674조의6부터 제674조의8까지의 규정을 위반하는 약정으로서 여행자에게 불리한 것은 효력이 없다.
[본조신설 2015. 2. 3.]

제10절 현상광고

제675조 【현상광고의 의의】 현상광고는 광고자가 어느 행위를 한 자에게 일정한 보수를 지급할 의사를 표시하고 이에 응한 자가 그 광고에 정한 행위를 완료함으로써 그 효력이 생긴다.

제676조 【보수수령권자】 ① 광고에 정한 행위를 완료한 자가 수인인 경우에는 먼저 그 행위를 완료한 자가 보수를 받을 권리가 있다.
② 수인이 동시에 완료한 경우에는 각각 균등한 비율로 보수를 받을 권리가 있다. 그러나 보수가 그 성질상 분할할 수 없거나 광고에 1인만이 보수를 받을 것으로 정한 때에는 추첨에 의하여 결정한다.

제677조 【광고부지의 행위】 전조의 규정은 광고있음을 알지 못하고 광고에 정한 행위를 완료한 경우에 준용한다.

제678조 【우수현상광고】 ① 광고에 정한 행위를 완료한 자가 수인인 경우에 그 우수한 자에 한하여 보수를 지급할 것을 정하는 때에는 그 광고에 응모기간을 정한 때에 한하여 그 효력이 생긴다.
② 전항의 경우에 우수의 판정은 광고 중에 정한 자가 한다. 광고 중에 판정자를 정하지 아니한 때에는 광고자가 판정한다.
③ 우수한 자 없다는 판정은 이를 할 수 없다. 그러나 광고 중에 다른 의사표시가 있거나 광고의 성질상 판정의 표준이 정하여져 있는 때에는 그러하지 아니하다.
④ 응모자는 전2항의 판정에 대하여 이의를 하지 못한다.
⑤ 수인의 행위가 동등으로 판정된 때에는 제676조제2항의 규정을 준용한다.

제679조 【현상광고의 철회】 ① 광고에 그 지정한 행위의 완료기간을 정한 때에는 그 기간만료 전에 광고를 철회하지 못한다.
② 광고에 행위의 완료기간을 정하지 아니한 때에는 그 행위를 완료한 자 있기 전에는 그 광고와 동일한 방법으로 광고를 철회할 수 있다.
③ 전광고와 동일한 방법으로 철회할 수 없는 때에는 그와 유사한 방법으로 철회할 수 있다. 이 철회는 철회한 것을 안 자에 대하여만 그 효력이 있다.

제11절 위임

제680조 【위임의 의의】 위임은 당사자 일방이 상대방에 대하여 사무의 처리를 위탁하고 상대방이 이를 승낙함으로써 그 효력이 생긴다.

제681조 【수임인의 선관의무】 수임인은 위임의 본지에 따라 선량한 관리자의 주의로써 위임사무를 처리하여야 한다.

제682조【복임권의 제한】① 수임인은 위임인의 승낙이나 부득이한 사유없이 제삼자로 하여금 자기에 갈음하여 위임사무를 처리하게 하지 못한다. <개정 2014. 12. 30.>
② 수임인이 전항의 규정에 의하여 제삼자에게 위임사무를 처리하게 한 경우에는 제121조, 제123조의 규정을 준용한다.

제683조【수임인의 보고의무】수임인은 위임인의 청구가 있는 때에는 위임사무의 처리상황을 보고하고 위임이 종료한 때에는 지체없이 그 전말을 보고하여야 한다.

제684조【수임인의 취득물 등의 인도, 이전의무】① 수임인은 위임사무의 처리로 인하여 받은 금전 기타의 물건 및 그 수취한 과실을 위임인에게 인도하여야 한다.
② 수임인이 위임인을 위하여 자기의 명의로 취득한 권리는 위임인에게 이전하여야 한다.

제685조【수임인의 금전소비의 책임】수임인이 위임인에게 인도할 금전 또는 위임인의 이익을 위하여 사용할 금전을 자기를 위하여 소비한 때에는 소비한 날 이후의 이자를 지급하여야 하며 그 외의 손해가 있으면 배상하여야 한다.

제686조【수임인의 보수청구권】① 수임인은 특별한 약정이 없으면 위임인에 대하여 보수를 청구하지 못한다.
② 수임인이 보수를 받을 경우에는 위임사무를 완료한 후가 아니면 이를 청구하지 못한다. 그러나 기간으로 보수를 정한 때에는 그 기간이 경과한 후에 이를 청구할 수 있다.
③ 수임인이 위임사무를 처리하는 중에 수임인의 책임없는 사유로 인하여 위임이 종료된 때에는 수임인은 이미 처리한 사무의 비율에 따른 보수를 청구할 수 있다.

제687조【수임인의 비용선급청구권】위임사무의 처리에 비용을 요하는 때에는 위임인은 수임인의 청구에 의하여 이를 선급하여야 한다.

제688조【수임인의 비용상환청구권 등】① 수임인이 위임사무의 처리에 관하여 필요비를 지출한 때에는 위임인에 대하여 지출한 날 이후의 이자를 청구할 수 있다.

② 수임인이 위임사무의 처리에 필요한 채무를 부담한 때에는 위임인에게 자기에 갈음하여 이를 변제하게 할 수 있고 그 채무가 변제기에 있지 아니한 때에는 상당한 담보를 제공하게 할 수 있다. <개정 2014. 12. 30.>
③ 수임인이 위임사무의 처리를 위하여 과실없이 손해를 받은 때에는 위임인에 대하여 그 배상을 청구할 수 있다.

제689조【위임의 상호해지의 자유】① 위임계약은 각 당사자가 언제든지 해지할 수 있다.
② 당사자 일방이 부득이한 사유없이 상대방의 불리한 시기에 계약을 해지한 때에는 그 손해를 배상하여야 한다.

제690조【사망·파산 등과 위임의 종료】위임은 당사자 한쪽의 사망이나 파산으로 종료된다. 수임인이 성년후견개시의 심판을 받은 경우에도 이와 같다. [전문개정 2011. 3. 7.]

제691조【위임종료시의 긴급처리】위임종료의 경우에 급박한 사정이 있는 때에는 수임인, 그 상속인이나 법정대리인은 위임인, 그 상속인이나 법정대리인이 위임사무를 처리할 수 있을 때까지 그 사무의 처리를 계속하여야 한다. 이 경우에는 위임의 존속과 동일한 효력이 있다.

제692조【위임종료의 대항요건】위임종료의 사유는 이를 상대방에게 통지하거나 상대방이 이를 안 때가 아니면 이로써 상대방에게 대항하지 못한다.

제12절 임치

제693조【임치의 의의】임치는 당사자 일방이 상대방에 대하여 금전이나 유가증권 기타 물건의 보관을 위탁하고 상대방이 이를 승낙함으로써 효력이 생긴다.

제694조【수치인의 임치물사용금지】수치인은 임치인의 동의없이 임치물을 사용하지 못한다.

제695조【무상수치인의 주의의무】보수없이 임치를 받은 자는 임치물을 자기재산과 동일한 주의로 보관하여야 한다.

제696조【수치인의 통지의무】임치물에 대한 권리를 주장하는 제삼자가 수치인에 대하여 소를 제기하거나 압류한 때에는 수치인은 지체없이 임치인에게 이를 통지하여야 한다.

제697조【임치물의 성질, 하자로 인한 임치인의 손해배상의무】임치인은 임치물의 성질 또는 하자로 인하여 생긴 손해를 수치인에게 배상하여야 한다. 그러나 수치인이 그 성질 또는 하자를 안 때에는 그러하지 아니하다.

제698조【기간의 약정있는 임치의 해지】임치기간의 약정이 있는 때에는 수치인은 부득이한 사유없이 그 기간만료전에 계약을 해지하지 못한다. 그러나 임치인은 언제든지 계약을 해지할 수 있다.

제699조【기간의 약정없는 임치의 해지】임치기간의 약정이 없는 때에는 각 당사자는 언제든지 계약을 해지할 수 있다.

제700조【임치물의 반환장소】임치물은 그 보관한 장소에서 반환하여야 한다. 그러나 수치인이 정당한 사유로 인하여 그 물건을 전치한 때에는 현존하는 장소에서 반환할 수 있다.

제701조【준용규정】제682조, 제684조 내지 제687조 및 제688조 제1항, 제2항의 규정은 임치에 준용한다.

제702조【소비임치】수치인이 계약에 의하여 임치물을 소비할 수 있는 경우에는 소비대차에 관한 규정을 준용한다. 그러나 반환시기의 약정이 없는 때에는 임치인은 언제든지 그 반환을 청구할 수 있다.

제13절 조합

제703조【조합의 의의】① 조합은 2인 이상이 상호출자하여 공동사업을 경영할 것을 약정함으로써 그 효력이 생긴다.
② 전항의 출자는 금전 기타 재산 또는 노무로 할 수 있다.

제704조【조합재산의 합유】조합원의 출자 기타 조합재산은 조합원의 합유로 한다.

제705조【금전출자지체의 책임】금전을 출자의 목적으로 한 조합원이 출자시기를 지체한 때에는 연체이자를 지급하는 외에 손해를 배상하여야 한다.

제706조【사무집행의 방법】① 조합계약으로 업무집행자를 정하지 아니한 경우에는 조합원의 3분의 2 이상의 찬성으로써 이를 선임한다.
② 조합의 업무집행은 조합원의 과반수로써 결정한다. 업무집행자 수인인 때에는 그 과반수로써 결정한다.
③ 조합의 통상사무는 전항의 규정에 불구하고 각 조합원 또는 각 업무집행자가 전행할 수 있다. 그러나 그 사무의 완료전에 다른 조합원 또는 다른 업무집행자의 이의가 있는 때에는 즉시 중지하여야 한다.

제707조【준용규정】조합업무를 집행하는 조합원에는 제681조 내지 제688조의 규정을 준용한다.

제708조【업무집행자의 사임, 해임】업무집행자인 조합원은 정당한 사유없이 사임하지 못하며 다른 조합원의 일치가 아니면 해임하지 못한다.

제709조【업무집행자의 대리권추정】조합의 업무를 집행하는 조합원은 그 업무집행의 대리권있는 것으로 추정한다.

제710조【조합원의 업무, 재산상태검사권】각 조합원은 언제든지 조합의 업무 및 재산상태를 검사할 수 있다.

제711조【손익분배의 비율】① 당사자가 손익분배의 비율을 정하지 아니한 때에는 각 조합원의 출자가액에 비례하여 이를 정한다.
② 이익 또는 손실에 대하여 분배의 비율을 정한 때에는 그 비율은 이익과 손실에 공통된 것으로 추정한다.

제712조【조합원에 대한 채권자의 권리행사】조합채권자는 그 채권발생 당시에 조합원의 손실부담의 비율을 알지 못한 때에는 각 조합원에게 균분하여 그 권리를 행사할 수 있다.

제713조【무자력조합원의 채무와 타조합원의 변제책임】조합원 중에 변제할 자력없는 자가 있는 때에는 그 변제할 수 없는 부분은 다른 조합원이 균분하여 변제할 책임이 있다.

제714조【지분에 대한 압류의 효력】조합원의 지분에 대한 압류는 그 조합원의 장래의 이익배당 및 지분의 반환을 받을 권리에 대하여 효력이 있다.

제715조【조합채무자의 상계의 금지】 조합의 채무자는 그 채무와 조합원에 대한 채권으로 상계하지 못한다.

제716조【임의탈퇴】 ① 조합계약으로 조합의 존속기간을 정하지 아니하거나 조합원의 종신까지 존속할 것을 정한 때에는 각 조합원은 언제든지 탈퇴할 수 있다. 그러나 부득이한 사유없이 조합의 불리한 시기에 탈퇴하지 못한다.
② 조합의 존속기간을 정한 때에도 조합원은 부득이한 사유가 있으면 탈퇴할 수 있다.

제717조【비임의 탈퇴】 제716조의 경우 외에 조합원은 다음 각 호의 어느 하나에 해당하는 사유가 있으면 탈퇴된다.
1. 사망
2. 파산
3. 성년후견의 개시
4. 제명(除名)
[전문개정 2011. 3. 7.]

제718조【제명】 ① 조합원의 제명은 정당한 사유있는 때에 한하여 다른 조합원의 일치로써 이를 결정한다.
② 전항의 제명결정은 제명된 조합원에게 통지하지 아니하면 그 조합원에게 대항하지 못한다.

제719조【탈퇴조합원의 지분의 계산】 ① 탈퇴한 조합원과 다른 조합원간의 계산은 탈퇴당시의 조합재산상태에 의하여 한다.
② 탈퇴한 조합원의 지분은 그 출자의 종류여하에 불구하고 금전으로 반환할 수 있다.
③ 탈퇴당시에 완결되지 아니한 사항에 대하여는 완결 후에 계산할 수 있다.

제720조【부득이한 사유로 인한 해산청구】 부득이한 사유가 있는 때에는 각 조합원은 조합의 해산을 청구할 수 있다.

제721조【청산인】 ① 조합이 해산한 때에는 청산은 총조합원 공동으로 또는 그들이 선임한 자가 그 사무를 집행한다.
② 전항의 청산인의 선임은 조합원의 과반수로써 결정한다.

제722조【청산인의 업무집행방법】 청산인이 수인인 때에는 제706조 제2항 후단의 규정을 준용한다.

제723조【조합원인 청산인의 사임, 해임】 조합원 중에서 청산인을 정한 때에는 제708조의 규정을 준용한다.

제724조【청산인의 직무, 권한과 잔여재산의 분배】 ① 청산인의 직무 및 권한에 관하여는 제87조의 규정을 준용한다.
② 잔여재산은 각 조합원의 출자가액에 비례하여 이를 분배한다.

제14절 종신정기금

제725조【종신정기금계약의 의의】 종신정기금계약은 당사자 일방이 자기, 상대방 또는 제삼자의 종신까지 정기로 금전 기타의 물건을 상대방 또는 제삼자에게 지급할 것을 약정함으로써 그 효력이 생긴다.

제726조【종신정기금의 계산】 종신정기금은 일수로 계산한다.

제727조【종신정기금계약의 해제】 ① 정기금채무자가 정기금채무의 원본을 받은 경우에 그 정기금채무의 지급을 해태하거나 기타 의무를 이행하지 아니한 때에는 정기금채권자는 원본의 반환을 청구할 수 있다. 그러나 이미 지급을 받은 채무액에서 그 원본의 이자를 공제한 잔액을 정기금채무자에게 반환하여야 한다.
② 전항의 규정은 손해배상의 청구에 영향을 미치지 아니한다.

제728조【해제와 동시이행】 제536조의 규정은 전조의 경우에 준용한다.

제729조【채무자귀책사유로 인한 사망과 채권존속선고】 ① 사망이 정기금채무자의 책임있는 사유로 인한 때에는 법원은 정기금채권자 또는 그 상속인의 청구에 의하여 상당한 기간 채권의 존속을 선고할 수 있다.
② 전항의 경우에도 제727조의 권리를 행사할 수 있다.

제730조【유증에 의한 종신정기금】 본절의 규정은 유증에 의한 종신정기금채권에 준용한다.

제15절 화해

제731조【화해의 의의】 화해는 당사자가 상호양보하여 당사자간의 분쟁을 종지할 것을 약정함으로써 그 효력이 생긴다.

제732조【화해의 창설적효력】 화해계약은 당사자 일방이 양보한 권리가 소멸되고 상대방이 화해로 인하여 그 권리를 취득하는 효력이 있다.

제733조【화해의 효력과 착오】 화해계약은 착오를 이유로 하여 취소하지 못한다. 그러나 화해당사자의 자격 또는 화해의 목적인 분쟁 이외의 사항에 착오가 있는 때에는 그러하지 아니하다.

부칙 〈제20432호, 2024. 9. 20.〉

제1조【시행일】 이 법은 2025년 1월 31일부터 시행한다. 다만, 제1004조의2의 개정규정 및 부칙 제4조는 2026년 1월 1일부터 시행한다.

제2조【상속권 상실 선고에 관한 적용례】 제1004조의2의 개정규정은 2024년 4월 25일 이후 상속이 개시되는 경우로서 같은 개정규정 시행 전에 같은 조 제1항 또는 제3항 각 호에 해당하는 행위가 있었던 경우에 대해서도 적용한다.

제3조【상속권 상실 선고에 관한 특례】 2024년 4월 25일 이후 제1004조의2의 개정규정의 시행일인 2026년 1월 1일 전에 상속이 개시된 경우로서 제1004조의2 제3항 각 호의 사유가 있는 사람이 상속인이 되었음을 같은 개정규정 시행 전에 안 공동상속인은 같은 조 제3항 각 호 외의 부분에도 불구하고 같은 개정규정 시행일부터 6개월 이내에 상속권 상실 청구를 할 수 있다. 같은 조 제4항에 따라 상속인이 될 사람 또한 같다.

제4조【다른 법률의 개정】 가사소송법 일부를 다음과 같이 개정한다.
제2조 제1항 제1호 나목에 ⑮를 다음과 같이 신설한다.
⑮ 상속권 상실 선고
제2조 제1항 제2호 가목에 ㉙를 다음과 같이 신설한다.
㉙ 「민법」 제1004조의2 제7항에 따른 상속재산의 보존 및 관리를 위한 처분

주택임대차보호법

[시행 2023. 7. 19.]
[법률 제19356호, 2023. 4. 18, 일부개정]

제1조【목적】 이 법은 주거용 건물의 임대차(賃貸借)에 관하여 「민법」에 대한 특례를 규정함으로써 국민 주거생활의 안정을 보장함을 목적으로 한다.
[전문개정 2008. 3. 21.]

제2조【적용 범위】 이 법은 주거용 건물(이하 "주택"이라 한다)의 전부 또는 일부의 임대차에 관하여 적용한다. 그 임차주택(賃借住宅)의 일부가 주거 외의 목적으로 사용되는 경우에도 또한 같다.
[전문개정 2008. 3. 21.]

제3조【대항력 등】 ① 임대차는 그 등기(登記)가 없는 경우에도 임차인(賃借人)이 주택의 인도(引渡)와 주민등록을 마친 때에는 그 다음 날부터 제삼자에 대하여 효력이 생긴다. 이 경우 전입신고를 한 때에 주민등록이 된 것으로 본다.
② 주택도시기금을 재원으로 하여 저소득층 무주택자에게 주거생활 안정을 목적으로 전세임대주택을 지원하는 법인이 주택을 임차한 후 지방자치단체의 장 또는 그 법인이 선정한 입주자가 그 주택을 인도받고 주민등록을 마쳤을 때에는 제1항을 준용한다. 이 경우 대항력이 인정되는 법인은 대통령령으로 정한다. <개정 2015. 1. 6.>
③ 「중소기업기본법」 제2조에 따른 중소기업에 해당하는 법인이 소속 직원의 주거용으로 주택을 임차한 후 그 법인이 선정한 직원이 해당 주택을 인도받고 주민등록을 마쳤을 때에는 제1항을 준용한다. 임대차가 끝나기 전에 그 직원이 변경된 경우에는 그 법인이 선정한 새로운 직원이 주택을 인도받고 주민등록을 마친 다음 날부터 제삼자에 대하여 효력이 생긴다. <신설 2013. 8. 13.>
④ 임차주택의 양수인(讓受人)(그 밖에 임대할 권리를 승계한 자를 포함한다)은 임대인(賃貸人)의 지위를 승계한 것으로 본다. <개정 2013. 8. 13.>
⑤ 이 법에 따라 임대차의 목적이 된 주택이 매매나 경매의 목적물이 된 경우에는 「민법」 제575조 제1항·제3항 및 같은 법 제578조를 준용한다. <개정 2013. 8. 13.>
⑥ 제5항의 경우에는 동시이행의 항변권(抗辯權)에 관한 「민법」 제536조를 준용한다. <개정 2013. 8. 13.>
[전문개정 2008. 3. 21.]

제3조의2【보증금의 회수】 ① 임차인(제3조 제2항 및 제3항의 법인을 포함한다. 이하 같다)이 임차주택에 대하여 보증금반환청구소송의 확정판결이나 그 밖에 이에 준하는 집행권원(執行權原)에 따라서 경매를 신청하는 경우에는 집행개시(執行開始)요건에 관한 「민사집행법」 제41조에도 불구하고 반대의무(反對義務)의 이행이나 이행의 제공을 집행개시의 요건으로 하지 아니한다. <개정 2013. 8. 13.>
② 제3조 제1항·제2항 또는 제3항의 대항요건(對抗要件)과 임대차계약증서(제3조 제2항 및 제3항의 경우에는 법인과 임대인 사이의 임대차계약증서를 말한다)상의 확정일자(確定日字)를 갖춘 임차인은 「민사집행법」에 따른 경매 또는 「국세징수법」에 따른 공매(公賣)를 할 때에 임차주택(대지를 포함한다)의 환가대금(換價代金)에서 후순위권리자(後順位權利者)나 그 밖의 채권자보다 우선하여 보증금을 변제(辨濟)받을 권리가 있다. <개정 2013. 8. 13.>
③ 임차인은 임차주택을 양수인에게 인도하지 아니하면 제2항에 따른 보증금을 받을 수 없다.
④ 제2항 또는 제7항에 따른 우선변제의 순위와 보증금에 대하여 이의가 있는 이해관계인은 경매법원이나 체납처분청에 이의를 신청할 수 있다. <개정 2013. 8. 13.>
⑤ 제4항에 따라 경매법원에 이의를 신청하는 경우에는 「민사집행법」 제152조부터 제161조까지의 규정을 준용한다.
⑥ 제4항에 따라 이의신청을 받은 체납처분청은 이해관계인이 이의신청일부터 7일 이내에 임차인

또는 제7항에 따라 우선변제권을 승계한 금융기관 등을 상대로 소(訴)를 제기한 것을 증명하면 해당 소송이 끝날 때까지 이의가 신청된 범위에서 임차인 또는 제7항에 따라 우선변제권을 승계한 금융기관 등에 대한 보증금의 변제를 유보(留保)하고 남은 금액을 배분하여야 한다. 이 경우 유보된 보증금은 소송의 결과에 따라 배분한다. <개정 2013. 8. 13.>

⑦ 다음 각 호의 금융기관 등이 제2항, 제3조의3 제5항, 제3조의4 제1항에 따른 우선변제권을 취득한 임차인의 보증금반환채권을 계약으로 양수한 경우에는 양수한 금액의 범위에서 우선변제권을 승계한다. <신설 2013. 8. 13., 2015. 1. 6., 2016. 5. 29.>
1. 「은행법」에 따른 은행
2. 「중소기업은행법」에 따른 중소기업은행
3. 「한국산업은행법」에 따른 한국산업은행
4. 「농업협동조합법」에 따른 농협은행
5. 「수산업협동조합법」에 따른 수협은행
6. 「우체국예금·보험에 관한 법률」에 따른 체신관서
7. 「한국주택금융공사법」에 따른 한국주택금융공사
8. 「보험업법」 제4조 제1항 제2호라목의 보증보험을 보험종목으로 허가받은 보험회사
9. 「주택도시기금법」에 따른 주택도시보증공사
10. 그 밖에 제1호부터 제9호까지에 준하는 것으로서 대통령령으로 정하는 기관

⑧ 제7항에 따라 우선변제권을 승계한 금융기관 등(이하 "금융기관등"이라 한다)은 다음 각 호의 어느 하나에 해당하는 경우에는 우선변제권을 행사할 수 없다. <신설 2013. 8. 13.>
1. 임차인이 제3조 제1항·제2항 또는 제3항의 대항요건을 상실한 경우
2. 제3조의3 제5항에 따른 임차권등기가 말소된 경우
3. 「민법」 제621조에 따른 임대차등기가 말소된 경우

⑨ 금융기관등은 우선변제권을 행사하기 위하여 임차인을 대리하거나 대위하여 임대차를 해지할 수 없다. <신설 2013. 8. 13.>

[전문개정 2008. 3. 21.]

제3조의3【임차권등기명령】 ① 임대차가 끝난 후 보증금이 반환되지 아니한 경우 임차인은 임차주택의 소재지를 관할하는 지방법원·지방법원지원 또는 시·군 법원에 임차권등기명령을 신청할 수 있다. <개정 2013. 8. 13.>

② 임차권등기명령의 신청서에는 다음 각 호의 사항을 적어야 하며, 신청의 이유와 임차권등기의 원인이 된 사실을 소명(疎明)하여야 한다. <개정 2013. 8. 13.>
1. 신청의 취지 및 이유
2. 임대차의 목적인 주택(임대차의 목적이 주택의 일부분인 경우에는 해당 부분의 도면을 첨부한다)
3. 임차권등기의 원인이 된 사실(임차인이 제3조 제1항·제2항 또는 제3항에 따른 대항력을 취득하였거나 제3조의2 제2항에 따른 우선변제권을 취득한 경우에는 그 사실)
4. 그 밖에 대법원규칙으로 정하는 사항

③ 다음 각 호의 사항 등에 관하여는 「민사집행법」 제280조 제1항, 제281조, 제283조, 제285조, 제286조, 제288조 제1항, 같은 조 제2항 본문, 제289조, 제290조 제2항 중 제288조 제1항에 대한 부분, 제291조, 제292조 제3항 및 제293조를 준용한다. 이 경우 "가압류"는 "임차권등기"로, "채권자"는 "임차인"으로, "채무자"는 "임대인"으로 본다. <개정 2023. 4. 18.>
1. 임차권등기명령의 신청에 대한 재판
2. 임차권등기명령의 결정에 대한 임대인의 이의신청 및 그에 대한 재판
3. 임차권등기명령의 취소신청 및 그에 대한 재판
4. 임차권등기명령의 집행

④ 임차권등기명령의 신청을 기각(棄却)하는 결정에 대하여 임차인은 항고(抗告)할 수 있다.

⑤ 임차인은 임차권등기명령의 집행에 따른 임차권등기를 마치면 제3조 제1항·제2항 또는 제3항에 따른 대항력과 제3조의2 제2항에 따른 우선변제권을 취득한다. 다만, 임차인이 임차권등기 이전에 이미 대항력이나 우선변제권을 취득한 경우에는 그 대항력이나 우선변제권은 그대로 유지되며, 임차권등기 이후에는 제3조 제1항·제2항 또는 제3항의 대항요건을 상실하더라도 이미 취득한 대항력이나 우선변제권을 상실하지 아니한다. <개정 2013. 8. 13.>

⑥ 임차권등기명령의 집행에 따른 임차권등기가 끝난 주택(임대차의 목적이 주택의 일부분인 경우에는 해당 부분으로 한정한다)을 그 이후에 임차한 임차인은 제8조에 따른 우선변제를 받을 권리가 없다.
⑦ 임차권등기의 촉탁(囑託), 등기관의 임차권등기 기입(記入) 등 임차권등기명령을 시행하는 데에 필요한 사항은 대법원규칙으로 정한다. <개정 2011. 4. 12.>
⑧ 임차인은 제1항에 따른 임차권등기명령의 신청과 그에 따른 임차권등기와 관련하여 든 비용을 임대인에게 청구할 수 있다.
⑨ 금융기관등은 임차인을 대위하여 제1항의 임차권등기명령을 신청할 수 있다. 이 경우 제3항·제4항 및 제8항의 "임차인"은 "금융기관등"으로 본다. <신설 2013. 8. 13.>
[전문개정 2008. 3. 21.]

제3조의4【「민법」에 따른 주택임대차등기의 효력 등】

① 「민법」 제621조에 따른 주택임대차등기의 효력에 관하여는 제3조의3 제5항 및 제6항을 준용한다.
② 임차인이 대항력이나 우선변제권을 갖추고 「민법」 제621조 제1항에 따라 임대인의 협력을 얻어 임대차등기를 신청하는 경우에는 신청서에 「부동산등기법」 제74조 제1호부터 제6호까지의 사항 외에 다음 각 호의 사항을 적어야 하며, 이를 증명할 수 있는 서면(임대차의 목적이 주택의 일부분인 경우에는 해당 부분의 도면을 포함한다)을 첨부하여야 한다. <개정 2011. 4. 12., 2020. 2. 4.>
 1. 주민등록을 마친 날
 2. 임차주택을 점유(占有)한 날
 3. 임대차계약증서상의 확정일자를 받은 날
[전문개정 2008. 3. 21.]

제3조의5【경매에 의한 임차권의 소멸】

임차권은 임차주택에 대하여 「민사집행법」에 따른 경매가 행하여진 경우에는 그 임차주택의 경락(競落)에 따라 소멸한다. 다만, 보증금이 모두 변제되지 아니한, 대항력이 있는 임차권은 그러하지 아니하다.
[전문개정 2008. 3. 21.]

제3조의6【확정일자 부여 및 임대차 정보제공 등】

① 제3조의2 제2항의 확정일자는 주택 소재지의 읍·면사무소, 동 주민센터 또는 시(특별시·광역시·특별자치시는 제외하고, 특별자치도는 포함한다)·군·구(자치구를 말한다)의 출장소, 지방법원 및 그 지원과 등기소 또는 「공증인법」에 따른 공증인(이하 이 조에서 "확정일자부여기관"이라 한다)이 부여한다.
② 확정일자부여기관은 해당 주택의 소재지, 확정일자 부여일, 차임 및 보증금 등을 기재한 확정일자부를 작성하여야 한다. 이 경우 전산처리정보조직을 이용할 수 있다.
③ 주택의 임대차에 이해관계가 있는 자는 확정일자부여기관에 해당 주택의 확정일자 부여일, 차임 및 보증금 등 정보의 제공을 요청할 수 있다. 이 경우 요청을 받은 확정일자부여기관은 정당한 사유 없이 이를 거부할 수 없다.
④ 임대차계약을 체결하려는 자는 임대인의 동의를 받아 확정일자부여기관에 제3항에 따른 정보제공을 요청할 수 있다.
⑤ 제1항·제3항 또는 제4항에 따라 확정일자를 부여받거나 정보를 제공받으려는 자는 수수료를 내야 한다.
⑥ 확정일자부에 기재하여야 할 사항, 주택의 임대차에 이해관계가 있는 자의 범위, 확정일자부여기관에 요청할 수 있는 정보의 범위 및 수수료, 그 밖에 확정일자부여사무와 정보제공 등에 필요한 사항은 대통령령 또는 대법원규칙으로 정한다.
[본조신설 2013. 8. 13.]

제3조의7【임대인의 정보 제시 의무】

임대차계약을 체결할 때 임대인은 다음 각 호의 사항을 임차인에게 제시하여야 한다.

 1. 제3조의6 제3항에 따른 해당 주택의 확정일자 부여일, 차임 및 보증금 등 정보. 다만, 임대인이 임대차계약을 체결하기 전에 제3조의6 제4항에 따라 동의함으로써 이를 갈음할 수 있다.
 2. 「국세징수법」 제108조에 따른 납세증명서 및 「지방세징수법」 제5조 제2항에 따른 납세증명서. 다만, 임대인이 임대차계약을 체결하기 전에 「국세징수법」 제109조 제1항에 따른 미납국세

와 체납액의 열람 및 「지방세징수법」 제6조 제1항에 따른 미납지방세의 열람에 각각 동의함으로써 이를 갈음할 수 있다.
[본조신설 2023. 4. 18.]

제4조【임대차기간 등】 ① 기간을 정하지 아니하거나 2년 미만으로 정한 임대차는 그 기간을 2년으로 본다. 다만, 임차인은 2년 미만으로 정한 기간이 유효함을 주장할 수 있다.
② 임대차기간이 끝난 경우에도 임차인이 보증금을 반환받을 때까지는 임대차관계가 존속되는 것으로 본다.
[전문개정 2008. 3. 21.]

제5조 삭제 <1989. 12. 30.>

제6조【계약의 갱신】 ① 임대인이 임대차기간이 끝나기 6개월 전부터 2개월 전까지의 기간에 임차인에게 갱신거절(更新拒絶)의 통지를 하지 아니하거나 계약조건을 변경하지 아니하면 갱신하지 아니한다는 뜻의 통지를 하지 아니한 경우에는 그 기간이 끝난 때에 전 임대차와 동일한 조건으로 다시 임대차한 것으로 본다. 임차인이 임대차기간이 끝나기 2개월 전까지 통지하지 아니한 경우에도 또한 같다. <개정 2020. 6. 9.>
② 제1항의 경우 임대차의 존속기간은 2년으로 본다. <개정 2009. 5. 8.>
③ 2기(期)의 차임액(借賃額)에 달하도록 연체하거나 그 밖에 임차인으로서의 의무를 현저히 위반한 임차인에 대하여는 제1항을 적용하지 아니한다.
[전문개정 2008. 3. 21.]

제6조의2【묵시적 갱신의 경우 계약의 해지】 ① 제6조 제1항에 따라 계약이 갱신된 경우 같은 조 제2항에도 불구하고 임차인은 언제든지 임대인에게 계약해지(契約解止)를 통지할 수 있다. <개정 2009. 5. 8.>
② 제1항에 따른 해지는 임대인이 그 통지를 받은 날부터 3개월이 지나면 그 효력이 발생한다.
[전문개정 2008. 3. 21.]

제6조의3【계약갱신 요구 등】 ① 제6조에도 불구하고 임대인은 임차인이 제6조 제1항 전단의 기간 이내에 계약갱신을 요구할 경우 정당한 사유 없이 거절하지 못한다. 다만, 다음 각 호의 어느 하나에 해당하는 경우에는 그러하지 아니하다.
1. 임차인이 2기의 차임액에 해당하는 금액에 이르도록 차임을 연체한 사실이 있는 경우
2. 임차인이 거짓이나 그 밖의 부정한 방법으로 임차한 경우
3. 서로 합의하여 임대인이 임차인에게 상당한 보상을 제공한 경우
4. 임차인이 임대인의 동의 없이 목적 주택의 전부 또는 일부를 전대(轉貸)한 경우
5. 임차인이 임차한 주택의 전부 또는 일부를 고의나 중대한 과실로 파손한 경우
6. 임차한 주택의 전부 또는 일부가 멸실되어 임대차의 목적을 달성하지 못할 경우
7. 임대인이 다음 각 목의 어느 하나에 해당하는 사유로 목적 주택의 전부 또는 대부분을 철거하거나 재건축하기 위하여 목적 주택의 점유를 회복할 필요가 있는 경우
    가. 임대차계약 체결 당시 공사시기 및 소요기간 등을 포함한 철거 또는 재건축 계획을 임차인에게 구체적으로 고지하고 그 계획에 따르는 경우
    나. 건물이 노후·훼손 또는 일부 멸실되는 등 안전사고의 우려가 있는 경우
    다. 다른 법령에 따라 철거 또는 재건축이 이루어지는 경우
8. 임대인(임대인의 직계존속·직계비속을 포함한다)이 목적 주택에 실제 거주하려는 경우
9. 그 밖에 임차인이 임차인으로서의 의무를 현저히 위반하거나 임대차를 계속하기 어려운 중대한 사유가 있는 경우

② 임차인은 제1항에 따른 계약갱신요구권을 1회에 한하여 행사할 수 있다. 이 경우 갱신되는 임대차의 존속기간은 2년으로 본다.
③ 갱신되는 임대차는 전 임대차와 동일한 조건으로 다시 계약된 것으로 본다. 다만, 차임과 보증금은 제7조의 범위에서 증감할 수 있다.
④ 제1항에 따라 갱신되는 임대차의 해지에 관하여는 제6조의2를 준용한다.

⑤ 임대인이 제1항제8호의 사유로 갱신을 거절하였음에도 불구하고 갱신요구가 거절되지 아니하였더라면 갱신되었을 기간이 만료되기 전에 정당한 사유 없이 제3자에게 목적 주택을 임대한 경우 임대인은 갱신거절로 인하여 임차인이 입은 손해를 배상하여야 한다.
⑥ 제5항에 따른 손해배상액은 거절 당시 당사자 간에 손해배상액의 예정에 관한 합의가 이루어지지 않는 한 다음 각 호의 금액 중 큰 금액으로 한다.
1. 갱신거절 당시 월차임(차임 외에 보증금이 있는 경우에는 그 보증금을 제7조의2 각 호 중 낮은 비율에 따라 월 단위의 차임으로 전환한 금액을 포함한다. 이하 "환산월차임"이라 한다)의 3개월분에 해당하는 금액
2. 임대인이 제3자에게 임대하여 얻은 환산월차임과 갱신거절 당시 환산월차임 간 차액의 2년분에 해당하는 금액
3. 제1항 제8호의 사유로 인한 갱신거절로 인하여 임차인이 입은 손해액

[본조신설 2020. 7. 31.]

제7조【차임 등의 증감청구권】 ① 당사자는 약정한 차임이나 보증금이 임차주택에 관한 조세, 공과금, 그 밖의 부담의 증감이나 경제사정의 변동으로 인하여 적절하지 아니하게 된 때에는 장래에 대하여 그 증감을 청구할 수 있다. 이 경우 증액청구는 임대차계약 또는 약정한 차임이나 보증금의 증액이 있은 후 1년 이내에는 하지 못한다. <개정 2020. 7. 31.>
② 제1항에 따른 증액청구는 약정한 차임이나 보증금의 20분의 1의 금액을 초과하지 못한다. 다만, 특별시·광역시·특별자치시·도 및 특별자치도는 관할 구역 내의 지역별 임대차 시장 여건 등을 고려하여 본문의 범위에서 증액청구의 상한을 조례로 달리 정할 수 있다. <신설 2020. 7. 31.>

[전문개정 2008. 3. 21.]

제7조의2【월차임 전환 시 산정률의 제한】 보증금의 전부 또는 일부를 월 단위의 차임으로 전환하는 경우에는 그 전환되는 금액에 다음 각 호 중 낮은 비율을 곱한 월차임(月借賃)의 범위를 초과할 수 없다. <개정 2010. 5. 17., 2013. 8. 13., 2016. 5. 29.>

1. 「은행법」에 따른 은행에서 적용하는 대출금리와 해당 지역의 경제 여건 등을 고려하여 대통령령으로 정하는 비율
2. 한국은행에서 공시한 기준금리에 대통령령으로 정하는 이율을 더한 비율

[전문개정 2008. 3. 21.]

제8조【보증금 중 일정액의 보호】 ① 임차인은 보증금 중 일정액을 다른 담보물권자(擔保物權者)보다 우선하여 변제받을 권리가 있다. 이 경우 임차인은 주택에 대한 경매신청의 등기 전에 제3조 제1항의 요건을 갖추어야 한다.
② 제1항의 경우에는 제3조의2 제4항부터 제6항까지의 규정을 준용한다.
③ 제1항에 따라 우선변제를 받을 임차인 및 보증금 중 일정액의 범위와 기준은 제8조의2에 따른 주택임대차위원회의 심의를 거쳐 대통령령으로 정한다. 다만, 보증금 중 일정액의 범위와 기준은 주택가액(대지의 가액을 포함한다)의 2분의 1을 넘지 못한다. <개정 2009. 5. 8.>

[전문개정 2008. 3. 21.]

제8조의2【주택임대차위원회】 ① 제8조에 따라 우선변제를 받을 임차인 및 보증금 중 일정액의 범위와 기준을 심의하기 위하여 법무부에 주택임대차위원회(이하 "위원회"라 한다)를 둔다.
② 위원회는 위원장 1명을 포함한 9명 이상 15명 이하의 위원으로 성별을 고려하여 구성한다. <개정 2020. 7. 31.>
③ 위원회의 위원장은 법무부차관이 된다.
④ 위원회의 위원은 다음 각 호의 어느 하나에 해당하는 사람 중에서 위원장이 임명하거나 위촉하되, 제1호부터 제5호까지에 해당하는 위원을 각각 1명 이상 임명하거나 위촉하여야 하고, 위원 중 2분의 1 이상은 제1호·제2호 또는 제6호에 해당하는 사람을 위촉하여야 한다. <개정 2013. 3. 23., 2020. 7. 31.>

1. 법학·경제학 또는 부동산학 등을 전공하고 주택임대차 관련 전문지식을 갖춘 사람으로서 공인된 연구기관에서 조교수 이상 또는 이에 상당하는 직에 5년 이상 재직한 사람

2. 변호사·감정평가사·공인회계사·세무사 또는 공인중개사로서 5년 이상 해당 분야에서 종사하고 주택임대차 관련 업무경험이 풍부한 사람
3. 기획재정부에서 물가 관련 업무를 담당하는 고위공무원단에 속하는 공무원
4. 법무부에서 주택임대차 관련 업무를 담당하는 고위공무원단에 속하는 공무원(이에 상당하는 특정직 공무원을 포함한다)
5. 국토교통부에서 주택사업 또는 주거복지 관련 업무를 담당하는 고위공무원단에 속하는 공무원
6. 그 밖에 주택임대차 관련 학식과 경험이 풍부한 사람으로서 대통령령으로 정하는 사람

⑤ 그 밖에 위원회의 구성 및 운영 등에 필요한 사항은 대통령령으로 정한다.
[본조신설 2009. 5. 8.]

제9조【주택 임차권의 승계】 ① 임차인이 상속인 없이 사망한 경우에는 그 주택에서 가정공동생활을 하던 사실상의 혼인 관계에 있는 자가 임차인의 권리와 의무를 승계한다.
② 임차인이 사망한 때에 사망 당시 상속인이 그 주택에서 가정공동생활을 하고 있지 아니한 경우에는 그 주택에서 가정공동생활을 하던 사실상의 혼인 관계에 있는 자와 2촌 이내의 친족이 공동으로 임차인의 권리와 의무를 승계한다.
③ 제1항과 제2항의 경우에 임차인이 사망한 후 1개월 이내에 임대인에게 제1항과 제2항에 따른 승계 대상자가 반대의사를 표시한 경우에는 그러하지 아니하다.
④ 제1항과 제2항의 경우에 임대차 관계에서 생긴 채권·채무는 임차인의 권리의무를 승계한 자에게 귀속된다.
[전문개정 2008. 3. 21.]

제10조【강행규정】 이 법에 위반된 약정(約定)으로서 임차인에게 불리한 것은 그 효력이 없다.
[전문개정 2008. 3. 21.]

제10조의2【초과 차임 등의 반환청구】 임차인이 제7조에 따른 증액비율을 초과하여 차임 또는 보증금을 지급하거나 제7조의2에 따른 월차임 산정률을 초과하여 차임을 지급한 경우에는 초과 지급된 차임 또는 보증금 상당금액의 반환을 청구할 수 있다.
[본조신설 2013. 8. 13.]

제11조【일시사용을 위한 임대차】 이 법은 일시사용하기 위한 임대차임이 명백한 경우에는 적용하지 아니한다.
[전문개정 2008. 3. 21.]

제12조【미등기 전세에의 준용】 주택의 등기를 하지 아니한 전세계약에 관하여는 이 법을 준용한다. 이 경우 "전세금"은 "임대차의 보증금"으로 본다.
[전문개정 2008. 3. 21.]

제13조【「소액사건심판법」의 준용】 임차인이 임대인에 대하여 제기하는 보증금반환청구소송에 관하여는 「소액사건심판법」 제6조, 제7조, 제10조 및 제11조의2를 준용한다.
[전문개정 2008. 3. 21.]

제14조【주택임대차분쟁조정위원회】 ① 이 법의 적용을 받는 주택임대차와 관련된 분쟁을 심의·조정하기 위하여 대통령령으로 정하는 바에 따라 「법률구조법」 제8조에 따른 대한법률구조공단(이하 "공단"이라 한다)의 지부, 「한국토지주택공사법」에 따른 한국토지주택공사(이하 "공사"라 한다)의 지사 또는 사무소 및 「한국감정원법」에 따른 한국감정원(이하 "감정원"이라 한다)의 지사 또는 사무소에 주택임대차분쟁조정위원회(이하 "조정위원회"라 한다)를 둔다. 특별시·광역시·특별자치시·도 및 특별자치도(이하 "시·도"라 한다)는 그 지방자치단체의 실정을 고려하여 조정위원회를 둘 수 있다. <개정 2020. 7. 31.>
② 조정위원회는 다음 각 호의 사항을 심의·조정한다.
1. 차임 또는 보증금의 증감에 관한 분쟁
2. 임대차 기간에 관한 분쟁
3. 보증금 또는 임차주택의 반환에 관한 분쟁
4. 임차주택의 유지·수선 의무에 관한 분쟁
5. 그 밖에 대통령령으로 정하는 주택임대차에 관한 분쟁
③ 조정위원회의 사무를 처리하기 위하여 조정위원회에 사무국을 두고, 사무국의 조직 및 인력 등에 필요한 사항은 대통령령으로 정한다.
④ 사무국의 조정위원회 업무담당자는 「상가건물임대차보호법」 제20조에 따른 상가건물임대차분쟁조정위원회 사무국의 업무를 제외하고 다른 직

위의 업무를 겸직하여서는 아니 된다. <개정 2018. 10. 16.>
[본조신설 2016. 5. 29.]

제15조 【예산의 지원】 국가는 조정위원회의 설치·운영에 필요한 예산을 지원할 수 있다.
[본조신설 2016. 5. 29.]

제16조 【조정위원회의 구성 및 운영】 ① 조정위원회는 위원장 1명을 포함하여 5명 이상 30명 이하의 위원으로 성별을 고려하여 구성한다. <개정 2020. 7. 31.>
② 조정위원회의 위원은 조정위원회를 두는 기관에 따라 공단 이사장, 공사 사장, 감정원 원장 또는 조정위원회를 둔 지방자치단체의 장이 각각 임명하거나 위촉한다. <개정 2020. 7. 31.>
③ 조정위원회의 위원은 주택임대차에 관한 학식과 경험이 풍부한 사람으로서 다음 각 호의 어느 하나에 해당하는 사람으로 한다. 이 경우 제1호부터 제4호까지에 해당하는 위원을 각 1명 이상 위촉하여야 하고, 위원 중 5분의 2 이상은 제2호에 해당하는 사람이어야 한다.
1. 법학·경제학 또는 부동산학 등을 전공하고 대학이나 공인된 연구기관에서 부교수 이상 또는 이에 상당하는 직에 재직한 사람
2. 판사·검사 또는 변호사로 6년 이상 재직한 사람
3. 감정평가사·공인회계사·법무사 또는 공인중개사로서 주택임대차 관계 업무에 6년 이상 종사한 사람
4. 「사회복지사업법」에 따른 사회복지법인과 그 밖의 비영리법인에서 주택임대차분쟁에 관한 상담에 6년 이상 종사한 경력이 있는 사람
5. 해당 지방자치단체에서 주택임대차 관련 업무를 담당하는 4급 이상의 공무원
6. 그 밖에 주택임대차 관련 학식과 경험이 풍부한 사람으로서 대통령령으로 정하는 사람
④ 조정위원회의 위원장은 제3항 제2호에 해당하는 위원 중에서 위원들이 호선한다.
⑤ 조정위원회위원장은 조정위원회를 대표하여 그 직무를 총괄한다.
⑥ 조정위원회위원장이 부득이한 사유로 직무를 수행할 수 없는 경우에는 조정위원회위원장이 미리 지명한 조정위원이 그 직무를 대행한다.
⑦ 조정위원의 임기는 3년으로 하되 연임할 수 있으며, 보궐위원의 임기는 전임자의 남은 임기로 한다.
⑧ 조정위원회는 조정위원회위원장 또는 제3항 제2호에 해당하는 조정위원 1명 이상을 포함한 재적위원 과반수의 출석과 출석위원 과반수의 찬성으로 의결한다.
⑨ 그 밖에 조정위원회의 설치, 구성 및 운영 등에 필요한 사항은 대통령령으로 정한다.
[본조신설 2016. 5. 29.]

제17조 【조정부의 구성 및 운영】 ① 조정위원회는 분쟁의 효율적 해결을 위하여 3명의 조정위원으로 구성된 조정부를 둘 수 있다.
② 조정부에는 제16조 제3항 제2호에 해당하는 사람이 1명 이상 포함되어야 하며, 그 중에서 조정위원회위원장이 조정부의 장을 지명한다.
③ 조정부는 다음 각 호의 사항을 심의·조정한다.
1. 제14조 제2항에 따른 주택임대차분쟁 중 대통령령으로 정하는 금액 이하의 분쟁
2. 조정위원회가 사건을 특정하여 조정부에 심의·조정을 위임한 분쟁
④ 조정부는 조정부의 장을 포함한 재적위원 과반수의 출석과 출석위원 과반수의 찬성으로 의결한다.
⑤ 제4항에 따라 조정부가 내린 결정은 조정위원회가 결정한 것으로 본다.
⑥ 그 밖에 조정부의 설치, 구성 및 운영 등에 필요한 사항은 대통령령으로 정한다.
[본조신설 2016. 5. 29.]

제18조 【조정위원의 결격사유】 「국가공무원법」 제33조 각 호의 어느 하나에 해당하는 사람은 조정위원이 될 수 없다.
[본조신설 2016. 5. 29.]

제19조 【조정위원의 신분보장】 ① 조정위원은 자신의 직무를 독립적으로 수행하고 주택임대차분쟁의 심리 및 판단에 관하여 어떠한 지시에도 구속되지 아니한다.
② 조정위원은 다음 각 호의 어느 하나에 해당하는 경우를 제외하고는 그 의사에 반하여 해임 또는 해촉되지 아니한다.
1. 제18조에 해당하는 경우
2. 신체상 또는 정신상의 장애로 직무를 수행할 수

없게 된 경우
[본조신설 2016. 5. 29.]

제20조【조정위원의 제척 등】 ① 조정위원이 다음 각 호의 어느 하나에 해당하는 경우 그 직무의 집행에서 제척된다.
1. 조정위원 또는 그 배우자나 배우자이었던 사람이 해당 분쟁사건의 당사자가 되는 경우
2. 조정위원이 해당 분쟁사건의 당사자와 친족관계에 있거나 있었던 경우
3. 조정위원이 해당 분쟁사건에 관하여 진술, 감정 또는 법률자문을 한 경우
4. 조정위원이 해당 분쟁사건에 관하여 당사자의 대리인으로서 관여하거나 관여하였던 경우

② 사건을 담당한 조정위원에게 제척의 원인이 있는 경우에는 조정위원회는 직권 또는 당사자의 신청에 따라 제척의 결정을 한다.
③ 당사자는 사건을 담당한 조정위원에게 공정한 직무집행을 기대하기 어려운 사정이 있는 경우 조정위원회에 기피신청을 할 수 있다.
④ 기피신청에 관한 결정은 조정위원회가 하고, 해당 조정위원 및 당사자 쌍방은 그 결정에 불복하지 못한다.
⑤ 제3항에 따른 기피신청이 있는 때에는 조정위원회는 그 신청에 대한 결정이 있을 때까지 조정절차를 정지하여야 한다.
⑥ 조정위원은 제1항 또는 제3항에 해당하는 경우 조정위원회의 허가를 받지 아니하고 해당 분쟁사건의 직무집행에서 회피할 수 있다.
[본조신설 2016. 5. 29.]

제21조【조정의 신청 등】 ① 제14조 제2항 각 호의 어느 하나에 해당하는 주택임대차분쟁의 당사자는 해당 주택이 소재하는 지역을 관할하는 조정위원회에 분쟁의 조정을 신청할 수 있다. <개정 2020. 7. 31.>
② 조정위원회는 신청인이 조정을 신청할 때 조정절차 및 조정의 효력 등 분쟁조정에 관하여 대통령령으로 정하는 사항을 안내하여야 한다.
③ 조정위원회의 위원장은 다음 각 호의 어느 하나에 해당하는 경우 신청을 각하한다. 이 경우 그 사유를 신청인에게 통지하여야 한다. <개정 2020. 6. 9.>

1. 이미 해당 분쟁조정사항에 대하여 법원에 소가 제기되거나 조정 신청이 있은 후 소가 제기된 경우
2. 이미 해당 분쟁조정사항에 대하여 「민사조정법」에 따른 조정이 신청된 경우나 조정신청이 있은 후 같은 법에 따른 조정이 신청된 경우
3. 이미 해당 분쟁조정사항에 대하여 이 법에 따른 조정위원회에 조정이 신청된 경우나 조정신청이 있은 후 조정이 성립된 경우
4. 조정신청 자체로 주택임대차에 관한 분쟁이 아님이 명백한 경우
5. 피신청인이 조정절차에 응하지 아니한다는 의사를 통지한 경우
6. 신청인이 정당한 사유 없이 조사에 응하지 아니하거나 2회 이상 출석요구에 응하지 아니한 경우

[본조신설 2016. 5. 29.]

제22조【조정절차】 ① 조정위원회의 위원장은 신청인으로부터 조정신청을 접수한 때에는 지체 없이 조정절차를 개시하여야 한다. <개정 2020. 6. 9.>
② 조정위원회의 위원장은 제1항에 따라 조정신청을 접수하면 피신청인에게 조정신청서를 송달하여야 한다. 이 경우 제21조 제2항을 준용한다. <개정 2020. 6. 9.>
③ 조정서류의 송달 등 조정절차에 관하여 필요한 사항은 대통령령으로 정한다.
[본조신설 2016. 5. 29.]

제23조【처리기간】 ① 조정위원회는 분쟁의 조정신청을 받은 날부터 60일 이내에 그 분쟁조정을 마쳐야 한다. 다만, 부득이한 사정이 있는 경우에는 조정위원회의 의결을 거쳐 30일의 범위에서 그 기간을 연장할 수 있다.
② 조정위원회는 제1항 단서에 따라 기간을 연장한 경우에는 기간 연장의 사유와 그 밖에 기간 연장에 관한 사항을 당사자에게 통보하여야 한다.
[본조신설 2016. 5. 29.]

제24조【조사 등】 ① 조정위원회는 조정을 위하여 필요하다고 인정하는 경우 신청인, 피신청인, 분쟁 관련 이해관계인 또는 참고인에게 출석하여 진술하게 하거나 조정에 필요한 자료나 물건 등을 제출하도록 요구할 수 있다.

② 조정위원회는 조정을 위하여 필요하다고 인정하는 경우 조정위원 또는 사무국의 직원으로 하여금 조정 대상물 및 관련 자료에 대하여 조사하게 하거나 자료를 수집하게 할 수 있다. 이 경우 조정위원이나 사무국의 직원은 그 권한을 표시하는 증표를 지니고 이를 관계인에게 내보여야 한다.
③ 조정위원회위원장은 특별시장, 광역시장, 특별자치시장, 도지사 및 특별자치도지사(이하 "시·도지사"라 한다)에게 해당 조정업무에 참고하기 위하여 인근지역의 확정일자 자료, 보증금의 월차임 전환율 등 적정 수준의 임대료 산정을 위한 자료를 요청할 수 있다. 이 경우 시·도지사는 정당한 사유가 없으면 조정위원회위원장의 요청에 따라야 한다.
[본조신설 2016. 5. 29.]

제25조【조정을 하지 아니하는 결정】 ① 조정위원회는 해당 분쟁이 그 성질상 조정을 하기에 적당하지 아니하다고 인정하거나 당사자가 부당한 목적으로 조정을 신청한 것으로 인정할 때에는 조정을 하지 아니할 수 있다.
② 조정위원회는 제1항에 따라 조정을 하지 아니하기로 결정하였을 때에는 그 사실을 당사자에게 통지하여야 한다.
[본조신설 2016. 5. 29.]

제26조【조정의 성립】 ① 조정위원회가 조정안을 작성한 경우에는 그 조정안을 지체 없이 각 당사자에게 통지하여야 한다.
② 제1항에 따라 조정안을 통지받은 당사자가 통지받은 날부터 14일 이내에 수락의 의사를 서면으로 표시하지 아니한 경우에는 조정을 거부한 것으로 본다. <개정 2020. 6. 9.>
③ 제2항에 따라 각 당사자가 조정안을 수락한 경우에는 조정안과 동일한 내용의 합의가 성립된 것으로 본다.
④ 제3항에 따른 합의가 성립한 경우 조정위원회위원장은 조정안의 내용을 조정서로 작성한다. 조정위원회위원장은 각 당사자 간에 금전, 그 밖의 대체물의 지급 또는 부동산의 인도에 관하여 강제집행을 승낙하는 취지의 합의가 있는 경우에는 그 내용을 조정서에 기재하여야 한다.
[본조신설 2016. 5. 29.]

제27조【집행력의 부여】 제26조 제4항 후단에 따라 강제집행을 승낙하는 취지의 내용이 기재된 조정서의 정본은 「민사집행법」 제56조에도 불구하고 집행력 있는 집행권원과 같은 효력을 가진다. 다만, 청구에 관한 이의의 주장에 대하여는 같은 법 제44조 제2항을 적용하지 아니한다.
[본조신설 2016. 5. 29.]

제28조【비밀유지의무】 조정위원, 사무국의 직원 또는 그 직에 있었던 자는 다른 법률에 특별한 규정이 있는 경우를 제외하고는 직무상 알게 된 정보를 타인에게 누설하거나 직무상 목적 외에 사용하여서는 아니 된다.
[본조신설 2016. 5. 29.]

제29조【다른 법률의 준용】 조정위원회의 운영 및 조정절차에 관하여 이 법에서 규정하지 아니한 사항에 대하여는 「민사조정법」을 준용한다.
[본조신설 2016. 5. 29.]

제30조【주택임대차표준계약서 사용】 주택임대차계약을 서면으로 체결할 때에는 법무부장관이 국토교통부장관과 협의하여 정하는 주택임대차표준계약서를 우선적으로 사용한다. 다만, 당사자가 다른 서식을 사용하기로 합의한 경우에는 그러하지 아니하다. <개정 2020. 7. 31.>
[본조신설 2016. 5. 29.]

제31조【벌칙 적용에서 공무원 의제】 공무원이 아닌 주택임대차위원회의 위원 및 주택임대차분쟁조정위원회의 위원은 「형법」 제127조, 제129조부터 제132조까지의 규정을 적용할 때에는 공무원으로 본다.
[본조신설 2016. 5. 29.]

부칙 〈제19520호, 2023. 7. 11.〉

이 법은 공포한 날부터 시행한다.

상가건물 임대차보호법

[시행 2022. 1. 4.]
[법률 제18675호, 2022. 1. 4, 일부개정]

제1조【목적】 이 법은 상가건물 임대차에 관하여 「민법」에 대한 특례를 규정하여 국민 경제생활의 안정을 보장함을 목적으로 한다.
[전문개정 2009. 1. 30.]

제2조【적용범위】 ① 이 법은 상가건물(제3조 제1항에 따른 사업자등록의 대상이 되는 건물을 말한다)의 임대차(임대차 목적물의 주된 부분을 영업용으로 사용하는 경우를 포함한다)에 대하여 적용한다. 다만, 제14조의2에 따른 상가건물임대차위원회의 심의를 거쳐 대통령령으로 정하는 보증금액을 초과하는 임대차에 대하여는 그러하지 아니하다. <개정 2020. 7. 31.>
② 제1항 단서에 따른 보증금액을 정할 때에는 해당 지역의 경제 여건 및 임대차 목적물의 규모 등을 고려하여 지역별로 구분하여 규정하되, 보증금 외에 차임이 있는 경우에는 그 차임액에 「은행법」에 따른 은행의 대출금리 등을 고려하여 대통령령으로 정하는 비율을 곱하여 환산한 금액을 포함하여야 한다. <개정 2010. 5. 17.>
③ 제1항 단서에도 불구하고 제3조, 제10조 제1항, 제2항, 제3항 본문, 제10조의2부터 제10조의9까지의 규정, 제11조의2 및 제19조는 제1항 단서에 따른 보증금액을 초과하는 임대차에 대하여도 적용한다. <신설 2013. 8. 13., 2015. 5. 13., 2020. 9. 29., 2022. 1. 4.>
[전문개정 2009. 1. 30.]

제3조【대항력 등】 ① 임대차는 그 등기가 없는 경우에도 임차인이 건물의 인도와 「부가가치세법」 제8조, 「소득세법」 제168조 또는 「법인세법」 제111조에 따른 사업자등록을 신청하면 그 다음 날부터 제3자에 대하여 효력이 생긴다. <개정 2013. 6. 7.>
② 임차건물의 양수인(그 밖에 임대할 권리를 승계한 자를 포함한다)은 임대인의 지위를 승계한 것으로 본다.
③ 이 법에 따라 임대차의 목적이 된 건물이 매매 또는 경매의 목적물이 된 경우에는 「민법」 제575조 제1항·제3항 및 제578조를 준용한다.
④ 제3항의 경우에는 「민법」 제536조를 준용한다.
[전문개정 2009. 1. 30.]

제4조【확정일자 부여 및 임대차정보의 제공 등】 ① 제5조 제2항의 확정일자는 상가건물의 소재지 관할 세무서장이 부여한다.
② 관할 세무서장은 해당 상가건물의 소재지, 확정일자 부여일, 차임 및 보증금 등을 기재한 확정일자부를 작성하여야 한다. 이 경우 전산정보처리조직을 이용할 수 있다.
③ 상가건물의 임대차에 이해관계가 있는 자는 관할 세무서장에게 해당 상가건물의 확정일자 부여일, 차임 및 보증금 등 정보의 제공을 요청할 수 있다. 이 경우 요청을 받은 관할 세무서장은 정당한 사유 없이 이를 거부할 수 없다.
④ 임대차계약을 체결하려는 자는 임대인의 동의를 받아 관할 세무서장에게 제3항에 따른 정보제공을 요청할 수 있다.
⑤ 확정일자부에 기재하여야 할 사항, 상가건물의 임대차에 이해관계가 있는 자의 범위, 관할 세무서장에게 요청할 수 있는 정보의 범위 및 그 밖에 확정일자 부여사무와 정보제공 등에 필요한 사항은 대통령령으로 정한다.
[전문개정 2015. 5. 13.]

제5조【보증금의 회수】 ① 임차인이 임차건물에 대하여 보증금반환청구소송의 확정판결, 그 밖에 이에 준하는 집행권원에 의하여 경매를 신청하는 경우에는 「민사집행법」 제41조에도 불구하고 반대의무의 이행이나 이행의 제공을 집행개시의 요건으로 하지 아니한다.
② 제3조 제1항의 대항요건을 갖추고 관할 세무서장으로부터 임대차계약서상의 확정일자를 받은 임차인은 「민사집행법」에 따른 경매 또는 「국세징수법」에 따른 공매 시 임차건물(임대인 소유의 대지를 포함한다)의 환가대금에서 후순위권리자나 그 밖의 채

권자보다 우선하여 보증금을 변제받을 권리가 있다.
③ 임차인은 임차건물을 양수인에게 인도하지 아니하면 제2항에 따른 보증금을 받을 수 없다.
④ 제2항 또는 제7항에 따른 우선변제의 순위와 보증금에 대하여 이의가 있는 이해관계인은 경매법원 또는 체납처분청에 이의를 신청할 수 있다. <개정 2013. 8. 13.>
⑤ 제4항에 따라 경매법원에 이의를 신청하는 경우에는 「민사집행법」 제152조부터 제161조까지의 규정을 준용한다.
⑥ 제4항에 따라 이의신청을 받은 체납처분청은 이해관계인이 이의신청일부터 7일 이내에 임차인 또는 제7항에 따라 우선변제권을 승계한 금융기관 등을 상대로 소(訴)를 제기한 것을 증명한 때에는 그 소송이 종결될 때까지 이의가 신청된 범위에서 임차인 또는 제7항에 따라 우선변제권을 승계한 금융기관 등에 대한 보증금의 변제를 유보(留保)하고 남은 금액을 배분하여야 한다. 이 경우 유보된 보증금은 소송 결과에 따라 배분한다. <개정 2013. 8. 13.>
⑦ 다음 각 호의 금융기관 등이 제2항, 제6조 제5항 또는 제7조 제1항에 따른 우선변제권을 취득한 임차인의 보증금반환채권을 계약으로 양수한 경우에는 양수한 금액의 범위에서 우선변제권을 승계한다. <신설 2013. 8. 13., 2016. 5. 29.>
1. 「은행법」에 따른 은행
2. 「중소기업은행법」에 따른 중소기업은행
3. 「한국산업은행법」에 따른 한국산업은행
4. 「농업협동조합법」에 따른 농협은행
5. 「수산업협동조합법」에 따른 수협은행
6. 「우체국예금·보험에 관한 법률」에 따른 체신관서
7. 「보험업법」 제4조 제1항 제2호라목의 보증보험을 보험종목으로 허가받은 보험회사
8. 그 밖에 제1호부터 제7호까지에 준하는 것으로서 대통령령으로 정하는 기관
⑧ 제7항에 따라 우선변제권을 승계한 금융기관 등(이하 "금융기관등"이라 한다)은 다음 각 호의 어느 하나에 해당하는 경우에는 우선변제권을 행사할 수 없다. <신설 2013. 8. 13.>
1. 임차인이 제3조 제1항의 대항요건을 상실한 경우
2. 제6조 제5항에 따른 임차권등기가 말소된 경우
3. 「민법」 제621조에 따른 임대차등기가 말소된 경우
⑨ 금융기관등은 우선변제권을 행사하기 위하여 임차인을 대리하거나 대위하여 임대차를 해지할 수 없다. <신설 2013. 8. 13.>
[전문개정 2009. 1. 30.]

제6조【임차권등기명령】 ① 임대차가 종료된 후 보증금이 반환되지 아니한 경우 임차인은 임차건물의 소재지를 관할하는 지방법원, 지방법원지원 또는 시·군법원에 임차권등기명령을 신청할 수 있다. <개정 2013. 8. 13.>
② 임차권등기명령을 신청할 때에는 다음 각 호의 사항을 기재하여야 하며, 신청 이유 및 임차권등기의 원인이 된 사실을 소명하여야 한다.
1. 신청 취지 및 이유
2. 임대차의 목적인 건물(임대차의 목적이 건물의 일부분인 경우에는 그 부분의 도면을 첨부한다)
3. 임차권등기의 원인이 된 사실(임차인이 제3조 제1항에 따른 대항력을 취득하였거나 제5조 제2항에 따른 우선변제권을 취득한 경우에는 그 사실)
4. 그 밖에 대법원규칙으로 정하는 사항
③ 임차권등기명령의 신청에 대한 재판, 임차권등기명령의 결정에 대한 임대인의 이의신청 및 그에 대한 재판, 임차권등기명령의 취소신청 및 그에 대한 재판 또는 임차권등기명령의 집행 등에 관하여는 「민사집행법」 제280조 제1항, 제281조, 제283조, 제285조, 제286조, 제288조 제1항·제2항 본문, 제289조, 제290조 제2항 중 제288조 제1항에 대한 부분, 제291조, 제293조를 준용한다. 이 경우 "가압류"는 "임차권등기"로, "채권자"는 "임차인"으로, "채무자"는 "임대인"으로 본다.
④ 임차권등기명령신청을 기각하는 결정에 대하여 임차인은 항고할 수 있다.
⑤ 임차권등기명령의 집행에 따른 임차권등기를 마치면 임차인은 제3조 제1항에 따른 대항력과 제5조 제2항에 따른 우선변제권을 취득한다. 다만, 임차인이 임차권등기 이전에 이미 대항력 또는 우선변제권을 취득한 경우에는 그 대항력 또는 우선변제권이 그대로 유지되며, 임차권등기 이후에는 제3조 제1항의 대항요건을 상실하더라도 이미 취득한 대항력 또는 우선변제권을 상실하지 아니한다.

⑥ 임차권등기명령의 집행에 따른 임차권등기를 마친 건물(임대차의 목적이 건물의 일부분인 경우에는 그 부분으로 한정한다)을 그 이후에 임차한 임차인은 제14조에 따른 우선변제를 받을 권리가 없다.
⑦ 임차권등기의 촉탁, 등기관의 임차권등기 기입 등 임차권등기명령의 시행에 관하여 필요한 사항은 대법원규칙으로 정한다.
⑧ 임차인은 제1항에 따른 임차권등기명령의 신청 및 그에 따른 임차권등기와 관련하여 든 비용을 임대인에게 청구할 수 있다.
⑨ 금융기관등은 임차인을 대위하여 제1항의 임차권등기명령을 신청할 수 있다. 이 경우 제3항·제4항 및 제8항의 "임차인"은 "금융기관등"으로 본다.
<신설 2013. 8. 13.>
[전문개정 2009. 1. 30.]

제7조【「민법」에 따른 임대차등기의 효력 등】 ① 「민법」 제621조에 따른 건물임대차등기의 효력에 관하여는 제6조 제5항 및 제6항을 준용한다.
② 임차인이 대항력 또는 우선변제권을 갖추고 「민법」 제621조 제1항에 따라 임대인의 협력을 얻어 임대차등기를 신청하는 경우에는 신청서에 「부동산등기법」 제74조 제1호부터 제6호까지의 사항 외에 다음 각 호의 사항을 기재하여야 하며, 이를 증명할 수 있는 서면(임대차의 목적이 건물의 일부분인 경우에는 그 부분의 도면을 포함한다)을 첨부하여야 한다. <개정 2011. 4. 12., 2020. 2. 4.>
1. 사업자등록을 신청한 날
2. 임차건물을 점유한 날
3. 임대차계약서상의 확정일자를 받은 날
[전문개정 2009. 1. 30.]

제8조【경매에 의한 임차권의 소멸】 임차권은 임차건물에 대하여 「민사집행법」에 따른 경매가 실시된 경우에는 그 임차건물이 매각되면 소멸한다. 다만, 보증금이 전액 변제되지 아니한 대항력이 있는 임차권은 그러하지 아니하다.
[전문개정 2009. 1. 30.]

제9조【임대차기간 등】 ① 기간을 정하지 아니하거나 기간을 1년 미만으로 정한 임대차는 그 기간을 1년으로 본다. 다만, 임차인은 1년 미만으로 정한 기간이 유효함을 주장할 수 있다.
② 임대차가 종료한 경우에도 임차인이 보증금을 돌려받을 때까지는 임대차 관계는 존속하는 것으로 본다.
[전문개정 2009. 1. 30.]

제10조【계약갱신 요구 등】 ① 임대인은 임차인이 임대차기간이 만료되기 6개월 전부터 1개월 전까지 사이에 계약갱신을 요구할 경우 정당한 사유 없이 거절하지 못한다. 다만, 다음 각 호의 어느 하나의 경우에는 그러하지 아니하다. <개정 2013. 8. 13.>
1. 임차인이 3기의 차임액에 해당하는 금액에 이르도록 차임을 연체한 사실이 있는 경우
2. 임차인이 거짓이나 그 밖의 부정한 방법으로 임차한 경우
3. 서로 합의하여 임대인이 임차인에게 상당한 보상을 제공한 경우
4. 임차인이 임대인의 동의 없이 목적 건물의 전부 또는 일부를 전대(轉貸)한 경우
5. 임차인이 임차한 건물의 전부 또는 일부를 고의나 중대한 과실로 파손한 경우
6. 임차한 건물의 전부 또는 일부가 멸실되어 임대차의 목적을 달성하지 못할 경우
7. 임대인이 다음 각 목의 어느 하나에 해당하는 사유로 목적 건물의 전부 또는 대부분을 철거하거나 재건축하기 위하여 목적 건물의 점유를 회복할 필요가 있는 경우
　가. 임대차계약 체결 당시 공사시기 및 소요기간 등을 포함한 철거 또는 재건축 계획을 임차인에게 구체적으로 고지하고 그 계획에 따르는 경우
　나. 건물이 노후·훼손 또는 일부 멸실되는 등 안전사고의 우려가 있는 경우
　다. 다른 법령에 따라 철거 또는 재건축이 이루어지는 경우
8. 그 밖에 임차인이 임차인으로서의 의무를 현저히 위반하거나 임대차를 계속하기 어려운 중대한 사유가 있는 경우
② 임차인의 계약갱신요구권은 최초의 임대차기간을 포함한 전체 임대차기간이 10년을 초과하지 아니하는 범위에서만 행사할 수 있다. <개정 2018. 10. 16.>

③ 갱신되는 임대차는 전 임대차와 동일한 조건으로 다시 계약된 것으로 본다. 다만, 차임과 보증금은 제11조에 따른 범위에서 증감할 수 있다.
④ 임대인이 제1항의 기간 이내에 임차인에게 갱신거절의 통지 또는 조건 변경의 통지를 하지 아니한 경우에는 그 기간이 만료된 때에 전 임대차와 동일한 조건으로 다시 임대차한 것으로 본다. 이 경우에 임대차의 존속기간은 1년으로 본다. <개정 2009. 5. 8.>
⑤ 제4항의 경우 임차인은 언제든지 임대인에게 계약해지의 통고를 할 수 있고, 임대인이 통고를 받은 날부터 3개월이 지나면 효력이 발생한다.
[전문개정 2009. 1. 30.]

제10조의2 【계약갱신의 특례】 제2조 제1항 단서에 따른 보증금액을 초과하는 임대차의 계약갱신의 경우에는 당사자는 상가건물에 관한 조세, 공과금, 주변 상가건물의 차임 및 보증금, 그 밖의 부담이나 경제사정의 변동 등을 고려하여 차임과 보증금의 증감을 청구할 수 있다.
[본조신설 2013. 8. 13.]

제10조의3 【권리금의 정의 등】 ① 권리금이란 임대차 목적물인 상가건물에서 영업을 하는 자 또는 영업을 하려는 자가 영업시설·비품, 거래처, 신용, 영업상의 노하우, 상가건물의 위치에 따른 영업상의 이점 등 유형·무형의 재산적 가치의 양도 또는 이용대가로서 임대인, 임차인에게 보증금과 차임 이외에 지급하는 금전 등의 대가를 말한다.
② 권리금 계약이란 신규임차인이 되려는 자가 임차인에게 권리금을 지급하기로 하는 계약을 말한다.
[본조신설 2015. 5. 13.]

제10조의4 【권리금 회수기회 보호 등】 ① 임대인은 임대차기간이 끝나기 6개월 전부터 임대차 종료 시까지 다음 각 호의 어느 하나에 해당하는 행위를 함으로써 권리금 계약에 따라 임차인이 주선한 신규임차인이 되려는 자로부터 권리금을 지급받는 것을 방해하여서는 아니 된다. 다만, 제10조 제1항 각 호의 어느 하나에 해당하는 사유가 있는 경우에는 그러하지 아니하다. <개정 2018. 10. 16.>
1. 임차인이 주선한 신규임차인이 되려는 자에게 권리금을 요구하거나 임차인이 주선한 신규임차인이 되려는 자로부터 권리금을 수수하는 행위
2. 임차인이 주선한 신규임차인이 되려는 자로 하여금 임차인에게 권리금을 지급하지 못하게 하는 행위
3. 임차인이 주선한 신규임차인이 되려는 자에게 상가건물에 관한 조세, 공과금, 주변 상가건물의 차임 및 보증금, 그 밖의 부담에 따른 금액에 비추어 현저히 고액의 차임과 보증금을 요구하는 행위
4. 그 밖에 정당한 사유 없이 임대인이 임차인이 주선한 신규임차인이 되려는 자와 임대차계약의 체결을 거절하는 행위
② 다음 각 호의 어느 하나에 해당하는 경우에는 제1항 제4호의 정당한 사유가 있는 것으로 본다.
1. 임차인이 주선한 신규임차인이 되려는 자가 보증금 또는 차임을 지급할 자력이 없는 경우
2. 임차인이 주선한 신규임차인이 되려는 자가 임차인으로서의 의무를 위반할 우려가 있거나 그 밖에 임대차를 유지하기 어려운 상당한 사유가 있는 경우
3. 임대차 목적물인 상가건물을 1년 6개월 이상 영리목적으로 사용하지 아니한 경우
4. 임대인이 선택한 신규임차인이 임차인과 권리금 계약을 체결하고 그 권리금을 지급한 경우
③ 임대인이 제1항을 위반하여 임차인에게 손해를 발생하게 한 때에는 그 손해를 배상할 책임이 있다. 이 경우 그 손해배상액은 신규임차인이 임차인에게 지급하기로 한 권리금과 임대차 종료 당시의 권리금 중 낮은 금액을 넘지 못한다.
④ 제3항에 따라 임대인에게 손해배상을 청구할 권리는 임대차가 종료한 날부터 3년 이내에 행사하지 아니하면 시효의 완성으로 소멸한다.
⑤ 임차인은 임대인에게 임차인이 주선한 신규임차인이 되려는 자의 보증금 및 차임을 지급할 자력 또는 그 밖에 임차인으로서의 의무를 이행할 의사 및 능력에 관하여 자신이 알고 있는 정보를 제공하여야 한다.
[본조신설 2015. 5. 13.]

제10조의5 【권리금 적용 제외】 제10조의4는 다음 각 호의 어느 하나에 해당하는 상가건물 임대차의 경우에는 적용하지 아니한다. <개정 2018. 10. 16.>

1. 임대차 목적물인 상가건물이 「유통산업발전법」 제2조에 따른 대규모점포 또는 준대규모점포의 일부인 경우(다만, 「전통시장 및 상점가 육성을 위한 특별법」 제2조 제1호에 따른 전통시장은 제외한다)
2. 임대차 목적물인 상가건물이 「국유재산법」에 따른 국유재산 또는 「공유재산 및 물품 관리법」에 따른 공유재산인 경우

[본조신설 2015. 5. 13.]

제10조의6【표준권리금계약서의 작성 등】 국토교통부장관은 법무부장관과 협의를 거쳐 임차인과 신규임차인이 되려는 자의 권리금 계약 체결을 위한 표준권리금계약서를 정하여 그 사용을 권장할 수 있다. <개정 2020. 7. 31.>

[본조신설 2015. 5. 13.]

제10조의7【권리금 평가기준의 고시】 국토교통부장관은 권리금에 대한 감정평가의 절차와 방법 등에 관한 기준을 고시할 수 있다.

[본조신설 2015. 5. 13.]

제10조의8【차임연체와 해지】 임차인의 차임연체액이 3기의 차임액에 달하는 때에는 임대인은 계약을 해지할 수 있다.

[본조신설 2015. 5. 13.]

제10조의9【계약 갱신요구 등에 관한 임시 특례】 임차인이 이 법(법률 제17490호 상가건물 임대차보호법 일부개정법률을 말한다) 시행일부터 6개월까지의 기간 동안 연체한 차임액은 제10조 제1항 제1호, 제10조의4 제1항 단서 및 제10조의8의 적용에 있어서는 차임연체액으로 보지 아니한다. 이 경우 연체한 차임액에 대한 임대인의 그 밖의 권리는 영향을 받지 아니한다.

[본조신설 2020. 9. 29.]

제11조【차임 등의 증감청구권】 ① 차임 또는 보증금이 임차건물에 관한 조세, 공과금, 그 밖의 부담의 증감이나 「감염병의 예방 및 관리에 관한 법률」 제2조 제2호에 따른 제1급감염병 등에 의한 경제사정의 변동으로 인하여 상당하지 아니하게 된 경우에는 당사자는 장래의 차임 또는 보증금에 대하여 증감을 청구할 수 있다. 그러나 증액의 경우에는 대통령령으로 정하는 기준에 따른 비율을 초과하지 못한다. <개정 2020. 9. 29.>

② 제1항에 따른 증액 청구는 임대차계약 또는 약정한 차임 등의 증액이 있은 후 1년 이내에는 하지 못한다.

③ 「감염병의 예방 및 관리에 관한 법률」 제2조 제2호에 따른 제1급감염병에 의한 경제사정의 변동으로 차임 등이 감액된 후 임대인이 제1항에 따라 증액을 청구하는 경우에는 증액된 차임 등이 감액 전 차임 등의 금액에 달할 때까지는 같은 항 단서를 적용하지 아니한다. <신설 2020. 9. 29.>

[전문개정 2009. 1. 30.]

제11조의2【폐업으로 인한 임차인의 해지권】 ① 임차인은 「감염병의 예방 및 관리에 관한 법률」 제49조 제1항 제2호에 따른 집합 제한 또는 금지 조치(같은 항 제2호의2에 따라 운영시간을 제한한 조치를 포함한다)를 총 3개월 이상 받음으로써 발생한 경제사정의 중대한 변동으로 폐업한 경우에는 임대차계약을 해지할 수 있다.

② 제1항에 따른 해지는 임대인이 계약해지의 통고를 받은 날부터 3개월이 지나면 효력이 발생한다.

[본조신설 2022. 1. 4.]

제12조【월 차임 전환 시 산정률의 제한】 보증금의 전부 또는 일부를 월 단위의 차임으로 전환하는 경우에는 그 전환되는 금액에 다음 각 호 중 낮은 비율을 곱한 월 차임의 범위를 초과할 수 없다. <개정 2010. 5. 17., 2013. 8. 13.>

1. 「은행법」에 따른 은행의 대출금리 및 해당 지역의 경제 여건 등을 고려하여 대통령령으로 정하는 비율
2. 한국은행에서 공시한 기준금리에 대통령령으로 정하는 배수를 곱한 비율

[전문개정 2009. 1. 30.]

제13조【전대차관계에 대한 적용 등】 ① 제10조, 제10조의2, 제10조의8, 제10조의9(제10조 및 제10조의8에 관한 부분으로 한정한다), 제11조 및 제12조는 전대인(轉貸人)과 전차인(轉借人)의 전대차관계에 적용한다. <개정 2015. 5. 13., 2020. 9. 29.>

② 임대인의 동의를 받고 전대차계약을 체결한 전차인은 임차인의 계약갱신요구권 행사기간 이내에 임차인을 대위(代位)하여 임대인에게 계약갱신요구권을 행사할 수 있다.

[전문개정 2009. 1. 30.]

제14조【보증금 중 일정액의 보호】① 임차인은 보증금 중 일정액을 다른 담보권자보다 우선하여 변제받을 권리가 있다. 이 경우 임차인은 건물에 대한 경매신청의 등기 전에 제3조 제1항의 요건을 갖추어야 한다.
② 제1항의 경우에 제5조 제4항부터 제6항까지의 규정을 준용한다.
③ 제1항에 따라 우선변제를 받을 임차인 및 보증금 중 일정액의 범위와 기준은 임대건물가액(임대인 소유의 대지가액을 포함한다)의 2분의 1 범위에서 해당 지역의 경제 여건, 보증금 및 차임 등을 고려하여 제14조의2에 따른 상가건물임대차위원회의 심의를 거쳐 대통령령으로 정한다. <개정 2013. 8. 13., 2020. 7. 31.>
[전문개정 2009. 1. 30.]

제14조의2【상가건물임대차위원회】① 상가건물 임대차에 관한 다음 각 호의 사항을 심의하기 위하여 법무부에 상가건물임대차위원회(이하 "위원회"라 한다)를 둔다.
1. 제2조 제1항 단서에 따른 보증금액
2. 제14조에 따라 우선변제를 받을 임차인 및 보증금 중 일정액의 범위와 기준
② 위원회는 위원장 1명을 포함한 10명 이상 15명 이하의 위원으로 성별을 고려하여 구성한다.
③ 위원회의 위원장은 법무부차관이 된다.
④ 위원회의 위원은 다음 각 호의 어느 하나에 해당하는 사람 중에서 위원장이 임명하거나 위촉하되, 제1호부터 제6호까지에 해당하는 위원을 각각 1명 이상 임명하거나 위촉하여야 하고, 위원 중 2분의 1 이상은 제1호·제2호 또는 제7호에 해당하는 사람을 위촉하여야 한다.
1. 법학·경제학 또는 부동산학 등을 전공하고 상가건물 임대차 관련 전문지식을 갖춘 사람으로서 공인된 연구기관에서 조교수 이상 또는 이에 상당하는 직에 5년 이상 재직한 사람
2. 변호사·감정평가사·공인회계사·세무사 또는 공인중개사로서 5년 이상 해당 분야에서 종사하고 상가건물 임대차 관련 업무경험이 풍부한 사람
3. 기획재정부에서 물가 관련 업무를 담당하는 고위공무원단에 속하는 공무원
4. 법무부에서 상가건물 임대차 관련 업무를 담당하는 고위공무원단에 속하는 공무원(이에 상당하는 특정직공무원을 포함한다)
5. 국토교통부에서 상가건물 임대차 관련 업무를 담당하는 고위공무원단에 속하는 공무원
6. 중소벤처기업부에서 소상공인 관련 업무를 담당하는 고위공무원단에 속하는 공무원
7. 그 밖에 상가건물 임대차 관련 학식과 경험이 풍부한 사람으로서 대통령령으로 정하는 사람
⑤ 그 밖에 위원회의 구성 및 운영 등에 필요한 사항은 대통령령으로 정한다.
[본조신설 2020. 7. 31.]

제15조【강행규정】이 법의 규정에 위반된 약정으로서 임차인에게 불리한 것은 효력이 없다.
[전문개정 2009. 1. 30.]

제16조【일시사용을 위한 임대차】이 법은 일시사용을 위한 임대차임이 명백한 경우에는 적용하지 아니한다.
[전문개정 2009. 1. 30.]

제17조【미등기전세에의 준용】목적건물을 등기하지 아니한 전세계약에 관하여 이 법을 준용한다. 이 경우 "전세금"은 "임대차의 보증금"으로 본다.
[전문개정 2009. 1. 30.]

제18조【「소액사건심판법」의 준용】임차인이 임대인에게 제기하는 보증금반환청구소송에 관하여는 「소액사건심판법」 제6조·제7조·제10조 및 제11조의2를 준용한다.
[전문개정 2009. 1. 30.]

제19조【표준계약서의 작성 등】법무부장관은 국토교통부장관과 협의를 거쳐 보증금, 차임액, 임대차기간, 수선비 분담 등의 내용이 기재된 상가건물임대차표준계약서를 정하여 그 사용을 권장할 수 있다. <개정 2020. 7. 31.>
[본조신설 2015. 5. 13.]

제20조【상가건물임대차분쟁조정위원회】① 이 법의 적용을 받는 상가건물 임대차와 관련된 분쟁을 심의·조정하기 위하여 대통령령으로 정하는 바에 따라 「법률구조법」 제8조에 따른 대한법률구조공단의 지부, 「한국토지주택공사법」에 따른 한국토지

주택공사의 지사 또는 사무소 및 「한국감정원법」에 따른 한국감정원의 지사 또는 사무소에 상가건물임대차분쟁조정위원회(이하 "조정위원회"라 한다)를 둔다. 특별시·광역시·특별자치시·도 및 특별자치도는 그 지방자치단체의 실정을 고려하여 조정위원회를 둘 수 있다. <개정 2020. 7. 31.>
② 조정위원회는 다음 각 호의 사항을 심의·조정한다.
1. 차임 또는 보증금의 증감에 관한 분쟁
2. 임대차 기간에 관한 분쟁
3. 보증금 또는 임차상가건물의 반환에 관한 분쟁
4. 임차상가건물의 유지·수선 의무에 관한 분쟁
5. 권리금에 관한 분쟁
6. 그 밖에 대통령령으로 정하는 상가건물 임대차에 관한 분쟁

③ 조정위원회의 사무를 처리하기 위하여 조정위원회에 사무국을 두고, 사무국의 조직 및 인력 등에 필요한 사항은 대통령령으로 정한다.
④ 사무국의 조정위원회 업무담당자는 「주택임대차보호법」 제14조에 따른 주택임대차분쟁조정위원회 사무국의 업무를 제외하고 다른 직위의 업무를 겸직하여서는 아니 된다.
[본조신설 2018. 10. 16.]

제21조 【주택임대차분쟁조정위원회 준용】 조정위원회에 대하여는 이 법에 규정한 사항 외에는 주택임대차분쟁조정위원회에 관한 「주택임대차보호법」 제14조부터 제29조까지의 규정을 준용한다. 이 경우 "주택임대차분쟁조정위원회"는 "상가건물임대차분쟁조정위원회"로 본다.
[본조신설 2018. 10. 16.]

제22조 【벌칙 적용에서 공무원 의제】 공무원이 아닌 상가건물임대차위원회의 위원 및 상가건물임대차분쟁조정위원회의 위원은 「형법」 제127조, 제129조부터 제132조까지의 규정을 적용할 때에는 공무원으로 본다. <개정 2020. 7. 31.>
[본조신설 2018. 10. 16.]

부칙 <제18675호, 2022. 1. 4.>

제1조 【시행일】 이 법은 공포한 날부터 시행한다.

제2조 【임차인의 해지권에 관한 적용례】 제11조의2의 개정규정은 이 법 시행 당시 존속 중인 임대차에 대해서도 적용한다.

MEMO

2026 박문각 행정사 2차
조민기 민법(계약) 기본서

초판인쇄 | 2025. 10. 27. **초판발행** | 2025. 11. 3. **편저자** | 조민기
발행인 | 박 용 **발행처** | (주)박문각출판 **등록** | 2015년 4월 29일 제2019-000137호
주소 | 06654 서울시 서초구 효령로 283 서경 B/D 4층 **팩스** | (02)584-2927
전화 | 교재 문의 (02)6466-7202

저자와의
협의하에
인지생략

이 책의 무단 전재 또는 복제 행위는 저작권법 제136조에 의거, 5년 이하의 징역 또는 5,000만 원 이하의 벌금에 처하거나 이를 병과할 수 있습니다.

정가 24,000원
ISBN 979-11-7519-230-0